金融市场与风险管理系列教材

固定收益证券

（第二版）

龚仰树 主编

上海财经大学出版社

图书在版编目(CIP)数据

固定收益证券/龚仰树主编. —2 版. —上海:上海财经大学出版社,2017.10
(金融市场与风险管理系列教材)
ISBN 978-7-5642-2746-3/F·2746

Ⅰ.①固… Ⅱ.①龚… Ⅲ.①证券投资-高等学校-教材
Ⅳ.①F830.91

中国版本图书馆 CIP 数据核字(2017)第 105080 号

□ 责任编辑 台啸天
□ 封面设计 张克瑶

GUDING SHOUYI ZHENGQUAN
固 定 收 益 证 券
(第二版)
龚仰树 主编

上海财经大学出版社出版发行
(上海市中山北一路 369 号 邮编 200083)
网 址:http://www.sufep.com
电子邮箱:webmaster@sufep.com
全国新华书店经销
上海新文印刷厂有限公司印刷装订
2017 年 10 月第 2 版 2023 年 7 月第 7 次印刷

787mm×960mm 1/16 20.5 印张 436 千字
印数:9 601—10 600 定价:49.00 元

前　言

教材以固定收益证券为分析对象，债券是其中最主要的内容，占据了大部分篇幅。

在我国证券市场的发展过程中，固定收益证券作为证券市场上的一个大类产品，也是同步发展的。自 20 世纪 80 年代初期和后期我国先后恢复债券发行、开展债券交易以来，固定收益证券一直是我国证券市场上不可缺少的组成部分。伴随着其在社会经济体系中的地位的不断提高，“固定收益证券”成为许多高等学校经济管理专业的必修课程或选修课程。

我从事“固定收益证券”课程教学多年。我认为，在我国的高等教育中，这门课程所需要的教材，应该既能描绘固定收益证券在市场中的运作特征，又能展示有关固定收益证券的一般原理，这样才能满足为我国经济建设培养专门管理人才的需要。因此，在教材的论述中，我们一方面着眼于我国在这一领域实务操作的归纳，另一方面也注意进行理论依据的分析。我们相信，贯彻理论与实际相结合的原则，将会拓展教材适用范围。如果这本教材既能适应高等学校的教学需要，又能成为实务部门的参考资料，则实现了我们编写的初衷。

2012 年这本教材有了第一版，最近几年，我国固定收益证券领域有了快速发展。根据变化的情况，我们对教材进行更新，补充了新的资料，修订了第一版中的疏漏。

教材第二版在体系上与第一版相同，一共分为三个部分：第一部分是基础知识与债券运行，包括第一章概览、第二章债券发行和偿还、第三章债券流通；第二部分是债券计量和投资管理，包括第四章债券定价、第五章债券收益、第六章债券风险、第七章债券投资；第三部分是固定收益证券产品，包括第八章政府债券、第九章企业债券和金融债券、第十章优先股和资产证券化。

在编写过程中，我们参阅了许多文献，汲取了大量的成果，丰富了本教材的内容。其中有些在书中脚注和参考文献里列出，但还是有一些无法一一明示。在此我们特向所有这些成果的作者表示感谢。本教材的编写除了我本人外，还有以下人员参加了编写工作：董烈刚参与了第一版第四章和第五章部分内容的初稿撰写，辛明磊参与了第一版第五章、第六章和第七章部分内容的初稿撰写，靳轲参与了第一版第九章部分内容的初稿撰写，刘先行参与了第一版第十章部分内容的初稿撰写。第二版的修订都由我本人完成。

由于我们能力有限，教材中难免会存在错误、遗漏和不当之处，希望专家、读者指正，不胜感激。

龚仰树
2017 年 4 月
于上海财经大学毓秀楼

目　录

第一章 概 览

本章作为导论，是基础知识的引入，因此，我们首先要阐明固定收益证券的含义。由于债券是固定收益证券中最主要的品种，所以接下来要进一步了解债券的含义和特征。在此基础上，说明债券的基本要素和种类。通过讲述这些内容，我们试图给读者勾画出一个有关固定收益证券的体系，并着重让读者了解债券这一金融产品。

第一节 概念与特征

本节是对固定收益证券、债券等基本概念的介绍，也包括对它们所具有的特征的描述。这些内容是本学科最基础的知识，是学习的起点。

一、固定收益证券的含义与种类

固定收益证券是证券的一种，因此有必要先从证券说起。

（一）证券的含义

证券是商品经济发展的产物，并随着商品经济的发展而发展起来。在 15 世纪和 16 世纪，人类社会历史加快了从中世纪向近代社会迈进的步伐，以自给自足为特征的自然经济逐步向商品经济转变，商品关系逐渐渗入到社会经济活动之中。伴随着这种发展，生产者（以及商人）之间的信用关系也同时发展，商业票据便由此产生。到 16 世纪末，最早的股份公司诞生。以后，股份公司广泛设立，又带来了股票的大量问世。再从历史上考察，债券的出现还要早于股票。在 16 世纪和 17 世纪欧洲资本主义工场手工业时期，政府发行债券的方式已经流行，后来企业也利用了债券这一融资方式。

历史演变到现代，证券一直相伴随。目前，世界各国都在经济领域广泛利用证券形式，新品种也时有出现。

再回到一般意义上来认识证券。证券是以证明或设定权利为目的所作成的凭证[①]。显然，证券代表了某种权利，而且是通过一定的券面形式来表示这种权利[②]。如果从经济学角度看，证券代表的权利是特定的。证券是各类财产所有权或债权凭证的通称，是用来证明证券持有人有权取得相应权益的凭证[③]。因此，证券是证明经济权益的法律凭证，它确立和代表对财产的法定权利。

在经济界，对证券范围的认识有广义和狭义的理解。从比较宽泛的意义上看，证券范围十分广阔，比如，存货单、取货单、货运单、借据、合同等，都合法地证明和代表着一定的权利或利益，因此都可以归属证券范畴。但是从一般意义上看，证券则约定能够在市场上公开流通转让的票据、股票和债券等种类之内。在实际经济活动中，还有人将证券限定于更狭窄的范围，仅指能够在资本市场上交易的股票和债券。图1—1显示了以广义证券为基础的分类结构[④]，图1—2显示了以狭义证券为基础的分类结构。

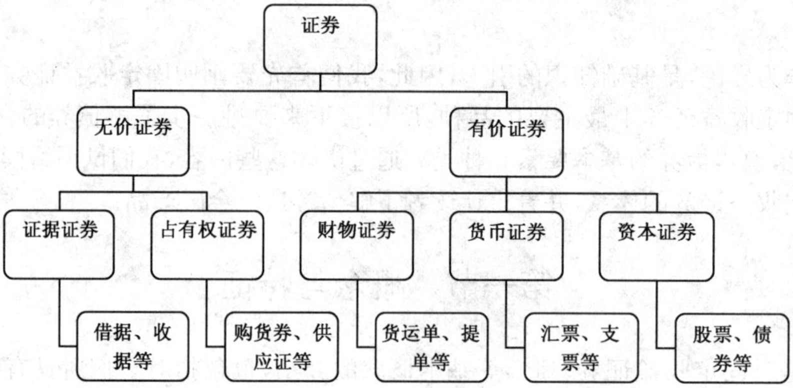

图1—1　广义证券的分类

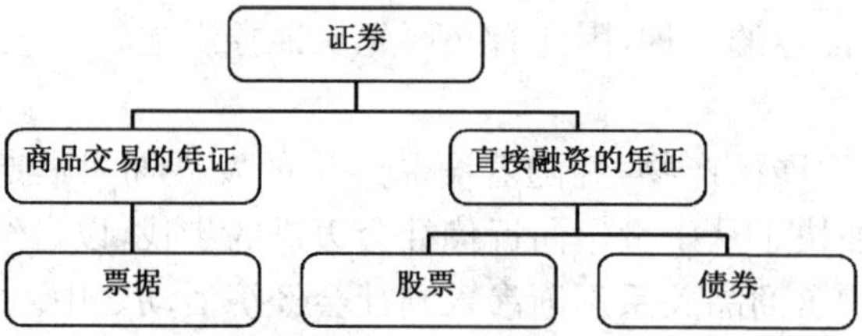

图1—2　狭义证券的分类

---

① 辞海编辑委员会. 辞海[M]. 上海：上海辞书出版社，2009.
② 其实证券发展到现阶段，许多品种已经实现无纸化了，就不再采用纸质的券面形式。
③ 陈共，周升业，吴晓求. 证券与证券市场[M]. 北京：中国人民大学出版社，1996.
④ 萧灼基. 中国证券全书[M]. 北京：中国商业出版社，1995.

无价证券与有价证券相对应，它是指证券本身不能使持券人或第三者取得一定收入的证券。无价证券分为两类，分别是证据证券和占有权证券。证据证券是作为既定事实的证明凭证，如借据、收据等；占有权证券是单纯证明持券人或第三者是某种私权的合法占有者的书面凭证，如购货券、供应证等。

有价证券更多地和我们日常经济生活相联系，它是指具有一定票面金额、代表财产所有权或债权的凭证。与无价证券相比，有价证券有两个基本特征：一是表示财产权，券面上载明财产的内容；二是证券所代表的财产权和证券不可分离，在享用权利和转移财产时需提供或交付证券作为依据。有价证券分为三类，分别是财物证券、货币证券和资本证券。财物证券是指代表对一定量商品请求权的凭证，如货运单、提单等；货币证券是指可以转化为货币索取权的凭证，如汇票、支票等；资本证券是指代表资本所有权或收益分配请求权的凭证，如股票、债券等。

资本证券通常是由金融投资或与金融投资有直接联系的活动所产生，金融投资是经济主体为了取得收益而将收入转化为股票、债券等金融资产的行为，所以资本证券一般会因持券人对证券本身的拥有而取得一定的收益，尽管这种收益可能是不确定的。金融投资需要有证券市场这样的经济环境，证券市场可以为资本证券的发行和流通提供基本条件，因此，人们通常所称的证券主要是指资本证券。

（二）固定收益证券的含义和特征

证券的种类繁多，可以从不同的角度来区分，上面的有价证券与无价证券就是一种，而有价证券如上所述还可以进一步细分。其他的证券分类如：按发行主体，可以分为政府证券、公司证券和金融证券；按是否上市，可以分为上市证券和非上市证券；按发行地域，可以分为国内证券和国际证券；按募集方式，可以分为公募证券和私募证券；等等。我们不再对这些证券分类作进一步的描述，而将集中讨论本教材的主题——固定收益证券。

1. 固定收益证券的含义

在我国改革开放之初发展证券市场的早期，固定收益证券这一名词并未出现在日常的经济生活中。到 20 世纪 90 年代后期，随着越来越多的西方经济理论被引进，以及我们更多地了解了发达国家的证券市场制度，固定收益证券在我国经济中出现的频率就多了起来。

顾名思义，固定收益证券会被理解为那些未来收益将固定不变的证券。实际上，在现在西方国家，许多未来收益有可能发生变化的证券也被称之为固定收益证券。最初，债券之所以被称为固定收益证券，基本的理由是债券在其期限内将提供固定的货币流量。比如，一张面值 100 元、期限 3 年、年利率 5%、每年付息一次的债券，如果持有到期，则未来的货币流量将是固定的，分别是 1 年后的 5 元、2 年后的 5 元和 3 年后的 105 元。但债券市场发展到现阶段，已经有许多债券不适用这种固定货币流量的框架，它们所提供的货币流量可能会随某种因素的变动而变动。所以，“固定收益”在这里已经变成了一个不太精确的名词，从某种程度上讲，固定收益证券所指的是一个相对笼统的范畴。其实，在西方有些关于固定收益证券比较经典的教科书中,也没有给出固定收益证券的严密定义[①]。

依我们的看法,固定收益证券是指其发行人未来向其持有人支付的货币流量将符合某种合约规定的证券。

理解这一定义可以按层次逐步推进:第一,固定收益证券代表了其持有人的一种权利。正如证券代表了某种权利一样,固定收益证券也表明其持有人有权取得相应的权益。第二,固定收益证券发行人未来要支付一定的货币流量。实际上,固定收益证券持有人的权益,就是对固定收益证券发行人未来支付货币流量的要求权。当然,这种要求权的前提,是因为固定收益证券发行人先前取得了固定收益证券的本金。第三,固定收益证券发行人未来支付的货币流量要符合某种合约规定。比如,债券发行人在债券期限内要按照预先的借款规定向债券所有人支付利息并最终偿还本金。而且,这种未来支付货币流量的合约规定,应该在固定收益证券发行前被固定收益证券的发行对象所了解。第四,固定收益证券发行人未来支付的货币流量并不一定是固定不变的。尽管固定收益证券发行人未来要向持有人支付一定的货币流量,但货币流量的数额是有可能变化的,不过如何变化以及变化的依据也必须是发行前就规定好的。一个典型的例子是浮动利率债券,这种债券在不同时期支付的利息数额有可能不一样,但其数额大小的计算办法在债券发行时已经规定了。

2. 固定收益证券的特征

根据上述固定收益证券的定义,可以得知,固定收益证券最显著的特征就是其货币流量的确定性,即固定收益证券的持有人未来在该证券上获得的货币流量是预先通过合约规定而确定的。

我们可以将债券与普通股进行对比。债券是最典型的固定收益证券,普通股则不具有固定收益证券的特征。当然,债券与普通股的区别有许多方面,比如它们的权利不同、目的不同、期限不同、收益不同、风险不同,等等。但是从固定收益证券的特征看,则表现为未来货币流量的确定性不同。

债券在发行之前,债券发行人已经向债券发行对象公布了本次债券的票面利率[②]。有些债券的票面利率由债券发行人自己制定,有些债券的票面利率通过债券发行人向债券承销商的招标确定。但不管用何种方式,债券票面利率都是预先规定的。从而,债券未来的利息支付就由债券票面利率与债券面值的乘积所确定。

普通股则呈现另一种情况,股份公司发行普通股并没有承诺将来一定要按期向股东分配股息。实际上,股份公司对于普通股股东是否发放股息,前提条件取决于股份公司的业绩情况。如果股份公司经营有方,实现盈利,就可以向普通股股东支付一定数额的股息;反过来,如果股份公司运作不佳,出现亏损,就无法向普通股股东支付股息。另外,即

① 弗兰克·J.法博齐编著的《固定收益证券手册》是美国有关固定收益证券方面的经典教科书,其中也没有对固定收益证券下直接的定义。

② 对于贴现债券来说,虽然没有票面利率,但发行价格是预先规定的。

使股份公司有盈利，是否发放股息或发放多少还要根据公司未来的发展规划来决定。

所以，持有固定收益证券，意味着拥有比较确定的未来货币流量。对固定收益证券购买人承诺的未来支付的货币流量，代表着固定收益证券发行人相应的契约义务。如果这些义务未被履行，就构成了固定收益证券发行人的违约。

（三）固定收益证券的种类

固定收益证券的具体品种很多，而且随着社会经济的发展、金融市场的深化，新的固定收益证券品种还会继续出现，但从现阶段各个国家的情况看，固定收益证券主要包含如下大类：

1. 债务证券类

这里的债务证券主要是指债券。债券是固定收益证券的典型类型，在有关固定收益证券的书籍中，主要讨论的内容就是债券。本教材在后面的大部分章节，也主要针对债券进行阐述。

我们认为，人们之所以将固定收益证券与债券挂钩，原因可能来自两个方面：第一，从债券登上历史舞台起，最基本的债券品种所提供的利息和本金就具有固定的货币流量的特征，也由于这一特征，出现了固定收益证券的名称。在当今社会，尽管有些债券的利息不一定再是一个固定的数额，但利息的发放一定是符合了举债时制定的规则。因此，固定收益证券一开始就与债券联系在一起，并一直相伴至今。第二，在资本市场中，债券与股票一起，构成了最基本的交易工具。或者说，债券和股票是资本市场的两大主流品种。前面已经提到，在历史上，债券的出现甚至还要早于股票。而到了当代，债券的地位依然十分重要①。在固定收益证券领域，尽管现阶段存在着一些非债务证券类的固定收益证券，但毫无疑问，债券一直是该领域的主流品种。

其实，在金融工具不断创新的现代社会，债券的品种已经大大丰富，不但出现了未来提供的货币流量不再固定的债券，甚至还出现了未来提供的货币流量不再确定的债券②。但不管如何，债券作为固定收益证券的代表，还是被人们一致公认的。

2. 股权证券类中的优先股

股权证券指的是股票。股票的基本品种是普通股，但普通股并不属于固定收益证券。当我们将债券归于固定收益证券时，正是将其与普通股进行比较的。股票中还有一个品种是优先股，优先股则属于固定收益证券。

优先股之所以是固定收益证券的一个种类，也是因为其未来的货币流量是确定的。股票与债券不同，债券有规定的偿还期，而股票没有期限，没有约定的到期日。股票期限上的永久性，就是表现为股份公司不对股东偿还本金，股东也无权提出退股索回股本的要

---

① 以我国为例，根据《中国证券期货统计年鉴》(2013)显示的数据计算，在本世纪"十五"和"十一五"时期，我国债券全市场发行额（包括银行间市场和交易所市场）分别是股票筹资金额（包括首发和再筹资）的28.5倍和14.0倍。

② 浮动利率债券未来提供的利息流量是可能变动的，可转换债券未来提供的货币流量因赎回条款、回售条款、行使转股权等因素影响而可能变得不确定了。

求。因此，如果不考虑卖出债券或股票的话，债券未来提供的货币流量表现为债券发行人按期支付的利息和到期偿还的本金，而股票未来提供的货币流量则表现为股份公司支付的股息。在股份公司支付股息方面，普通股和优先股又是不同的。普通股股东可以从股份公司的利润分配中得到股息，但这种股息是不确定的，股息的发放取决于股份公司盈利的状况及分配政策。优先股则不然，优先股有规定的股息率，股息率是以股票面值的百分比表示的，所以优先股股东从股份公司得到的股息是其股票面值与股息率的乘积。由于优先股的股息率事先规定，从而优先股未来提供的货币流量符合固定收益证券的特征。

3. 资产证券化类

随着金融市场的不断推进，越来越多的金融产品被创造出来，资产证券化就是其中一例。资产证券化是将某种资产（如贷款或应收账款）转换为可转让金融工具的过程，即将已经存在的资产集中起来，进行结构性重组，并重新分割为证券转售给证券市场的投资者。美国是最早开展资产证券化的国家之一，美国的资产证券化市场非常发达、品种繁多，如抵押支持证券、资产支持证券、担保债务凭证等。

资产证券化之所以与固定收益证券挂钩，也是由于这种由资产支撑的证券所具有的货币流量相对确定。我们可以从一个大致的资产证券化过程看到这样的特征。例如，资产证券化发起人将其拥有的一些分散的、流动性较差的贷款集中起来，形成一个资产组合转让给资产证券化的特设机构，后者再以此组合为担保发行证券在市场上交易。从这个过程中可以知道，这些以贷款支撑的证券的利息支付和本金偿还，依赖于原来贷款人按时偿付的贷款本息。由于贷款本息形成的货币流量是符合贷款合约规定的，因此其支撑的证券的货币流量也是相对确定的。

二、债与债券的含义

固定收益证券包括债券、优先股和资产支撑的证券。其中，债券和优先股是发行人以自身产权作为清偿基础的证券，资产证券化形成的证券则仅以被证券化的资产为限，是融资方式的创新。而对于债券和优先股来说，前者在我国现实经济中的影响又远远大于后者，债券是和最基本的股票——普通股并驾齐驱的，优先股在我国还比较少。鉴于此，下面主要讨论固定收益证券中的债券。不过，在讲基本定义的时候，分析的思路是：债—债券。

（一）从债谈起

在现代社会，债是一个普遍的现象。从农村到城市，从生活到生产，从个人到政府，处处都有债的踪迹。债已深入到人们经济领域的各个方面。

那么，什么是债呢？我国一本普通的词典说得简单："欠别人的钱"[①]。而地位相对重要的《辞海》则以法律用语将债定义为："按照合同的约定或者法律的规定，在特定的当事

① 中国社会科学院语言研究所词典编辑室. 现代汉语词典[M]. 北京：商务印书馆，1983.

人之间产生的权利和义务关系”[①]。

以上定义从字面上看不尽相同，但都反映了两个经济主体之间因债而形成的关系。从经济学角度看，债就是一方行为主体与另一方行为主体在发生的经济交往中所形成的债权债务关系。所谓债务，是在这一关系中一方按约定条件向另一方承担一定行为的义务，负有该义务的人称为债务人；所谓债权，是在这一关系中一方要求另一方按约定条件履行一定行为的权利，享有该权利的人称为债权人。

根据债务人的属性或者其他一些标准，还可以对债进一步分类，比如一种常见的方法是将债分为公债与私债。在经济社会中，行为主体按资源归属可以分为两大部门，一是公共部门，二是私人部门。如果将债务人和债权人与公共部门和私人部门结合，将形成四种组合，如表1—1所示。由此，可以得到公债与私债的区别。

表1—1　　债的属性

组合种类	债务人	债权人	属　性
第一种	私人部门	私人部门	私债
第二种	私人部门	公共部门	私债
第三种	公共部门	私人部门	公债
第四种	公共部门	公共部门	公债

从以上分析可以得知，债的关系总是存在于经济主体之间，如公共部门和私人部门之间。债的关系（或者说债权债务关系）需要由合法的形式来证明，于是就有了债券的概念。

（二）债券的含义与性质

1. 债券的含义

所谓债券，是指发行人为筹措资金，依照法定程序，向认购者出具的、承诺按一定利率在规定时间支付利息并到期偿还本金的有价证券。

从这一定义中，可以引申出下面四个要点：第一，债券所指的经济关系发生在债券发行人与债券认购者之间。发行人和认购者应该属于不同的经济主体。而且，作为债券发行人的经济主体来说，可以包括政府、机构和企业，但通常不包括个人；而作为债券认购者来说，则包括了政府、机构、企业和个人等各类经济主体。第二，发行债券有着一定的目的，并且要按规定进行操作。笼统地说，发行债券的目的是要筹措资金，而为何要筹措资金则对于不同的债券发行人可能是不同的。另外，在现代社会，为了维护良好的经济秩序，各国监管当局都要制定相关规则约束举债行为。因此，发行债券有着合法性要求。第三，债券反映着债权债务关系。在这里，发行人是债务人，它要按一定利率在规定时间支付利息并到期偿还本金；认购者是债权人，它有按举债条件取得利息和本金的权利。当

① 辞海编辑委员会. 辞海[M]. 上海：上海辞书出版社，2009.

然，如果债券可以交易，债权人也就可能变更。第四，债券是证明债权债务关系的依据。债券发行人与债券认购者之间的关系，要通过合法的东西来表示，于是就有了债券这样的凭证。因此，债券是具有法律效力的。当然，在债券发展的历史进程中，债券凭证的具体形式也曾经发生变化。

另外还有一点需要说明，债券是债权债务关系的表现形式，但债权债务关系不一定都要通过债券来体现，换言之，现实经济中债权债务关系可以有不同的存在方式。如果按契约形式来区分债权债务，则可以分为债券型的债权债务和非债券型的债权债务。债券型债权债务是以债券形式存在的，典型意义上的债券是纸质的并具有一定的面额，但随着科学技术的发展，纸质债券出现了异化，无纸化债券将成为主流。非债券型债权债务是以合同形式存在的，即通过签订借款合同表示债权债务关系的存在，它不具有券面形式，不具有证券特征。比如，银行对企业贷款就是一种非债券型的债权债务关系。

2. 债券的性质

债券的性质是债券本质属性的反映。理解债券性质可以按照三个层次进行。

首先，债券是一种虚拟资本。虚拟资本与实际资本是有一定区别而又互相联系的资本形式。厂房、机器设备等属于实际资本，它们在企业的生产活动中直接发挥作用，它们的技术水平影响着企业的生产效率。虚拟资本与之不同。股票、债券等属于虚拟资本，它们不在企业的生产活动中直接发挥作用，它们要通过实际资本影响企业的生产经营。实际上，在当代社会，社会生产既离不开实际资本，也不能缺少虚拟资本。虚拟资本在一定程度上反映实际资本，实际资本的变化需要有虚拟资本的流动，而过度的虚拟资本膨胀也会对实际资本带来损害。

其次，债券是有价证券中的资本证券。虚拟资本是以有价证券形式存在的，既然债券是虚拟资本的组成部分，当然它也就是归于有价证券之列。前面已经提到，有价证券分为财物证券、货币证券和资本证券三类。资本证券是属于能够按照事先的约定从发行人处领取收益的权益性证书，而财物证券和货币证券分别代表对商品和货币的请求权。显然，债券作为资本市场的工具，符合资本证券的特征。

最后，债券是债权债务凭证。资本证券主要包括两个部分，一是股票，二是债券。股票是代表对股份公司的股权证书，体现的是所有权关系。这种权利是一种综合权利，如股东有权参加股东大会来行使决策权，等等。债券与股票不一样，明显的一个差异是权利不同。债券是代表对债券发行人的债权证书，体现的是债权债务关系。债权人不同于股东，不具有经营决策的参与权，只有按规定取得本息的权利。

三、债券的特征

债券的特征体现在四个方面：偿还性、收益性、安全性和流动性。在分析债券的特征前，先要说明两点：第一，债券是证券体系中的一个品种，因此，债券的某些特征也可能同时在其他证券品种上体现，当然不同证券在表现这些特征的程度上可能不同。第二，范围再缩小一点，债券体系内也有不同品种的债券，对于不同的具体债券而言，四个特征虽然同时具备，但表现的程度也有可能不同。

(一)偿还性

债券的偿还性是指债券具有到时归还的特性。债券发行人作为债务人，必须按照举债时规定的时间向作为债权人的债券所有人偿还本金，如果到时不能偿还本金，就构成违约。债券的偿还性使得债券发行人不能无期限地占用债券所有人的资金，换言之，债券发行人和债券所有人之间的借贷关系将随债券到期完成偿还手续而结束。债券的这一特征与股票有很大不同，股票不具有偿还性特征，没有偿还的规定。另外，债券的利息支付也有规定的时间，逾期支付利息也属于违约行为。不过，债券利息支付的时间不一定与债券本金偿还的时间完全相同，有些债券在其偿还期限前要多次支付利息，有些债券的利息是在偿还本金时一起支付。通常所说的债券期限是指债券还本期限。

在历史上，债券的偿还性也有例外，曾有国家发行过永久性债券。这种债券没有规定偿还期，债券所有人不能要求债券发行人偿还本金，只能按期取得利息①。当然，这只是个别现象，不能因此而否定债券偿还性的一般特征。

(二)收益性

债券的收益性是指债券能为债券所有人带来一定收入的特性。债券收益的实质是债权投资的报酬。在实际经济活动中，债券收益的存在形式包括利息收入和买卖债券的差额，前者是债券所有人在持有债券的期间按约定条件分期取得的利息或到期一次性取得的利息，后者是债券所有人卖出债券(或到期收回本金)与买入债券的价差收入。如果进一步分析这两种形式的收益，债券利息收入的数额在债券发行时已经规定了，而买卖债券的差额就不是确定的数额。原因在于:债券在市场上的转让价格要受到市场利率的影响，市场利率变化，债券价格也会相应波动。因此，债券所有人能否获得买卖债券的价差收入或价差收入的多少，要视市场情况而定。

另外需要指出的是，对于不同的金融工具来说，尽管都具有一定的收益性，但收益的程度可能是不同的。在债券体系内部各种不同品种的债券比较是如此，将债券与债券体系外部其他金融工具比较也是如此。

考核债券收益情况需要用一些具体指标，如到期收益率和即期收益率等②。

(三)安全性

债券的安全性是指债券所有人未来收回的货币流量相对来说有一定保障的特性。债券所有人未来收回的货币流量来自债券发行人支付的利息和偿还的本金，或者是卖出债券的款项。

对于第一种情况，实际上涉及债券的信用状况。一般来说，只要债券发行人没有破

① 第一章第三节债券的种类。
② 第五章第二节收益率的衡量。

产，利息支付和本金偿还就能如期进行，它们不会随发行人的经营收益变动而变动。再进一步看，实际经济中还有一些债券具有担保的性质，一旦债券发行人出现偿付困难，就将由担保方承担偿还债务责任。债券信用高低可以通过债券评级的等级来体现。对于第二种情况，安全性体现在债券交易价格相对比较稳定。在证券市场上，债券是属于交易价格波动较小的品种，不大会出现大起大落的现象。

当然，我们论述债券的安全性特征，并不是说债券投资就是绝对安全的。如果债券发行人不能按时足额履行约定的利息支付或偿还本金，如果债券转让价格发生了大幅度跌落，债券投资还是有可能面临失败的。所以，债券的安全性也可以从风险角度来分析。

（四）流动性

债券的流动性是指债券在市场上通过交易而具有一定变现能力的特性。债券一旦具有流动性，债券所有人就可以按自己的需要和市场的实际情况，灵活地转让债券，提前收回本金和实现投资收益。不过，不同债券的流动性程度可能是不一样的，甚至还有一些债券是不允许在市场上买卖的。债券流动性包含两个方面的要求，一是成交速度，二是成交价格。如果债券能以合理的价格迅速成交，则市场流动性好；反过来，单纯的成交速度快，并不能完全表示流动性好。

小专栏 1－1　证券流动性指标

证券流动性的评价指标有深度、宽度和弹性等方面。

深度是指在当前价格条件下所吸收的证券成交量，即能在合理的价格下进行较大数量的交易，它可以通过在当前价格存在的证券买卖订单总数来衡量，订单数量越多，则证券市场越有深度。

宽度是指证券交易价格偏离市场合理价格的程度，即在特定的时间内，如果证券交易的买方溢价很小或卖方折价很小，则证券市场越有宽度。

弹性是指当一定数量的交易导致证券价格偏离均衡水平后恢复合理价格的速度，即当买卖订单不平衡导致价格发生变化后能有新的订单立即大量进入，则证券市场具有弹性。

考核债券流动性可以用一些不同的指标，但没有统一的标准。在证券市场上，证券流动性的特征表现在深度、宽度和弹性等方面，债券属于证券品种的一类，其流动性可以同样表现。但从简化的角度而言，可以采用两种指标。一种指标是基于价格方面的买卖价差，另一种指标是基于交易量方面的换手率。在实行报价驱动机制的债券市场上，如果做市商所报的债券买卖价差越小，说明交易成本越低，流动性越好；反之债券买卖价差大，说明交易成本高，流动性差。在交易量方面，有时仅看成交金额，如采用平均日成交金额。因此，发行量较大的债券成交金额一般比较大，流动性就较好。而为了消除债券发行量大小的影响，则可以采用换手率指标，如日换手率是日成交金额除以发行量。如果一个债券的换手率越高，就表示其流动性越好。

四、对债券的进一步理解

在有价证券体系中，资本证券是最重要的一类，资本证券的主要形式是债券和股票，因此，我们可以通过比较债券和股票的异同，来对债券做进一步的了解。

在一般意义上，股票是股份公司发给投资者作为入股的凭证。《中华人民共和国公司法》规定：股票是公司签发的证明股东所持股份的凭证。股票发行公司将筹集的资本划分为股份，每一股份的金额相等，份额以一股为一个单位，由股票表示。购买股票的人即成为公司的股东，每个股东份额的大小依其所持有股票数量的多少来表示。

如果将债券与股票比较，两者之间有共同的地方，也有一定的差异。

(一)债券与股票的联系

债券与股票的联系主要表现在三个方面：

1. 债券与股票都属于有价证券

债券反映和代表了一定的价值，并且与其代表的要求还本付息权利联系在一起。股票也是如此，股票包含的股东要求股份公司分配股息的请求权，也可以用价值来衡量，而且股票与其代表的股东权利也有不可分离的关系。因此，债券和股票的共同性质之一，在于它们两者都属于有价证券。

2. 债券与股票都是筹措资金的手段

债券和股票都是相关的经济主体为筹措资金需要而发行的证券。经济主体在社会经济活动中必须要和资金运动相结合，从资金融通角度看，债券和股票对于其发行人来说都是筹资手段。再进一步看，两种筹资手段的载体在市场上都具有流动性，从而债券和股票与那些非流动性的筹资方式相比，在证券流通市场上的功能就十分突出。

3. 债券和股票的收益率互相影响

从单个品种的债券和股票看，它们的收益率经常地会出现差异，而且有时差距还比较大。但是从整个社会考察，如果市场是充分有效率的，那么，债券的收益率状况和股票的收益率状况会有一定的联系，互相之间会有一定的影响。或者说，它们的收益率差异将反映两者风险程度等一系列影响其收益率因素的不同。其实，在市场规律的作用下，证券市场上某种融资手段收益率的变动，会影响另一种融资手段收益率的变动。

(二)债券与股票的区别

债券与股票(这里主要是指普通股股票)的区别可以通过以下五个方面表现出来：

1. 债券与股票的权利体现不同的关系

债券是债权凭证，债券所有人与债券发行人之间是债权债务关系，债券所有人只可以按期获取利息及到期收回本金，而无权干预债券发行人(假如是公司债券)的生产经营活动；股票与之不同，股票是股权凭证，股票所有人是股票发行公司的股东，股东不仅拥有公司盈余的分配权，还拥有公司生产经营活动的参与权[①]。

2. 债券与股票的发行目的不完全相同

债券发行目的与发行人身份有关。对于公司债券来说，由于其发行人与股票的发行人都是从事生产经营活动的企业，因此发行目的在一定程度上还可以归结为同样的生产经营融资。但对于政府债券来说，其发行目的就与股票有所不同。比如，发行国债是中央政府为了弥补财政赤字的需要，它属于政府的负债，具有政府调节宏观经济的目的。发行股票则是股份公司为创办企业或增加资本的需要，筹措的资金列入公司资本，具有公司开展生产经营的目的。

3. 债券与股票的期限有着不同的属性

债券有规定的偿还期，期满时债券发行人必须按时归还本金，因此对于债券投资者而言，购买债券是一种有期投资。股票则是不偿还的，一旦投资入股，股东就不能从股份公司抽回本金，所以对于股票投资者来说，购买股票是一种无期投资，或称永久投资。不过同时也应该认识到，由于证券流通市场的存在，股票投资者尽管不能要求退股，但是可以通过市场转让方式使自己的投资变现。

4. 债券与股票的债息或股息收益情况存在差异

债券发行时一般就有规定的票面利率，债券投资者可以在规定的时间获得固定的利息或按规则变动的利息。股票则不然，普通股的股息不固定，一般视股份公司经营情况而定：公司经营好，股息可以多；公司经营差，股息就会少。所以，比较债券和股票，相对来说，债券的债息收益较为确定，股票的股息收益则存在更多的变动因素。

5. 债券与股票的风险水平不同

一般来说，投资债券的风险相对较小，投资股票的风险相对较大。因为：其一，债券的利息通常是固定的（其中政府债券利息的偿付还有政府信誉作保证），股票的股息则是股份公司利润的一部分，公司有盈利才能支付，公司经营不好就无能力支付，甚至还会破产。其二，考虑二级市场转让证券，债券因其利率固定、期限固定，市场价格也较稳定；反之，普通股股票无固定的股息支付，也没有规定的期限，因此更易受各种宏观经济因素和微观经济因素的影响，市场价格波动更加频繁，涨跌幅度一般较大。

第二节　债券的要素与过程

债券要素是债券制度中的一些常用名称，它们构成了债券制度的基本内容。债券过程则是债券的运作流程，是债券活动的不同阶段的集合。本节对于债券要素和债券过程的介绍，目的在于进一步帮助读者了解债券。

---

① 普通股股东拥有投票权，可以对公司的重要事项进行投票行使自己的权利，可以通过选举董事行使对公司经营活动的决策权和监督权。

一、债券要素

债券要素一般包括:债券发行人、债券承购人、债券所有人、债券名称、债券面额、债券票面利率、债券期限、债券发行价格、债券发行量、债券发行日期、债券发行费用、债券凭证等。其实,以上这些债券要素更多地体现于债券发行阶段,这是因为债券发行是债券运作的开始,所以在起始阶段就需要明确相关的构成要件。

(一)债券发行人

债券发行人是发行债券的主体,债券发行人可以是政府,也可以是企业。不管政府的具体名称如何(比如中央政府、联邦政府或其他称谓),也不管企业的性质有什么差异,只要它们发行了债券,就是其债券的债务人。所以,债券发行人和债务人是同一的。

在债券采用纸面形式的年代,债券上往往盖有(或印制)债券发行人的印章。通常,企业债券上印章的名称就是企业名称,但政府债券上印章的名称却是政府主管其收支的部门,如我国在20世纪80年代到90年代发行的国库券,上面的印章是"中华人民共和国财政部"。于是,很多时候,国债被人们视为财政部的债务。从操作过程看,财政部确实承担了国债发行的实际工作。无论是最初国债发行计划的制定,还是最后国债款项入库的安排,都离不开财政部的组织与具体实施。但实际上,财政部的债务也就是中央政府的债务,因为财政部是中央政府主管资金的部门,是中央政府在国债发行中的代表。所以,国债的发行主体就是中央政府,真正的债务人也就是中央政府。

(二)债券承购人

债券承购人是指债券发行时购买债券的人。实际上,债券承购人向债券发行人提供了资金,是债务资金的供给者。在许多场合,债券发行是通过中介机构(承销商)进行的,中介机构可以是代销,也可以是包销。除非中介机构用自己的资金进行了实际购买,否则它们就不属于债券承购人。另外,债券承购人可以是法人,也可以是自然人。这一点与债券发行人不同,债券发行人通常不会是自然人。

在债券制度中,还有一种名称是债券发行对象。通常,债券承购人是指已经实际承购债券的人,而债券发行对象是指可以购买某种债券的人。指定债券发行对象实际上就是指定未来债券承购人的范围。换言之,凡被列入债券发行对象的,即属于未来债券承购人范围,可以认购该债券;凡未被列入债券发行对象的,即不属于未来债券承购人范围,不得认购该债券。确定债券发行对象,需要考虑多种因素。通常情况下,属于公开募集的债券,它的发行对象就会指定得宽泛一些,一方面可以有利于债券的发行销售,另一方面也有利于社会各类投资者的投资机会公平。但对于有些具有特别目的或具有政策意义的债券,则会根据要求指定相应的债券发行对象①。目前,我国国债品种有记账式国债和储蓄

① 如,1988年我国财政债券的发行对象是各专业银行、综合性银行以及其他金融机构。又如,2007年特别国债(一期)通过全国银行间债券市场,面向境内商业银行发行,可以上市交易。

国债[①]，其中，储蓄国债的发行对象限定为个人投资者，记账式国债则没有限制，面向全社会发行。

（三）债券所有人

债券所有人是指债券所体现的债权债务关系的债权人。债券所有人可以是法人，也可以是自然人。有的时候，债券所有人就是债券承购人；也有的时候，债券所有人不是最初的债券承购人。其中的差异，主要在于债券是否曾经在流通市场转让。如果债券被交易过户，最初的债券承购人就不再是债权人[②]。债券发行人在还本付息时，对象不一定是债券承购人，确切地说应该是债券所有人。所以，还本付息时的债券所有人才是债券的还本付息对象。

另外还有一个名称是债券持有人，它是指持有债券的人。对于无记名债券，债券持有人就是债券所有人，即债权人。

（四）债券名称

债券名称是每一次债券发行时的称号。比如，在我国国债发行中，曾有“人民胜利折实公债”、“国家重点建设债券”、“保值公债”等名称；在我国企业债发行中，曾有“上海久事建设债券”等名称。几乎所有的债券都需要有这样的称号，否则就很难在债券发行、流通及还本付息等运行阶段对某一债券作特别指定。

有的时候，某一债券品种连续多年发行，甚至一年中发行数次。在这种情况下，就需要在其债券名称中加入年份及期数以示区别。比如，我国近年来每年都发行凭证式国债，2014 年的凭证式国债发行了 4 次，于是相应的名称就有“2014 年凭证式（一期）国债”、“2014 年凭证式（四期）国债”等名称。在企业债券的名称上也是如此，如有“2006 年中国长江三峡工程开发总公司企业债券”等。

还需要说明，在债券的运作过程中，有时根据管理方面的要求，会对债券名称简化。尤其是在证券交易场所，为规范管理和实际使用的便利，不但会给交易的债券一个简称，还要指定一个代码。如，“2010 年记账式附息（九期）国债”在上海证券交易所上市交易的现券证券名称为“10 国债 09”，证券代码为“019009”。又如，“2006 年中国长江三峡工程开发总公司企业债券”在上海证券交易所上市交易的简称为“06 三峡债”，证券代码为“120605”。

（五）债券面额

债券面额是指债券的票面金额。票面金额由两个基本要件构成，一是货币单位，二是货币数量。大多数情况下，债券发行人在本国境内发行债券的货币单位用本国货币单位，如我国多用人民币“元”。至于货币数量，则有不同的规定。在同一次债券发行中，其票面金额可以有多种。如“1958 年国家经济建设公债”的债券面额分为 1 元、2 元、5 元、10 元、

① 记账式国债分为记账式贴现国债和记账式附息国债，储蓄国债分为凭证式国债和储蓄国债（电子式）。
② 其实，债券没有被交易也可能发生过户，所以也可能存在现行的债权人不是当初的债券承购人。

50 元和 100 元六种,"1981 年国库券"的债券面额分为 10 元、50 元、100 元、500 元、1 000 元、1 万元、10 万元和 100 万元八种[①],"1997 年无记名(一期)国债"的债券面额分为 100 元、1 000元和5 000元三种。债券面额大小的选择,受到几个因素的影响。第一,债券发行对象。如果债券发行对象是机构法人,因它们一次购买量较大,故应该以较大债券面额为宜;如果债券发行对象是自然人,且面对社会公开发行,则宜采用较小债券面额,以满足其分散、面广、额小的特点。我国 1981 年的国库券,当时有很大一部分是针对单位发行的,同时也对个人发行一部分,所以债券面额大小的差异很大。第二,债券印制费用。债券印制费用应该是越少越好,于是,在债券发行总量既定的前提下,印制票面金额较大的债券的费用就会降低,因此要控制票面金额较小的债券在所有债券中的比例。第三,货币实际价值。在不同时期,尽管货币名义价值相同,但货币实际价值可能不同。因此,确定债券面额时必须考虑这一因素。比如,因为通货膨胀的发生,在同样的名义价值下,我国 20 世纪 90 年代货币的实际价值要小于 80 年代,所以,90 年代发行的债券的面额一般要大于 80 年代。

同时还要指出,在债券发行时,有的时候是按票面金额认购缴款,有的时候是按低于或高于票面金额认购缴款;在债券偿还时,有的时候是按票面金额还本再加应付利息,有的时候仅按票面金额偿还。实际上,正是不同的发行和偿还形式才构成了债券制度的丰富内容。

以上所说的债券面额,针对的是有纸化债券。而在现今的金融环境下,技术手段的运用已经使证券产品更多地实现了无纸化。如果是发行无纸化债券,就不需要再规定每一次债券要分几种面额的大小,债券面额就更多地具有一种计价依据的意义。通常,债券市场是按每百元面值债券来报价的。所以,尽管并不存在实际的、有形的百元面额债券,但它作为报价依据在观念上是存在的。

(六)债券票面利率

债券票面利率是债券利息与债券本金的比例,反过来讲,债券票面利率就是计算债券利息的尺度。从成本收益的角度看,债券票面利率是债券发行人筹措资金的成本,在一定程度上反映了其债务负担;同时,债券票面利率也是债券所有人让渡资金使用权的收益。债券票面利率通常用年利率表示,以百分数为单位。如果用到月利率,则需要以千分之一为单位。在实践中,有些债券是没有票面利率的,但债券所有人同样会有实质性的收益,如购买贴现债券[②]。

(七)债券期限

在一般意义上,债券期限是指从债券发行到债券偿还的时间间隔。如果进一步分析,债券发行有时延续一段时期,因此,计算债券期限的初始日期往往从债券计息日开始;在

---

① 1981 年 1 月 16 日国务院常务会议通过的《中华人民共和国国库券条例》。后来在实际工作中,大面额的国库券采用了记名的收款单形式。

② 真正的无息债券是很少的。

债券到期方面，计算债券期限的最后日期是指还本日期，利息支付日期不作为计算债券期限的依据。其实，有些债券的利息在债券到期前就会支付，当然也有许多债券利息是与债券本金到期偿还时一起支付的。

债券期限有长有短。短期债券的期限常用月或者天表示，如期限为3个月的债券或期限为182天的债券；中、长期债券的期限常用年表示，如期限为5年的债券或期限为30年的债券。大多数情况下，同一次发行的债券期限是一样的。也有的时候，一次发行的债券会有不同的期限，如我国在1982年发行的国库券，其期限规定为自发行后第六年起，按发行额分5年作5次偿还，每次偿还总额的20%，所以这一国债的期限是5～9年。

债券有了规定的期限，债券发行人就应该按照期限还本，但在实际经济运行中，也会出现提前或延迟偿付的现象。

（八）债券发行价格

债券发行价格是指债券在发行期间的出售价格。对于债券认购人而言，这一价格也是其接受新发行债券的购买价格。在债券发行市场上，发行价格受到某些因素的影响，可能不一定与债券的票面金额一致，有的时候高，有的时候低，当然也有许多时候是一致的。债券发行价格的种类，通常就是根据它与债券票面金额的关系来划分的，一般分为平价发行、溢价发行和折价发行。

1. 平价发行

平价发行也称等价发行，指债券的发行价格与债券票面金额相同。在这种情况下，债券按票面金额出售，债券认购人按票面金额购入，债券到期时债券发行人亦按照票面金额还本。采用平价发行，债券发行人募集的资金就与将来偿还的债券本金相同①，债券认购人的到期收益率也等于债券票面利率。我国债券市场上的许多债券，是采用平价发行的。如财政部发行的凭证式国债，尽管不印制票面金额，但由于它是根据认购人的认购额填写实际的缴款金额，所以也属于平价发行。

在平价发行情况下，债券认购人按票面金额购买债券，看起来似乎是一个公平的价格，但有时也会遇到一定障碍。比如当债券发行人制定的票面利率与市场利率有一定差距时，平价发行或者会使发行人承担高利率的成本（此时债券票面利率高于市场利率），或者会出现债券销售不畅（此时债券票面利率低于市场利率）。因此，平价发行的适用环境是债券票面利率与发行当时的市场利率保持基本一致。

2. 溢价发行

溢价发行也称超价发行，指债券的发行价格高于债券票面金额。在这种情况下，债券按高于票面金额的价格出售，债券认购人按高于票面金额的价格购入，债券到期时债券发行人按照票面金额还本。采用溢价发行，债券发行人募集的资金超过未来偿还的债券本

① 这里的表述不计债券的发行费用，如果考虑这一因素，则扣除了发行费用之后的净债务收入将会小于将来偿还的债券本金。

金，但债券认购人的到期收益率将低于债券票面利率。在我国债券市场上，有时也会出现溢价发行的情况。如 2003 年记账式（三期）国债，期限 20 年，票面利率预先确定为 3.40%，发行时采用价格招标，结果为 102.14 元。

债券之所以能够溢价发行，一般是因为债券票面利率定得较高，超过了市场利率，出现了供不应求的局面。于是，发行价格就可以提高，直至债券的收益率与市场利率基本一致时为止。有的时候，制定的债券票面利率虽然与市场利率相仿，但是债券的发行需要经过一段时间，此后在销售阶段市场利率已经回落，债券发行者也就可以提高发行价格以减少实际筹资成本。

3. 折价发行

折价发行也称减价发行，指债券的发行价格低于债券票面金额。在这种情况下，债券按低于票面金额的价格出售，债券认购人按低于票面金额的价格购入，债券到期时债券发行人按照票面金额还本。采用折价发行，债券发行人募集的资金将少于未来偿还的债券本金，但债券认购人的到期收益率将高于债券票面利率。2003 年我国财政部在发行当年记账式（八期）国债时，曾出现折价发行的情况。该国债期限 10 年，事先制定的票面利率为 3.02%，发行时采用价格招标，结果为 98 元。

债券折价发行的出现，一般是因为债券票面利率低于市场利率，或者是一开始就定得较低，或者是债券发行时市场利率已经上升。总之，市场利率高于债券票面利率，将引起债券销售不畅，于是降低发行价格才能完成债券发行任务。实际上，债券认购人投资债券，也要求得到与市场利率相适应的收益率。

另外，还需要提及一种贴现价发行。这是一种先按贴现利率计算出贴现利息，然后用债券票面金额减去贴现利息后的数额作为债券发行价格；或者是不通过贴现利率计算，直接以低于债券票面金额的某一数额作为债券发行价格。而在债券到期时，债券发行人都按票面金额兑付，不另计利息。我国许多短期国债的发行，采用了这种方式。如 2010 年记账式贴现（一期）国债，期限为 91 天，每百元发行价格是 99.69 元，没有票面利率，到期时偿还 100 元。实际上，贴现价发行也是折价发行，因为它具备折价发行的基本特点。贴现价发行与上面所述的折价发行的差异，在于不再另计利息。因此，可以将其视作上述折价发行中票面利率为零的例子。

通过上面阐述，可以看到，影响债券发行价格采用平价发行、溢价发行或折价发行的主要因素，是债券票面利率与市场利率的相对关系。如果债券票面利率等于市场利率，发行价格就会等于票面金额；如果债券票面利率高于市场利率，发行价格就会高于票面金额；如果债券票面利率低于市场利率，发行价格就会低于票面金额。

（九）债券发行量

债券发行量是指债券发行的额度，因此也称为债券发行额。债券发行量包括计划发行量和实际发行量。一般情况下，计划发行量是一个确定的数值，个别时候也出现规定一个区间规模。比如，我国在 1982 年至 1984 年期间，每年国库券的计划发行量定为 40 亿元，而 1981 年国库券计划发行量则定为 40 亿元到 50 亿元。实际发行量是债券发行对象实际承购的债券数量，它是一个与计划发行量相对应的概念。实际发行量与计划发行量之间的大小关系，反映了债券发行数量的完成情况，并可以用指标来考核，见公式(1－1)：

$$债券发行量完成率=(实际发行量\div计划发行量)\times100\% \quad (1-1)$$

债券实际发行量等于、不足或者超过计划发行量的情况都是可能发生的。比如，2009 年 7 月中旬我国财政部连续发行的三个国债，就出现了不同的情况。2009 年记账式附息(十五期)国债(当年 7 月 16 日计息)计划发行量为 280 亿元，实际发行量亦为 280 亿元；2009 年记账式贴现(十四期)国债(当年 7 月 20 日计息)计划发行量为 200 亿元，实际发行量只有 185.1 亿元；2009 年记账式附息(十六期)国债(当年 7 月 23 日计息)计划发行量为 260 亿元，实际发行量达到 283 亿元。

另外需要说明的是，债券发行量还涉及年度债券发行量和每次债券发行量。如在我国国债管理中，财政部会制定一个年度的国债计划发行量，而一个年度的国债发行总的数量要安排在全年不同月份多次发行，所以每次发行时财政部还要公布本次国债的计划发行量。

(十)债券发行日期

债券发行日期是债券正式向债券发行对象销售的时间，也称为债券发行时间。在债券发行文件中，一般要对债券的发行日期做出明确规定，如果是公开募集的债券，它的发行日期要在发行前向有关债券发行对象公告。通常，考虑到债券销售需要的时间，债券发行日期就不只是安排在某一天，而是更多地规定在一段时间，即确定一个发行期。从我国以往发行的国债来看，过去计划经济时期比较长。比如，我国 1981 年至 1988 年发行的国库券，是从每年 1 月 1 日开始，并规定单位缴款于当年 6 月 30 日结束，个人缴款于当年 9 月 30 日结束，这样当时国库券的发行日期实际长达 9 个月。以后随着市场机制的运用，国债发行日期有所缩短，如 1994 年 2 年期国库券，是从当年 4 月 1 日开始发行，5 月 31 日结束。近年来，我国国债发行日期则根据不同的品种而有不同，可以上市交易的国债发行日期短一些，非上市国债的发行日期长一些。如 2015 年记账式附息(一期)国债是在当年 1 月 14 日招标，招标结束至 1 月 19 日进行分销，1 月 21 日起上市交易。从招标到分销结束，时间只有 6 天。而 2015 年凭证式(一期)国债的发行日期为 2015 年 3 月 10 日至 3 月 19 日，有 10 天时间。对于企业债券和公司债券，由于多数都会向交易场所申请上市交易，因此发行日期也比较短。如 2009 年中国黄金集团公司企业债券的发行首日规定为当年 4 月 29 日，发行日期则定为 5 个工作日，即自发行首日起到 2009 年 5 月 6 日。又如东旭集团有限公司 2015 年发行公司债券的发行期限，是当年 7 月 30 日至 8 月 3 日，共 3 个交易日。

债券发行时间过短，可能会影响债券的销售是否能完成。但债券发行时间过长，也会带来不利的影响。其一，效率低，较难适应市场变化的实际情况。债券发行条件一般在债券发行前已经制定并公布，如果发行时间长，则市场情况变化的可能性也大，这样原定的债券发行条件就可能不符合市场情况变化后的要求。其二，不易满足债券发行人使用资金的需要。发行时间过长，债券款项到达债券发行人账上的时间也就拖得比较长，可能会影响债券发行人对资金的使用安排。因此，合理确定债券发行时间是必要的。

另外，与债券发行日期相联系的还有债券计息日与缴款日期。在债券发行文件中，一般也同时会对债券计息日和缴款日期等予以公布。债券计息日是计算债券利息的起息日期，债券缴款日期则是债券承购人缴付承购款项的时间。债券计息日与债券发行日期的规定一般不同，通常不是持续一段时间，而是规定在某一日。债券缴款日期则可以规定在某一天，也可以规定一个缴款期。如我国财政部在发行 2015 年记账式附息(一期)国债时规定，本次国债从 2015 年 1 月 15 日开始计息，中标承销团成员于 2015 年 1 月 19 日前(含 1 月 19 日)，将发行款一次缴入财政部指定账户。

从理论上说，债券的计息日与缴款日不在同一天，则债券实际计息的天数就可能与债券发行人占用债券投资者资金的天数不一致。若债券计息日早于缴款日，债券发行人占用资金的时间相对少；若债券计息日晚于缴款日，债券发行人占用资金的时间相对多。如果两者差距较大，债券发行人就可能要采用扣息或贴息办法，即当债券计息日早于缴款日时实施扣息，当债券计息日晚于缴款日时给予贴息[①]。当然，在实际的债券发行中，是否要采取扣息或者贴息做法，还要视操作的便利程度及其他因素。如果计息日与缴款日相距不远，则采取扣息或贴息办法可能会带来更多的工作手续而实际效果甚微。不过从这一方面引出的借鉴意义是：计息日与缴款日不宜相距太远，否则在不扣息或者不贴息的情况下，会较大程度地改变债券发行人的筹资成本或者债券承购人的实际收益率。

(十一)债券发行费用

债券发行费用属于发行成本范畴。从广义的角度看，债券发行成本包括债券利息和发行费用；从狭义的角度看，债券发行成本专指债券发行费用。债券利息是债券发行人举债的直接代价，其大小可以用债券票面利率来表示，反映了资金的成本。而从发行债券的运行环节看，将会发生一些费用。因此，债券发行费用也就是债券发行过程中的费用开支。这一费用开支最主要的一项是支付给债券承销人的手续费(或称承销费)，因此衡量债券发行费用大小也就看发行手续费的大小[②]。

按照效率原则，在债券发行数量一定的情况下，债券发行手续费越少越好。债券发行手续费占债券发行数量的比例可以称为发行费率，从我国国债发行来看[③]，20 世纪 80 年

① 1955 年我国发行国家经济建设公债时曾有贴息做法，当时规定：该公债于当年 1 月开始发行，10 月 1 日起计息。提前缴款的，给予贴息，贴息按月计算，自缴款之次月起计算应贴利息。

② 其实，债券发行过程中的费用开支可能还有其他项目。如果发行纸面形式的债券，就会发生印制费；如果依靠行政机构组织、动员来推销，就会产生推销费。有的时候，还可能将债券还本付息时发生的兑付费计入发行成本范围。

③ 国债发行的手续费(承销费)有时会向社会公布，企业债券发行的相关费用很难从公开渠道获取，所以这里只列出一些国债发行手续费的数据。

代的发行费率大多数是0.5%，90年代的发行费率在0.1%到0.65%之间[1]。近年来，根据不同的国债品种，发行费率也是不一样的。比如，2015年记账式附息(九期)国债(该国债的期限为1年)的发行手续费为承销面值的0.05%，2015年记账式附息(十七期)国债(该国债的期限为30年)的发行手续费为承销面值的0.1%。又如，2015年储蓄国债(电子式)的手续费为发行面值的4.225‰(其中的分配比例为:承销团成员4‰，中央国债登记结算有限责任公司0.15‰，中国人民银行0.075‰)。

(十二)债券凭证

债券凭证是记录债券所有人和债券发行人之间债权债务关系的合法证明。对于债券发行人，签发凭证表明其债务的开始；对于债券所有人，得到凭证表明其债权已经确定。由于债权债务关系的确立是在债券发行的时候，因此，债券凭证的签发一般也是在债券发行人收到债券认购款项的当时[2]。

纵观债券发展历史进程，债券凭证的形式有过多种，下面选择一些进行介绍。

1. 券面形式债券

其实，债券本身的名称，已经显示了券面形式债券在债券发展历史进程的地位。这种形式的债券，一般是以纸质为载体，按较为规范的格式印制一些债券要素，得以证明债权债务关系。在这种债券的券面上，印制的债券要素至少要包括债券名称和债券面额，债券发行人的印章一般也会印制或直接盖印在上面，以表明债务人对该债券合法性的承认。另外，债券票面利率、债券期限等债券要素，甚至债券发行的章程，有时也会印制在券面上。

对于券面形式债券，一是涉及债券的票面金额，二是涉及债权人的确定。关于债券面额，前面已有表述。关于债权人的确定，要看债券是否记名。我国发行的券面形式债券，一般是不记名的，上面不填写债权人姓名，持有人行使债权人的权利。

另外，作为券面形式债券，由于它是证明债权债务关系的唯一合法凭证，同时又可能面临一般债券的发行、流通、偿还过程，所以其印制方面有特定要求(如防伪、反假等)，生产工序有多个环节(包括设计制版、印刷、检封入库等)。

券面形式债券尽管是典型形式的债券，但也存在一些缺点。其一，印制债券要发生相关的印制费，增加了发行成本。在20世纪80年代我国国库券的发行费用(包括印制费、推销费和发行费)中，印制费占的比重约为26%。其二，在债券的运作环节中，券面形式债券会增加许多手续方面的工作量。比如在发行和兑付环节，需要安排更多人力来完成实际债券的收付工作。其三，券面形式债券的安全性较差，一旦发生被窃或遗失，债权人的利益就会受到损失。

---

① 高坚. 中国债券资本市场[M]. 北京：经济科学出版社，2009.

② 在债券发展历史上，也曾经有过采用延时发放凭证的做法，即在收款时仅给收条，待债券款项全部募集完毕后再发放正式的债券凭证。

2. 记账形式债券

记账形式债券是科学技术水平发展到一定阶段的产物。在现代社会,先进的科学技术已渗入到债券发行领域,电子计算机的广泛运用,使无纸化的债券发行变为现实。发行这种债券时,承购人首先要在有关的债券发行系统中申请建立自己的电子账户,然后的债权记录及债权变更都可以通过这一账户进行。

对于记账形式债券,虽然没有券面形式的票面金额,但债券承购人电子账户上还是要记录其购入债券的名义面额。在平价发行情况下,记录的债券名义面额等于其购买债券付款额;在溢价(折价)发行情况下,记录的债券名义面额小于(大于)其购买债券付款额。对于债权人的确定,就是电子账户的开立者,从这一层意义上讲,记账形式债券实际上属于记名债券,电子账户开立者行使债权人的权利。

记账形式债券的优点之一是安全,债券承购人不需要自己持有纸质形式的债券,没有了债券遗失、债券损毁等的后顾之忧;优点之二是方便,在债券的发行、流通、偿还过程,不需要像券面形式债券那么多的手续工作。因为这些优点,记账形式债券已经成为我国现阶段债券的主要形式。

3. 其他形式债券

在债券历史上,除了券面形式和记账形式外,债券还曾采取过其他一些形式。比如有些债券采用登记形式,它是在有关债券发行机构中设立债券登记簿,债券发行机构根据债券承购人缴付的认购款项逐次在该债券登记簿上登记,登记的内容即作为债权债务依据。如果在债券期限内发生债权转移,需要办理转移登记手续。

另外一种债券形式是单据形式,这种债券至今仍然存在。它是债券发行人向债券承购人开具债券收款单或收款凭证,并依此作为债权债务的依据。这种债券往往是记名的,收款单或收款凭证上记载债券承购人的实际认购金额。在债券流通方面,这种形式债券有不便之处。我国政府 20 世纪 80 年代向单位发行的国库券,多数采用了收款单形式;90 年代中期以来发行的凭证式国债,都采用了收款凭证形式。

二、债券过程

狭义地看,债券过程是每一次债券从出现到消失所经历的阶段;广义地看,债券过程除了狭义所指的阶段外,还应包括举债前的准备及举债后的债务资金使用。

图 1—3 显示了债券的完整过程。从图中可以看到,债券过程分为两个阶段:一是决策阶段,二是运行阶段。决策阶段有一个决策过程,运行阶段分两个流程,上面流程包括发行过程、流通过程和偿还过程,下面流程是资金使用过程。

(一)债券决策阶段

决策是债券经济活动的第一阶段,这一阶段只包含一个过程。在决策过程中,债券发行人要对举债的形式、数量、期限、流通条件以及偿债办法等方面进行选择,对债务资金的使用一般也要相应做出安排。在证券领域,对债券过程的论述,较多地重视运行阶段,尤

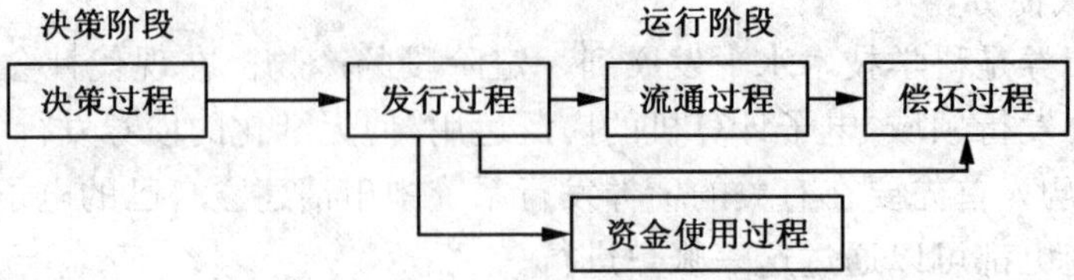

图 1—3　债券过程

其是重视其中的发行、流通和偿还过程。实际上，这是属于狭义地讨论债券过程，而要分析债券经济活动的全部，则需要述及举债前的决策和债务资金的使用，也就是前面所讲的广义的债券过程。

债券决策在整个债券经济活动中占有重要的地位。这是因为：其一，决策规定了以后几个过程的运行规则。比如，通过何种方式举债、发行债券的条件如何决定、债券是否需要流通、偿债通过什么途径、债务资金投向什么项目等等，都需要在决策阶段制定。这些规则一旦确定，就是日后执行的依据，就要指导运行阶段的操作。当然，在运行过程中，有时可能要对原定的方案进行修改，但决策指导运行的关系是不会改变的。其二，决策的正确性影响债券经济活动的结果。在错误举债决策的指导下，债券经济活动会对债券发行人事业带来损害；在正确举债决策的指导下，债券经济活动可以促进债券发行人事业的顺利发展。

（二）债券运行阶段

在决策阶段之后，债券经济活动进入运行阶段。运行阶段有两个流程，一是债券运动过程，二是资金使用过程。

债券运动过程的开始是发行过程，即债券发行人举借债务。举债的具体方式是多种多样的，比如政府债券可以招标发行，也可以向特定的银团直接发行，公司债券可以由承销商来协助发行等。通过举债，一方面债券发行人得到了一笔债务资金，这笔债务资金将进入使用过程；另一方面债券承购人则拥有对这笔债务的债权，并通过持有债券的形式来表现。如果债券是允许流通的，那么该债券还将进入流通过程，流通的方式包括证券交易所的债券上市交易和证券交易所以外市场的债券买卖。如果债券是不允许流通的，那么该债券就将从发行过程直接进入偿还过程，中间没有流通过程。债券运动过程的终点是偿债过程，即债券发行人对到期的债务进行偿还。偿还的具体方式也是多种多样的，如直接偿还、以旧换新或市场购销等。

资金使用过程是债券发行人对通过债券发行所募集资金的利用，使用效果好坏将直接关系到债券经济活动最终目标的实现。债券发行人偿还债务的资金来源，可以是该债务资金使用后的收益，也可以是债券发行人从其他途径取得的资金，所以没有必要要求债务资金使用过程与发行债券至偿还债务的期限完全一致。

债券决策与债券运行的关系如下：债券决策是债券运行的指导，没有债券决策，债券运行无法操作；债券运行是债券决策的实践，没有债券运行，债券决策无法实现。债券决策和债券运行相辅相成，共同构成了债券经济活动的整体。

第三节　债券的种类

债券从产生到现在，经历了漫长的岁月，在这一历史进程中，债券的形式不是单一的。尤其到了现代社会，复杂的经济结构和经济关系，更对债券结构的多样化提出了要求。因而人们所见到的，是一个种类繁多、用途各异、特征不一的债券家族，它们有机地组成了整个债券体系。为了更好地认识债券，把握其运行规律，我们有必要从不同的角度，依不同的标准，对债券进行分类。

一、按发行主体分类

经济主体在大类上可以分为政府、企业和个人。在这三类经济主体中，个人作为自然人并不能成为发行债券的主体，而政府和企业在债券发展历史中都确实充当了债券的发行人角色。所以，在一般意义上，债券按照发行主体分类，可以分为政府债券和企业债券。顾名思义，政府发行的债券就是政府债券，企业发行的债券就是企业债券。不过，具体到不同的国家或者不同的时期，按发行主体划分债券还可能有更多的名称。

在我国20世纪80年代，随着改革开放的逐渐深入，债券发行重新启动，当时我国债券的分类是政府债券、金融债券和企业债券。金融债券是金融机构发行的债券。应该说，金融机构是具有一定的特殊性的。中央银行在经济中的功能更多是承担了货币政策的制定和货币流通管理的职能，商业银行和其他非银行金融机构尽管具有企业的属性，但它们并不直接从事一般企业进行的商品生产和商品流通。因此，将金融机构发行的债券单独列出，在经济分析上是有意义的，在统计方法上也是可行的。进入20世纪90年代后，我国经济领域出现了越来越多的公司制的企业，它们也根据相关的法规进行债券发行。这样，公司债券这一名称在我国也就越来越频繁地出现。公司债券是公司发行的债券。其实，公司也是一种企业，就这一点来说，企业债券的范围要大于公司债券，企业债券应该涵盖公司债券。不过，在我国经济领域的实际应用中，企业债券和公司债券在发行债券主体、发行依据、发行审核手续等方面还是有一定区别的①。

另外，在一些西方国家，企业主要是以公司制的形态存在，因此在按发行主体对债券进行划分时，就直接分为政府债券和公司债券。比如在美国，根据发行人的特征，三个最大的发行人是：国内公司、州和地方政府、联邦政府及其机构②。

---

① 第九章第一节企业债券。

② 弗兰克·J.法博齐. 固定收益证券手册[M]. 任若恩，李焰，等译. 6版. 北京：中国人民大学出版社，2005.

二、按信用保证分类

依据信用保证的情况，债券可以分为担保债券和无担保债券。

所谓担保债券，是指以债券的还本付息得到某种方式担保而发行的债券，如抵押债券、质押债券、保证债券等。担保的形式可以是债券发行人提供的担保品，也可以是第三方对债券还本付息提供的保证。

所谓抵押债券，是指将债券发行人的某项财产进行抵押，作为债券还本付息的担保而发行的债券。抵押债券一般在公司债券的分类中采用，用作偿债的抵押品可以是不动产（如土地、房屋等），也可以是特别动产（如车、船等）。若债券到期不能偿还，债券所有人可依法处理抵押品受偿。

所谓质押债券，是指将债券发行人的某项财产进行质押，作为债券还本付息的担保而发行的债券。作为质押物的动产一般是股票、债券、支票等。若债券到期不能偿还，债券所有人也可依法处理质押物受偿。另外，抵押情况下债务人不移转对抵押品的占有，而质押情况下债务人可将质押物移交债权人控制。

所谓保证债券，是指债券发行人以第三方同意为偿还债务作保证而发行的债券。这种债券到期时，如果发行人不能偿付，则承诺给予保证的第三方就要承担还本付息的责任。在公司债券中，给予保证的第三方一般与发行人存在某种关系，如发行人的母公司、与发行人有借贷关系的商业银行等。保证债券与抵押债券、质押债券一样，也增强了发行人的债信，只不过这种债信的提升来自第三方的保证，而非自己的财产。

历史上，曾经出现过政府在发行债券时，指定某种公产或某项国库收入作为偿还债券的担保品。其实，政府发行债券可以凭借政府的信誉，通常情况下，在各类债券发行人中，政府的债信是比较好的。所以在当今世界，政府发行债券一般不需要指定担保品，对于每年应偿还的债券的本金和利息，可以列入预算，用国库收入来偿付。但是，如果政权地位不稳固或其他原因，造成政府债信低落，就可能要对其发行的债券指定担保品。在半殖民地半封建的旧中国，战乱不息，经济萧条，政府有时难以在无担保的条件下取信于民，就会发行担保债券。如 1922 年北洋政府发行了以盐余为担保的“一四库券”，1927 年和 1928 年国民党政府发行了以江海关、津海关的关税附加税为担保的“二五库券”[①]。

所谓无担保债券，是指债券发行人完全凭自己的信誉，不提供任何财产或他人的担保而发行的债券。无担保债券有时也称为信用债券，它与抵押债券、质押债券或保证债券相比较，同样发行条件下就要求发行人有较好的债信。当然，在实际经济中，不同发行人的信誉是不一样的，这种差异最终会在债券票面利率等方面反映出来。

① 许毅，沈经农. 经济大辞典（财政卷）[M]. 上海：上海辞书出版社，1987.

三、按债权确定分类

债券都有其债权人，否则，债权债务关系的存在就缺乏了要件，债券发行人的还本付息也就无法操作。按照债权人的确定来分类，可以将债券分为记名债券和无记名债券。

记名债券是指在债券上注明债权人姓名的债券，无记名债券是指在债券上不记载债权人姓名的债券。记名债券和无记名债券在债权人权利方面并没有差异，不同的只是确定债权人的方式。记名债券的债权人可以通过债券上记载的姓名直接确定，无记名债券由于不记载姓名，所以通常是以持有人为债权人。记名债券与无记名债券比较，在安全性方面，记名债券优于无记名债券，因为记名债券遗失后可以挂失，而无记名债券不存在挂失的条件；在便利性方面，无记名债券优于记名债券，因为无记名债券的转让手续相对简单，而记名债券转让需要过户来更改债权人姓名。

另外还要强调的是，记名债券和无记名债券的划分主要针对的是纸质债券。对于记账形式债券，尽管此时没有券面形式，但由于记账的账户均有开立人的姓名，而且债权人也是确定为该账户的开立人。所以，从这一层面说，记账形式债券都属于记名债券。

四、按发行地域分类

债券根据发行地域划分，可以分为国内债券和国际债券两类。简单地说，国内债券是在国内金融市场发行的债券，而国际债券是在国外金融市场发行的债券。

国内债券除了发行过程外，它的流通和偿还等过程也都是在本国国内进行的。从债权人角度看，国内债券的承购人有较大比重是本国的法人和公民，尤其是当一个国家的金融市场对外开放程度还较低时更是如此。从货币单位看，除了特殊情况外，国内债券的面值通常采用本国货币。我国自改革开放后重新启动债券发行，绝大多数的债券是属于国内债券。

国际债券较为完整的定义是指：一国政府、金融机构、工商企业，为筹措和融通资金，在国外金融市场上发行的、通常以外国货币为面值的债券①。国际债券还可以进一步分为外国债券和欧洲债券。外国债券是一国政府、金融机构、工商企业在另一国发行的以发行地所在国货币为面值的债券，欧洲债券则是一国政府、金融机构、工商企业在国外金融市场上发行的以发行地所在国以外的第三国货币为面值的债券。发行国际债券的特点是形式多样、资金来源广。1982 年 1 月，中国国际信托投资公司在日本东京发行了 100 亿日元、期限 12 年、票面利率 8.7％的私募债券，这是我国企业第一次在国际金融市场以外国债券形式募集资金，自此揭开了我国发行国际债券的序幕。1987 年 10 月，我国财政部在德国发行了总额为 3 亿马克、期限 5 年、年利率 6％的债券，这是我国政府首次直接介入国际金融市场发行债券的重要行动。

① 此外，国际组织在国际金融市场发行的债券也属于国际债券。

另外还需要提到，内债和外债也是经济界常用到的一组概念。要注意的是，我们不能将国内债券和国际债券简单地归类于内债和外债，原因有两个方面。第一，内债和外债的范围比债券广泛，它们包含了各种债务，既有债券型的，也有非债券型的。第二，内债和外债的区别并不在于举债的地域，而是涉及一国居民和非居民之间的债权债务关系。在国际上，1988 年一个由世界银行、国际清算银行、国际货币基金组织、经济合作和发展组织成立的外债统计国际工作组确定了外债的一般定义：外债总额是指在任意一个时点，一国居民对非居民已经支付、但尚未偿还的契约性负债①。由此可以看出，国内债券和国际债券的划分依据与内债和外债是不同的。

五、按流通情况分类

流动性是债券的特征之一，债券依照是否允许流通，可以分为流通债券和非流通债券。所谓流通债券，是指在其期限内可以自由买卖转让的债券；所谓非流通债券，是指在其期限内不可以自由买卖转让的债券。需要指出，这里的自由买卖转让应该在规定的证券市场或按规定的方式进行，而不是违反规定的私下交易。否则，流通债券与非流通债券的界限将模糊不清，因为非流通债券有时也存在私下交易。

依据债券流通情况，还有一种区分的称谓是上市债券和非上市债券。凡是允许在交易场所挂牌买卖的债券就是上市债券，凡是不允许在交易场所挂牌买卖的债券就是非上市债券。在现代的债券市场，可以自由买卖转让的债券一般是要到交易场所挂牌买卖的，所以流通债券基本上等同于上市债券，非流通债券基本上等同于非上市债券。

另外还有一点，对于非流通债券或非上市债券而言，并非意味着完全没有变更债权人的机会。有的时候，为了满足非流通债券或非上市债券承购人的变现需要，债券发行人在设计债券运作条款时，会给予相应的制度安排。比如，我国财政部发行的凭证式国债，属于非上市债券，不能流通转让，但债券承购人在购买该国债后需要变现，可以到原购买网点提前兑取。

六、按计量单位分类

债券一般有规定的面值，面值需要用某种单位来计量。债券按计量单位可以分为两种基本类型，一种是实物债券，另一种是货币债券。

所谓实物债券，是指以某种实物作计量面值单位的债券。实物本身的单位，也就是该债券的计量单位。比如，1949 年我国广东北江革命根据地北江第一支队曾经发行“胜利公债”。该债券以稻谷为计量单位，分为 50 市斤、100 市斤和 500 市斤三种，年利 2 分，规

① 托马斯·M.克莱恩. 外债管理[M]. 张晓强，等译. 北京：中国计划出版社，2000.

定在1950年上半年偿还本息[①]。这就是一种典型的实物债券[②]。所谓货币债券，是指以某种货币作计量面值单位的债券。在现代社会，绝大多数债券属于货币债券。我国改革开放以来发行的各种债券，均为货币债券。实物债券与货币债券比较，前者的实际价值稳定，债信较高，但计算相对复杂，在货币经济中的适用性差；后者应债资源普遍，在现代社会的运作简便易行，但在通货膨胀阶段债权人易遭受损失。

发行实物债券的原因可能有两种情况：其一，在货币经济不发达的时候，实物交易占主导地位，故发行实物债券有可行条件。其二，在货币经济为主的年代，当币值不稳定之时，特别是通货膨胀严重的情况下，为维持债信，增强债券吸引力，发行实物债券。实物债券的发行单位是实物，但有时它的发行和偿还是根据实物的价格来收取和支付货币的。如过去的苏联政府发行"1922年第一次国内短期粮食(稞麦)公债"，就是根据国家当时规定的粮食平均价格收取货币，还本时可以用实物偿付，也可以按稞麦的实际价格用货币偿付[③]。在我国，实物债券曾经有变异的形式，称为折实债券。一般的实物债券是由一种实物作债券的计量单位，折实债券则用多种实物的组合作债券的计量单位，组合的单位名称可以是人为构造的。我国中央政府在1950年曾经发行"人民胜利折实公债"，债券面值单位是"分"。这个"分"既不是货币单位，也不是某一种实物的单位，而是包含了规定数量的大米、面粉、白细布和煤炭四种实物，所以它是若干实物的综合计量单位。

货币债券的计量单位是货币，发行和偿还时均以货币形式收取和支付。在货币债券中，根据货币单位的国别，可以进一步分为本币债券和外币债券。本币债券是发行人以本国的本位货币作计量面值单位而发行的债券，外币债券是发行人以其他国家的货币作计量面值单位而发行的债券。一般地，发行人在国内发行债券以本币债券为多，但当本国货币币值不稳定，也可能选择外币作为国内债券的计量单位。比如，国民党政府1942年发行的"民国三十一年同盟胜利美金公债"和1949年发行的"民国三十八年整理美元公债"，都是以美元计量的[④]。而发行人在国外发行债券，一般是以发行地国家的货币作为计量单位，或者采用国际上某些可以自由兑换的国家货币。

七、按偿还期限分类

债券的偿还期限是债券从发行到最后还本的存续时间，以此为标准，可以将债券分为定期债券和不定期债券。所谓定期债券，是指债券发行人规定具体偿还期限的债券；所谓不定期债券，是指债券发行人不规定确切偿还期限的债券。定期债券和不定期债券也可以分别称之为有期债券和无期债券。

---

① 许毅，沈经农. 经济大辞典(财政卷)[M]. 上海：上海辞书出版社，1987.

② 我国在20世纪90年代后期，开始出现凭证式债券和记账式债券，于是原来那些具有标准形式的纸质债券有时就被相应称为实物券。这些实物券只是对应于非标准形式的纸质债券而言的，不等于本章讲的实物债券。

③ 李俊生. 公债管理[M]. 北京：中国财政经济出版社，1994.

④ 龚仰树. 国债学[M]. 北京：中国财政经济出版社，2000.

定期债券按照期限之长短，习惯上还分为短期债券、中期债券和长期债券。短期债券是指偿还期限在1年以内(包括1年)的债券。短期债券的一般特征是周转期短、流动性大，因此它在货币市场占有重要地位。政府发行短期债券，主要是应付国库在某一预算年度内暂时入不敷出之需要。在西方国家，中央政府发行的短期国债主要是国库券，它是由政府发行并用以弥补财政临时收支不平衡的一种债券。由于财政收支由国库办理收纳和拨付，故国库收支出现缺口时就采用发行国库券弥补。企业发行短期债券，则以短期融资(如弥补短期流动资金贷款的不足)为目的。中期债券是指偿还期限在1年以上10年以内的债券，长期债券是指偿还期限在10年以上(包括10年)的债券。还需要提到，中期债券和长期债券之间的区别期限其实有更多的不同划分，如有以5年为界限的。不过，标准不一无碍大局，中期债券和长期债券具有同样或相近的作用，都是资本市场的重要品种。政府和企业发行中期债券和长期债券，短期内无筹资履约偿还之负担，并可以在较长时间中占用债券投资者的资金，因此常被发行人用作投资资金的来源。

不定期债券是定期债券的对称，这种债券在发行之时，并未规定偿还期限，债券所有人平时仅有权按期索取利息，而无权要求清偿。所以，不定期债券有时也称为永久债券。迄今为止，在债券发展进程中，不定期债券比较少见。历史上，英国19世纪发行的统一公债，应该属于不定期债券①。当然，不定期债券并不意味着债券发行人永久不偿还，这种债券通常为上市债券，当债券发行人资金较为充裕时，就可以随时从市场买入债券而注销债务，债券所有人也可以随时在市场抛售债券而收回资金。

最后还要补充两点：第一，债券到期日的规定，有时是灵活的。如美国联邦政府1979年5月15日发行的年息$9\frac{1}{8}$厘的国债券，规定到期日为2009年5月15日，但从2004年5月15日起政府就可以偿还②。第二，有些债券发行人对于偿还期限的选择权做出了特殊规定。如有一种称之为“10—40年公债”③，它规定在第一个10年内，债券发行人不可以偿还，债券承购人也不能要求清偿；自第一个10年后开始到发行后40年为止的30年期间，发行人可以自由安排偿还，承购人不能自主请求偿还；发行满40年期限以后，承购人方可要求偿还，而此时发行人遇偿还请求即应清偿。

八、按有无利息分类

利息是对资金暂时转让使用权的报酬。若以利息报酬是否支付为标准，可以将债券分为有息债券和无息债券。有息债券是指对债券所有人支付某种形式利息的债券，无息债券是指对债券所有人不支付任何形式利息的债券。

无息债券是无偿借贷，因为它对债券所有人不付任何报酬，很难得到人们的青睐，所

① 曹立瀛. 西方财政理论与政策[M]. 北京：中国财政经济出版社，1995.

② 曹立瀛. 西方财政理论与政策[M]. 北京：中国财政经济出版社，1995.

③ 邓子基，张馨，王开国. 公债经济学——公债历史、现状与理论分析[M]. 北京：中国财政经济出版社，1990.

以在实践中很少采用。有资料记载,德国在 1922 年曾经发行过一种强制公债,其前三年无息[①]。另外,所谓的无息无奖债券也对债券所有人不支付任何收益。有息债券则是债券发展史中的常见形式,因为获取利息收益是债券承购人出让资金使用权的一个重要的驱动力。有息债券的直接形式债券发行人按事先规定的利率和支付方式来支付利息,这也是最常见的形式;间接形式是通过抽奖(有奖债券)和折扣(有折债券)来给债券所有人一定的利息回报。

所谓有奖债券,是指对债券所有人实行抽签得奖的债券。发行有奖债券,奖金实际是利息的一部分或者全部,因此,有奖债券可能规定不支付利息或支付较低的利息,省下的利息则移作奖金。进一步划分,有奖债券又有不同的形式:①有息有奖债券。这种债券的所有人或得利息、或得奖金,制定的利率往往较低,节余利息以奖金形式支付给中奖人,未中奖人仅得利息。②有奖无息债券。这种债券常常通过抽签办法决定债券所有人中的中奖人,到期时中奖人可以得到一定量的奖金,未中奖人则按面额归还本金。有奖无息债券的中奖率有时可以达到三分之一。③无息无空签债券。这种债券的所有人名义上得不到利息,但是人人都能中签得奖,由于奖金总额分配于全部债券,故单奖额较小。从有奖债券的发展看,除了过去的苏联在政府债券的发行中曾经较多运用外,当今世界各国采用这种方法发行债券已经很难见到了,因为这种方式有悖于市场化,只是较多地利用了人们的投机心理。

所谓有折债券,是指债券发行人按债券面额打折扣发行的债券。发行这种债券,承购人可以按照低于债券面额的金额购得债券,到期时债券发行人仍然根据债券面额偿付本金和利息。而更多的有折债券是不规定票面利率,到期时仅按照面额偿还本金。低于面额的折扣,实际上就是利息,所以有折债券又称贴息式债券,而前面的有息债券可以称为增息式债券。我国目前发行的政府债券中,1 年以内的短期债券往往采用贴息形式发行,1 年以上的中长期债券则一般采用增息形式发行。

九、按利率变化分类

债券票面利率一般是在债券正式发行前决定的,按照决定的利率将来是否会发生改变,可以将债券分为固定利率债券和浮动利率债券。固定利率债券是指在债券发行时就直接规定其票面利率的具体值并且以后不再变动的债券,浮动利率债券是指在债券发行时规定其票面利率将随某市场基准利率浮动的债券。

对于固定利率债券,在发行后无论市场利率和物价水平如何变化,到时候债券发行人只按照原定票面利率向债券所有人支付利息。因此,在通货膨胀情况下,固定利率债券的所有人将会面临债券实际价值的贬值。对于浮动利率债券,在发行后市场情况变化,债券发行人支付利息所依据的利率也可能相应变化。我国在 1989 年发行的"保值公债",是浮

① 许毅,沈经农. 经济大辞典(财政卷)[M]. 上海:上海辞书出版社,1987.

动利率债券的一个实例。该债券是3年期的一次还本付息债券，当时规定，债券的利率随中国人民银行规定的3年期定期储蓄存款利率浮动，加保值贴补率，再外加一个百分点。1999年我国财政部又开始发行浮动利率债券，如“1999年记账式(六期)国债”期限10年，每年支付一次利息，利息按照支付日中国人民银行规定的1年期定期储蓄存款利率加0.3个百分点计算。发行浮动利率债券，通常是在市场物价波动较大、通货膨胀严重或通货膨胀预期强烈之时，目的是为了保护债券承购人的利益，增加债券吸引力，维护债券发行人的债信。

十、按利息支付分类

债券发行人应按约定向债券所有人支付利息，但不同债券利息支付的次数可能是不一样的，根据这方面的差异，可以将债券分为一次付息债券与分次付息债券。显然，一次付息债券就是债券所有利息一次性支付的债券，分次付息债券就是债券利息按期分次支付的债券。

实践中，对于利息支付只有一次的债券，其利息支付通常是安排在债券到期时，所以也称为一次还本付息债券。所谓一次还本付息债券，即指所有利息在债券到期偿还本金时一次性支付的债券。我国典型的一次还本付息债券，期限多数超过1年，规定有票面利率，但债券期限内各年的利息都在债券到期时支付。如2016年凭证式(一期)国债，分3年期和5年期两种，其中3年期票面年利率4%，5年期票面年利率4.42%，都是到期时一次还本付息，不计复利。此外，在经济意义上，贴现债券和零息债券的利息支付也是一次，因此可以归类于一次付息债券。

贴现债券是指在票面上不规定利率，发行时按某一折扣率，以低于票面金额的价格发行，到期时仍按面额偿还本金的债券。贴现债券属于前面提到的有折债券，采用折价发行，其发行价格与票面金额(即偿还价格)的差额，构成了实际的利息。如2016年记账式贴现(一期)国债，期限91天，发行价格为99.442元，低于票面100元的面值，到期则按面值偿还。贴现债券的期限一般在1年以内，属于短期债券。零息债券的字面含义是零息票债券，即在债券存续期内不支付利息的债券。零息债券的期限通常大于1年。一般情况下，债券承购人是以低于票面金额的价格购买，购买价格是票面金额的现值，购买债券的收益是债券票面金额与购买价格的差额。此外，国外也存在一些按面值发行的零息债券，这些债券在存续期内计息，到期日偿付应计利息和本金①。

分次付息债券在实践中更多的形式是附息债券，又称息票债券，是按照债券票面载明的利率及定期分次付息规定支付利息的债券。附息债券的期限通常在1年以上，有些附息债券是一年付一次利息，也有许多附息债券是每半年付一次利息。我国财政部发行的期限在1年以上的记账式国债，往往采用附息债券形式。如2016年记账式附息(二期)国

① 弗兰克·J.法博齐. 固定收益证券手册[M]. 任若恩，李焰，等译. 6版. 北京：中国人民大学出版社，2005.

债，期限 5 年，票面利率 2.53%，利息按年支付。又如 2016 年记账式附息（四期）国债，期限 10 年，票面利率 2.85%，利息每半年支付一次。

十一、债券分类体系

以上我们从十个方面对债券进行了分类，其中，有根据债务人和债权人情况来分的，也有根据债券的发行和流通条件来分的，还有根据债券本身特征来分的。这里，我们进一步用表格的形式将债券分类体系显示出来，见表 1—2，以方便读者阅览。

表 1—2　　债券分类

划分角度	具体依据	债券类型
债务人和债权人情况	发行主体	政府债券和企业债券
	信用保证	担保债券和信用债券
	债权确定	记名债券和无记名债券
债券的发行和流通条件	发行地域	国内债券和国际债券
	流通情况	流通债券和非流通债券
债券本身特征	计量单位	实物债券和货币债券
	偿还期限	定期债券和不定期债券
	有无利息	有息债券和无息债券
	利率变化	固定利率债券和浮动利率债券
	利息支付	一次付息债券与分次付息债券

小专栏 1—2　　利率债和信用债

利率债和信用债是我国债券市场上常见的一组名词，基本上是按有无信用风险来分的。

利率债通常指无信用风险的债券，其价格主要由利率决定，如我国的国债、央行票据、政策性金融债。信用债通常指有信用风险的债券，其价格还要考虑信用风险因素，如我国的企业债、公司债、中期票据、短期融资券等。

复习题

1. 如何理解固定收益证券？
2. 固定收益证券有哪些种类？
3. 债券的特征体现在哪些方面？

4. 说明债券与股票的联系与区别。

5. 说明债券的完整过程。

6. 债券可以如何分类?

第二章　债券发行和偿还

在债券运动过程中，开始阶段是债券发行，结束阶段是债券偿还。发行和偿还作为债券运行阶段的两端，采用的方式有多种，而这些内容正是本章所要阐明的。此外，在债券发行过程中，中介机构起到了重要的作用。最后，我们还要进一步说明对于债券发行活动有积极意义的债券评级。

第一节　债券发行概述

在市场经济环境中，债券的发行和偿还需要依托债券市场，当然，债券的流通也要依靠债券市场。所以，对债券运行阶段进行描述，无论是分析债券的发行和偿还，还是讨论债券的流通，都首先要阐明债券市场。

一、债券市场的含义

所谓市场，狭义的理解是指买卖东西的场所。当然，这样的理解在过去会更多地贴近实际，因为以往的市场总是有形的市场，是和一定的买卖场所联系在一起的。但是在科学日益发展的现代，技术水平的提高已经使越来越多的交易不需要通过有固定地点的场所来完成，人们可以通过一些公共媒介（如通信手段、互联网络等）实现买卖，市场可以是无形的。所以，从有形的市场延伸出来，在广义的层面，可以将市场理解为是对买卖的东西所形成的供求关系和交易机制的总和。

在市场这一范畴中，依据买卖的东西不同，还可以进行细分。如果买卖的是普通商品，就构成商品市场；如果买卖的是金融商品，就形成了金融市场。金融是货币资金的融通，金融市场就是货币资金融通的市场，即以金融资产为交易工具而形成的供求关系和交易机制的总和。再进一步，根据金融资产的期限特征，又可以将金融市场分为货币市场和资本市场。货币市场是以期限在1年以内的金融资产为交易工具的短期资金融通市场，包括短期信贷市场、同业拆借市场、回购协议市场、商业票据市场、银行承兑汇票市场、大额可转让存单市场、短期政府债券市场等。资本市场是以期限在1年以上的金融资产为交易工具的中长期资金融通市场，包括中长期信贷市场和证券市场。其中，证券市场又包括股票市场、债券市场、基金市场等[①]。图2—1显示了金融市场的结构，从图中可以清晰地看出债券市场在金融市场中的地位。债券市场是证券市场的重要组成部分，而证券市场又是资本市场的重要内容[②]。将市场的一般定义延伸，就可以得到：债券市场是以债券为交易工具而形成的供求关系和交易机制的总和。

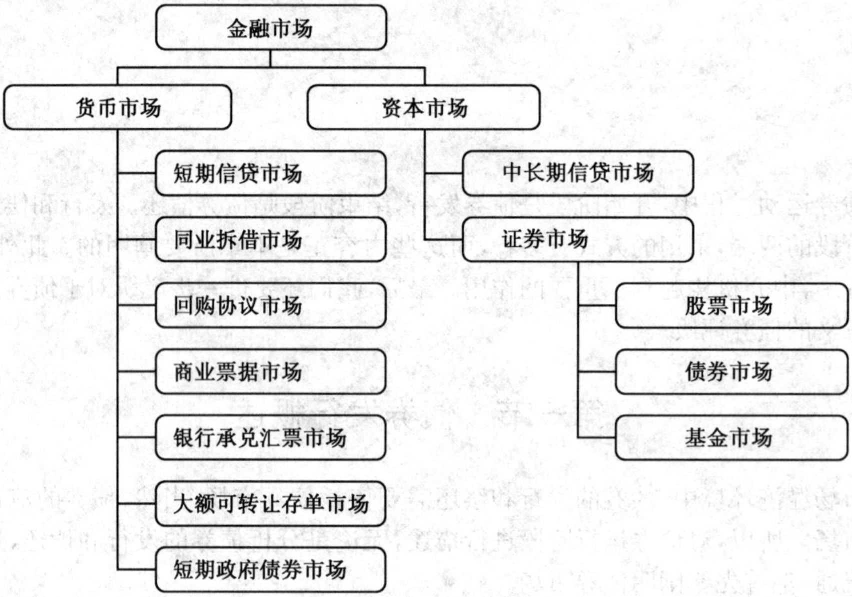

图2—1 金融市场结构

在经济活动中，债券市场对于不同的主体，可以发挥相应的作用。首先，对于资金需求者，债券市场为其提供了融资功能。债券市场是金融市场的组成部分，可以实现资金的融通，当政府、企业等经济主体资金不足时，可以通过债券市场筹措。如同股票市场能为企业募集所需的资金一样，债券市场也为资金需求者提供了一个直接融资的渠道，当然，融入资金的属性会存在一定的差异，债券发行人只是增加了债务。其次，对于资金供给者，债券市场为其提供了投资功能。在金融市场上，资金充裕者会寻找各种投资方向，债券市场便是其实现投资的一条途径。投资者投资债券，可以获得预先规定的利息，到期可

① 霍文文. 金融市场学教程[M]. 上海：复旦大学出版社，2005.

② 实际上，债券市场作为证券市场的一部分，主要指的是中长期债券的交易，短期债券买卖则归类于货币市场。而作为完整意义上的债券市场，既包括中长期债券的交易，也包括短期债券的买卖。

以收回本金。相对于股票市场，债券是一种风险较低的投资品种。而且，通过债券市场的投资活动，还可以引导资金的流动，因为债券发行人效益的高低，在一定程度上将影响投资资金的投向，即债券市场也存在优化资源配置的效应。最后，对于经济管理部门，债券市场为其提供了调控功能。在现代国家，中央银行作为货币政策的制定与实施者，有多种政策工具进行调控，公开市场业务就是其中之一。行使公开市场业务手段时，中央银行需要在债券市场上买卖特定的债券[①]，比如中央银行在经济萧条时可以在债券市场上买入债券而增加货币供给，在经济过热时可以在债券市场上抛售债券而减少货币供给。另外，运行机制比较健全的债券市场还可以为金融资产定价提供基准利率。

二、债券发行市场构成

债券市场如果按照为债券运作所提供的功能来划分，可以分为债券发行市场和债券流通市场。债券发行市场也称为债券一级市场或债券初级市场，我们同样可以按狭义和广义两个方面来理解债券发行市场的含义。从狭义的角度看，债券发行市场是指债券发行人将其债券销售给债券认购人的场所；从广义的角度看，债券发行市场则指实现债券承购人购买债券发行人的债券而形成的供求关系和交易机制的总和。

在市场的构成框架中，通常是由三个要素组成的：参与者、市场工具和运行方式。债券发行市场也是如此，我们可以通过对其参与者、市场工具和运行方式的阐明，进一步理解债券发行市场的构成。

参与者是债券发行市场的主体。从职能上划分，债券发行市场参与者可以分为发行人、承购人、中介机构和管理者四类。债券发行人可以是政府，也可以是企业。在债券发行市场，发行人作为债务资金的需求方，在债权债务关系中处于债务人的地位。债券承购人在债券发行时实际购买了债券，他们可以是企业，也可以是个人，有时政府也充当了债券承购人。在债券发行市场，承购人作为债务资金的供给方，在债权债务关系中处于债权人的地位。中介机构是为实现债券从发行人手中转移到承购人手中而提供专门服务的机构，其中承销商具有重要的地位。管理者是指对债券发行市场进行监督管理以促进其正常运转的机构，包括政府监管部门和市场组织机构。

市场工具是债券发行市场的客体，也就是认购的对象，即债券本身。在前面第一章中，我们已经对这一市场工具作了详细的分类介绍。

运行方式是指债券发行人采用一定的方法将债券销售给认购人的运作过程，其中包括了债券发行方式和发行程序。

三、我国债券发行的简要历程

20 世纪 50 年代，在我国的债券发展进程中，国债是最主要的内容，其他种类的债券

① 中央银行公开市场业务的操作对象一般是国债、中央银行票据等。

甚少。50年代发行的国债，有两个品种，一个是中华人民共和国成立初期的人民胜利折实公债，另一个是1954年开始发行的国家经济建设公债。人民胜利折实公债主要是为了应付当时的财政收支缺口，国家经济建设公债则是为了满足当时搞经济建设政府所需投资资金的要求。除此之外，在20世纪50年代，我国还发行过一些地方政府债券，主要的品种有地方经济建设公债和东北生产建设折实公债。这些债券尽管很少，但也是我国债券发展的一个组成部分。之后的20多年时间里，我国停止了债券发行。

20世纪80年代开始，伴随着改革开放的步伐，债券发行重新恢复。1981年中央政府开始发行国库券，当时的背景是改革开放使得我国国民收入分布格局发生变化，财政支出大于通过无偿方式取得的收入，因此需要政府借助信用关系取得追加的资金来源。自此以后，我国中央政府每年都发行国债。目前的国债品种包括记账式国债、凭证式国债和储蓄国债(电子式)。而在地方政府债券方面，我国是在2009年重新开始发行的。

根据债券发行人类型分，除了政府债券外，还有企业债券和金融债券。我国企业债券和金融债券在计划经济年代都没有出现过。20世纪80年代中期，企业债券和金融债券在我国开始登上了历史舞台。企业债券是从改革开放后企业集资活动中逐步形成的，到1987年其发行工作开始走上了比较正规的道路，1993年国家对企业债券的发行进一步通过法规加强了管理[①]。此外，我国最早的可转换公司债券于1992年面世[②]。我国的公司债券则是在20世纪90年代中期出现的，当时的《中华人民共和国公司法》及后来的一些法律法规对公司债券的发行制定了相关规则[③]。

我国金融债券出现于1985年[④]，初期阶段品种比较单一，到"十五"时期已经较为丰富，除了政策性金融债之外，还有中央银行票据、证券公司债券、商业银行次级债券等。

20世纪80年代初期，我国在举借外债方面，也开始考虑采用对外债券融资的办法[⑤]，后来在境外债券市场上也发行了一些国际债券。

第二节　债券发行方式

在债券运行阶段，第一个过程是发行过程，也就是债券发行人向债券认购人销售债券。这是一项带有一定技术性的业务工作，可以有不同的具体办法。在合适的债券发行方式下，债券发行人能够比较顺利或者及时地获取所需要的资金，而债券认购人也可以比

① 1987年3月27日，国务院颁布了《企业债券管理暂行条例》，它标志着国家开始对企业债券进行统一管理。1993年8月2日，国务院又发布了《企业债券管理条例》。

② 1992年12月，中国宝安企业(集团)股份有限公司推出了我国第一只A股上市可转换公司债券——宝安可转换公司债券。

③ 如1994年7月1日起施行的《中华人民共和国公司法》，1999年7月1日起施行的《中华人民共和国证券法》，2007年8月14日起施行的《公司债券发行试点办法》。

④ 1985年10月，经中国人民银行批准，由中国农业银行和中国工商银行首次向全国发行金融债券。

⑤ 1982年1月，中国国际信托投资公司在日本东京发行了100亿日元固定利率的私募债券，这是中华人民共和国成立后我国第一次在国际资本市场以外币债券形式募集资金，自此揭开了我国发行国际债券的序幕。

较方便地购得其所需要的债券。

一、发行方式的种类

债券发行方式是指债券发行人将债券出售给认购人的具体办法。在各种债券发行业务中，曾经出现过一些不同的发行方式，这些方式又可以从不同的角度进行分类。下面选择若干种类说明。

(一)直接发行和间接发行

这种分类是以是否有中介机构代理发行为依据的。

1. 直接发行

所谓的债券直接发行，是指债券发行人不依靠中介机构，自己直接向债券认购人出售债券。在这种情况下，债券发行人需要自行承担债券销售的业务工作，比如发行前的宣传推介和发行中的收款入账等。一般来说，直接发行由于利用了发行人本身的力量发行债券，免去了中介机构的参与，从而可以节省支付给中介机构的发行手续费(即债券发行费)。但是直接发行要求发行人自己为此投入相应的人力和物力，特别是在向社会公开销售的情况下，这种方式的运用还可能要求发行人建立一套遍及各地的债券推销体系，以便比较顺利地实现债券发行计划。所以通常情况下，直接发行不适宜于公募债券。

另外还要提到，在政府债券的发行中，直接发行还可以进一步分为强制摊派和自愿认购。强制摊派是指政府运用行政权力来对政府债券的认购人分配派购债券。这种方式主要出现在国债发行中，因为国债的发行人是中央政府，中央政府具备运用权力指令各级行政机构向国债认购人进行摊派的条件。当然，在实际经济活动中，强制发行国债是较少的，只是在某些特定时期(如战争年代)采用。据称，第二次世界大战期间的英国和加拿大就采用过强制国债，英国当时在所得税之外搭配一定金额的国债，规定战后分期偿还①。自愿认购是指债券认购人不受政府行政权力影响而自主决定认购债券。这种方式也是市场经济条件下各类债券发行人普遍采用的方式。就强制摊派和自愿认购的比较而言，在正常的市场经济环境下，自愿认购是一种较符合市场规则的办法:其一，债券实质上是一种金融商品，而商品的买卖应该是以自愿为基础的，所以债券自愿认购符合一般商品的交换原则;其二，自愿认购有利于债券发行条件的合理形成，因为认购债券是自愿的，所以认购与否的选择真实反映了人们对债券发行条件的看法，这样就可以促使债券发行人按照市场上资金供求关系来制定债券发行条件。相反，强制摊派则存在违反市场规则的缺陷:其一，扭曲了债券作为金融商品的基本属性，因为强制摊派以政府的行政权力为依托，强令认购人购买，违反了债券买卖双方理应遵循的市场平等交换原则;其二，强制摊派不利于形成符合市场供求关系的债券定价，因为强制摊派迫使认购人购买一定数量既定价格的债券，不能显示资金供给方对债券价格的真实意愿。

① 曹立瀛. 西方财政理论与政策[M]. 北京:中国财政经济出版社，1995.

2. 间接发行

所谓的债券间接发行，是指债券发行人依靠中介机构的帮助，由中介机构来代理完成债券发行事宜。在这种情况下，债券发行人不必自行承担发行债券的具体工作，但要向帮助销售债券的中介机构支付一定的发行手续费。实践中，债券的间接发行用得比较多，因为债券发行人自行设立机构、安排人员推销债券的成本很大，而且也可能缺乏这方面的专业能力。所以，从成本和效率角度考虑，利用社会上已经存在的金融机构（如银行、证券公司等）来代理发行可能是更合适的。在市场经济比较发达的国家，金融机构网点多，与投资者的联系也比较密切。因此，利用这些机构发行债券，比较容易开拓市场，以便及时筹集所需要的债务资金，发行效率相对较高。

在债券的间接发行中，根据中介机构所起的作用，又可以分为代销和包销。当然，具体采用何种形式，需要在发行人与中介机构签订的发行合同中规定。代销是一种完全意义上的代理发行，它是由债券发行人向中介机构支付发行手续费，并由中介机构代理发行人向债券认购人推销债券，到发行期结束如果债券未能全部售出，剩余部分将返还给发行人。实际上，作为代销的中介机构并不负责完成债券全额发行之责，主要起到利用其销售渠道代办有关发行事宜的作用。包销则是另一种有中介机构参与的债券发行方式，它是在债券发行人与中介机构签订发行合同后，中介机构按照约定在发行期向债券认购人销售债券，并在指定日期向发行人交付合同规定的债券认购款项。换言之，包销的中介机构实际上承担了完成债券发行任务的责任，也就是有一定的发行风险，因为它不能完全保证自己承接的债券在发行期里一定能够实现全额销售。对于债券发行人来说，采用包销办法有利于它及时、全额地取得所筹的债务资金，但由于中介机构的发行风险较大，所以需要支付相对较高的发行手续费。

另外还有一种称之为助销的方法。从形式上看，助销是将代销和包销相结合，即中介机构先代理债券发行人推销债券，发行期结束后如果还有未销售的余额债券，则中介机构负有将余额全部自己购入的责任。这种方式也称为余额包销，对于债券发行人而言，它也能保证债券全额发行的完成，所以助销实质上也可以归类于包销之列。

（二）公开募集和私下募集

这种分类是以债券发行的公开认购程度来区别的。

1. 公开募集

所谓的债券公开募集，是指债券向全社会公开发行，一般不具体指定债券发行对象或者对债券发行对象做过多的限制。按这种方式发行的债券，也可以称为公募债券。公开募集方式有两个方面的特点：第一，它的发行面比较宽广。由于对债券发行对象的范围不限制或者限制较少，所以社会上各类投资者或大多数投资者都可以认购，这样就相对容易使债券实现销售，尤其是适合那些需要较大规模资金量的债券发行人采用。第二，它的发行过程往往采用间接发行。公开募集一般需要中介机构的帮助来推销，因为大批量的债券面向社会公开销售，单靠发行人本身的力量是不够的。因此借助于金融系统的中介机构，充分发挥它们经营网点多和工作人员熟悉业务的特点，可以提高发行债券的效率。

2. 私下募集

所谓的债券私下募集，是指债券不向全社会公开发行，而是只允许特定类别的投资者承购债券。按这种方式发行的债券，也可以称为私募债券。与公开募集方式的特点相反，私下募集方式也有两个方面的特点：第一，它的发行面相对狭窄。私募债券发行时不像公募债券那样对全社会广泛宣传，其发行对象往往是特别指定的，所以认购人范围不大，相对集中。第二，它的发行过程有时采用直接发行方式。由于这种债券的发行对象集中，发行人有可能不需要借助中介机构的帮助，自己完成向认购人销售债券的事宜。

在我国，政府债券的规模往往比较大，所以大多数的政府债券是以公开募集方式为主的，但有时一些带有特别目的的政府债券或需要针对某些特定机构发行的债券，则会采用私下募集方式①。对于企业债券的发行，由于大多数在发行后是要在债券市场上公开交易的，所以也以公开募集方式发行居多。但针对某些风险较大的企业债券，不安排二级市场的公开交易，也会通过私下募集来发行。

（三）竞价发行和定价发行

这种分类是根据债券发行价格由哪一方决定来判断的。

1. 竞价发行

所谓的债券竞价发行，是指由代表债券认购人方面的竞价人通过一定的竞价程序来决定债券发行价格的方式②。由于竞价发行通常是采用招标办法，所以也可以称为招标发行。在竞价发行中，债券发行人不直接规定债券发行价格，只规定竞价规则，然后由代表债券认购人方面的竞价人竞价；有时债券发行人也可以规定一定的价格区间，再由参与竞价的人在这一价格区间内竞价。不管采用何种办法，符合竞价规则的结果是发行人所必须接受的。换言之，在债券发行之前，债券发行人不知道债券发行价格将会是多少，决定这一价格的是参与竞价的人。当然，在公开发行债券时，最终的认购人可能成千上万，不可能都参与竞价，所以要采用间接发行方式，由中介机构代表债券认购人方面来竞争投标决定债券发行价格，然后再向认购人分销债券。一般认为，竞价发行体现了合理的市场竞争原则，可以比较真实地反映出资金市场借贷资金的真实利率水平。在实际运用中，债券竞价发行竞争的标的主要有债券发行价格和发行利率。

2. 定价发行

所谓的债券定价发行，是指由债券发行人单方面确定债券发行价格、而后由债券认购人认购的方式。定价发行不需要招标，故也可以称为非招标发行。在定价发行中，债券发行价格是由发行人自行规定的，债券认购人必须按照事先规定的发行价格认购债券。因此，发行价格的高低就会影响债券发行是否能最终实现。如果债券发行价格定得较高，超

① 实践中一般称之为定向发行。

② 其实，债券竞价发行中不一定是针对债券发行价格进行竞争，也可能是对其他债券发行条件（如票面利率等）进行竞争。不过为了统一起见，我们都称为竞价发行。

出市场资金借贷的均衡水平，债券发行对象就不愿认购；反之，如果债券发行价格定得较低，则认购债券的收益率就会超过市场上贷出资金的利率，债券发行人的筹资成本就增加了。所以，定价发行要求债券发行人制定的债券价格应尽可能符合市场上资金借贷的实际供求情况。

在实际的债券发行中，有一种称为簿记建档的发行方式①，其具体流程是：首先由簿记管理人（一般为主承销商）进行预路演，发行人和簿记管理人根据预路演获得的市场反馈信息，共同确定申购价格区间。其次进入路演，簿记管理人开展簿记建档工作，接收申购订单，期间公证机关要进行全程监督。最后主承销商在公证机关的监督下，以申购订单所形成的价格需求曲线为基础，与发行人共同确定最终的发行价格。簿记建档发行方式与竞价发行中公开招标的最大区别，在于簿记建档发行方式的最终发行价格掌握在发行方手中，是由其根据询价情况协商确定的；而公开招标则完全由承销商的投标来确定最终发行价格。

小专栏 2—1　　我国银行间债券市场簿记建档发行债券的步骤

在我国银行间债券市场上，企业采用簿记建档的方式发行债券，其过程大致有五个步骤：

第一，发债企业通过主承销商向管理人（交易商协会）提出融资申请；

第二，簿记管理人向意向投资人询价；

第三，簿记管理人确定发行利率区间；

第四，接受投资人发出的申购订单；

第五，根据申购订单确定发行利率。

二、主要的发行方式

以上我们从三个角度对债券发行方式做了分类，但并未详细说明具体的发行办法。实际上，对于某一种具体的债券发行方式来说，可以同时将其归入上面若干种类。比如，债券的招标发行既具有竞争特性，中标后的分销也属于间接发行，而且一般情况下是公开募集。下面再具体介绍几种主要的债券发行方式。

（一）承购包销法

承购包销法是指债券发行人与债券承销人签订承购包销合同，由债券承销人负责其所承受的债券发行的销售任务。这种方法通过承购包销合同确定了发行人和承销人的权利及义务，双方具有平等的关系。债券承销人承受了新发行的债券后，还要向其他投资者分销，分销不出去的部分，将由承销人自行购买。所以，承购包销合同一旦签订，对于债券发行人而言，其债券发行也就基本上实现了。

① 簿记建档的发行方式在很多国家被经常使用于股票、债券等证券品种的发行中。

采用承购包销法，首先涉及债券承销人的组成。如果债券发行规模较小，一个债券承销人也许就可以承受；如果债券发行规模很大，就可能要组成一个承购包销团来承销。在国债发行中，由于规模巨大，很多国家是由承销集团包销，即财政部与商业银行、证券公司等组成的债券承销集团通过谈判签订合同、并由承销集团实行包销。在承购包销团中，如果有较多的债券承销人参与，还可能要确定互相之间的主次。比如，可以确定承购包销团的主干事、副主干事和一般干事，它们的权利和义务亦可以由承销协议约定①。

其次，承购包销法还涉及债券发行条件的确定。这里的债券发行条件主要指发行价格或票面利率等，尤其是发行价格非常重要，关系到参与各方的利益。发行价格的确定有两种基本情况：一种是由债券发行人与债券承销人协商决定，由于它们分别代表了资金需求方和资金供给方，所以两者之间的讨价还价也常常能确定一个贴近实际借贷利率的水平；另一种是由债券发行人自行决定，债券承销人根据既定的发行条件提出包销债券的数量。这种情况下，债券发行人制定的发行价格是否合理是比较关键的，它关系到债券的既定数量是否能及时销售。

最后，如果是组成承购包销团承销，还要确定承购包销团成员各自的承销份额。承销份额的确定也可以采用两种办法：一种是固定份额法，它的优点是各承销人对自己应承销的份额心中有数，有利于及时安排资金；另一种是变动份额法，优点是各承销人可以根据自己状况灵活调节。

（二）招标发行法

招标发行法是指债券发行人先不规定债券发行价格（或其他某一债券发行条件），由投标人直接竞价，然后发行人根据投标所产生的结果来发行债券。在招标发行中，尽管不是所有的债券认购人都能直接参与投标，但投标人确实是代表市场上资金供给方的。通常认为，因为招标方式下的债券发行条件不是由发行人自行决定，而是众多投标人竞争的结果，所以这样的发行条件能够体现公平竞争的市场法则，也能比较真实反映出由借贷资金供求关系所决定的市场水平。

招标发行法还可以从不同角度再作进一步划分。

1. 价格招标和利率招标

这一分法是依据招标标的的不同。其实，债券招标的标的还可以有其他的，如利差招标、数量招标、缴款期招标②等，当然，实践中最常用的是价格招标和利率招标。价格招标是指发行人在债券招标书中，明确发行债券的招标总量及票面利率（零息债券和附息债券的发行时），投标人（通常也就是承销商）按照自己的意愿投标自己的缴款价格和相应数量，然后由发行人根据投标价格由高到低排序确定中标者。利率招标有时称收益率招标，是指发行人在债券招标书中，明确招标总量和发行价格（通常为百元票面值），投标人按照

---

① 如主干事是承担无限责任还是有限责任等。

② 我国国债发行第一次采用招标方式时的标的就是缴款期。

自己的意愿投标自己所认可的票面利率和相应数量，然后由发行人根据投标利率由低到高排序确定中标者。在价格招标和利率招标中，对于投标人而言，正确估价是非常重要的。如果报价过低（或者所报利率过高），则有可能落标；但若报价过高（或者所报利率过低），又会增加投资成本。

2. 竞争性出价和非竞争性出价

这一分法是依据报价竞争性的不同。竞争性出价是指投标人在投标时既报出自己愿意接受的购买价格，也报出自己在这一价格水平下愿意接受的债券数量。在这种情况下，投标人之间存在直接的竞争关系，因为债券发行人要按照高价或低利率开始，依次决定中标者。非竞争性出价是指债券认购人不报价格（或利率），只报拟购买的债券数量，然后由发行人根据竞争性出价所产生的最终发行价格（或票面利率）向这部分认购人出售债券。非竞争性出价可以适应那些不熟悉招标技术且投资额又比较小的投资者的需要，他们为免于参与需要一定技巧的招标过程，通常愿意接受他人的竞价结果。另外，国际组织、政府部门等一些机构，它们要经常性投资一些高信用等级的政府债券，有时也会采用非竞争性出价来满足其购买债券的需要。

3. 公开报价和秘密报价

这一分法是依据报价公开性的不同。公开报价是指投标人所报的价格（或利率）在债券招标过程中是公开为其他投标人所知道的。在这种情况下，每个投标人都确切了解其他竞争者的真实意愿。秘密报价是指投标人所报的价格（或利率）在债券招标过程中是保密的，亦即投标内容（标书）是加封的。在这种情况下，每个投标人都不知道竞争对手的真实意图。应该说，在标书公开与否的不同情况下，投标人的投标技巧会有所不同。实践中，秘密报价用得较多。

4. 统一价格招标和多种价格招标

这一分法是依据中标价格的不同。统一价格招标又称荷兰式招标或单一价格招标，是指在投标结束后，发行人将各投标人有效投标价位进行排序（价格招标由高到低排序，利率招标由低到高排序），直至满足预定发行额为止，然后所有的中标人都以最后中标价位（当然也是相同的价格或利率）中标。假设某次债券招标发行总量为100亿元，标的为票面利率，有甲、乙、丙、丁、戊5个投标人参与投标，各投标人的投标价位和投标量见表2—1。发行人对各投标人投标价位由低到高进行排序并累加各投标价位点投标量，累加至3.8%时已募满100亿元，此时对应的最后中标价位为3.8%。亦即甲、乙、丙、丁4个投标人中标，中标价位都为3.8%，其中甲、乙、丙均按其所报的投标量全额中标，丁的中标量只有10亿元，戊未中标。

表2—1　投标数据

投标人	投标价位（%）	投标量（亿元）	各价位累计投标量（亿元）
甲	3.5	24	24

续表

投标人	投标价位(%)	投标量(亿元)	各价位累计投标量(亿元)
乙	3.6	30	54
丙	3.7	36	90
丁	3.8	60	150
戊	3.9	25	175

多种价格招标又称美国式招标,是指在投标结束后,发行人将各投标人有效投标价位进行排序(价格招标由高到低排序,利率招标由低到高排序),直至募满预定发行额为止,然后各中标人分别以各自的出价中标,并计算相应缴款金额,而所有中标价位的加权平均价格为该债券的发行价格或票面利率。假设某次债券招标发行总量为 100 亿元,按面值 100 元贴现发行,标的为发行价格,有甲、乙、丙、丁 4 个投标人参与投标,各投标人的投标价位和投标量见表 2—2。发行人对各投标人投标价位由高到低进行排序并累加其各投标价位点投标量,累加至 91 元已募满 100 亿元,此时投标价位在 91 元以上的投标人,应按其各自投标价位中标。亦即甲、乙的中标价格分别是 93 元和 92 元,并按其所报的投标量全额中标;丙的中标价格是 91 元,中标量只有 4 亿元;丁未中标。所有中标价位加权平均后的价格 92.56 元为本次债券的发行价格。

表 2—2　　投标数据

投标人	投标价位(元)	投标量(亿元)	各价位累计投标量(亿元)
甲	93	60	60
乙	92	36	96
丙	91	30	126
丁	90	24	150

显然,统一价格招标和多种价格招标的主要差异,在于中标人认购债券的价格是否统一。在统一价格招标情况下,各个中标人的实际认购价格是一致的;而在多种价格招标情况下,各个中标人的实际认购价格可以是不一样的。下面再举两个例子说明。

【例 2—1】 一金融机构计划发行金融债券,票面总额定为 20 亿元,期限 8 年,每年付息一次,采用统一价格招标,标的为收益率,中标人的承销价格为每百元面值债券 99.50 元。设有甲、乙、丙三个投标人,在 10%标位上的投标额分别是 3 亿元、2 亿元和 3 亿元,在 11%标位上的投标额分别是 4 亿元、3 亿元和 5 亿元,在 12%标位上的投标额分别是 6 亿元、4 亿元和 8 亿元。因此,11%为中标收益率。债券的票面利率可以根据公式(2—1)计算。

$$i=y\times\frac{P-\frac{100}{(1+y)^n}}{100-\frac{100}{(1+y)^n}} \tag{2-1}$$

式中：i 为金融债券票面利率，y 为中标收益率，P 为中标人承销价格，n 为金融债券期限。计算结果，本次金融债券票面利率为 10.90%。

【例 2—2】 中央政府打算招标发行国债，票面总额为 100 亿元，品种是 5 年期附息债券，每年付息一次，采用多种价格招标，投标标的为收益率，如果最高中标收益率上的投标额大于剩余招标额时，采用比例配售方式募入。设有 A、B、C、D 四个投标人，他们在不同标位上的投标情况见表 2—3。

表 2—3　　多种价格招标案例　　单位：亿元

标位	A	B	C	D
8%	20	30	10	20
9%	30	30	20	20
10%	50	30	50	40
中标额	26	36	14	24

投标结果，8%标位上的投标额为 80 亿元，全部中标，且剩余招标额为 20 亿元；9%标位上的投标额为 100 亿元，剩余招标额占它的比例是 20%，所以 A、B、C、D 四个投标人在这一标位上的中标额分别为 6 亿元、6 亿元、4 亿元和 4 亿元，且他们总的中标额分别为 26 亿元、36 亿元、14 亿元和 24 亿元。国债票面利率为中标收益率的加权平均值，并以不同标位上的中标额占总中标额的比重为权数，按公式(2—2)计算。

$$i=\frac{1}{Q}\sum_{t=1}^{n}y_tQ_t \tag{2-2}$$

式中：i 为国债票面利率，Q 为招标总额，y_t 为某标位中标收益率，Q_t 为某标位中标额，n 是中标标位的个数。计算得到本次国债票面利率为 8.20%。接下去再计算各中标人的中标收益率(分别用 y_A、y_B、y_C 和 y_D 表示)，也采用加权平均方法，计算数据和结果如下：

$y_A=(20\times8\%+6\times9\%)\div26=8.23\%$

$y_B=(30\times8\%+6\times9\%)\div36=8.17\%$

$y_C=(10\times8\%+4\times9\%)\div14=8.29\%$

$y_D=(20\times8\%+4\times9\%)\div24=8.17\%$

各中标人最终的承销价格(每百元面值)是根据本次国债招标确定的票面利率和各中标人的中标收益率来计算，见公式(2—3)。

$$P=\frac{\dfrac{100-\dfrac{100\times i}{y}}{(1+y)^{n}}}{}+\frac{100\times i}{y} \tag{2-3}$$

式中:P 为中标人承销价格,i 为国债票面利率,y 为中标人中标收益率,n 为国债期限。计算结果,A、B、C、D 四个中标人承销本次国债的价格分别为 99.88 元、100.12 元、99.64 元和 100.12 元。

小专栏 2—2　　我国国债发行中的混合式招标

在我国国债发行中,经常会采用一种混合式招标。该方法是在不同的投标区间分别采用统一价格招标和多种价格招标。

比如,中华人民共和国财政部发布的《2016 年记账式国债招标发行规则》规定,10 年期(含)以下记账式国债采用混合式招标方式发行。标的为利率时,全场加权平均中标利率为当期(次)国债票面利率,低于或等于票面利率的中标标位,按面值承销;高于票面利率的中标标位,按各中标标位的利率与票面利率折算的价格承销。标的为价格时,全场加权平均中标价格为当期(次)国债发行价格,高于或等于发行价格的中标标位,按发行价格承销;低于发行价格的中标标位,按各中标标位的价格承销。

(三)连续经销法

连续经销法是指债券发行人依靠债券销售机构的力量,由债券销售机构通过其经营网点来持续卖出债券的方法。这种方法也可以称为出卖发行法,是属于一种比较灵活的方式,我们可以从以下三个方面认识它的特征。

第一,通常采用的是间接发行的方式,即债券发行人通过金融机构、邮政系统或证券经纪人等中介机构在市场上连续经销。就委托销售来说,债券发行人可以有两种选择:一是让中介机构包销,然后中介机构再向社会投资者出售;二是由中介机构通过其经营网点向社会投资者代理销售。实际上,第一种选择也采用了前面介绍的承购包销法的方式。至于通过什么样的中介机构经销,要根据市场不同的情况。如果有比较成熟的证券中介机构和发达的证券流通市场,则可以通过证券经纪人在证券市场上卖出债券;如果银行系统在全国或地区有比较发达的零售经营网点,则可以利用它们的优势向社会投资者零售债券。

第二,债券发行条件可以灵活调整,即在经销期中债券发行人可以根据市场情况不断调整债券的票面利率或者发行价格等债券发行条件。比如,若有迹象表明对债券的需求小于债券的供给,债券发行人就可以适当降低发行价格以刺激需求增加,或者当市场利率下降时,债券发行人可以适当提高发行价格以降低债券的筹资成本。当然,利用不同的中介机构代理销售,随时改变发行条件的灵活性不一样。比较而言,通过证券市场的挂牌销售最容易随时调整价格。

第三,经销期限可以事先不限定,即债券发行人事先不规定债券的具体销售期限,代理销售机构可以不断地连续经销,直到预定的发行数量全部售完。在这种情况下,债券的实际发行期有长有短，短则几天、几星期，长则数月、甚至跨年度。

在国债发行中，有一种称为"随买"的方式，实际上就属于连续经销法。它是常年的连续销售国债，如果销售的数量已经达到预定规模，或者市场利率水平发生明显变化，则本期国债停止销售，然后调整发行条件，经销下一期国债。这种发行就好像通过自来水开关阀门调节水量一样，灵活地调整国债发行的流量。

另外，在企业债券发行中，有时会采用橱架发行制度，即企业定下债券的计划发行总额后，可以在一段时期内根据需要不断进行筹资，或者说在核准的数量内分次发行。其实，橱架发行是一种形容，比如人们会把不同季节所需要的衣服放在橱架里面，需要穿的时候拿出来就可以，而不必到时再去买，即橱架可以进行储藏。把橱架这个概念引入企业债的发行中，就是让企业可以根据自己的需要而对债券融资进行灵活的安排。对于企业而言，有时筹资的时候不是一次就能把所筹全部资金都投入项目中，而是要根据项目的进度安排资金的投入。如果一次把所有的资金都筹来，但并不是马上都需要，就会造成资金的浪费。因此，通过橱架的方式可以使企业能够更灵活地安排它们自己筹资的需要，使企业能够更好地利用市场资源。但橱架发行并不等同于连续经销，因为橱架发行是企业根据需要而分次发行，不是指连续地卖出债券。

上面主要介绍了三种债券发行方式，这里还要补充说明一点。债券发行人发行债券不一定仅采用一种方式，而可以是不同方式的结合。实际上，各个国家不同的债券发行方式没有完全一致的固定模式，即使是同一种方式，具体运用时也会体现出一些不同的特点。在现代社会，为了适应金融市场多样化筹资的需要和投资方向多样化发展的需要，以一种方式为主同时辅以其他方式的组合为许多债券发行人所采用，尤其是在国债的发行中。比如，美国、意大利在发行国债时就采用过公墓招标和直接发售相结合的方式①，见图 2－2。其中可上市债券由财政部向一级自营商招标发行，然后再通过自营商向个人投资者和机构投资者出售；而不可上市债券由财政部直接向个人投资者发售。另外，招标发行和承购包销也往往是联系在一起的，因为招标发行中中标人对于中标部分的债券是要承担包销责任的。

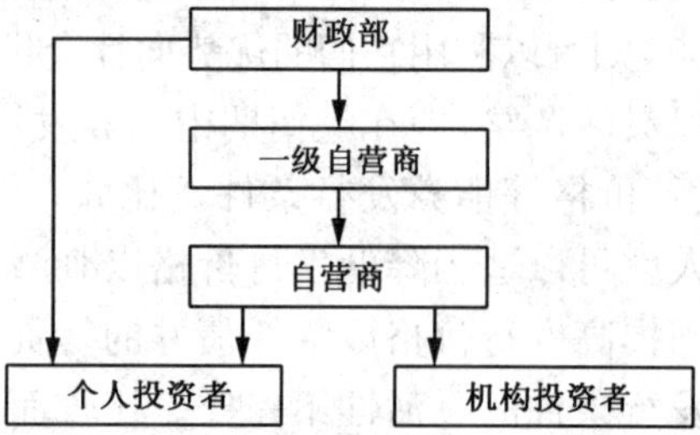

图 2－2　国债的公墓招标和直接发售相结合

① 高坚. 中国国债——国债的理论与实务[M]. 北京：经济科学出版社，1995.

小专栏 2—3　　国债滚动发行

所谓国债滚动发行制度，是指在1年中固定的时间段发行关键期限国债的制度。国债滚动发行的好处在于：第一，可以稳定投资方的预期，降低不确定性；第二，可以增大关键期限国债券种的存量，减少债券碎片；第三，可以在一定程度上提高债券流动性，尤其是关键期限的国债券种。

我国于1996年开始实施国债的滚动发行，现阶段关键期限的国债是1年期、3年期、5年期、7年期和10年期这五个记账式国债品种。

第三节　债券发行条件、程序和中介机构

债券发行有时需要满足一定的条件，相关的法规对这方面会有一些规定。而对于债券发行人来说，具体的债券发行工作则要经过一定的过程，或者说需要通过一系列环节。并且，在现代的经济社会，大多数债券并不是由债券发行人直接出售给投资者，而是由中介机构来承办有关销售事宜，中介机构在债券发行市场上起着重要的作用。

一、债券发行条件

从债券管理角度看，对债券发行设置条件是有理由的，这种规定可以在一定程度上起到阻止滥用市场机制、减少社会资源浪费、降低债券市场风险的作用。债券发行人有政府和企业（包括金融机构），对债券发行设置条件更多的是针对企业债券，因为相对来说，企业债券的信用风险更大。

在我国，相关法律和制度并没有对政府发行债券规定具体条件，但对企业债券（公司债券）有发行条件的规定。比如，根据《企业债券管理条例》[①]的规定，企业发行企业债券必须符合下列条件：①企业规模达到国家规定的要求；②企业财务会计制度符合国家规定；③具有偿债能力；④企业经济效益良好，发行企业债券前连续3年盈利；⑤所筹资金用途符合国家产业政策。此外，该条例还有一些具体的规定，如企业发行企业债券的总面额不得大于该企业的自有资产净值；企业债券的利率不得高于银行相同期限居民储蓄定期存款利率的40%。又如，根据《中华人民共和国证券法》[②]的规定，公开发行公司债券，应当符合下列条件：①股份有限公司的净资产不低于人民币3千万元，有限责任公司的净资产不低于人民币6千万元；②累计债券余额不超过公司净资产的40%；③最近3年平均可分配利润足以支付公司债券一年的利息；④筹集的资金投向符合国家产业政策；⑤债券的利率不超过国务院限定的利率水平；⑥国务院规定的其他条件。

---

① 《企业债券管理条例》1993年8月2日由国务院发布。

② 2006年1月1日起施行的《中华人民共和国证券法》第16条。

二、债券发行程序

债券发行程序是债券发行工作的具体过程。在不同的国家，或者对于不同品种的债券，这一具体发行过程可能是不一样的，因为它要根据各个国家的实际情况和各债券品种的特点来安排。但从总体上来说，债券发行程序主要包括债券发行条件的确定、承销协议签订、债券认购及资金入账等环节。下面先列举美国、日本曾经采用过的国债发行过程①，再说明我国各类债券的发行程序。

（一）美国、日本国债发行程序

1. 美国国库券发行程序

美国国库券是一种期限不超过1年的短期政府债券，发行时采用招标办法，而且一般是登记形式。其发行程序大致如下：

（1）政府公布国库券招标。美国国库券是以贴现债券的形式发行，期限主要有13周、26周和52周等品种。对于13周和26周的国库券，美国财政部通常于每周四宣布7天后发行国库券的数量、期限等情况。

（2）认购人进行投标。愿意认购的投资人可以通过电子方式等形式提交其投标单，并且应该在下周一（为拍卖日）美国东部时间下午1:00之前提交。投标单内容包括：①国库券期限类别；②购买数量；③参加竞争性投标还是非竞争性投标（若参加竞争性投标还应标明投标收益率）；④投标人姓名、联系地址等其他信息。

（3）决定中标人及中标价格。在接受投标的最后截止时间后的一个小时内，美国财政部一般就可以宣布中标的最后结果，内容包括投标人标购的数量、中标数量、中标收益率等。

（4）缴款认购国库券。中标人应在周四这一发行日或之前通过联邦储备账户或其在金融机构的账户进行支付。购买的国库券被记录在美国国债的簿记系统中。

2. 日本国债发行程序

日本国债按期限也有长期、中期和短期之分，同一期限的国债还有不同的品种和不同的发行方式。下面简要说明采用承购包销方式发行长期国债和采用公募招标方式发行中期国债的程序。

（1）长期国债的发行程序（采用承购包销方式）大致如下：①大藏省根据有关国债法律来决定每月的发行额和发行条件；②举行起债例会，对国债的发行额、发行条件等进行审核；③经审核并取得认可后，由作为政府代理人的日本银行与承销团签订承销合同；④承销团内部签订合同；⑤正式开始发售债券；⑥发行结束后，日本银行在规定的交款日接受承销团成员交来的款项，并汇总上缴国库。

（2）中期国债的发行程序（采用公募招标方式）大致如下：①大藏省根据资金需求情况以及市场情况决定发行时间、发行额和招标的有关事项；②通过日本银行向有关的金融机

① 龚仰树. 国债学[M]. 北京：中国财政经济出版社，2000.

构发布招标时间、招标数额和其他条件等;③委托日本银行组织招标;④投标机构填写投标书,内容包括愿意接受的价格或收益率以及认购数量;⑤日本银行汇总投标书并报大藏省,大藏省据此裁定中标机构;⑥日本银行通知中标机构;⑦中标机构向社会投资者销售债券;⑧发行结束后,日本银行在规定的交款日接受承销团成员交来的款项,并汇总上缴国库。

(二)我国国债发行程序

我国可以上市交易的国债是记账式国债,不能上市交易的国债是储蓄国债(电子式)和凭证式国债。下面介绍记账式国债和储蓄国债(电子式)的发行程序。

1. 记账式国债发行程序

记账式国债是无纸化国债,一般情况下它的发行对象广泛,社会各类投资者都可以购买,但采用招标发行方式,由记账式国债承销团成员投标认购,然后通过银行间债券市场和证券交易所市场向投资者分销。发行程序如下:①财政部根据预算安排和经济情况确定每期记账式国债的计划发行数量和债券期限等条件;②财政部向记账式国债承销团成员发出招标通知,公布招标规则;③记账式国债承销团成员进行投标,然后财政部以公告形式公布招标结果;④承销团成员按规定时间在交易场所向投资者分销,分销采取场内挂牌、场外签订分销合同的方式[①];⑤承销团成员在规定的时间将发行款缴入财政部指定账户,国债登记机构确立债权。

2. 储蓄国债(电子式)发行程序

储蓄国债(电子式)主要吸收储蓄类的资金,适合于满足个人存储资金的需要,发行时由储蓄国债承销团成员(主要是商业银行)承销。发行程序如下:①财政部根据预算安排和经济情况确定每期储蓄国债(电子式)的计划发行数量和各项债券发行条件,并以公告形式向社会公布;②财政部将当期储蓄国债(电子式)最大发行额的全部或部分作为基本代销额度,按比例分配给承销团成员,未分配的发行额度作为机动代销额度供承销团成员在发行期内抓取;③承销团成员在规定的发行期间通过其营业网点向投资者发售债券,投资者如果是首次在该承销团成员处购买储蓄国债(电子式)的,需持有效身份证件先开立个人国债账户;④承销团成员按要求向财政部及时足额缴纳发行款,财政部按双方约定向承销团成员支付手续费。

(三)我国金融债券和企业债券的发行程序

金融债券和企业债券是非政府债券,分别由金融机构和企业发行。

1. 金融债券发行程序

金融债券有不同的品种,发行方式也有一些差异。下面主要说明政策性金融债的发行程序。政策性金融债由政策性银行[②]在银行间债券市场向主要由金融机构组成的承销

---

① 有的记账式国债还采用试点商业银行柜台销售的方式分销。

② 我国政策性银行有:国家开发银行、中国进出口银行、中国农业发展银行。

团招标发行,其他机构通过承销团成员分销购买。政策性金融债的发行程序如下:①发行人公布发行公告等文件,内容包括发行数量、期限等,并向承销商发出发行通知;②承销商向分销商发出分销邀请,分销商报出其承诺认购的数量和价位;③承销商依据认购情况确定投标方案并在相关的债券发行系统投标;④按预先规定的发行办法确定中标人和中标价格;⑤承销商向分销商分销,分销对象按协议向承销商支付认购款;⑥承销商在债券缴款期内将认购款划入发行人指定账户;⑦登记结算机构完成债券认购人的债权登记;⑧发行人向承销商支付发行手续费。

2. 企业债券发行程序

在广泛的意义上,企业债券的品种也是很多的。这里所称的企业债券,是指按照我国《企业债券管理条例》发行的债券。企业发行债券需要向主管部门申请,经核准后再进入发行环节。具体程序如下:①国家发展和改革委员会依据企业之前申请的发债额度制定企业债券发行计划并下达;②企业向国家发展和改革委员会申报发行债券,经批复核准后进入实施;③企业发布债券募集说明书,内容包括债券发行依据、债券发行相关机构、发行概要、承销方式、认购与托管、认购人承诺、债券本息兑付办法、发行人基本情况(以及业务情况和财务情况)、募集资金用途、担保情况和偿债保证、风险、信用评级、法律意见等;④具体发行(如采用招标发行,则有投标和分销等环节;如直接由承销商余额包销,则承销商在规定的发行期按事先制定的发行条件销售);⑤募集资金到账及登记结算机构进行债权登记。

三、债券发行中介机构

债券发行有直接发行和间接发行的区别,直接发行不需要中介机构的帮助,间接发行就需要依靠中介机构。

(一)中介机构的作用和类型

债券发行中介机构是指为了实现债券从发行人手中转移到投资者手中而依法或按规定承担有关债券发行事务性工作的机构。在现代债券发行市场上,由发行人直接承办债券发行事宜是比较少见的,绝大多数债券发行采用的是间接发行方式,由中介机构帮助销售债券。就一般意义而言,中介机构在债券发行中的作用,至少可以表现在四个方面:一是能够帮助发行人开辟筹资渠道,扩大资金来源;二是可以降低发行费用,减少筹资成本;三是可以缩短发行时间,提高发行效率;四是可以引导投资者的投资方向,促进资源合理配置。

在广义上,债券发行中介机构视其不同的职能可以分为代理人、受托人、承销商等几种。代理人有时在国债发行中出现,一般是中央银行。中央银行的职能之一是政府的银行,它表现在:代理政府金库业务、对政府给予信贷支持、保管国家的外汇和黄金储备、代理发行政府债券等。所以,在有些国家,中央银行在国债发行中承担了许多工作,如组织承销商、受政府委托承担发行招标事项、负责国债款项的收缴及清算等。受托人是泛指接受债券发行人委托,参与经办有关募集债券事务性工作的人,如发行纸质债券时负责印制债券、提供发行合同的法律咨询等。承销商是指按照承销合同规定，办理债券承购和分销业务的机构。

由于承销商的职能直接体现了债券从发行人到投资者的转移，因此在通常意义上，债券发行中介机构就是指承销商。应该说，在债券发行市场上，承销商扮演了十分重要的角色，没有它们的参与，大量的债券发行是很难实现的。承销商一般是由金融机构承担的。国债发行由于规模巨大，就会有更多的机构承担承销商之责，如商业银行、证券公司甚至邮政系统。而在金融债券和企业债券发行中，承担承销商之责的主要是证券公司。

(二)我国国债承销团

我国国债承购包销是在1991年出现的，在此基础上，1993年开始在国债发行中试行国债一级自营商制度。当年12月，财政部、中国人民银行、中国证券监督管理委员会联合制定了《中华人民共和国国债一级自营商管理办法》和《国债一级自营商资格审查与确认实施办法》。国债一级自营商是具备一定资格条件并经财政部、中国人民银行、中国证券监督管理委员会共同审核确认的银行、证券公司和其他非银行金融机构。它们可以直接向财政部承销和投标国债，并通过开展分销、零售业务，促进国债发行，维护国债市场顺畅运转。

2006年7月，财政部、中国人民银行、中国证券监督管理委员会联合公布了《国债承销团成员资格审批办法》，重新建立了国债承销团制度。根据这一制度，国债承销团成员当时享有的基本权利是：①与财政部商定国债承销主协议的条款内容；②对国债发行方式和管理办法提出意见和建议；③参加国债发行活动，向财政部直接承销国债；④按照国债发行文件规定，获取国债手续费收入；⑤通过规定渠道及时获取国债发行信息；⑥参加国债改革试点工作；⑦优先参加国债业务考察和培训。同时，国债承销团成员应尽的基本义务是：①连续参加国债发行活动，按时足额向财政部缴纳国债发行款；②做好国债宣传和分销工作，维护国债信誉；③定期报送国债发行和销售情况；④做好国债兑付工作，保证投资者按时足额收到国债还本和付息资金；⑤遵守国家法律法规和行业自律规范，接受国债业务监管部门的监督检查，及时报告本机构出现的重大违法行为或者财务状况恶化等情况。

2014年11月，财政部会同中国人民银行、中国证券监督管理委员会制定并公布了《国债承销团组建工作管理暂行办法》。这一新的办法规定，国债承销团按照国债品种组建，包括储蓄国债承销团和记账式国债承销团。国债承销团组建应当遵循公开、公平、公正的市场化原则。财政部会同中国人民银行负责组织储蓄国债承销团组建工作，会同中国人民银行、中国证券监督管理委员会负责组织记账式国债承销团组建工作。财政部会同有关部门根据市场环境和国债承销任务等，确定国债承销团成员的目标数量。储蓄国债承销团成员原则上不超过40家；记账式国债承销团成员原则上不超过50家。

在国债承销团成员的选择条件上，财政部要会同有关部门从具备下列基本条件的报名的金融机构中选择国债承销团成员：①在中国境内依法成立，具有独立法人资格，且经营范围包括债券承销；②财务稳健，资本充足率、偿付能力或者净资本状况等方面指标达到监管标准，具有较强的风险防控能力；③设有专职部门负责国债业务，并具有健全的国债投资和风险管理制度；④有能力履行国债承销协议约定的各项义务；⑤拟作为储蓄国债承销团成员的，应当为依法开展经营活动，近3年内在个人储蓄存款、理财产品销售等经营活动中没有重大违法记录，注册资本不低于人民币10亿元或者总资产不低于人民币300亿元，营业网点在50个以上的存款类金融机构；⑥拟作为记账式国债承销团成员的，应当为依法开展经营活动，近3年内在债券承销、交易等经营活动中没有重大违法记录，注册资本不低于人民币5亿元或者总资产不低于人民币200亿元的存款类金融机构，或注册资本不低于人民币10亿元的非存款类金融机构；⑦若为上一届国债承销团成员的，应当在上一届国债承销团有效期内未到退团标准或主动退团。

组建国债承销团的方式，是在保持原有国债承销团基本稳定的基础上，采用存量考核、增量竞争的方式。存量考核是指上一届国债承销团有效期内业务综合排名位于新一届国债承销团成员目标数量90%以内的报名机构，增量竞争是指其他报名机构如符合规定的基本条件就可以通过专家评审而成为新一届国债承销团成员。

财政部要与国债承销团候选成员按照《中华人民共和国合同法》有关规定，在平等自愿基础上，签订国债承销协议，并向社会公布国债承销团成员名单。国债承销协议有效期原则上不超过3年。

（三）债券承销的收益、成本和风险

作为债券发行中介机构的承销商，承销债券的直接目的是可以取得一定的收益。但同时，承销债券也要花费一定的成本。由于债券销售属于一种市场买卖行为，是否能够顺利销售具有不确定性，因此也存在一定的风险。

1. 债券承销收益

在债券承销过程中，承销商的收益可以表现为两个方面。第一个方面是债券承销的手续费收入，一般由债券发行人在债券发行结束时向承销商支付。第二个方面是债券承销的价差收入，即承销商按照一定的承销价格支付给发行人取得债券，然后再按照分销价格向其他投资者销售，承销价格与分销价格之间可能形成一定的价差。将手续费收入和价差收入汇总计算，可以分几种情况说明承销商的收益。第一，若债券分销价格高于承销价格，由于手续费收入总是正值，所以承销商的收益为手续费收入与价差收入之和。第二，若债券分销价格等于承销价格，则价差收入为零，于是承销商的收益就是手续费收入。第三，若债券分销价格低于承销价格，但其差额的绝对值小于手续费收入，则承销商的收益仍为正值，等于手续费收入减去价差损失之差。第四，若债券分销价格低于承销价格，而且其差额的绝对值等于手续费收入，则承销商的收益恰好为零。第五，若债券分销价格低于承销价格，而且其差额的绝对值大于手续费收入，那么承销商承销债券将发生亏损，收益为负，其数额等于价差损失减去手续费收入之差。

此外，承销商承销债券还可能有间接的正面影响。比如，长期销售债券有较好的业绩，就有可能树立良好的社会形象，增加了无形资产，甚至于带来更多的开展其他业务的机会。

2. 债券承销成本

在债券承销过程中，承销商需要投入相应的人力、物力和财力，这就构成了承销商销售债券的成本。其实，债券发行人给予承销商的手续费收入，就构成了弥补这一承销成本的来源。

此外，承销商承销债券也可能有间接的负面影响。比如，在承销商可利用资源一定的情况下，动用更多的人力、物力和财力来承销债券，就有可能影响其其他工作的顺利开展。

3. 债券承销风险

债券承销风险可以有两层含义。一是指债券承销净收益的不确定性，尤其是债券承销净收益为负；二是指包销债券不能实现全额分销而自行承受。

债券承销收益与债券承销成本之差为债券承销净收益，可用公式(2—4)表示。

债券承销净收益＝手续费收入＋分销价格－承销价格－债券承销成本　(2—4)

债券承销净收益之所以不确定，与其构成有关。从债券承销收益看，手续费收入应该是正值，价差收入则要视承销价格与分销价格的对比关系。尽管在多数情况下分销价格会等于或高于承销价格，但有时也会出现相反的情况。比如，在多种价格招标时，有些中标人的中标价格(相当于承销价格)可能会高于发行价格(相当于分销价格)。所以，如果价差收入为负值，一旦数额大于手续费收入，就一定会出现债券承销净收益为负。从债券承销成本看，如果承销商承销债券投入了过大的人力、物力和财力，一旦超过了债券承销收益，也会出现债券承销净收益为负的情形。

另一种意义的债券承销风险针对的是承销商包销债券的情况。承销商与债券发行人依据签订的承购包销合同来发行债券，但如果分销不顺利，则未销售完的债券余额就要由承销商自行承购，这样就会占用承销商的资金，而这些资金或许本来可以有更好的投资机会。有的时候，承销商自己已无足够资金用于购买未销售的剩余债券，就需要向其他方面融入资金，这样也会增加利息支出。

小专栏 2—4　债券预发行交易制度

2013 年 9 月，《上海证券交易所、中国证券登记结算有限责任公司国债预发行(试点)交易及登记结算业务办法》发布，我国出台了实施国债预发行交易的具体规则。

国债预发行交易，是指在记账式国债招标日前特定期间进行交易，并在国债招标完成后进行交收的债券买卖行为。债券预发行交易的优势是：对于债券发行人而言，有助于新债券的市场定位，可以减少招标发行的不确定性；对于债券投资者而言，有助于更好地了解市场状况，可以进一步强化理性投标。当然，债券预发行交易也存在风险，对参与者而言是一种期限较短的远期交易，有预测不准的价格风险。

第四节　债券的偿还

债券运行从发行开始，经过流通，接下来就是偿还，而偿还也意味着债权债务关系的结束。因此，对于债券运行过程而言，偿还是最后的阶段。

一、偿债资金来源

发行人偿还债券，必须要有一定的资金来源。由于不同类型的债券发行人有其自身的特点，因此可以分别讨论。从形式上看，政府偿债资金来源比企业要多。

(一)政府偿债资金来源

1. 预算结余

预算结余是政府预算执行结果所形成的收入大于支出的余额，该余额属于政府当年未支出而结存的资金，于是自然可以想到是否能成为以后年度偿付债券的资金来源。不过，对于现代国家来说，用预算结余偿债并非一种长期而稳定的措施。一方面，预算执行结果出现结余以及结余的多少，并不是确定的。在很多国家的财政实践中，尤其是在当今世界，预算结余只在很少的年份中出现，而预算赤字倒是一种常见的现象，并且正是因为有连年的预算赤字，才不断发行政府债券。我国从 20 世纪 70 年代末期改革开放以来，预算执行产生结余的年份只有一年，其余年份都是赤字。所以，这种不确定性使得政府很难将偿债资金的可靠保证寄托于预算结余身上。另一方面，即使政府的预算执行出现结余，它是否会被政府用作偿债资金来源，还需要通盘考虑。因为政府支出有很多项目，而且有些预算结余的形成还可能与原来支出项目的调整或应拨而未拨款项有关，以后这些结余的资金可能有既定的支出方向。从许多国家的实践看，预算结余确实不作为偿还债务的基本来源。

2. 偿债基金

偿债基金是政府专门设置用以偿还债务的基金，它一般由预算拨款形成，然后由特定机关管理。其目的性明确，专作偿付政府债券之用，所以从理论上来说，应该是一种稳定的偿债资金来源。然而在实践中，有些国家偿债基金的效果并不理想，有的甚至完全失败。

英国是较早建立偿债基金的国家。1716 年，英国政府在债务管理中，首先采用了偿债基金的办法。当时，它通过立法程序，将一些暂时性的税收改变为永久性税收，然后将其从预算中划出来，形成一个专门的基金，用作偿债之用。不过，这一做法在实际执行中没有很好地坚持。由于不断出现财政困难，政府就挪用了原先积累起来的基金，这样影响了后续年度的债务清偿。

政府建立偿债基金，在积极的意义上，至少可以表现为三个方面。首先，有利于平衡偿债高峰对政府预算的压力。因为在正常情况下，预算收入是呈现均衡增长的态势，这就要求预算支出也能均衡增长。如果某年政府偿债出现高峰，则势必要压缩其他项目的开支，否则预算难以平衡。而如果有偿债基金，那么偿债支出的波动将由偿债基金来应付。其次，有利于提高政府债信。偿债基金作为政府的偿债资金来源，表现出稳定性的特点。它直接而明确地向政府债券购买人显示了政府在偿债方面的资金保证，从而在一定程度上保证了政府在偿还债务方面的信誉。最后，有利于政府资金使用效果的提高。偿债基金虽然是预先提取出来的，但它不会因债务偿付期未到而闲置，政府可以按有偿原则来利用，可以实行单独管理、单独核算，使资金的效用充分发挥。

3. 投资收益

这里的投资收益，特指政府举债资金投资于某个具体项目的收益。投资收益也是政府预算收入内容，因此也可以被政府用来偿还债务。不过，由于政府投资项目大多数具有公共产品的特性，其效益往往是外溢的。所以，如果要把投资收益作为政府偿债资金来源，在实践中将会有很大困难。

4. 举借新债

举借新债偿债，是指政府通过发行新的债券，来偿付旧的到期债务。以新债作为偿还旧债的资金来源，其实施过程包括发行和偿还两个阶段。这两个阶段可以是事先统一筹划而后分别操作，也可以是直接的新旧债券调换。

从形式上看，举借新债是解决偿债资金来源的一种方式，很多国家的政府目前实际上也处于这种借新还旧的状况。然而从实质上看，举借新债偿还旧债属于是原先债务期限的延长，或者说推迟了偿债时间。所以，采用这种办法可以被视为政府延缓债务期限、暂时渡过偿债高峰的权宜性手段。当然，如果政府能够做到长期、甚至永久地借新还旧，则意味着一笔资金可以被政府长期或者永久地占用。不过要做到这一点，需要有良好的政府债信和比较发达的金融市场等社会经济环境。如果处理不好，借新还旧就容易形成政府债务的过度累积，加重债务负担，严重的甚至会使政府陷入债务危机。在一国政府实施外债政策的选择中，尤其要注意避免这种情形的发生。

5. 课征税款

税收收入是政府预算中最主要的一个收入来源，其占财政收入的比重最高，如以我国为例，税收收入占财政收入的比重在90%左右(见表2—4)。税收之所以能在财政收入中占有绝对大的比重，一方面因为其来源非常广泛，另一方面也因为其形成相对稳定。而且，税收有法律为依据，可以持续地为政府获得。既然是最主要的财政收入项目，所以它也就成为政府偿还债务的主要资金来源。也由于这一点，人们有时把政府债券称为变相的税收，或者是延期的税收。因为，以前发行的政府债券到期，要用现在的税收来偿还；现在发行的政府债券，需要用将来到期时征收的税收来偿还。

表 2—4　　　　　　　　我国税收收入占财政收入的比重

年　份	各项税收(亿元)	财政收入(亿元)	各项税收/财政收入(%)
1990	2 821.9	2 937.1	96.08
1995	6 038.0	6 242.2	96.73
2000	12 581.5	13 395.2	93.93
2005	28 778.5	31 649.3	90.93
2010	73 202.3	83 080.3	88.11

资料来源:摘自国家统计局编的《中国统计年鉴 2009》(中国统计出版社 2009 年 9 月)和《中国统计摘要 2011》(中国统计出版社 2011 年 5 月)。

将课征税款作为政府偿债资金来源也可能有一定的不足之处,具体表现在税收数量相对稳定性与偿债金额相对波动性之间的矛盾。由于税收依法征收,税率不能随意更改,课税对象数量一般随经济的增长而增长,所以正常情况下税收增长是稳定的。但偿债金额不同,如果政府债券发行未安排好,可能会出现有的年份需要偿付较多的还本付息,有的年份较少。这样,两者之间的矛盾会影响预算资金的安排,容易造成预算收支的不平衡。

(二)企业偿债资金来源

1. 业务收入

企业是进行生产活动的组织,它通过一定的经营过程,形成相应的业务收入。实际上,企业发行债券筹集的资金,也是要投入生产经营中,以实现更多的利润。所以,企业的业务收入,便成为企业发行债券后还本付息的资金来源。如果企业生产经营有方,效果良好,业务收入在支付了偿债款项等成本费用后还能实现利润;反之,如果企业生产经营不佳,业务收入也许不足以支付偿债款项等各种成本费用,企业就会出现亏损。

2. 举借新债

从企业会计记账的角度分析,企业发行债券的本息都要归集到成本费用,然后通过业务收入减去成本费用形成企业的经营利润(或亏损)。所以,无法通过会计程序来说明举借新债是偿还旧债的资金来源。但从现实经济中的企业活动看,企业基本上是属于负债经营的,同时举借新债和偿还旧债的现象经常可见。因此,就这一层意义而言,举借新债也是偿还旧债的资金来源。

二、债券付息方式

债券付息是债券偿还的内容之一。利息是债券购买人让渡资金使用权所应得到的报酬,支付利息是债券发行人借入资金而必须承担的义务。在利息支付方面,主要的方式有按利率支付法和贴现付息法两种。

(一)按利率支付法

按利率支付是指债券发行人发行债券后，在约定的时间，按发行时规定的票面利率，向债券持有人支付债券利息。在各种不同期限的债券中，尤其是在中长期债券中，大多数是在发行时就规定了票面利率。而且，这一利率作为债权债务关系建立的基本条件之一，在债券期限内一般是不会再发生变化的[①]。债券发行人按规定的票面利率来支付利息，是履行债务义务并保证其债信的必要途径。即使发行浮动利率的债券，尽管其利率将随经济情况的变化而变动，但是在付息的时候，作为利息计算依据的利率也是确定的，因此也要求债券发行人按这一确定的利率付息。按利率支付法在具体的付息时间上，又有两种不同的做法，一种是按期分次支付，另一种是到期一次支付。

1. 按期分次支付利息

所谓按期分次支付利息，就是在债券期限内，规定若干次付息时间，债券发行人在每次付息日支付利息。一般来说，各次付息的时间是均等的，比较多的是采用一年一次或半年一次。这种按期分次支付利息的债券，也就是第一章债券分类中的附息债券。对于债券投资者来说，购买这种债券的利息收益可以在债券期限内均衡地得到，从而可以满足其某些特殊方面的需要，比如需要按期取得收入的养老资金。而对于债券发行人来说，这种办法可以使其利息负担在各年度之间分散，避免一次性大量支付的窘境。在发行期限较长的债券时，这两方面的特点更为明显。所以，实践中按期分次支付利息被更多地运用于中长期债券中。

另外，在按期分次支付利息的情况下，因为债券投资者可以多次收取利息，故为了方便投资者分清各次取息以及记录是否已经取息，纸面形式债券上往往带有息票。当然，到期一次支付利息的债券亦可以有息票，但实践中很少见。所谓息票，就是指附于债券并凭以领取利息的票券。息票上有时会载明支付利息的时间和金额，债券持有人按期持券到付息处，由付息人或代理付息人剪下息票，兑取息款。比如，我国 1954 年发行的国家经济建设公债就附有息票，当时规定："公债到期利息概凭债券上附带之息票兑付。兑付时持券人须将债券全张交验剪兑，如自行剪下不予兑付。[②]。"

2. 到期一次支付利息

所谓到期一次支付利息，就是在债券到期之前，债券发行人不承担付息责任，所有的利息都在债券期满时一起支付。一般来说，期满时的付息和还本是同时进行的，即利息随同本金一起偿还。对于债券投资者来说，购买这种债券的利息收益是一次性地得到，而且是在最后的到期日。这样，在投资期限较长的债券时，就需要考虑收益回报的时间问题。比如，是否与自己将来的用资计划相适应。对于债券发行人来说，到期一次付息可以减少期中支付利息的手续，这样既可以使操作上比较简单，也可以省却一些手续费。但是大量

① 浮动利率债券除外。

② 中国人民银行国库司. 国家债券制度汇编(1949～1988)[M]. 北京：中国财政经济出版社，1989.

的利息在期满一年支付，可能会对该年安排支出造成压力，影响收支平衡。实践中短期债券和中期债券采用到期一次支付利息的办法相对多一些。

（二）贴现付息法

贴现付息法是指债券发行人在发行债券时采用折价发行，偿还债券时按票面金额还本，其差额为实质上的利息支付。这种债券没有规定票面利率，债券购买人的收益表现为债券面值与折价之间的差额，债券发行人多付出的部分也表现为这一差额，所以该差额就相当于利息。

这种利息支付与到期一次支付利息比较，既有相同的地方，也有不同的地方。相同的是，两者都是债券发行人在债券到期时一次性地向债券持有人支付高于原发行价的金额，或者说在最后一次性支付利息；不同的是，前者是按票面规定的利率计算利息并支付，后者是直接按高于原发行价的面值偿还。实际上，尽管后者没有票面上规定的利率，但可以通过债券面值与折价出售的差额及期限而计算出相应的利率。公式（2—5）适用于期限不足一年的债券，公式（2—6）适用于期限超过一年的债券。

$$i_s=\frac{M-P}{P\times n}\times 100\% \qquad (2-5)$$

$$i_d=\left(\sqrt[n]{\frac{M}{P}}-1\right)\times 100\% \qquad (2-6)$$

式中：i_s为相当于单利的利率，i_d为相当于复利的利率，M为债券面值，P为债券发行价格，n为债券期限（用年表示）。当债券期限不足一年时，n等于债券期限的实际天数除以 365 天①。

【例 2—3】 政府发行一种期限为 91 天的贴现国债，债券面值 100 元，发行价格为 97.90 元，则按单利规则计算的相应的年利率（i_s）为：

$$i_s=\frac{100-97.90}{97.90\times 91\div 365}\times 100\%=8.60\%$$

【例 2—4】 某金融机构以贴现形式发行一种 2 年期的金融债券，债券面值 100 元，发行价格为 83.40 元，则按复利规则计算的相应的年利率（i_d）为：

$$i_d=\left(\sqrt[2]{\frac{100}{83.40}}-1\right)\times 100\%=9.50\%$$

此外，在以往的债券发行中，还曾经出现过以奖代息。这种方法是指债券发行人发行有奖债券，以奖金代替债券利息。在现代经济活动中，按利率支付和贴现付息是债券发行人常用的付息方式，以奖代息的做法则几近灭绝。纵观债券发行历史，发行有奖债券也主要是在某些国家的政府债券中采用过。实际上，在市场经济的条件下，可以通过市场化的方式决定债券利率；即使债券利率由债券发行人自行决定，但只要符合市场借贷资金的利

① 在我国记账式贴现国债发行中，n为中标机构最后缴款日到偿还日的天数，一年的天数为 365 天，但有些年份因闰月关系而用 366 天。

率水平，债券也能顺利发行。所以，市场经济环境下债券发行人没有必要刻意地去利用中奖形式来吸引人们承购债券。而在非市场化的环境下，政府发行债券所制定的票面利率有时偏低，当与市场利率水平偏差较大时，债券发行就会遇到较大困难。另外，当资金市场上各种借款行为竞争激烈时，债券发行人也需要采用一些特殊方式来促进债券销售。此时，有奖债券就可能选择采用。有奖债券的具体形式很多，如有息有奖债券、无息无空签债券等。不管奖励形式如何，奖金的来源实质上是利息。可以采用按低利率支付一部分利息，并将结余资金以奖金形式支付给中奖人；也可以采用利息全部移作奖金，并对中奖人支付奖金或使所有的债券持有人均中奖。在苏联，以奖代息方法相对来说用得比较多一些，例如，苏联的第一次货币国债就是有息有奖债券①。

三、债券还本方式

债券还本是债券偿还的另一项内容，表现为债券发行人对借入资金的返还。如果说债券利息是债券发行人借债的代价，那么使用债券本金就是这一代价的基础，而偿还债券本金也意味着将来不用再继续负担这一代价。就债券还本方式而言，直接偿还法是最常见的，其他的还有购销偿还法和调换偿还法。

（一）直接偿还法

直接偿还法是指债券发行人发行债券后，在约定的时间，直接向债券持有人偿还本金。这里所谓约定的时间，就是举债时规定的还本时间。所谓直接偿还本金，就是不采取其他间接形式偿债。因此，在发行货币债券的情况下，这种方式就是到时直接用货币向债券持有人偿还。直接偿还法根据偿债的时间安排，还可以进一步分为到期一次还本和按期分次还本。

1. 到期一次还本

到期一次还本是指在债券到期之前，债券发行人不承担还本责任，所有的本金都是在债券期满时一起兑付。对于到期一次还本的债券，其利息支付有的随同本金兑付一起办理，有的则在本金偿还前分期办理。实践中，到期一次还本是主要的债券偿还方式，如以我国国债为例，自 1981 年我国政府恢复举借内债以来，除了最初几年外，后来发行的国债都属于到期一次还本。采用到期一次还本，对于债券发行人来说，手续相对简便，从而可以节省债券发行人偿债的费用支出。但是如果债券数量庞大，一次性兑付会给债券发行人形成较大的偿还压力，尤其在利息随同本金一起支付时更为明显。

2. 按期分次还本

按期分次还本是指债券发行人在一次发行的同一品种债券中，规定若干不同的还本时间，并通过一定的方法确定每一张债券具体的偿还日期。这种方法在过去发行纸质债

---

① 1922 年 10 月底，以列宁为首的人民委员会通过了关于发行“1922 年国家有奖公债”的决议：发行金额 1 亿卢布，期限 10 年，债券面额 5 卢布和 25 卢布，年利率 6%，另外还有奖金，中奖金额从 20 卢布到 10 万卢布不等。

券时采用过。仍以国债为例，我国政府在 20 世纪 50 年代及 80 年代初期发行的国债都采用这种还本方式。如 1954 年国家经济建设公债是分 8 年作 8 次偿还，从 1955 年起，每年 9 月 30 日还本一次，后续年份还本数额大于初始年份。1981 年至 1984 年发行的国库券，均是分 5 年作 5 次偿还，从发行后的第六年起，每年 7 月 1 日还本一次，每次偿还发行总额的 20%。采用按期分次还本，对于债券发行人来说，手续相对繁杂，工作量大。但是如果债券发行数量较大，分次兑付可以减少债券发行人在某一年度的偿债压力。

在按期分次还本中，尽管债券发行人兑付债券本金有许多次，但对于每一个债券持有人来说，其得到的债券还本额不一定需要有同样的次数。一种常用的做法是全部债券中有的券先偿还，有的券后偿还。也就是说，对于债券持有人手中的每一张券，只有一个确定的偿还日期[①]。不过在这种方法中，有一个环节需要明确，就是如何确定各张债券偿还的先后顺序。实践中，存在抽签偿还法和轮次偿还法等。

抽签偿还法是指债券发行人发行债券时，规定将通过抽签办法确定各次还本债券的号码，到时如约偿还。这种方法不问债券号码的顺序先后及债券认购款交付的早晚，仅以中签与否为准。抽签还可以分为一次抽签和分次抽签，前者是通过一次性抽签将每次还本债券号码全部抽出，后者是每次偿还前单独抽签以决定本次还本债券号码。我国 20 世纪 80 年代初期发行的国库券就采用过一次抽签办法。比如，财政部在 1986 年 12 月颁发的《1982 年国库券还本付息办法》中规定：1982 年国库券本金自 1987 年起至 1991 年止分 5 年作 5 次偿还，个人购买的国库券分年还本，定于 1987 年一季度进行抽签，5 年还本号码集中一次抽出由财政部予以公告，凡国库券号码末尾一位数字与公告所列各年还本号码相同者，即为该年应还本国库券[②]。采用抽签偿还法，中签早的可以先偿还，中签晚的就要后偿还，所以债券持有人持有债券的实际期限不一样。而在计算利息时，对未中签的债券仍要继续按期支付利息。

轮次偿还法也称按次偿还法，是指债券发行人发行债券时，规定按债券号码的顺序，固定其偿还日期，以后每年如约偿还到期部分的债券。采用这种办法，实质上等于在同一次债券发行中，有几个不同期限的品种。如果不同债券号码对应的债券期限在发行前已经明确规定，则债券认购人购买债券时可以根据自己对债券期限的偏好而直接选择何种号码的债券。但从债券流通角度考虑，这种债券在市场上的交易会有较大的操作和管理难度，因此上市债券不宜采取轮次偿还法。

（二）购销偿还法

购销偿还法也称市场购销法，是指债券到期之前，债券发行人在债券流通市场上买入债券而销却债务。理解这一定义，需要注意三点。第一，这一方法实际上是提前偿还，因

① 另一种做法是对每一张债券均分几次偿还，如 20 世纪 80 年代初期我国曾经对单位发行国库券，采用国库券收款单形式，偿还时按照收款单金额平均分 5 年作 5 次偿还。

② 对于 1982 年国库券，抽签的结果是：1987 年至 1991 年各年还本的号码分别为 3 与 5、8 与 1、9 与 0、4 与 7、2 与 6。

为债券最后交易日一般都是在债券到期之前。第二，在购销偿还法情况下，债券持有人所处的地位并不是要求债券发行人兑付债券本金，而只是在债券流通市场上作为出售债券的一方。实际上，债券持有人卖出债券时并不在意债券买方身份。但对于债券发行人来说，买回自己的债券当然也就使该债务消失了。第三，购销偿还法的适用对象是各种流通债券。因为，非流通债券不存在二级市场的交易行为，当然也就无法采用买入注销了。

相对于公司债券，购销偿还法在有些国家是一种比较重要的国债还本方式。有时，政府是通过中央银行在债券流通市场上陆续收购国债。这样，当某种国债期满时，可能已有相当大的部分被中央银行所持有。

如果债券发行人打算在债券流通市场上买入自己的债券来销却债务，还有一个时机选择问题。通常，要考虑两个方面的因素。其一，应选择在债券的市场价格比较低迷的时候，因为这时的债券发行人可以有比较低的购债成本。历史上，英国政府在偿付其整理公债时，主要是在该债券市场价格低于票面价值时采用购销偿还法。其二，应选择在债券发行人的资金比较宽裕之时。有时虽然流通市场上债券价格低迷，但债券发行人却由于没有多余资金而只得放弃收买自己的债券，所以购销偿还法的运用还要看债券发行人资金情况。不过总的来说，这种方法使债券发行人在清偿债务方面有了主动性。

（三）调换偿还法

调换偿还法是指债券发行人发行新债券来换回债券持有人手中已发行债券而注销债务。这种方法的特点在于：第一，对于债券发行人而言，它的债务数量并没有因此而减少，实际上只是债务期限又延长了而已。第二，对于债券购买人而言，其债权人的地位未变，虽然原有的债券得到了偿还，但手中的货币资金没有增加，增加的只是新的债权。在具体操作时，调换偿还法根据调换对象是否期满，有到期调换和未到期调换两种。前者是在原有债券期满时实施的，因此属于到期偿还；后者是在原有债券期满前实施的，性质上等同于期中偿还。

在我国的国债实践中，曾经有过调换偿还法的实例。1994 年 4 月我国政府在发行 2 年期国库券时，采用了按自愿原则进行以旧换新的做法，即持有 1991 年 7 月发行的 3 年期国库券的投资者，可以用该旧券换取新发行的国库券。并且为了鼓励债权人调换，财政部出台了两个优惠条件：一是规定持有到 1994 年 7 月期满的 1991 年国库券可以提前在 4 月份换取，也就等于提前了 3 个月偿还，当然其兑取本金必须换成同样金额的 1994 年 2 年期国库券。二是规定对调换成新券的旧券按加一个百分点的利率计付利息，即调换偿还时，1991 年国库券的利率水平从原来的 10％提高到 11％。如果债权人不愿调换，则其手中的 1991 年国库券仍按原规定在 1994 年 7 月偿付并按 10％计付利息。

四、债券的取消

债券发行人依约偿还，债券就实质性地注销了。但是如果因债券发行人的某种原因而取消了债券，债券也就不存在了。所以，就债券消失而言，债券偿还和债券取消是一样的。因此，我们将债券取消并入债券偿还这一节阐述，但同时我们也要强调，债券取消不是债券偿还，因为它不具有债券发行人按照约定来还本付息的过程。

在一般意义上，债券取消是指在债券有效期内，债券发行人不再支付债券利息和偿还债券本金。纵观债券发展历史，债券取消主要有下述几方面的情况。

第一，政权更替。这里的政权更替不是指政府首脑的调换，因为政府首脑的调换可以发生在同一政权体制下。政权更替是指在一国政治制度中，新政权取代了旧政权。新政权取代旧政权不是原有政权的延续，而是对原有政权的否定。新政权在否定旧政权的同时，也往往要否定旧政权的各项制度，有时也会否定旧政权的债务，这就形成了政府债券的取消。比如，十月革命胜利后，新生的苏维埃政权通过法令，勾销前沙皇政权的内外公债。中华人民共和国成立后，我国政府也曾经有类似的规定①。

第二，债务危机。世界上许多国家是举借外债的，其中有不少取得了较好的业绩，对推动本国经济发展起了很大作用，但也有一些在举借外债过程中发生了问题，甚至出现了危机，并波及到整个国际金融体系。在发生债务危机的情况下，由于外债清偿能力持续减弱，有些国家会宣布停止偿付债务。比如，20 世纪 80 年代初期，南美一些国家爆发债务危机，有的因外汇储备严重不足，无法偿付到期的外债本息，于是宣布关闭汇兑市场，暂停偿付外债。在解决债务危机的措施中，一般需要债务国和债权国的共同努力。一方面，债务国要积极调整经济政策，有针对性地改变原来不合理的做法；另一方面，债权国在重新安排债务上要加强协调，适当变更偿债条件。

第三，破产倒闭。在债券体系中，除了政府债券外，还有企业债券和金融债券。企业和金融机构是从事商品生产和流通以及货币借贷等的经济实体，它们在经营过程中有可能因内外因素（如管理不善或市场环境变化等）而出现亏损，情况严重的也许会导致最终的破产倒闭。此时，在清算中如果资不抵债，则债权人的利益将受到损失。

第四，通货膨胀。通货膨胀会造成货币价值的降低，而债券发行人按照原先规定的债券面值和利率偿债，就使其偿还的实际价值与债券发行时募集到的实际价值相比有一定的差额。尽管这一差额并不反映在名义价值上，但是从实际价值角度考虑，形成了债权人的一定损失，等同于一部分债权利益的消失。而且，这一消失的程度与通货膨胀成正向的关系，通货膨胀越严重，债券贬值程度也就越大。于是，为了保持债信，在通货膨胀情况下筹措资金，债券发行人可以多发行一些带有浮动利率、保值等特征的债券。

此外，由于一些特殊原因，也存在取消债务或降低债息的情况。比如，我国 1998 年发行的特别国债利率，经全国人民代表大会常务委员会的审议批准，曾经向下进行调整②。

---

① 中央人民政府政务院于 1953 年 2 月 20 日公布《关于解放前银行业未清偿存款给付办法》，其中第 16 条规定："国民党反动政府通过伪行局会发行的'节约建国储金''节约建国储蓄券''特种有奖储蓄券''美金节约建国储蓄券''乡镇公益储蓄券'等，属于公债性质，一律不予清偿。"

② 2004 年 10 月第十届全国人民代表大会常务委员会第 12 次会议审议批准了《国务院关于 1998 年特别国债付息问题的报告》。根据这一报告，对 1998 年发行的特别国债的付息政策予以调整，从原来的 7.20%降为 2.25%，并从 2004 年 12 月 1 日起按调整后的利率向债权人中国银行、中国建设银行等支付特别国债利息。

第五节 债券评级

在债券发行活动中，通常会涉及债券评级问题。债券评级的对象几乎包括了所有的债券[①]，债券投资者和市场管理人也对债券评级给予很大的关注。

一、债券评级的含义和作用

（一）债券评级的含义

债券评级是衡量债券信用风险的依据，是由专门的评级机构对不同债券的还本付息可靠程度做出的评判。因此，债券评级实质上是信用评级，评判结果通常以信用等级来表示。信用等级越高，说明债券的风险越小，安全性越强；反之，信用等级越低，债券的风险就越大，安全性越差。

由于债券评级是对债券的信用风险进行评定，因此一切具有偿还不确定性的债券都是评级的对象。需要指出的是，债券评级与债券发行人的资信评价不同。债券评级是对债券本身的评价，当然在对债券进行评价时要分析债券发行人的偿还能力，但最终评价的是债券本身。比如，一家企业同时发行两种债券，一种有财产抵押或第三者担保，另一种没有，则抵押债券的评定结果要高于非抵押债券。但就债券发行人的资信评价看，评定级别是唯一的。

（二）债券评级的作用

债券评级对于债券市场的参与人有一定的作用，债券市场参与人包括债券发行人、债券投资者和市场管理人。首先，对于债券发行人来说，债券评级级别作为反映信用风险的指标，会直接影响债券的票面利率（或发行价格），也即直接影响债券发行人的负债成本。如果评定等级较低，投资者要求的信用风险贴水就会比较高，这样会提高债券发行人的负债成本；而评定等级较高，投资者要求的信用风险贴水相对比较低，就可以降低债券发行人的负债成本。其次，对于债券投资者来说，由于绝大多数品种的债券存在一定程度的信用风险，因此投资者必须了解每个债券信用风险的高低，以此作为债券投资决策的依据。但是投资者自行收集信息所花费的成本可能比较高，况且并非每个债券投资者都具备分析风险的能力，因此需要专业机构提供债券信用的信息，而债券评级的目的之一就是把债券的信用程度以评定等级的形式公之于众，让投资者了解各种债券的信用风险程度。当然，专业机构提供债券评级对投资者不承担法律上的责任。最后，对于市场管理人来说，管理债券市场需要对不同债券的信用情况有一定的了解，这样可以有助于债券发行和交易的市场定位。因此，如果社会上的债券评级机构能对各类债券给予比较公正客观的信用等级评定，就可以成为债券市场管理的重要参考依据。

① 国内评级机构对于在国内市场发行的中央政府债券一般不予评级。

二、债券评级的方法与级别

债券评级是由专门的评级机构进行的。在美国，比较有名的是标准普尔公司与穆迪投资服务公司，它们专门对各种债券的违约可能性进行总的评估，帮助债券投资者了解债券发行人的实力和债券风险程度的大小。

（一）债券评级的方法

债券评级的程序主要包括如下步骤：第一，由债券发行人或其代理人向债券评级机构提出申请，并根据评级机构的要求提供详细的书面材料。第二，评级机构与债券发行人沟通，就书面材料中值得进一步调查的问题和其他有关情况提出询问。第三，评级机构对债券发行人各方面情况进行分析。第四，在调查研究的基础上，评级机构通过投票决定评定等级，并与债券发行人联系，征求其对评级的意见。第五，评级机构评定债券的信用级别后，通过适当渠道向相关方告知。第六，评级机构根据债券发行人经营和财务等方面的变化，定期调整债券等级。

债券评级属于一个较为复杂的专业领域，对于不同的债券，所采取的评级方法可能不尽相同。例如，在评价政府信用方面考虑较多的是经济增长、社会稳定、政治风险、国际收支及投资环境，而评价企业信用需要更多考虑该企业的财务状况、经营管理、产业展望等。

若以企业发行债券为例，进行全面评估主要包括产业分析、财务分析和债务条款分析等方面。产业分析主要是分析企业所属产业的发展前景和企业在产业中具有多大竞争力。前者要分析企业所在产业是朝阳产业还是夕阳产业，后者要分析企业的生产率、技术水平、研发能力、销售份额等方面在该产业所处的地位。财务分析主要包括分析企业盈利能力、财务结构和财务弹性等方面。盈利能力是判断企业财务状况是否稳健的主要指标，财务结构方面主要分析企业的各项负债比率，财务弹性可以反映企业在财务上偿还债务的弹性程度。债务条款分析主要包括两个方面的内容，即限制性条款分析和偿还优先顺序分析。限制性条款是为了防止企业财务状况恶化而制定的限制条款，如对企业投资、分红、举债、处理资产等方面的限制，债券偿还优先顺序分析主要考虑的是当企业资不抵债时法律上规定的清偿的先后顺序。

（二）债券评定级别

不同的债券评级机构，会有其自定的债券评定级别，但通常是用A、B、C等表示级别的高低，而且还可以叠加字母作进一步的划分。表2—5显示了标准普尔公司的债券评定级别和大致的各级别状态说明，一共有10个等级，最高级为AAA级，最低级是D级。从AA级到B级后面还可以加上"＋"或"—"，表示略高于或略低于该级别，从而形成更多的小级别。

表 2—5　标准普尔公司等级符号系统

等级符号	符号意义	说　明
AAA	最高级	安全性最高,本息偿付具有最大保障,基本无风险
AA	高级	安全性高,还本付息能力很强,风险较 AAA 级稍差,但没有问题
A	中高级	安全性良好,还本付息没有问题,但保障性不如更高等级债券
BBB	中级	目前安全性和收益性没有问题,但遇不利经济环境时有可能影响本息安全
BB	中低级	中下品质,具有一定投机性,不能保障将来的安全性
B	半投机性	具有投机性,不适合成为投资对象,还本付息缺乏一定的保障
CCC	投机性	安全性极低,债息虽能支付,但有无法还本的风险
CC	低端投机性	安全性极差,可能已处于违约状态
C	充分投机性	信誉不佳,无力支付本息
D	最低等级	品质最差,不履行债务,拖欠或违约,前途无望

穆迪投资服务公司的债券评定级别分为 Aaa 级、Aa 级、A 级、Baa 级、Ba 级、B 级、Caa 级、Ca 级和 C 级,此外还在 Aa 级到 B 级后再细分 1、2、3 级,形成更多小级别。

从债券投资的角度看,由于前面四个等级债券的安全性很好或有一定保障程度,被认为是“投资级债券”;而第五级开始往下等级的债券因安全性缺乏保障,投机成分大,故被称为“投机级债券”。

复习题

1. 说明债券发行方式的种类。
2. 债券主要的发行方式有哪些?
3. 什么是价格招标和利率招标?
4. 说明偿债资金来源。
5. 债券还本付息可以采用什么方式?
6. 什么是债券评级? 债券评级有什么作用?
7. 对企业发行的债券进行评级,主要分析什么内容?

第三章 债券流通

债券流通是债券运行阶段的中间过程，尽管并不是所有的债券都进入流通，但流动性程度确实是债券竞争力的一个重要方面。在本章中，我们将首先说明债券流通和流通市场的一般概念；在此基础上，对债券流通的方式，包括现券交易、回购交易、衍生工具交易等进行介绍。

第一节 债券流通概述

债券流通是一种伴随着交易行为的运作过程，即表现为债券在市场上的转让。所以，我们将按照债券流通——流通市场的顺序来说明它们的概念和原理。

一、债券流通的意义

流通二字，在日常生活里是指流转通行的意思。在经济学中，流通则指商品、货币的流转。如果引申到债券领域，就可以得到债券流通的含义。

（一）债券流通的含义

债券流通是指债券按照规则的允许，在其期限内的交易转让。理解债券流通，需要注意三点：第一，债券流通要求在法律和规则允许的范围内进行，即它的流转是合法或符合规定的。之所以强调这一点，是因为有些债券属于不流通债券，有明令禁止其转让买卖，但有时会存在私下交易，形成一种债券的“地下交易”。由于这种形式的债券流动是在法规保护之外的，因而不属于正常的债券流通。第二，债券流通有一定的时间限度。在一般意义上，债券流通应该在它的期限内，即从发行开始至还本为止。不过有的时候，债券制度规定的流通时间不一定与债券期限完全一致。比如，有的债券规定购入后需要持有一定时间后才能转让，也有的债券在其到期前的一段时间是停止挂牌交易的。第三，债券流通是一种债权的交易。债券流通发生在两个不同的经济主体之间,需要通过一定的买卖行为实现债券所有权的转移。但不是所有的债券所有权转移都属于交易转让。比如,长辈拥有的债券为后代人继承,或者甲将债券赠送给乙等,这些都不在我们所讨论的债券流通之列。债券流通过程实际上是一个债权的有价转让过程,通过买卖债券,原债券所有人得到货币资金,放弃了债券及其所证明的债权,而债券购入人付出货币资金,得到了债券本身及其拥有的权利。因此,债券流通就是债券交易。

(二)债券流通的经济意义

债券是一种金融商品,它之所以能够流通,根源来自于商品的交易属性。债券流通可以从许多方面显示其积极的经济意义。

1. 债券流通有利于方便社会资金的融通

在货币经济的社会里,一部分经济主体的资金有余和一部分经济主体的资金短缺总是存在的,这就需要社会资金能够方便地融通。资金融通要借助一定的媒介,或者说要有融通资金的工具,债券便是其中之一。实际上,债券发行就是资金有余者将其一部分资金融通给资金短缺者。然而,当债券不能流通时,在债券这一工具上的资金融通过程就结束了。当然,到偿还时间,原来的资金借入人还需要承担还本付息之责。如果允许债券流通,情况就有可能不一样。债券通过发行实现了第一次资金融通之后,在其流通期限内,还可以继续作为交易媒介,满足人们进一步融通资金的要求。换言之,债券流通增加了资金融通的机会,使得社会资金在不同经济主体之间的转移更加方便。所以,从社会资金方面看,债券流通可以促进其融通性加强。

2. 债券流通有利于提高债券发行人筹资的竞争力

债券是一种筹资手段,在资金市场上,各种各样的筹资工具同时存在。既然有着众多的筹资工具,或者再缩小范围,有着各种债券,那么它们的竞争力就是一个不可忽视的因素。债券竞争力关系到债券发行人是否能顺利完成债券销售任务,从而实现其筹集资金的目的。这种竞争力的强弱是债券本身许多因素综合的结果,如举债主体的信誉、债券利率的高低等,但毫无疑问,债券的流通能力也是其中之一。一般来说,在其他条件相同的情况下,债券的流通能力越强,其竞争力也就越强,即对投资者的吸引力就大;反之,债券的流通能力越弱,其竞争力也就越弱,对投资者的吸引力就小。所以,从债券发行人筹资方面看,债券流通可以提高其竞争能力。

3. 债券流通有利于增加债券投资者的投资机会

从债券发行人一方看,同一发行主体在一年中发行债券的次数是有限的,尤其是在资本市场还不发达的国家,债券发行人要做到常年连续地发行债券会有一定的困难。而从债券投资者一方看,投资资金的形成则可能随时会出现,它并不是由债券的发行时间来决定的。因此,在债券不能流通的情况下,很容易出现矛盾,即债券发行时投资资金尚未形成,或者投资资金已经形成但此时并没有债券发行。换一个角度也可以说,如果不允许债券流通,投资者投资债券的机会仅在每次债券发行期。如果允许债券流通,那么资金供求不平衡的矛盾就可以得到一定程度的调整或解决，使得投资资金随时可以在债券市场上寻求适合自己的投资品种，而不必专门等待债券发行时投资。所以，从资金供给方面的投资看，债券流通可以增加投资机会。

二、债券流通市场构成

债券流通市场也称为债券二级市场或债券次级市场，我们也可以按狭义和广义两个方面来理解债券流通市场的含义。从狭义的角度看，债券流通市场是指债券所有人将其债券出售给其他债券投资者的场所；从广义的角度看，债券流通市场则指实现已发行的债券在不同的债券投资者之间买卖而形成的供求关系和交易机制的总和。

（一）流通市场构成要素

在第二章的债券发行中，我们已经阐明了债券发行市场的构成，有参与者、市场工具和运行方式三个要素。同样，债券流通市场也具备这三个要素，但在要素的具体内容上与发行市场不同。

债券流通市场的参与者分为投资者、中介机构和管理者三类，与发行市场比较，少了发行人。投资者是债券流通市场的主要力量，只有它们的积极参与，债券流通市场的交易才能活跃。债券投资者可以分成很多种类。比如，从投资者的性质看，有机构投资者和个人投资者，前者具有法人地位，后者是自然人。从投资者的居民属性看，有境内投资者和境外投资者，前者属于境内经济主体，后者属于境外经济主体。从投资者的交易方向看，有债券的买方和债券的卖方，前者是债券的需求方，后者是资金的需求方。另外，在投资者具体形态上，机构投资者包括政府机构、金融机构、企业和事业法人及各类基金等。中介机构是指为债券流通买卖提供服务的机构，其中主要的功能是作为经纪人代理投资者买卖债券或作为自营商促进债券的流动性。前一种情况是经纪人接受投资者委托后在交易场所寻找交易对手，并在买卖成交后向委托人收取佣金；后一种情况是自营商开设柜台自行买卖债券，并以买卖价差作为其利润来源。另外，组织债券流通的证券交易所等机构，也是债券流通市场的中介人。债券流通市场的管理者是指对债券流通市场进行监督管理的机构，通过它们的工作可以促进债券流通市场正常运行。管理者通常以政府部门为主组成。

债券流通市场工具可以分为基本工具与衍生工具。基本工具即债券本身，它们与债券发行市场工具一样。债券作为市场交易的客体，是买卖的直接对象。债券流通市场的衍生工具则由基本工具派生出来，它们以债券为基础，形成自己独特的交易内容，如债券回购、以债券为标的的利率期货和利率期权等。

债券流通市场的运行方式，指参与债券流通的各方，通过一定的方法，实现债券交易的运作过程。如果按照交易场所划分，有证券交易所的债券流通和场外市场的债券流通；如果按照债券交易方式，则有现券交易、远期交易、衍生工具交易、回购交易和信用交易等。下面对这两方面进一步说明。

（二）债券交易场所

债券交易场所分为证券交易所和其他交易场所两类。证券交易所是有组织的市场，又称场内交易市场，是指在一定的场所、一定的时间，按一定的规则集中买卖已发行证券而形成的市场。债券也是证券交易所的证券交易品种之一。在我国，根据《中华人民共和国证券法》的规定，证券交易所是为证券集中交易提供场所和设施，组织和监督证券交易，实行自律管理的法人。证券交易所的设立和解散，由国务院决定。证券交易所作为进行证券交易的场所，其本身不持有证券，也不进行证券的买卖，当然更不能决定证券交易的价格。证券交易所应当创造公开、公平、公正的市场环境，保证证券市场的正常运行。证券交易所的组织形式有会员制和公司制两种。我国上海证券交易所和深圳证券交易所都采用会员制，设会员大会、理事会和专门委员会。

其他交易场所是指证券交易所以外的证券交易市场，也称为场外交易市场，包括分散的柜台市场和一些集中性市场。场外交易市场也一直进行债券的交易。在证券交易市场发展的早期，柜台市场（又称店头市场）是一种重要的形式，包括债券在内的许多有价证券的买卖是在银行或证券公司等金融机构的柜台上进行的。这种交易活动呈现分散性。随着证券交易市场的进一步发展，其他交易场所也出现了一些集中性的交易市场。从我国情况看，银行间债券市场就是一个重要的债券集中性交易市场。

（三）债券交易方式

债券交易方式可以按照不同的角度来认识。根据交易合约的签订与实际交割之间的关系，债券交易的方式有现券交易、远期交易和期货交易。现券交易的成交和交收是同步进行的，远期交易和期货交易都是先成交、以后再进行交收。但远期交易是非标准化的，在场外市场进行；期货交易则是标准化的，有规定格式的合约，一般在场内市场进行，属于衍生工具的交易。而在衍生工具的交易中，期权和互换也是重要的方式。另外，在短期资金市场，结合现券交易和远期交易的特点，存在着债券的回购交易。如果投资者买卖债券时允许向经纪商融资或融券，则发生信用交易。信用交易是投资者通过交付保证金取得经纪商信用而进行的交易。

三、发行市场与流通市场的关系

前面我们对债券发行市场和债券流通市场都已进行介绍。如果将发行市场和流通市场结合起来，就可以形成债券市场的完整概念。债券市场是进行债券发行和已发行债券买卖的场所，是实现新旧债券转让的供求关系和交易机制的总和[①]。这里的“新”，是指要发行的债券；这里的“旧”，是指已发行的债券。所以，债券市场既包括债券发行时发行人与认购人之间的交易关系，也包括债券流通时原购买人与新投资者之间的交易关系。债券市场是发行子市场（一级市场）与流通子市场（二级市场）的综合体。两个子市场互相作

① 即第二章给出的定义：是以债券为交易工具而形成的供求关系和交易机制的总和。

用、互相影响，形成了密切的联系。

（一）发行市场是流通市场的前提

强调债券发行市场是债券流通市场的前提，有三个理由：首先，债券发行市场是债券发行人进行筹资活动的第一步。没有债券发行市场，就谈不上接下去进行债券流通的第二步。在某种意义上，债券流通是债券发行的延伸。其次，债券发行为债券流通提供了交易对象。尽管并不是所有发行的债券都可以进入流通，但是只有已发行的债券才有可能在流通市场上交易，所以，发行的可流通债券越多，流通市场规模才可能越大。最后，债券发行市场的效率影响债券流通市场交易的顺利开展。如果债券发行方式市场化程度高、发行期短，那么债券进入流通就可以比较迅速，人们的投资需求就能比较快地得到满足；反之，如果债券发行方式落后、发行期长，那么债券进入流通就可能比较迟钝，人们的投资需求就难以得到充分的满足。

（二）流通市场是发行市场的保证

强调债券流通市场是债券发行市场的保证，也有三个原因：首先，债券流通市场为已发行债券提供了出售转让的机会。这一制度安排保证了已发行债券具有一定的流动性，而流动性是债券生命力的基点。否则，没有债券流通市场，认购人投资债券后需要变现的机会就会丧失，从而债券作为投资工具对人们的吸引力就要受到很大影响。其次，债券流通市场提高了债券的声誉。因为一个长期运作的债券流通市场的存在，可以使更多的人了解债券和债券投资，并进一步了解债券发行，这样就在实质上起到了一种为债券发行提供信息的作用，从而有利于债券发行市场的运转。最后，债券流通市场行情为债券发行条件的确定提供了参考依据。资金借贷的条件本质上是由市场上供求力量决定的，不管债券发行价格是由发行人单方面确定还是承销人竞价确定，最终的结果是要与市场情况相符合，否则就不能得到市场上投资者的认可，债券发行就难以推动。而债券流通市场的行情提供了借贷资金市场供求力量的信息，债券发行条件就将以此为依据来选择。

四、我国债券流通的简要历程

在 20 世纪 50 年代，我国债券是不能流通的，当时只有政府债券的发行，没有债券的买卖交易。由于当时是高度集中的计划经济制度，缺乏流通机制的债券仅起到为发行人筹资的作用。20 世纪 80 年代，我国债券发行重新启动，一开始也没有能够建立流通市场。然而，债券作为证券的一种，流动性是它的本质特征之一。债券不能流通，一部分持有者的提前变现需要就受到阻碍，于是在当时曾经一度出现了债券的地下交易。在 20 世纪 80 年代中期，我国开始探索建立债券流通市场的尝试，这一尝试首先从 1985 年发行的国库券的贴现业务开始。

1988 年 4 月，我国在债券流通方面有了实质性的进展。经国务院批准，7 个基础条件较好、有一定实践经验的金融体制改革试点城市同时开始组建国债交易的柜台市场①。经过短暂的试点，1988 年 6 月中国人民银行和财政部又联合发出关于第二批开放国库券转让市场试点城市名单，一共 54 个。

1990 年年底，上海证券交易所成立。上海证券交易所从开业起，就进行国债的现券交易。它与分散的柜台交易相比，交易机会增加，交易效率提高，所以这种集中性的债券交易大大地促进了我国债券流通市场本身的发展。另外，由于交易是在集中性的市场内进行的，投资者相对集中，竞争较为充分，其收益率水平也就成为我国市场利率体系中很重要的一个指标。以后，深圳证券交易所也推出了债券的现券买卖。与此同时，我国还在一些场外集中性市场开展了债券现券交易，如武汉证券交易中心、STAQ 系统等。此外，为了方便小额投资者进行债券转让的需要，以及满足有些不参与集中性交易市场的投资者转让债券的要求，债券的柜台交易市场仍然保留。在债券具体交易方式方面，除了进行债券现券交易外，还开展了债券回购交易，并进行过国债期货交易的试点。

1997 年 6 月，我国债券市场进行了一次结构性调整，银行间债券市场正式开始运行。这是一个场外市场，但交易是在一个统一的平台上进行，即依托于中国外汇交易中心（暨全国银行间同业拆借中心）和中央国债登记结算公司来运行。自此，我国债券市场分为证券交易所市场和银行间债券市场两个集中性的市场。银行间债券市场主要进行债券的现券交易和债券的回购交易。

在分散的柜台市场方面，由于纸面形式的债券被无纸化债券所替代，20 世纪 80 年代出现的柜台市场后来逐渐萎缩②，并在 20 世纪末基本消失。2002 年初，随着记账式国债发行的增多，当时的中国工商银行等 4 家国有商业银行经批准开始设立商业银行柜台记账式国债交易系统。这样，我国的债券柜台市场又重新建立起来。

2013 年 9 月，中国金融期货交易所推出了 5 年期的国债期货合约。国债期货作为金融衍生品市场的一个重要品种，是管理国债价格波动风险的金融工具，是利率衍生品中最基础的产品。通过开展国债期货交易，有利于建立市场化的定价基准，完善国债发行体制，推进利率市场化改革，引导资源优化配置。同时也有利于风险管理工具的多样化，为金融机构提供更多的避险工具和资产配置方式；有利于完善金融机构创新机制，增强其服务实体经济的能力。

五、我国债券市场的架构

到“十五”时期，我国债券市场的框架已经形成。从基础性的债券现券交易看，债券市场格局分为场内市场和场外市场，场内市场是证券交易所债券市场，场外市场主要是银行间债券市场和商业银行债券柜台市场。证券交易所债券市场和银行间债券市场属于集中性市

① 这 7 个城市是沈阳、上海、重庆、武汉、广州、哈尔滨和深圳。
② 当时柜台市场买卖的是纸面形式的债券。

场，商业银行债券柜台市场属于分散市场。图 3－1 显示了我国债券市场的构成，我们可以分别从市场类型、托管机构、交易场所、价格形成和市场参与人等方面看出各子市场的差异。

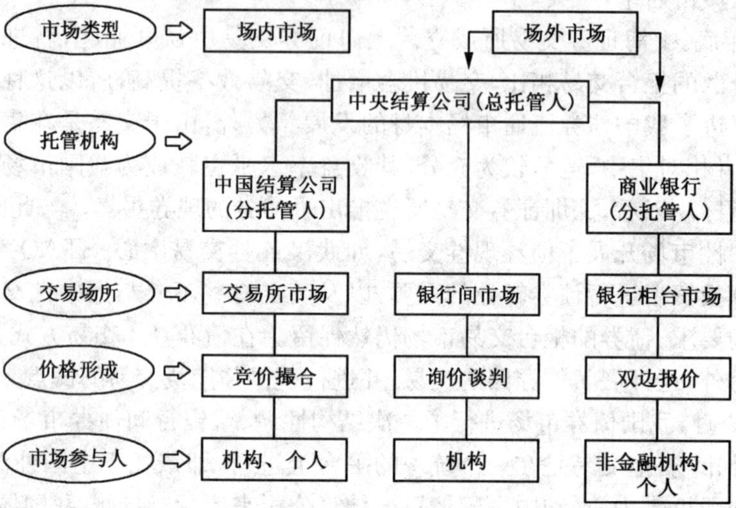

注：中央结算公司是中央国债登记结算有限责任公司的简称，中国结算公司是中国证券登记结算有限责任公司的简称。另外，在银行间市场，上海清算所（银行间市场清算所股份有限公司的简称）也承担债券的登记结算业务。

图 3－1　我国债券市场的构成

第二节　债券现券交易

在各种债券交易方式中，现券交易是最基本的，从某种意义上说，没有现券交易的一定发展，其他交易方式也难有充分的发展。所谓债券现券交易（也称为现货交易），是指债券买卖双方在成交后即办理交收手续。换言之，买入方需立即付出货币资金并可得到债券，卖出方需立即交付债券并得到货币资金。当然，在实际操作中，这一交收过程并不一定像商店里买卖普通商品那样当即“一手交钱、一手交货”。因为随着债券交易品种和规模的扩大，以及交易市场机制的复杂，成交与交收之间有时会有一定的时间间隔，如有的市场规定次日交收、例行日交收等。但不管如何安排，从基本含义上理解，债券现券交易还是属于一种成交和交收同步进行的交易方式。

一、场内现券交易

场内现券交易是指在证券交易所进行的现券交易，其中涉及的内容包括债券上市、委托买卖、成交结算等方面。

（一）债券上市

债券有上市债券和非上市债券的区别。在证券交易所市场，上市债券是指允许在证券交易所挂牌交易的债券,非上市债券是指不允许在证券交易所挂牌交易的债券。当然,不允许在证券交易所上市并非一定无法转让,因为有些债券可以通过其他途径实现债权转移。即使是上市债券,也不一定都在证券交易所内交易,也有一部分会在场外市场流通。

对于选择在证券交易所挂牌交易的债券,在交易之前首先会涉及一个上市的问题。实际上,任何证券到证券交易所交易,都要符合一定的标准,股票是如此,债券也是如此。不过,各国或者不同证券交易所制定的上市标准不尽相同。

在我国,债券上市标准是由相关的法律和交易场所的规则来约束的。比如,根据《中华人民共和国证券法》①的规定,公司申请公司债券上市交易,应当符合的条件有:①公司债券的期限为 1 年以上;②公司债券实际发行额不少于人民币 5 千万元;③公司申请债券上市时仍符合法定的公司债券发行条件。根据上海证券交易所的规定②,发行人申请债券上市,应当符合下列条件:①符合《证券法》规定的上市条件;②经有权部门核准并依法完成发行;③申请债券上市时仍符合法定的债券发行条件;④债券持有人符合上海证券交易所投资者适当性管理规定;⑤上海证券交易所规定的其他条件。

小专栏 3—1　上海证券交易所对符合上市条件的债券进行分类管理

上海证券交易所对符合规定上市条件的债券,根据其资信状况实行分类管理。

债券符合下列条件且面向公众投资者公开发行的,公众投资者和符合上海证券交易所规定的合格投资者可以参与交易:①发行人最近 3 年无债务违约或者延迟支付本息的事实;②发行人最近 3 个会计年度实现的年均可分配利润不少于债券 1 年利息的 1.5 倍;③债券信用评级达到 AAA 级;④中国证监会及上海证券交易所根据投资者保护的需要规定的其他条件。

债券不符合上面规定的条件,或者符合规定条件但发行人自主选择仅面向合格投资者公开发行的,仅限合格投资者参与交易。

债券上市期间发生下列情形之一的,仅限合格投资者参与交易:①债券信用评级下调至低于 AAA 级;②发行人发生债务违约、延迟支付本息,或者其他可能对债券还本付息产生重大影响的事件;③上海证券交易所认定的其他情形。

由于债券上市有一定的标准,所以上市程序主要表现为申请与审核的过程。下面根据上海证券交易所对公司债券的上市要求,归纳其上市程序。第一过程是上市申请。申请公司债券上市,应向上海证券交易所提交下列文件:债券上市申请书;有权部门核准债券发行的文件;发行人出具的申请债券上市的决议;承销机构出具的关于本次债券符合上市条件的意见书;公司章程;公司营业执照复印件;债券募集说明书、财务报告和审计报告、评级报告、法律意见书、债券持有人会议规则、受托管理协议、担保文件(如有)、发行结

---

① 2006 年 1 月 1 日起施行的《中华人民共和国证券法》第 57 条。
② 《上海证券交易所公司债券上市规则(2015 年修订)》。

果公告等债券发行文件;上市公告书;债券实际募集数额的证明文件;上海证券交易所要求的其他文件。发行人及其相关人员应当确保向上海证券交易所提交的文件内容真实、准确、完整,不存在虚假记载、误导性陈述或重大遗漏,并确保提交的电子件、传真件、复印件等与原件一致。第二过程是上市审核。上海证券交易所收到上市申请后,对债券上市申请进行审核,并在5个交易日内做出同意上市或者不予上市的决定。上海证券交易所审核同意的,发行人应当在上市前与上海证券交易所签订上市协议,明确双方的权利义务和有关事项。发行人对上海证券交易所做出的不予上市决定不服的,可以按照上海证券交易所相关规定申请复核。

如果是政府债券,则上市程序相对简单。在我国,如果政府债券在发行时规定是准许上市的,均可在规定的时间上市,无须再经过证券交易所的审核[①],即只要确定上市日期并完成相应的托管后就可以直接挂牌买卖。近年来,我国政府在发行上市债券的文件中,一般都有关于上市流通日期的规定。比如,我国财政部在《关于2016年记账式附息(一期)国债发行工作有关事宜的通知》中直接规定,本次国债2016年1月6日招标,1月7日开始计息,招标结束至1月7日进行分销,1月11日起上市交易。

另外,债券上市交易后,如果出现相关规则规定的情形,证券交易所可以做出该债券停牌、复牌、暂停上市、恢复上市或终止上市等决定。

(二)交易程序图示

在证券交易所市场,证券交易的基本过程包括开户、委托、成交、结算等几个步骤(见图3—2),债券交易也是这样。

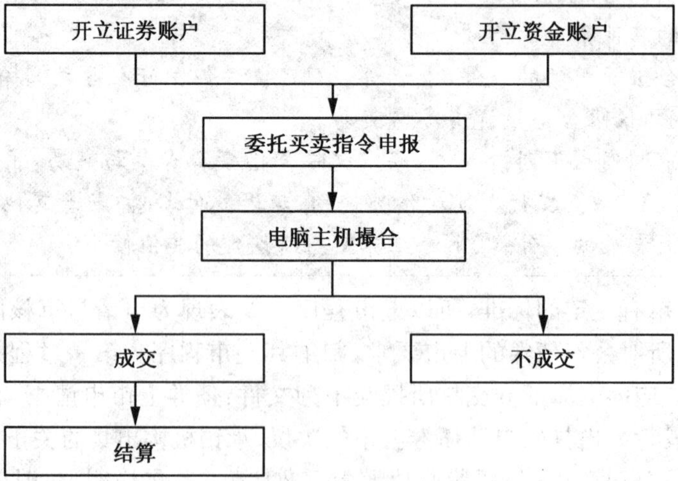

图3—2　交易程序

---

① 2006年1月1日起施行的《中华人民共和国证券法》第48条规定:证券交易所根据国务院授权的部门的决定安排政府债券上市交易。

(三)开立账户

投资者若要参与证券交易所的现券交易,一方面要开立证券账户,另一方面要开立资金账户。证券账户用来记载和反映投资者所持有的证券种类、数量和相应的变动情况,资金账户则用来记载和反映投资者买卖证券的货币收付和结存数额。

证券账户由证券登记结算机构设置,这种账户既可以根据投资者种类(如个人投资者和机构投资者)分别设计,也可以根据投资品种(如股票和债券)加以区分。当然,在一个账户中允许投资者买卖各种证券对于投资者来说是比较方便的。资金账户通常是由金融机构设置的。由于证券交易所的交易采用经纪人制度,所以投资者资金账户设置的一种办法是在经纪人处开立,另一种办法则是在银行开立。我国目前采用的是后者①。

小专栏 3-2　中国证券登记结算有限责任公司投资者证券账户的组成

投资者的证券账户由一码通账户及关联的子账户共同组成。一码通账户用于汇总记载投资者各个子账户下证券持有及变动的情况,子账户用于记载投资者参与特定交易场所或用于投资特定证券品种的证券持有及变动的具体情况。

一码通账户可用于记录投资者分级评价等适当性管理信息。

子账户包括人民币普通股票账户(A 股账户)、人民币特种股票账户(B 股账户)、全国中小企业股份转让系统账户(股转系统账户)、封闭式基金账户、开放式基金账户以及根据业务需要设立的其他证券账户。

开立证券账户和资金账户后,投资者买卖债券所涉及的债券、资金变化就会从相应的账户中得到反映。例如,某投资者买入甲债券 10 000 元面值,债券价格和交易费用的总计为 10 150 元,则投资者的证券账户上就会增加甲债券 10 000 元面值,资金账户上就会减少 10 150 元。

开立证券账户和资金账户是进行债券现券交易的前提,若投资者要买入债券,其资金账户中就要有相应的货币资金;同样,若投资者要卖出债券,其证券账户中也要有相应品种和数量的债券。这样一个步骤,也就是存入资金或债券的过程。如果是在银行开立资金账户,则存入资金的手续与一般银行存款户做法一致。对于证券账户中的债券,由于采用了无纸化,所以投资者原先在认购或买入债券时已过户到账户中。

(四)委托买卖

对于一般投资者来说,由于不能进入证券交易所内直接交易,所以需要委托证券经纪商②代理其买卖债券。下面分别说明委托方式、委托内容、委托受理与执行等方面。

1. 委托方式

在现券交易中,委托方式可以从不同的角度阐述。

---

① 即客户交易结算资金第三方存管制度。

② 在我国,目前是作为证券交易所会员的证券公司承担投资者的证券经纪业务,所以称证券经纪商或经纪商。

第一，根据投资者参与债券交易的目的划分，有买进委托和卖出委托。买进委托是投资者为了购买债券而委托经纪商代理其交易；卖出委托是投资者为了出售债券而委托经纪商代理其交易。

第二，根据委托的表达形式划分，有柜台委托和非柜台委托。柜台委托是投资者直接到作为经纪商的证券公司营业部，根据委托程序，提供必需的证件，采用书面方式表达委托意向，由本人填写委托单并签章的形式。非柜台委托主要有人工电话委托或传真委托、自助终端委托、电话自动委托、网上委托等形式。人工电话委托是指投资者将委托要求通过电话报给经纪商，经纪商根据电话委托内容向证券交易所交易系统申报。传真委托是指投资者填写委托内容后，采用传真的方式表达委托要求，经纪商接到传真委托书后，将委托内容输入交易系统申报进场。自助终端委托是投资者通过证券公司营业部设置的专用委托电脑终端，自行将委托内容输入电脑交易系统。电话自动委托是指经纪商把电脑交易系统和普通电话网络连接起来，投资者通过普通电话输入委托指令。网上委托是指经纪商通过基于互联网或移动通信网络的网上证券交易系统，向投资者提供用于下达证券交易指令、获取成交结果的一种服务方式。柜台委托、人工电话委托和传真委托属于非自助方式，自助终端委托、电话自动委托和网上委托属于自助方式。

第三，根据债券交易的数量划分，有整数委托、零数委托和任意数委托。整数委托是指委托买卖债券的数量为 1 个交易单位或交易单位的整数倍。零数委托是指委托买卖债券的数量不足证券交易所规定的 1 个交易单位。任意数委托是指委托买卖债券的数量可以是任意的数值。为了保证交易的规范和计算的便利，采用整数委托是比较有利的。

第四，根据委托的有效期划分，有当日有效和约定日有效。当日有效是指从委托之时起至当日证券交易所营业终了之时止的时间内有效。约定日有效是指投资者与经纪商约定，从委托之时起到约定的营业日证券交易所营业终了之时止的时间内有效。我国证券交易所现行规定的委托期为当日有效。

第五，根据委托价格限制形式划分，有市价委托和限价委托。市价委托是指投资者向证券经纪商发出买卖某种债券的委托指令时，要求经纪商按证券交易所内当时的市场价格买进或卖出债券。其优点是：没有价格的限制，经纪商执行委托指令比较容易，成交迅速且成交率高；其缺点是：只有在委托执行后才知道实际的执行价格，故成交价格有时会不尽如人意，尤其是当市场价格变动较快时。限价委托是指投资者要求证券经纪商在执行委托指令时，必须按限定的价格或比限定价格更有利的价格买卖债券，即必须以限价或低于限价买进债券，以限价或高于限价卖出债券。其优点是：债券可以按照投资者预期的价格或更有利的价格成交，有利于投资者实现预期投资目标。其缺点是：由于限价与市价之间可能有一定的距离，所以必须等市价与限价一致时才有可能成交。当债券价格变动较大时，采用限价委托容易坐失良机，遭受损失。目前我国证券交易所市价委托和限价委托方式都可以采用。

2. 委托内容

在委托指令中，不管是采用填写委托单还是自助委托方式，都需要反映投资者买卖债券的基本要求，具体的委托内容一般包括：

第一，债券名称。债券名称是投资者买卖债券所指定的交易品种称呼，它有全称、简称和交易代码三种。比如，我国财政部发行的第一个 10 年期记账式附息国债的全称是"1996 年记账式(五期)国债"，它当时在上海证券交易所和深圳证券交易所上市的简称分别是"96 国债(6)"和"国债 966"，而其交易代码则分别为"000696"和"1966"。通常的做法是填写交易代码及简称，这种方法比较方便快捷，且不容易出错。目前，上海证券交易所和深圳证券交易所的交易代码都为一组 6 位数字。委托买卖的交易代码与简称必须一致。

第二，买卖方向。投资者在委托指令中必须明确表明委托买卖的方向，即是买进债券还是卖出债券。

第三，交易数量。投资者买卖债券的数量应该符合证券交易所有关申报规则的要求。表 3—1 是上海证券交易所和深圳证券交易所有关竞价交易的债券买卖申报数量规定，其中上海证券交易所的现券交易以人民币 1 000 元面值债券为 1 手，深圳证券交易所的现券交易以人民币 100 元面额债券为 1 张。如果是大宗交易，则交易数量必须要达到一定数额以上。上海证券交易所规定，债券交易的单笔买卖申报数量不低于 1 000 手，或者交易金额不低于 100 万元的，可以采用大宗交易方式。深圳证券交易所规定，债券单笔交易数量不低于 5 000 张，或者交易金额不低于 50 万元人民币的，可以采用大宗交易方式。

表 3—1　　证券交易所竞价交易的债券买卖申报数量规定

交易内容	上海证券交易所	深圳证券交易所
买入债券	1 手或其整数倍	10 张或其整数倍
卖出债券	1 手或其整数倍	余额不足 10 张部分，应当一次性申报卖出
单笔申报最大数量	不超过 10 万手	不超过 100 万张

第四，申报价格。这是指委托买卖债券的价格。在我国上海证券交易所和深圳证券交易所的交易制度中，涉及委托买卖债券价格的内容包括债券交易的计价单位、申报价格最小变动单位、债券交易报价组成等方面。上海证券交易所和深圳证券交易所都规定，债券现券交易报价为每百元面值债券的价格；而对于现券交易申报价格最小变动单位，上海证券交易所规定为 0.01 元人民币，深圳证券交易所规定为 0.001 元人民币。

从交易价格的报价组成看，债券价格有两种：全价和净价。全价交易是指买卖债券时，以含有应计利息的价格申报并成交的交易。净价交易是指买卖债券时，以不含有应计利息的价格申报并成交的交易。我国目前债券交易主要采用净价交易。在净价交易的情况下，成交价格与债券的应计利息是分解的，价格随行就市，应计利息则根据票面利率按天计算。净价交易中买方应支付的价格可以表示为公式(3—1)。

$$P=P_c+I_b=P_c+Ait\div365 \tag{3—1}$$

式中：P 为买方应支付的价格，P_c 为净价，I_b 为应计利息额，A 为债券面值，i 为票面利率，t 为已计息天数(起息日至成交日实际日历天数)。

【例 3－1】 某债券面值为 100 元，票面利率为 5%，起息日是 8 月 5 日，交易日是 12 月 18 日，则已计息天数是 136 天。交易日挂牌显示的应计利息额为：

应计利息额＝100×5%×136÷365 ＝1.86(元)

在实际操作中，除了上述债券名称、买卖方向、交易数量和申报价格外，还有一些其他事项也是需要投资者在委托时申明或出示的，如投资者姓名、身份证件、委托日期等。

3. 委托受理与执行

证券经纪商在收到投资者委托后，应对投资者身份、委托内容、委托卖出的实际债券数量及委托买入的实际资金余额进行审查。经审查符合要求后，才能接受委托。这些审查是为了维护交易的合法性，提高成交的准确率，避免造成不必要的纠纷。另外，需要说明的是，如果投资者采用自助委托方式，则当其输入相关的账号和正确的密码后，即视同确认了身份。证券经纪商的电脑系统还自动检验投资者的债券买卖申报数量和价格等是否符合证券交易所的交易规则。

证券经纪商接受投资者委托并审查合格后，要向证券交易所申报。申报原则采用时间优先，即经纪商应按受托时间的先后次序为投资者申报。申报方式有两种，一种由证券经纪商的场内交易员进行申报，另一种由投资者或证券经纪商营业部业务员直接申报。在前一种情况下，证券经纪商营业部业务员在受理投资者委托后，要按受托先后顺序用电话将委托买卖的有关内容通知其场内交易员(俗称“红马甲”)，由场内交易员通过场内电脑终端将委托指令输入证券交易所交易系统。在后一种情况下，证券经纪商的电脑系统要与证券交易所交易系统联网；投资者利用自助委托方式，自行将委托指令输入证券经纪商电脑系统，经审查确认后，再自动传送至证券交易所交易系统；或是由证券经纪商营业部业务员在进行委托审查后，将委托指令直接通过终端机输入证券交易所交易系统，无需其场内交易员再行输入。投资者自行输入委托指令这种方式，缩短了申报时间，减去了场内交易员人工报盘的环节，从而降低了申报的差错，减少了投资者与证券经纪商的纠纷，因此成为目前主要的申报方式。前一种申报方式更多的是作为备用应急的手段。

申报以后，在委托未成交之前，投资者有权变更和撤销委托。但申报竞价成交后，买卖即告成立，成交部分不得撤销。

(五)撮合成交

撮合成交是证券交易所对证券经纪商代理投资者买卖债券提出的申报进行配对，条件相符者即可实现交易。这一工作可以由证券交易所通过人工操作来完成，也可以由计算机系统自动撮合完成。自然，在投资者众多而出现大量委托申报的情况下，计算机的工作效率无疑会远远地高于人工操作。所以，目前世界上已经有许多证券交易所利用了计算机系统，我国上海证券交易所和深圳证券交易所也采用了计算机来撮合成交。

在竞价成交中，为了贯彻公平精神，通常采用“价格优先、时间优先”的原则。成交时价格优先的原则为:较高价格买入申报优先于较低价格买入申报,较低价格卖出申报优先于较高价格卖出申报。时间优先的原则为:买卖方向、价格相同的,先申报者优先于后申报者。先后顺序按证券交易所交易主机接受申报的时间确定。

【例 3—2】 有甲、乙、丙、丁投资者四人,均申报卖出某债券,申报价格和申报时间见表 3—2。那么这四位投资者交易的优先顺序为:丁、乙、甲、丙。

表 3—2　　某债券的申报卖出价格与申报时间

投资者	申报价格(元)	申报时间
甲	102.70	13:35
乙	102.68	13:39
丙	102.71	13:32
丁	102.68	13:38

目前,我国证券交易所采用两种竞价方式:集合竞价方式和连续竞价方式。集合竞价是指对在规定的一段时间内接受的买卖申报一次性集中撮合的竞价方式。集合竞价的所有交易以同一价格成交。根据我国证券交易所的相关规定,集合竞价确定成交价的原则为:①可实现最大成交量的价格;②高于该价格的买入申报与低于该价格的卖出申报全部成交的价格;③与该价格相同的买方或卖方至少有一方全部成交的价格。如有两个以上申报价格符合上述条件的,上海证券交易所规定使未成交量最小的申报价格为成交价格;若仍有两个以上使未成交量最小的申报价格符合上述条件的,其中间价为成交价格。深圳证券交易所则取在该价格以上的买入申报累计数量与在该价格以下的卖出申报累计数量之差最小的价格为成交价;买卖申报累计数量之差仍存在相等情况的,开盘集合竞价时取最接近即时行情显示的前收盘价为成交价,盘中、收盘集合竞价时取最接近最近成交价的价格为成交价。

连续竞价是指对买卖申报逐笔连续撮合的竞价方式。连续竞价阶段的特点是,每一笔买卖委托输入交易自动撮合系统后,当即判断并进行不同的处理:能成交者予以成交;不能成交者等待机会成交,部分成交者则让剩余部分继续等待。按照上海证券交易所和深圳证券交易所的有关规定,在无撤单的情况下,委托当日有效。另外,开盘集合竞价期间未成交的买卖申报,自动进入连续竞价。深圳证券交易所还规定,连续竞价期间未成交的买卖申报,自动进入收盘集合竞价。连续竞价时,成交价格的确定原则为:①最高买入申报与最低卖出申报价位相同,以该价格为成交价;②买入申报价格高于即时揭示的最低卖出申报价格时,以即时揭示的最低卖出申报价格为成交价;③卖出申报价格低于即时揭示的最高买入申报价格时,以即时揭示的最高买入申报价格为成交价。

【例 3—3】 某债券即时揭示的卖出申报价格和数量及买入申报价格和数量如表 3—3 所示。若此时该债券有一笔买入申报进入交易系统,价格为 115.37 元,数量为 60 手,则应以 115.35 元成交 10 手、以 115.36 元成交 50 手。

表 3—3　　某债券某日交易时即时揭示的买卖申报价格和数量

买卖方向	价格(元)	数量(手)
卖出申报	115.37	100
	115.36	80
	115.35	10
买入申报	115.34	50
	115.33	100
	115.32	80

撮合的结果有三种可能:全部成交、部分成交、不成交。如果投资者的委托买卖全部成交,证券经纪商应及时通知投资者按规定的时间办理交收手续。如果投资者的委托未能全部成交或未能成交,证券经纪商在委托有效期内可继续执行,让未成交部分等待机会成交,直到有效期结束。

另外,上海证券交易所和深圳证券交易所对债券竞价交易还实行当日回转交易。所谓回转交易,是指投资者买入的证券,经确认成交后,在交收完成前全部或部分卖出。因此,债券竞价交易实行当日回转交易,即表示投资者可以在交易日的任何营业时间内反向卖出已买入但未完成交收的债券,即 T+0 交易。

(六)清算交收

债券交易成交后,首先需要对买方在资金方面的应付额和在债券方面的应收种类和数量进行计算,同时也要对卖方在资金方面的应收额和在债券方面的应付种类和数量进行计算。这一过程属于清算,包括资金清算和债券清算。清算结束后,需要完成债券由卖方向买方转移和对应的资金由买方向卖方转移。这一过程属于交收。清算和交收是债券结算的两个方面。

目前我国证券交易所市场采用的是法人结算模式。法人结算是指由证券公司(即经纪商)以法人名义在证券登记结算机构开立证券交收账户和资金交收账户,其接受投资者委托代理的债券交易的清算交收均通过此账户办理。证券公司与投资者之间的资金清算交收由证券公司自行负责完成。

实践中,对于证券公司与投资者之间的债券清算交收,是委托中国证券登记结算有限责任公司根据成交记录按照业务规则代为办理。债券交收结果等数据由中国证券登记结算有限责任公司每日传送至证券公司,供其对账和向投资者提供余额查询等服务。

对于证券公司与投资者之间的资金清算交收,在"客户交易结算资金第三方存管"制度框架下,需要由证券公司与指定商业银行(即与证券公司及投资者建立客户交易结算资金三方存管关系、签订客户交易结算资金存管合同的商业银行)配合完成:①证券公司负责根据登记结算机构发送的结算数据和指定商业银行发送的投资者资金存取数据完成投资者资金的清算，更新投资者资金账户的余额，并向指定商业银行发送投资者债券交易清算数据及资金账户余额；②指定商业银行负责根据投资者资金的存取数据和证券公司向其发送的债券交易清算数据完成投资者管理账户余额的更新，并进行投资者资金账户余额与投资者管理账户余额的核对，将核对结果发送证券公司；③证券公司根据核对无误的清算结果向指定商业银行发送资金划付指令，指定商业银行根据证券公司的资金划付指令及时办理资金划付，完成投资者债券交易的资金交收。

另外，从债券现券交易结算的时间安排来看，我国上海证券交易所和深圳证券交易所都采用 T+1 滚动交收。滚动交收要求某一交易日成交的所有交易有计划地安排在距成交日相同营业日天数的某一营业日进行交收。例如，在 T+1 滚动交收中，要求 T 日成交的债券交易在成交日之后的第一个营业日完成。

（七）债券交易行情

上海证券交易所和深圳证券交易所在每个交易日都要发布债券交易的即时行情，还要编制反映债券市场成交情况的各类报表，并及时向社会公布。

在集合竞价期间，即时行情内容包括债券代码、债券简称、前收盘价格、虚拟开盘参考价格、虚拟匹配量和虚拟未匹配量等。在连续竞价期间，即时行情内容包括债券代码、债券简称、前收盘价格、最新成交价格、当日最高成交价格、当日最低成交价格、当日累计成交数量、当日累计成交金额、实时最高 5 个买入申报价格和数量、实时最低 5 个卖出申报价格和数量。

在上海证券交易所，现阶段实际上有 3 个债券交易系统，上面介绍的内容主要是针对“集中竞价系统”，另外还有“固定收益平台”和“大宗交易系统”。

小专栏 3—3　　上海证券交易所固定收益平台

上海证券交易所固定收益证券综合电子平台（简称“固定收益平台”）于 2007 年 7 月推出，它同时具有场内和场外市场的一些特征，如场内市场的交易匿名报价、保证交收，场外市场的询价、逐笔交易和结算。该平台有交易商之间市场和交易商与客户之间市场两个层次。交易商（包括一级交易商）是指经交易所核准，取得该平台交易参与资格的交易参与人，主要有证券公司、基金管理公司等金融机构；一级交易商是指经交易所核准可以在该平台交易中持续提供双边报价及对询价提供成交报价（即“做市”）的交易商。普通客户只能通过交易商间接参与该平台债券交易。

交易商之间的交易，指交易商之间按照规定，通过报价或询价方式买卖在该平台挂牌交易的固定收益证券。交易商与客户之间的交易，指具有自营和经纪业务资格的券商类交易商可与其客户协议交易在该平台挂牌交易的固定收益证券。

固定收益平台交易采用报价交易和询价交易两种方式。报价交易中，交易商可以匿名或实名方式申报；询价交易中，交易商须以实名方式申报。

二、场外现券交易

在我国，场外的债券市场有集中性的银行间债券市场和分散性的商业银行记账式国债柜台市场。下面分别予以说明。

(一)银行间债券市场的交易

1997年6月，中国人民银行发出通知，决定在全国银行间同业拆借中心开办银行间债券交易业务。由此，我国银行间债券市场建立起来。在随后的几年里，这一市场有了较快发展。一方面，在它的一级市场上，债券发行规模不断扩大，发行市场化程度提高；另一方面，在它的二级市场上，交易主体逐步扩大，交易量增加，流动性提高。在现阶段，银行间债券市场的参与者有：在中国境内具有法人资格的商业银行及其授权分支机构、非银行金融机构和非金融机构；经中国人民银行批准经营人民币业务的外国银行分行；其他经中国人民银行批准进入银行间债券市场的机构投资者。债券的主要交易方式包括现券交易和回购交易。全国银行间同业拆借中心为参与者的债券报价、交易提供中介及信息服务。

在银行间债券市场，完成债券交易需要依靠交易系统、托管系统和资金清算系统①。

"中国银行间本币交易系统"是市场参与者进行债券买卖及其他各类债券交易活动的实施平台，该系统的功能有观察行情、发送报价、进行询价、成交及查询等方面。银行间债券市场的交易采用"询价交易"和"做市商"方式进行，前者是交易双方通过询价方式完成交易要素的确认和成交，后者是做市商发出双边报价后对手方可直接点击成交。

在"询价交易"方式下，双方自主谈判，逐笔成交。该交易方式包括自主报价、询价、确认成交三个方面。自主报价分为两类：意向报价和对话报价。意向报价是指参与者为表明自身交易意向而面向市场发出的报价，对话报价是指参与者向另一方特定交易者发出的报价。自主报价后进入交谈阶段(询价)，双方可以在交易系统中修改报价要素来讨价还价。如果询价中对报价要素达成一致，就可以点击成交确认。

在"做市商"方式下，做市商采用双向报价。双向报价是同一个报价者对交易系统设定的标准化产品同时进行买和卖两个方向的报价活动，只有做市商才可以进行双向报价。双向报价没有交谈环节，只有报价与点击成交两个环节。

银行间债券市场的托管系统是"中央债券簿记系统"，该系统负责办理交易达成后的债券登记、过户、本息兑付等业务。在资金清算系统方面，"中国现代化支付系统"负责办理与债券交易有关的资金支付，交易者也可以在交易后自行通过商业银行办理资金清算。

银行间债券市场的"结算成员"分为甲类户、乙类户和丙类户，它们是根据其结算业务的资格与权限的不同来区分的。甲类户既可办理自营结算，也能代理丙类户结算；乙类户只能办理自营结算，不能代理；丙类户只能委托甲类户办理结算。债券交易结算方式包括券款对付、见款付券、见券付款和纯券过户四种，具体方式由交易双方协商选择。

---

① 李磊宁，高言，戴韡. 固定收益证券[M]. 北京：机械工业出版社，2014.

(二)债券柜台市场的交易

通常,在柜台上交易的债券,其买入和卖出的价格都是由开设柜台的金融机构报出,也就是所谓的双边报价。在这种交易方式下,投资者要根据金融机构柜台所报的买入价或卖出价进行交易,即债券出售者按柜台所报的买入价将债券直接卖给柜台,债券购入者按柜台所报的卖出价直接从柜台买入债券。所以,金融机构的柜台既是债券交易的组织者,也是债券交易的直接参加者。由于这种交易是一对一的方式,就不会出现投资者买方内部或卖方内部直接的出价、要价竞争,而是由金融机构柜台根据投资者的接受程度调整报价。我国在 2002 年 6 月开始运作的商业银行记账式国债柜台市场就采用这样的交易方式。

根据现行相关制度的规定,商业银行柜台市场买卖记账式债券的程序如下:

第一,挂牌公布价格。开设债券柜台市场的商业银行在其营业日要挂出当日所买卖债券的牌价,主要内容是债券名称、买入价和卖出价。买入价和卖出价是相对于商业银行自己买入和卖出的方向,因此卖出价要高于买入价。买入价和卖出价的确定有两个方面,一是价格绝对水平的高低,二是买入价和卖出价的价差幅度。

第二,开立债券账户。由于目前我国商业银行债券柜台市场买卖的是记账式债券,没有纸面形式,所以投资者参与柜台市场的债券买卖先要到相关商业银行柜台建立账户。当然,开立债券账户是针对初次交易来说的,以后再次交易都用该账户。债券账户用以记载投资者在该柜台买卖记账式债券的变动情况及余额增减。

第三,提出买卖申请。投资者若打算买进或卖出某记账式债券,则需根据商业银行对该债券的挂牌价格,提出交易申请。如果采用递交申请单形式,申请单上面应该填写规定的内容,如债券的品种、买入或者卖出的方向、债券数量等。

第四,受理并完成交易。商业银行柜台接到投资者申请后,对申请内容进行审核,符合要求者即可成交。

第三节　债券回购交易

债券交易除了常见的现券交易外,也存在一些其他的交易方式。其中,债券回购也是运用较多的一种,而且相对来说还是属于比较简单的类型,即其收益、成本与风险的分析相对容易、交易规则相对简单、操作也相对方便。

一、回购交易概述

(一)债券回购交易概念

债券回购交易是指债券买卖双方在成交的同时,约定于未来某一时间以某一价格双方再进行反向交易的行为。所以,回购交易也就是债券持有人在卖出债券时,与买方订立协议而附加一定条件,约定于未来某时间再以事先约定的价格将该债券购回的交易方式;

当然，反过来也可以说，是债券投资者在买进债券时，与卖方订立协议而附加一定条件，约定于未来某时间再以事先预定的价格将该债券返售的交易方式。对于前一种情况，可以称之为债券正回购，或者卖出回购；对于后一种情况，可以称之为债券逆回购、反回购，或者买入返售。不过，正回购和逆回购都属于同一次债券回购过程，即是从不同的角度来认识的债券回购。另外，在回购交易中，作为正回购，对于最初卖出债券而融进资金的一方，可以称为融资方；作为逆回购，对于最初买进债券而付出资金的一方，可以称为融券方。因此，债券回购就是投资者以债券为买卖对象而进行资金融通的交易行为。

由于债券回购交易包括初始交易与到期交易的一来一去两次买卖，所以它与债券现券交易和债券远期交易就有某种相似性。债券现券交易在本章已有介绍，债券远期交易则是指债券买卖双方约定在未来某一时刻（或时间段内）按照现在确定的价格进行交易。根据这一含义，那么，投资者在进行正回购时，相当于卖出一笔债券现货，同时买进相同数量的债券远期；而投资者在进行逆回购时，相当于买进一笔债券现货，同时卖出相同数量的债券远期。也因此，债券回购交易有时被称之为债券现期交易，但要强调的是，债券回购交易是一种独立的交易方式，并不是债券现券交易和债券远期交易的简单加总。

（二）债券回购的意义

在金融市场上，债券回购交易可以发挥一定的积极作用，主要表现在如下两个方面。

第一，债券回购交易为市场提供了一种新的资金融通方式，促进了社会资金的流动。如果没有债券回购，投资者在金融市场上就只有单纯的买进债券或卖出债券一种途径。但是有的时候，这种单纯的债券现券交易并不能满足投资者的要求。比如，打算长期持有债券的投资者在某一时间正好遇到临时性的资金需求，如果抛售这些债券来换取资金，将来会面临购回债券的价格风险，这样就产生了一种进行债券回购交易的需求。而有了债券回购市场，该投资者就可以做一笔债券的卖出回购交易，以便在将来某一时间按预定的价格购回。这种交易可以使这类投资者既能实现暂时借入资金的愿望，又能满足长期持有债券的目的。又如，有的投资者在一个短时期里正好有一笔暂时不用的资金，若在现券交易中买入债券，将来有抛售债券的价格风险。有了债券回购市场，该投资者就多了一个比较理想的投资工具，可以做一笔债券的逆回购交易，等于在买入债券时锁定了将来卖出债券的价格。这种交易也可以使这类投资者实现在短时期里投资并能较稳定地获得一定的收益。由于债券回购对于市场上债券买卖双方都有一定的吸引力，所以它的存在可以促进资金融通，实现资源合理配置。

第二，债券回购交易为中央银行执行货币政策提供了便利，也有利于债券这一信用工具功能的发挥。中央银行的货币政策是一种管理者调控经济的政策，它有诸多的操作方式，公开市场业务是其中之一。公开市场业务所采用的方法有现券交易，也有回购交易，而后者又是更常用的。中央银行通过债券回购可以实现调节或者影响货币流通量的大小。比如，中央银行在市场上做一笔正回购，即它在市场上将债券卖出去，然后过一段时间再将该债券买回，这样就会使这段时期社会货币流通量减少，利率上升，起到紧缩银根的作用；反过来，假设中央银行在市场上做一笔逆回购，即它在市场上将债券买回来，然后过一段时间再将该债券售出，这样就会使这段时期社会货币流通量增加，利率下降，起到放松银根的作用。当然，中央银行利用债券回购交易调节货币流通量的效果是短期的，因为回购到期就会有反向的交易行为。但是，作为防御型的公开市场业务，这种短期效应也是必需的。总的来说，债券回购交易在货币政策中的运用，拓展了单纯的债券现券交易的功能，使得债券作为信用工具的作用得到了进一步的发挥。

（三）债券回购的种类

债券回购的种类主要有两种划分的依据。

1. 隔日回购和定期回购

债券回购按回购期限分，有隔日回购和定期回购。隔日回购是指正回购方在卖出债券的次日就要将债券购回，定期回购是指正回购方在卖出债券第二日以后的规定时间将债券购回。但对于定期回购来说，其购回的时间仍然属于短期性质，一般不超过1年，而且大多数是在1个月之内。实践中，市场上更多的是以实际回购天数来划分的，比如1天回购、3天回购、7天回购等。1天回购是隔日回购，超过1天的回购品种都属于定期回购。

2. 质押式回购和买断式回购

债券回购按债券归属分，有质押式回购（又称封闭式回购）和买断式回购（又称开放式回购）。质押式回购是指正回购方在将债券出质给逆回购方融入资金的同时，双方约定在将来某一指定日期，由正回购方按约定回购利率计算的资金额向逆回购方返回资金，逆回购方向正回购方返回原出质债券。债券质押式回购实质是参与者进行的以债券为权利质押的短期资金融通业务。买断式回购是指正回购方在将债券卖给逆回购方的同时，双方约定在将来某一指定日期，再由正回购方以约定价格从逆回购方购回相等数量的同种债券。

买断式回购与质押式回购的区别在于初始交易时正回购方（债券持有人）是将债券“卖”给逆回购方（债券购买人），而不是质押冻结，债券所有权随交易的发生而转移。该债券在协议期内可以由逆回购方自由支配，即逆回购方只要保证在协议期满能够有相等数量同种债券卖给正回购方，就可以在协议期内对该债券自由地进行再回购或买卖等操作。

（四）我国债券回购市场的发展

我国债券回购交易是从20世纪90年代初期开始发展的。当时，全国证券交易自动报价系统[①]成立不久，跨地区、有组织的国债交易刚刚起步。为了提高国债的流动性，解决短期资金的周转问题，全国证券交易自动报价系统于1991年7月宣布试办国债回购业务。以后，随着国债发行规模的逐步扩大，现券交易的日趋活跃，一些地方证券交易中心也推出了债券回购业务。

我国场内债券回购业务首先是在上海证券交易所进行的，开办时间是在1993年12

① 该系统又称STAQ系统。

月，采用质押式回购方式。在交易制度上，当时选择了国债市场上正在流通的五个国库券券种作回购交易的标的债券，回购期限有 1 个月、3 个月和 6 个月，以后有所调整。深圳证券交易所的债券回购交易推出要晚一些，1994 年 10 月首次进行，一开始也是国债回购。2002 年年底和 2003 年年初，上海证券交易所和深圳证券交易所又分别推出了企业债券的回购交易。

1996 年我国中央银行开始启用公开市场业务操作。这一年的 4 月份，中国人民银行在国债二级市场上，以国债回购交易收益率竞标的方式，首次向商业银行购买国债。

1997 年 6 月起，银行间债券市场依托全国统一同业拆借中心的平台，先后开办了国债、政策性金融债和中央银行融资券的回购业务。

二、债券回购的收益、成本与风险

债券回购作为一种交易方式，收益、成本与风险是客观存在的，当然它们的表现和具体内容与债券现券交易有所不同。

(一)债券回购的收益和成本

在债券回购交易中，一方是融资方，另一方是融券方。对于融资方，它在债券回购期限内取得了资金的使用权，因此要承担一定的融资成本；对于融券方，它在债券回购期限内让渡了资金的使用权，因此要取得一定的出让收益。所以，债券回购的收益和成本就直接表现为回购期限内资金使用的利息。

衡量债券回购收益或成本的大小，可以用两种办法。一种办法是计算债券回购中两次买卖的价差。一般来说，回购开始第一次买卖的价格低，到期第二次反向买卖的价格高。从融资方角度看，第一次是售出价，第二次是购回价，所以购回价减去售出价就是它的成本，当然这一成本也就是融券方的收益。不过，这种办法只计算了收益的绝对额，而不是收益的程度。另一种办法是计算债券回购期限内的收益率，对于融资方来说，也就是它负担的成本率。收益率尽管没有直接显示收益的绝对额大小，但是表明了收益的程度。计算收益率需要有一定的时间标准为依据，如用年表示，则有年收益率。在债券回购中，年收益率也称年回购率。年回购率与售出价和购回价有关，用公式表示，有(3－2)的形式(假定一年为 360 天)。

$$i=\left(\frac{P_b}{P_s}-1\right)\times\frac{360}{t}\times 100\% \qquad (3-2)$$

式中：i 为年回购率，P_b 为购回价，P_s 为售出价，t 为回购天数。

【例 3－4】 某投资者将一笔债券以每百元面值 102.20 元的价格卖出，做一个 4 天回购，购回价 102.30 元，则该投资者做了一次卖出回购，对方做了一次买入返售，年回购率(若一年按 360 天计算)为：

$$i=\left(\frac{102.30}{102.20}-1\right)\times\frac{360}{4}\times 100\%=8.81\%$$

另外还需说明，以上讨论债券回购的收益和成本并未考虑交易费用。实践中，投资者参与回购交易需要向经纪人支付佣金等费用，如果考虑这一因素，那么，融资方的成本还要增大一些，融券方的收益还要减少一些。

（二）债券回购的风险

债券回购风险主要是信用风险，基本上包括两种，一种发生在债券发行人身上，另一种发生在回购参与人身上。

第一种情况起因于债券发行人。如果债券发行人违约，不能按时足额偿付利息，甚至在债券期限未满之前已经破产倒闭，那么，以该种债券为载体的回购交易就面临着回购到期可能执行不了的风险。防范这样的风险就要求进入回购市场的债券具有较好的信用，比如，这种风险对于国债来说是非常小的，因为通常情况下国债的信用等级最高，发生违约的概率最低。

第二种情况起因于回购参与人。无论是融资方还是融券方，都可能存在回购到期时，其中一方不愿或无法以预定的价格将债券买回或者将债券返售，从而形成回购参与人违约的风险。在质押式回购中，防范这种风险的措施有：一是通过将实际的债券按某种程度打折来计算可回购的资金，以防融资方在回购到期时违约；二是将质押库的控制权掌握在市场组织者手里，以防融券方在回购到期时违约。在买断式回购中，防范这种风险的措施有：融资方和融券方在回购交易成交之前预先向市场组织者提交履约金，以便一旦违约可向对方赔偿。

三、债券回购交易方式

我国债券回购在证券交易所市场和银行间债券市场进行，其中又有质押式回购和买断式回购，交易方式有所不同。下面以上海证券交易所和深圳证券交易所为例说明债券回购交易方式。

（一）质押式回购方式

1. 回购品种

上海证券交易所和深圳证券交易所债券质押式回购品种都是按回购期限划分的①，目前一共有 9 个品种，分别是：1 天、2 天、3 天、4 天、7 天、14 天、28 天、91 天和 182 天。在上海证券交易所，这 9 个品种的简称分别是：GC001、GC002、GC003、GC004、GC007、GC014、GC028、GC091 和 GC182。另外还有挂牌代码，如 GC001 的挂牌代码是 204001，GC007 的挂牌代码是 204007。

2. 标的债券

回购的标的债券是回购品种所对应的债券。在我国债券回购初始阶段，回购品种是

---

① 以前，上海证券交易所和深圳证券交易所债券质押式回购是先按债券品种划分为国债回购和企业债回购，然后再按回购期限进一步细分。

按照每一具体债券来相应设置的，比如，1994 年 6 月上海证券交易所将当时国债回购期限统一调整为 7 天、14 天、28 天和 91 天时，实际上有 16 个国债回购品种，因为当时允许作为回购标的债券的国债有 1992 年和 1993 年的 3 年期、5 年期国债共 4 个，每一个具体国债按回购期限分别设置 4 个回购品种。但是这种设置比较繁琐，而且使供求分散。为了方便交易，后来就设立了不分券种、统一按照面值计算持券量的标准化债券回购交易品种。这样，用作债券回购的标准券，就是由可用于债券回购的不同债券品种按相应折算率折算形成的回购融资额度。证券交易所债券质押式回购实行质押库制度，融资方在回购申报前，应提交相应的债券作质押，折算成标准券，并以此数量为融资的最大数量。各种债券的折算率由证券登记结算机构统一公布。

3. 回购竞价

证券交易所的债券回购实行竞价交易，融资方按“买入”予以申报，融券方按“卖出”予以申报，即按回购到期时的买卖方向来定。之所以这样规定，是因为该买卖申报的方向符合债券市场交易的习惯。回购竞价的申报要求还有：

(1)报价方式：以每百元资金的到期年收益进行报价。

(2)申报单位：上海证券交易所规定为“手”，1 000 元标准券为 1 手；深圳证券交易所规定为“张”，100 元标准券为 1 张。

(3)申报价格：上海证券交易所规定申报价格最小变动单位为 0.005 元或其整数倍；深圳证券交易所规定申报价格最小变动单位为 0.001 元或其整数倍。

(4)申报数量：上海证券交易所规定申报数量为 100 手或其整数倍，单笔申报最大数量不超过 10 万手；深圳证券交易所规定申报数量为 10 张或其整数倍，单笔申报最大数量不超过 100 万张。

4. 回购清算

证券交易所对债券回购实行一次交易、两次结算的办法。成交后由证券登记结算机构根据成交记录和有关规则进行清算交收；到期反向成交时，无须再行申报，由交易系统自动产生一条反向成交记录，证券登记结算机构据此进行资金和债券的清算和交收。债券回购交易的融资方，应在回购期限内保持质押券对应标准券足额。回购到期时，购回价根据成交时的年收益率计算，在上海证券交易所，购回价计算办法见公式(3－3)。在深圳证券交易所，购回价计算办法稍有不同，一年的天数规定为 365 天。

$$P=100+i\times100\times\frac{t}{360} \tag{3-3}$$

式中：P 为购回价，i 为年收益率，t 为回购天数。

【例 3－5】 某投资者在上海证券交易所以 3.51 元的年收益(即年收益率为 3.51%)申报买进 100 手 $GC007$，则成交购回价为：

$$P=100+3.51\%\times100\times\frac{7}{360}=100.068(\text{元})$$

（二）买断式回购方式

我国证券交易所的债券买断式回购是在2004年12月推出的，并且只在上海证券交易所进行，标的债券都是国债。

上海证券交易所买断式回购的券种和回购期限由证券交易所确定并向市场公布，回购期限设定为7天、28天和91天。在买断式回购申报中，应当符合的要求有：融资方申报"买入"，融券方申报"卖出"；价格按每百元面值债券到期购回价（净价）进行申报，最小报价变动是0.01元；交易单位是手（1手为1 000元面值债券），申报单位是1 000手或其整数倍，单笔申报数量不超过5万手。

上海证券交易所在开展买断式回购中，风险控制措施主要是仓位控制和履约金制度。对于仓位控制，上海证券交易所规定了投资者持有买断式回购未到期累计数量的最大限额。对于履约金，上海证券交易所规定买断式回购双方均需缴纳履约金。回购到期如果双方按约履行的，履约金返还各自一方；如果单方违约，违约方的履约金归守约方；如果双方违约，双方的履约金都归证券结算风险基金。

第四节 债券衍生工具交易

债券交易的基本方式是现券交易，其他许多交易方式是在现券交易的基础上衍生出来的。近30年来，许多国家金融衍生工具交易的发展引人注目，对市场经济产生了很大的影响。

一、债券衍生工具概述

债券衍生工具是金融衍生工具的一种，因此有必要说明金融衍生工具的含义。金融衍生工具又称金融衍生产品，是与基础金融产品相对应的概念，指建立在基础产品或变量之上，其价格取决于基础金融产品价格（或数值）变动的派生金融产品[①]。这里的基础产品是一个相对的概念，不仅包括债券、股票等现货金融产品，也包括金融衍生工具本身。

金融衍生工具可以从不同的角度分类。按照基础工具种类，金融衍生工具可以分为股权类产品衍生工具（如股票期货、股票期权、股价指数期货、股价指数期权等）、货币衍生工具（如远期外汇合约、货币期货、货币期权、货币互换等）、利率衍生工具（如远期利率协议、利率期货、利率期权、利率互换等）、信用衍生工具（如信用互换等）和其他衍生工具。其中，利率衍生工具的基础资产是一定数量的与利率相关的金融工具，主要是各类固定收益金融工具。债券是固定收益金融工具的典型代表，利率的变化会从债券价格变化中直接反映出来，所以，债券衍生工具主要包含在利率衍生工具中。

① 中国证券业协会. 证券市场基础知识[M]. 北京：中国财政经济出版社，2010.

二、利率期货

(一)期货交易概述

期货交易是指交易双方在集中的交易所市场以公开竞价方式所进行的标准化期货合约的交易。而期货合约则是由交易双方订立的、约定在未来某日期按成交时约定的价格交割一定数量的某种商品的标准化协议。

从期货的体系看,可以分为商品期货和金融期货。金融期货又有外汇期货、利率期货、股权类期货(如股价指数期货和股票期货等)三种类型,见图 3-3。其中,利率期货的品种主要包括债券期货和主要参考利率期货,前者如我国的国债期货、美国的国库券期货、美国的中长期国债期货等,后者如联邦基金利率期货、伦敦银行间同业拆放利率期货等。下面说到利率期货,更多的是以债券期货为例。

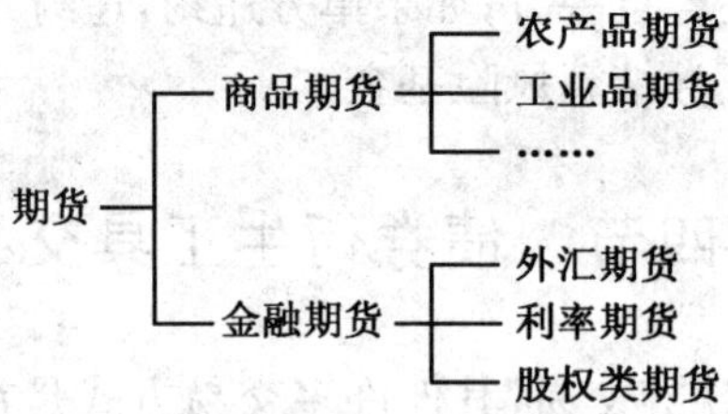

图 3-3 期货体系

期货交易有着悠久的历史,它最初出现于农产品的交易,以后逐渐扩大到金属、能源和其他产品中。1848 年美国芝加哥期货交易所成立,标志着现代意义的期货交易形成,但其早期的活动仍然限于商品期货范围。金融期货是 20 世纪 70 年代初期才出现的类别,它的产生既有各类投资者、生产经营者(尤其是金融机构)对金融期货的需求,也有商品期货经过长期实践所积累的经验教训的借鉴因素。在金融期货中,最先产生的是外汇期货。1972 年 5 月,美国芝加哥商业交易所推出了第一张外汇期货合约,它的出现主要是由于布雷顿森林体系的固定汇率机制崩溃,从而使外汇风险急剧加大,因此需要有避险工具。汇率自由浮动后,许多国家又以调整利率的方式来稳定汇率,于是利率波动又有加剧现象。在这种情况下,又需要有新的减少利率风险的办法。1975 年 10 月,芝加哥期货交易所开办了政府国民抵押协会的抵押证券期货交易,利率期货正式问世。之后,国库券期货、长期国债期货、商业票据期货、中期国债期货、可转让定期存单期货、欧洲美元定期存款期货等利率期货相继在美国出现。1982 年 2 月,美国堪萨斯市期货交易所开办了堪萨斯价值线综合指数期货交易,从此,股价指数期货又正式产生。美国的金融期货产生之后,其他国家也纷纷仿效,推出了各种金融期货的交易品种。

(二)利率期货的特点

利率期货作为期货的一个种类,它的特点与一般期货的特点是相同的。

1. 利率期货交易的成交与交收不具有同步性

在期货交易中，成交与交收是分开的，这一点与成交后即完成钱货两清的现券交易有所不同。期货交易成交与交收的时间间隔可以是数天或几个月，一般是以每年特定的几个日期作为交收日，如我国上海证券交易所在 20 世纪 90 年代曾经开展的国债期货是以每年的 3 月份、6 月份、9 月份和 12 月份作为交收月份。当然。这一点期货交易与远期交易相似，从某种意义上说，期货交易也是在远期交易的基础上发展起来。

2. 利率期货交易必须在指定的交易场所进行

期货交易是一种规范化程度较高的交易方式，通常是在专门的交易场所进行，不允许在场外私下交易，不允许私自对冲。交易所是期货交易的专门场所，它不仅为买卖双方提供交易场地，还要制定规章制度来保证交易的有序开展。更为重要的是，期货交易的清算机构充当了买卖对手方的角色。这一点与远期交易有所不同，远期交易可以是投资者之间的协议，可以在场外自行成交。

3. 利率期货的标的具有双重意义

如果以利率期货中的国债期货为例，就第一层意义说，国债期货交易的标的是国债券，因为到期交收时的对象是政府实际发行的国债券。就第二层意义说，国债期货交易的标的是国债期货合约，因为期货交易双方买卖的是合约。其实可以这样理解：国债期货交易的对象是国债期货合约，而合约指定的交收物是国债券。另外还要强调，国债期货合约与实际的国债券是不同的。其一，国债期货合约本身不是政府的负债；其二，国债期货合约具有不可分割性，它载明的国债数量是事先规定的。

4. 利率期货交易是一种杠杆性交易

在期货交易中，投资者只要付一部分保证金，就可以买卖一份期货合约。期货合约面值除以保证金数额，是杠杆交易的放大倍数。比如，上海证券交易所开展国债期货时，曾规定非会员投资者每缴纳 500 元便可以买卖一份面值 2 万元的国债期货合约，于是放大 40 倍。正因为期货交易属于杠杆性交易，所以具有高风险。

5. 利率期货交易较少发生最终实物交收

由于期货买卖的是标准化合约，而且成交与交收不同步，因此许多投资者在合约到期前已经作了一个与原先买卖相反的交易（即平仓），这样就结束了原有的期货合约，最终盈亏表现为两次相反交易的价差。这一点与远期交易有所不同。远期交易到期时，买卖双方一般要进行交收。另外，在期货交易中，既然允许在交收之前平仓，那么，投资者可以先买后卖，也可以先卖后买。而在现券交易中，投资者只能先买后卖。

（三）利率期货的功能

期货在经济中有其固有的功能，最基本的是套期保值和价格发现，此外还有投机和套利。

1. 套期保值

在现代经济运行中，风险是始终存在的。利率作为资金借贷的价格，受到市场供求的影响而可能会波动。利率期货的出现，增加了市场风险管理的工具，其作用就表现为套期保值。期货之所以能够实现套期保值,原理在于期货价格与现货价格受同样因素影响后呈现同方向变化。这样,投资者若在两个市场上进行相反的交易,比如在现货市场买进而在期货市场卖出,或者在现货市场卖出而在期货市场买进,则在一个市场受损时必然会在另一个市场盈利,从而可以实现以盈补亏来达到保值目的。下面再举例说明利率期货多头套期保值和空头套期保值①。

【例 3－6】 某投资公司于 11 月初已知明年 2 月初将有 200 万美元价值的证券到期,并决定将这笔款项投资于短期国库券。11 月初的国库券利率公司是满意的,但担心明年利率降低导致投资收益减少,故进行套期保值。操作见表 3－4。

表 3－4　　利率期货多头套期保值

现券交易	期货交易
11 月 1 日持有 2 月到期的 200 万美元证券,计划届时投资于短期国库券。11 月国库券票面利率为 9%。	11 月 1 日买入 2 手 2 月份的 90 天期国库券期货合约,IMM 指数为 91.00。合约价值为:100 万×(1－9%×90÷360)×2＝1 955 000 美元。
2 月 1 日证券到期,按当时折扣率 8%购买 200 万美元 91 天期国库券。购买成本为:200 万×(1－8%×91÷360)＝1 959 556 美元。	2 月 1 日卖出 2 手 2 月份 90 天期国库券期货合约,IMM 指数为 92.00。合约价值为:100 万×(1－8%×90÷360)×2＝1 960 000 美元。

期货交易盈利＝1 960 000－1 955 000＝5 000 美元,购买 200 万美元国库券实际成本＝1 959 556－5 000＝1 954 556 美元,现货国库券实际收益率＝[(2 000 000－1 954 556)÷2 000 000]×(360÷91)×100%＝8.99%。该公司通过利率期货多头套期保值基本达到预期保值目标。

【例 3－7】 某服装公司于 2 月初向一布料加工厂订购价值为 100 万美元的布料,要求在 3 月初交货,并计划在交货时向银行申请 100 万美元的 3 个月期贷款。2 月份银行贷款利率是 10%,公司可以接受,但担心 3 月份贷款利率上升导致利息负担加重,故进行套期保值。操作见表 3－5。

表 3－5　　利率期货空头套期保值

现券交易	期货交易
2 月初公司发出订单,价值 100 万美元,要求 3 月初交货。此时银行贷款利率为 10%。	2 月初卖出 1 手 5 月份的 90 天期国库券期货合约,IMM 指数为 90.25。合约价值为:100 万×(1－9.75%×90÷360)＝975 625 美元。
3 月初公司向银行贷款 100 万美元来支付货款,贷款期限 3 个月,利率为 12.25%。利息成本为:100 万×12.25%×3÷12＝30 625 美元。	3 月初买入 1 手 5 月份 90 天期国库券期货合约,IMM 指数为 88.00。合约价值为:100 万×(1－12%×90÷360)＝970 000 美元。

① 霍文文. 证券投资学[M]. 3 版. 北京:高等教育出版社,2008.

期货交易盈利＝975 625－970 000＝5 625(美元)，贷款实际利息成本＝30 625－5 625＝25 000(美元)，贷款实际利率＝(25 000÷1 000 000)×(12÷3)×100％＝10％。该公司通过利率期货空头套期保值实现了预期保值目标。

2. 价格发现

价格发现又称价格形成，是指期货市场能够提供有关未来的标的资产价格的信息。在期货市场上，有众多的期货合约购买者和期货合约出售者，买卖双方以公开竞价的方式进行交易。通过竞争而形成的成交价格，便是当时市场对未来标的资产价格的反映。也就是说，期货价格水平可以在一定程度上代表未来期间标的资产的价格走势。期货的价格发现作用，可以为不同的经济主体提供有益的信息。如以利率期货中的债券期货为例，对于债券市场投资者而言，这一价格信息可以作为其确定交易价格的重要依据；而对于债券发行人而言，这一价格信息可以作为其确定未来新发行债券发行价格的参考依据。

3. 投机和套利

期货市场参与人按照交易动机划分，有套期保值、投机和套利。套期保值的作用前面已经说明。投机是指期货市场参与人根据其对期货价格的预测，通过低价买进、高价卖出以获取盈利的交易。投机者不参与现货市场交易，他们凭借对未来期货价格变化的预期而调整买进或者卖出期货合约的方向，所以投机者通常在合约最后交收之前已反向平仓。在期货市场上，投机者与套期保值者一样，也是不可缺少的一部分。因为如果没有投机者的参与，套期保值者的买卖就不容易寻找到交易对手，从而套期保值的目的也就很难实现。

套利是指期货市场参与人利用不同期货合约之间的不合理价差关系，通过同时买进和卖出以获取盈利的交易。在期货市场上，不同期货合约之间会有某种程度的价差，但这种价差应该有合理的距离。一旦价差超出了合理范围，套利者就会在相对低价的合约上买进、相对高价的合约上卖出，因为他们相信不合理的价差终会消失。实际上，正是通过套利者的交易行为，使期货市场各合约之间的价差关系趋向合理。套利有期限套利、品种套利和地点套利之分。期限套利是利用同一标的资产但不同交收时间合约之间的价差套利，品种套利是利用不同标的资产(但两者之间一般应有某种联系)合约之间的价差套利，地点套利是利用同一标的资产但在不同市场上市的合约的价差套利。

(四)利率期货的盈亏

参与期货交易，既可能获得收益，也可能出现损失。盈亏分析需要从期货合约的买方和卖方两方面进行，下面以利率期货中的国债期货为例。

对于国债期货合约的买方来说，如果未来期间国债期货价格上涨，则其可以获利，价格上涨越多，获利也就越大；反之，如果未来期间国债期货价格下跌，则其遭受损失，价格下跌越多，损失也就越大。图 3－4 显示了买方的盈亏情况。其中，纵轴表示盈利与亏损，横轴表示市场上国债期货价格，点 P_0 是买方买入国债期货合约的价格。买方买入国债期货后，如果市场上价格上涨到 P_1，则其有 Y 的盈利；如果市场上价格下跌到 P_2，则其有 S 的亏损。

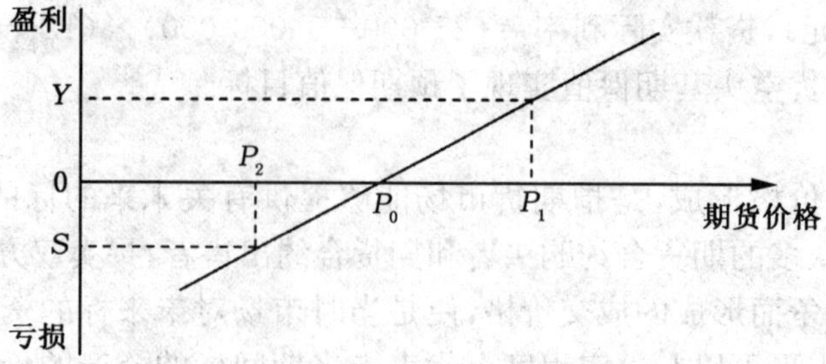

图 3—4　期货买方盈亏

对于国债期货合约的卖方来说，如果未来期间国债期货价格下跌，则其可以获利，价格下跌越多，获利也就越大；反之，如果未来期间国债期货价格上涨，则其遭受损失，价格上涨越多，损失也就越大。图 3—5 显示了卖方的盈亏情况。其中，纵轴仍然表示盈利与亏损，横轴还是表示市场上国债期货价格，点 P_0 是卖方卖出国债期货合约的价格。卖方卖出国债期货后，如果市场上价格下跌到 P_1，则其有 Y 的盈利；如果市场上价格上涨到 P_2，则其有 S 的亏损。

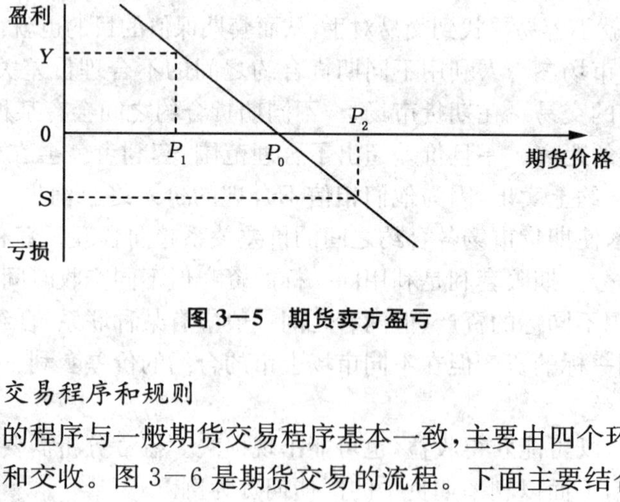

图 3—5　期货卖方盈亏

（五）利率期货交易程序和规则

利率期货交易的程序与一般期货交易程序基本一致，主要由四个环节组成，它们分别是开户、下单、清算和交收。图 3—6 是期货交易的流程。下面主要结合我国的国债期货交易程序说明相应的规则。

1. 开户

开立交易账户是投资者参与期货交易的第一步，凡相关法令允许参与期货交易的人（包括自然人和法人）均可以提出开户申请。开户之前，投资者要在期货经纪商中选定一家作为买卖代理人。在开户时，投资者与经纪商要签署有关期货交易的委托协议书，其内容主要包括揭示和知晓期货买卖的风险、遵守有关期货交易的规则等。通过这份协议书，

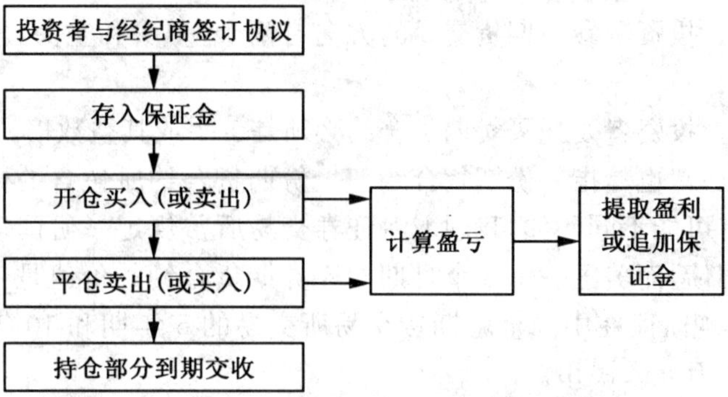

图 3—6 期货交易流程

一方面可以促使投资者对期货交易风险有进一步的认识,另一方面也使经纪商在代理投资者交易时对相关问题的处理有了一定的法律依据。

投资者在开立期货交易账户后,还要开立保证金账户,并按规定存入相应的保证金。保证金制度一方面使期货交易具有了杠杆性,另一方面也在一定程度上起风险控制作用。比如,上海证券交易所开展国债期货交易试点时曾经规定,投资者买或卖一份国债期货合约应交纳初始保证金 500 元,同时规定最低保证金为 300 元。这意味着如果因国债期货价格发生不利方向变化致使保证金低于每份合约 300 元时,期货经纪商应向投资者追收保证金到 500 元,若追收失败经纪商有权强行平仓。现行中国金融期货交易所开展的国债期货的最低交易保证金是以比率形式规定的,5 年期国债期货合约的最低交易保证金是合约价值的 1%,10 年期国债期货合约的最低交易保证金是合约价值的 2%。

2. 下单

下单是投资者委托经纪商进行交易的指令。下单的主要内容包括品种、交易方向、数量、价格等,这些内容都必须符合期货交易的规定。

(1)品种。品种的设置主要是根据交收月份,如有的交易场所将国债期货的交收月份安排在 3 月份、6 月份、9 月份和 12 月份。在债券期货中,如果以具体的券种为标的进行单一券种交收,那么期货品种就有可能很多,如有 5 个券种,就得设置 20 个期货品种。这样设置的缺点是不同品种交易盛衰不一,也需要有更多的现券容量来满足交收。另外一种处理是设计一个假象的标准化券种,这样期货品种就 4 个,到期时满足一定条件的现券品种都可以用来交收①,但实际券种用来交收要通过价格转换系数来折算成等值的标的债券。我国目前在中国金融期货交易所交易的 5 年期国债期货合约也采用这种办法,该合约的标的债券是票面利率为 3%的名义中期国债,到期可交割国债是合约到期月份首

① 如美国长期国债期货的标的债券曾规定为是期限 20 年、息票利率 8%的国债。到期时卖方可用于交收国债券是剩余期限不少于 15 年的美国长期国债。

日剩余期限为4年至5.25年的记账式附息国债。

(2)交易方向。投资者参与期货交易的方向有两个:多头和空头,即买入期货合约和卖出期货合约。

(3)交易数量。投资者委托买卖期货合约必须是1手或其整数倍,"手"是期货交易中约定的交易单位,通常也是指一份期货合约。一份期货合约所包含的标的资产价值依不同的期货品种而有可能不同。如,我国上海证券交易所曾规定一份国债期货合约的价值是2万元面值的国债,而美国一份3个月期国库券期货合约的价值是100万美元面值的3个月期国库券。现阶段在中国金融期货交易所交易的5年期和10年期国债期货合约的面值也都是100万元人民币。

(4)申报价格。在我国国债期货交易试点中,当时规定投资者是按每百元面值国债来报价的(全价),目前中国金融期货交易所交易的5年期和10年期国债期货合约按百元面值国债净价报价。在美国长期国债期货交易中,也采用价格报价法,即报出每一百美元面值国债的价格,而且是以1/32为最小报价单位①。但在美国国库券期货交易中,一般采用指数报价法②。

3. 清算

清算是期货经纪商对投资者的持仓合约进行盈亏计算。在期货交易中,一般是采用无负债的每日结算制度,即经纪商要根据各期货品种在交易日当天的结算价格,计算出每个投资者当天账面上的盈利与亏损。如果市场价格向着相对于持仓价格不利的方向变动时,投资者的持仓合约就可能出现浮动亏损,一旦其出现保证金余额低于最低保证金限额时,就要求该投资者在第二个交易日补足,做到无负债交易。当然,如果市场价格向着相对于持仓价格有利的方向变动时,投资者的持仓合约就可能出现浮动盈利,该盈利可以由投资者提取。实际上,浮动盈亏是衡量投资者持仓合约价格风险的指标,也正因为这一点,无论投资者当天是否参与交易,浮动盈亏的清算总是要进行的。浮动盈亏的具体计算公式应根据不同期货合约规格的设计来制定。如上海证券交易所当时一份国债期货合约是2万元面值国债,而报价时按每100元面值国债报出,故计算浮动盈亏的公式是(3—4)和(3—5)。

$$\text{买方浮动盈亏}=(\text{当日结算价}-\text{买入价})\times 200\times \text{持仓合约数} \tag{3—4}$$

$$\text{卖方浮动盈亏}=(\text{卖出价}-\text{当日结算价})\times 200\times \text{持仓合约数} \tag{3—5}$$

4. 交收

交收是期货合约到期时,对投资者的持仓部分进行的实际收付。尽管期货交易中发生实际交收的比重并不大,但是总会有一部分、特别是套期保值部分将进入最后交收。不

---

① 例如,当期货市场报出的价格是94—10时,就表示每100美元面值的标的国债的期货价格是$94\frac{10}{32}$美元,即94.312 5美元。

② 这里的指数是指100减去国库券的年贴现率,例如,当投资者在期货市场上以93.5报出买入价格时,就表示其准备买入按贴现率6.5%计算交付价格的国库券期货。

同的期货品种在交收制度方面可能有一些差异,对于债券期货来说,从方式上看,可以有三种:一是直接品种交收,即投资者只能以期货合约规定的标的债券用作交收。二是间接品种交收,即投资者可以用其他允许的债券用来交收。三是现金补充交收,即允许投资者用一部分现金代替标的债券进行交收。第一种方式有利于投资者直接进行套期保值,但可能受制于债券的现券数量。第二种方式扩大了债券交收范围,但不同债券的折算需要有精准的方法。第三种方法也避免了单一债券品种数量不足造成的交收困难,但易造成虚假的交易需求。

表 3-6 是目前中国金融期货交易所开展国债期货交易的合约规格。

表 3-6　　中国金融期货交易所 5 年期和 10 年期国债期货合约规格

合约标的	面值为 100 万元人民币、票面利率为 3%的名义中期国债(5 年期合约)和长期国债(10 年期合约)
可交割国债	合约到期月份首日剩余期限为 4 年至 5.25 年(5 年期合约)和 6.5-10.25 年(10 年期合约)的记账式附息国债
报价方式	百元净价报价
最小变动价位	0.005 元
合约月份	最近的三个季月(3 月、6 月、9 月、12 月中的最近三个月循环)
交易时间	09:15～11:30, 13:00～15:15
最后交易日交易时间	09:15～11:30
每日价格最大波动限制	上一交易日结算价的±1.2%(5 年期合约)和±2%(10 年期合约)
最低交易保证金	合约价值的 1%(5 年期合约)和 2%(10 年期合约)
最后交易日	合约到期月份的第二个星期五
最后交割日	最后交易日后的第三个交易日
交割方式	实物交割
交易代码	TF(5 年期合约)和 T(10 年期合约)
上市交易所	中国金融期货交易所

小专栏 3-4　　上海证券交易所国债期货试点时的合约规格

上海证券交易所国债期货试点时期国债期货合约的交易单位为 2 万元面值的国债,标的是 1992 年 3 年期国债、5 年期国债和 1993 年 3 年期国债;最小报价单位先是每百元 0.05 元,后改为 0.02 元,最后到 0.01 元;交割月份是 3 月、6 月、9 月和 12 月,最后交易日是交收月份的最后一个营业日,最后交割日是交收月份的最后一个营业日后的第四个营业日;交割先是实行单一券种交收,后改为混合券种交收,每种券有折算率;保证金开始时每合约 500 元初始保证金,300 元最低保证金,后改为每合约2 000 元;手续费是每合约 10 元,后降为每合约 5 元①。

① 郎唯群,姚兴涛,邵佳民. 国债投资策略[M]. 上海:上海人民出版社,1998.

(六)我国国债期货的试点和重启

在我国,期货交易也是首先在商品交易中出现的。1990 年 10 月,郑州粮食批发市场正式开业,由此揭开了我国农产品期货市场的帷幕。以后,商品期货的种类又延伸到有色金属、矿产品及其他能源产品。商品期货出现后的两年时间左右,金融期货在我国开始露面,并且它首先采取的形式就是国债期货。

1992 年 12 月,上海证券交易所率先推出了我国标准化的国债期货合约。当时第一次设计了 12 个品种,包括在 3 月份、6 月份、9 月份和 12 月份分别交收的 1991 年 3 年期国库券、1992 年 3 年期国库券和 1992 年 5 年期国库券。第一批获准参加国债期货交易的交易所会员有 20 家,并且没有对个人开放。经过一段时间的试行后,1993 年 10 月,上海证券交易所在重新设计了国债期货品种、交易机制的基础上,正式向社会广泛推开。时隔不久,北京商品交易所也推出了国债期货。1994 年 6 月,武汉证券交易中心推出了 18 个品种的国债期货。同年 9 月,深圳证券交易所也开展了国债期货业务。与此同时,有些地方的商品交易所也进行了国债期货交易。

伴随着国债期货交易网点的拓展,我国国债期货交易量迅猛增加。比如,1995 年一季度全国各市场国债期货的交易额达到 28000 多亿元,超过 1994 年各市场全年约 25000 亿元的数字。在这种高涨局面的背后,实际已经潜伏着一系列严重的问题。如许多交易场所规章制度不健全,品种设置不合理,忽视风险控制和严格管理,过度投机和操纵市场等等。其结果,使得我国国债期货市场多次出现违规买卖、恶性造市、到期无法正常交收等现象。1995 年 5 月,中国证券监督管理委员会发出通知,宣布我国尚不具备开展国债期货交易的基本条件,决定在全国范围内暂停国债期货交易试点。

2006 年 9 月,中国金融期货交易所成立。它的成立对于深化我国资本市场改革,完善资本市场体系,发挥资本市场功能,具有重要的战略意义。中国金融期货交易所成立后,就积极筹划推出股票指数期货、国债期货等金融衍生产品。2010 年 4 月,沪深 300 股票指数期货开始交易,股指期货的双向交易机制有助于买卖双方充分真实地表达各自对市场的看法,有利于期货市场和现货市场更加合理、更为平稳地运行,也有利于资本市场风险管理的加强。在股指期货运行了一段时期并积累经验的基础上,国债期货的重启也加快了步伐。2013 年 9 月,5 年期国债期货上市;2015 年 3 月,10 年期国债期货也开始上市。国债期货的正式推出,对于我国债券市场的深入发展、对于风险防范手段的提升、对于促进市场基准利率的形成,都能起到积极的作用。

三、利率期权

(一)期权交易概述

期权又称选择权,是指其持有者能在规定的期限内按交易双方商定的价格购买或出售一定数量的基础工具的权利。期权交易就是对这种选择权的买卖。期权的范围可以涉及不同领域,在现代金融领域,期权的运用已经较为广泛。金融期权交易是指以金融期权合约为对象进行的流通转让活动。金融期权合约是指合约买方向卖方支付一定费用(称为期权费或期权价格),在约定日期内(或约定日期)享有按事先确定的价格向合约卖方买卖某种金融工具的权利的契约。因此,金融期权交易实际上是一种权利的单方面让渡。

金融期权按照基础资产性质的不同,可以分为股权类期权、利率期权、货币期权、金融期货合约期权等。其中,利率期权通常以政府债券、欧洲美元债券、大面额可转让存单等利率工具为基础资产,所以本书着重于利率期权的介绍。

期权交易和期货交易一样,也有着悠久的历史。在18世纪和19世纪时,美国和欧洲的农产品期权交易已经相当流行。金融期权较早出现的是股票期权,而且是在分散的店头市场进行的。1973年4月,美国芝加哥期权交易所成立,从此开始了集中性的场内期权交易。20世纪80年代后期以后,以各种债务凭证为基础的利率期权则不断出现,如美国有90天期国库券期权、10年期中期国债期权、30年期长期国债期权等现货期权,还有美国国库券期货合约期权、中期国债期货合约期权、长期国债期货合约期权等期货期权。

我国改革开放后虽然开展了国债期货交易,也曾经有过一些带有权利性质的证券衍生品的买卖①,2015年2月上海证券交易所还开始挂牌交易50ETF期权合约,但标准化的利率期权合约交易尚未推出。

(二)利率期权的要素

在期权的要素中,最主要的是期权的买方和卖方、期权协定价格、期权费、期权有效期。

1. 期权买方和卖方

任何一种交易都同时有购买人和出售人。期权买方就是期权权利的购买人,也称期权持有人,他们在支付了一定数量的期权费后就拥有了期权所包含的选择权利,即可以在规定时间按照协议价格向交易另一方买或者卖一定数量的标的物。当然,他们也可以放弃这一权利,不过放弃权利时原先已支付的期权费不予退还。期权卖方就是期权权利的出售人,也称期权签发人,他们在收取了一定数量的期权费后就承担了履行期权所包含的行权义务,即在规定的时间只要期权买方要求行使权利,期权卖方就必须服从。同时,不管期权买方是否行使权利,原先已经收取的期权费将作为承担义务的报酬而不必返还对方。

2. 期权协定价格

协定价格还有许多其他名称,如执行价格、履约价格、敲定价格等,它是指期权合约所规定的、期权买方行使权利时所实际执行的交易价格。这个价格在期权买卖时已经确定,而在以后的期权有效期内,无论期权标的物的市场价格发生什么变化,只要期权买方要求执行该期权,期权卖方都必须以此协定价格履行其义务。一般来说,期权买方要求执行期权时,期权标的物的市场价格是有利于期权买方的,所以反过来,对于期权卖方而言,以此

① 如股权分置改革阶段开展的权证交易。

协定价格来衡量，此时期权标的物的市场价格已不利于他了。

3. 期权费

期权费也有许多其他名称，如权利金、权价、保险费等，它是指期权买方为了获得期权合约所赋予的权利而向期权卖方支付的费用。期权费作为期权价格，与协定价格有着不同的意义。前者实际上是期权合约所赋予的权利的价格，而后者是期权合约标的物的买卖价格。期权费作为期权价格，又具有保险费的意义，因为期权与期货一样，首先也是作为一种套期保值的工具而产生的。期权买方买进期权，是担心期权标的物市场价格发生不利于自己的变动，而期权卖方则因卖出期权而承担了市场价格发生不利变化的风险。所以，期权费与保险业务中投保人支付的保险费相似，具有回避风险的含义。

4. 期权有效期

期权有效期是指预先规定的期权合约所存在的时间。如果超过了这一时间，期权合约就失效了。与期权有效期相联系的概念有到期日、通知日、最后交易日和履约日。到期日是期权合约的最终有效日。通知日是期权买方决定履行期权而在履约日之前告之期权卖方的日期，提前通知的规定可以使卖方有时间做好履约准备。最后交易日是期权合约交易的最后截止日，如果期权买方在最后交易日还不作对冲交易，则其要么放弃期权，要么在规定时间内执行期权。履约日是期权买方可以实际执行期权的日期，它可以是期权到期日，也可以是期权有效期内任一营业日。

（三）利率期权的种类

利率期权的种类有多种，它们是根据不同的标准来划分的。

1. 买方期权和卖方期权

买方期权也称买进期权或者看涨期权，是指期权买方可以在期权有效期内按照协定价格向期权卖方买入期权标的物的权利。卖方期权也称卖出期权或者看跌期权，是指期权买方可以在期权有效期内按照协定价格向期权卖方卖出期权标的物的权利。一般地说，期权买方购买买方期权是因为他预计该期权标的物的市场价格将上涨，而期权卖方出售买方期权是因为他预计该期权标的物的市场价格将不会上涨。反过来，期权买方购买卖方期权是因为他预计该期权标的物的市场价格将下跌，而期权卖方出售卖方期权是因为他预计该期权标的物的市场价格将不会下跌。因此，对于投资者而言，参与期权交易的基本方向有四个：买入买方期权、卖出买方期权、买入卖方期权、卖出卖方期权。

2. 欧式期权与美式期权

欧式期权是指期权买方只能在期权到期这一日行使其权利的期权，美式期权是指期权买方可以在期权到期之前的有效时期里行使其权利的期权。因此，这两种期权的差异不在于地理位置的不同，而在于期权买方可以行使权利的时间安排。两者比较，美式期权对于期权买方来说更为灵活，因为他可以在期权有效期内根据市场价格的变化和自己的需要主动地选择有利的履约时间。相反，对于期权卖方来说，美式期权使其承担更大的责任，因为他必须随时为履约做好准备。所以，在其他因素相同的情况下，美式期权的期权费通常比欧式期权高一些。

3. 实值期权、虚值期权和平价期权

实值期权也称优价期权，是指期权内在价值为正的期权；虚值期权也称劣值期权，是指期权内在价值为负的期权；平价期权也称等价期权，是指期权内在价值为零的期权。期权内在价值实际是构成期权费的基本要素之一，它是指期权买方假如现在执行期权可以得到的期权标的物市场价格与期权协定价格之差的收益。所以，对于买方期权而言，市场价格高于协定价格为实值，市场价格低于协定价格为虚值，市场价格等于协定价格为平价；对于卖方期权而言，市场价格低于协定价格为实值，市场价格高于协定价格为虚值，市场价格等于协定价格为平价。

4. 场内期权与场外期权

场内期权有时称交易所交易期权，是指在交易所进行挂牌买卖的期权。场外期权有时称店头市场期权，是指在交易所外柜台市场买卖的期权。场内期权与场外期权的差异，不仅在于交易地点的差异，更主要的是合约标准化程度的差异。场内期权是一种标准化的期权合约的交易，其协定价格、交易单位、到期日以及履约时间等均由交易所统一规定。场外期权则是一种非标准化的期权合约的交易，其协定价格等交易条件往往可以由交易双方自由商定。从期权的产生和发展看，场外期权比场内期权出现的早，但场内期权又比场外期权发展得快。

5. 现货期权与期货期权

现货期权是指以基础金融工具本身作为期权合约之标的物的期权，期货期权则指以金融期货合约作为期权合约之标的物的期权。另外，还有一些复合期权，如以某种金融期权合约作为自己的期权合约的标的物，即期权的期权。

(四)利率期权的盈亏

上面已述，投资者参与期权交易的基本方向有四个，因此，分析期权交易的盈亏也就从这四个方向入手，并以假设的债券期权为例。

1. 买入买方期权

如果投资者预计未来的债券价格将上升，他就可以选择买入一个债券买方期权。过了一段时间，若该债券的市场价格真的上升，且涨至期权合约的协定价格以上，则该投资者执行期权，一般就可以获取盈利(但其中未涨至协定价格加期权费时不获利)，盈利的多少与该债券市场价格上升幅度成正比；反之，若该债券的市场价格未上升，而是下跌，且跌至协定价格以下，投资者就将放弃期权，其损失是期权费。比如，某投资者买入一个3个月后到期的债券买方期权，期权费为2元，协定价格为110元。在期权到期日，该投资者可能发生的盈亏有下面几种情况：①若到时标的债券市场价格低于110元，投资者将放弃期权，损失为2元；②若到时标的债券市场价格等于110元，投资者执行期权和放弃期权的盈亏是一样的，都是损失2元；③若到时标的债券市场价格大于110元但小于112元，投资者将执行期权，但仍发生亏损，损失在2元以内；④若到时标的债券市场价格等于

112 元，投资者将执行期权，结果是不盈不亏；⑤若到时标的债券市场价格大于 112 元，投资者将执行期权，并且有盈利。这一例的盈亏情况还可以由图 3—7 显示，从中可见，损失是有限的，盈利可能会很大。另外，若设 X 为协定价格，C 为期权费，B 为盈亏平衡点的市场价格，则有公式(3—6)。

$$B=X+C \tag{3—6}$$

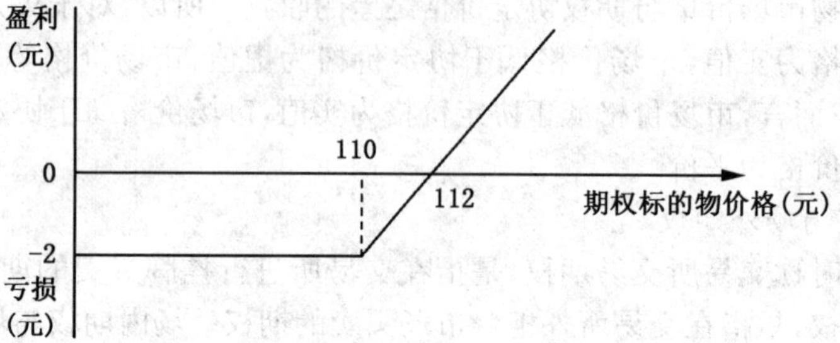

图 3—7　买入买方期权盈亏

2. 卖出买方期权

如果投资者预计未来的债券价格将下跌，他就可以选择卖出一个债券买方期权。过了一段时间，若该债券的市场价格真的下跌，且跌至期权合约的协定价格以下，则买入买方期权的人就不会执行期权，从而该投资者就可以获利，即收取的期权费；反之，若该债券的市场价格未下跌，而是上涨，且涨至协定价格以上，买入买方期权的人就会执行期权，从而该投资者就会发生亏损(但其中未涨至协定价格加期权费时不亏损)，亏损的多少与标的债券市场价格上升幅度成正比。实际上，卖出买方期权的盈亏与买入买方期权的盈亏正好相反。同样，若设 X 为协定价格，C 为期权费，则图 3—8 显示了卖出买方期权的盈亏情况。在图中，盈利是有限的，亏损可能会很大。另外，若 B 为盈亏平衡点的市场价格，亦有公式(3—7)。

$$B=X+C \tag{3—7}$$

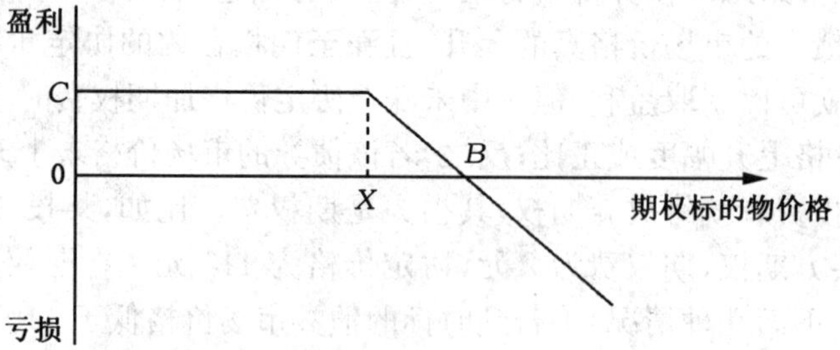

图 3—8　卖出买方期权盈亏

3. 买入卖方期权

如果投资者预计未来的债券价格将下跌，他也可以选择买入一个债券卖方期权。一段时间以后，若该债券的市场价格真的下跌，且跌至期权合约的协定价格以下，该投资者就可以行使权利来获取盈利(但其中未跌至协定价格减期权费之差以下时不获利)，盈利的多少与标的债券市场价格下跌幅度成正比；反之，若该债券的市场价格未下跌，而是上升，且涨至协定价格以上，投资者就将放弃期权，其损失的是期权费。在图 3－9 中，X 为协定价格，P 为期权费，显然，对于买入卖方期权的投资者来说，亏损是有限的，盈利相对来说可能会比较大。盈亏平衡点 B 的计算见公式(3－8)。

$$B=X-P \tag{3-8}$$

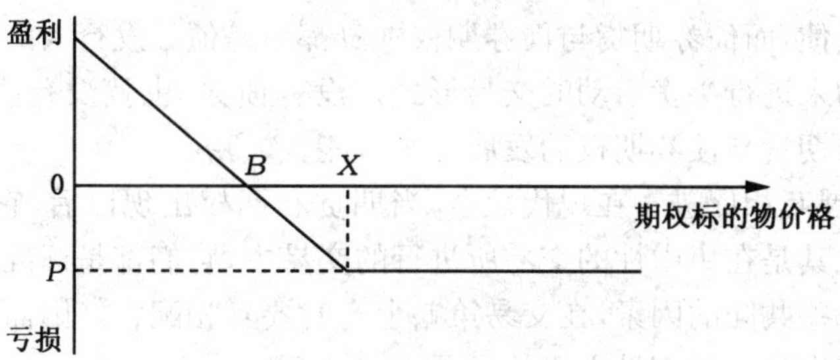

图 3－9　买入卖方期权盈亏

4. 卖出卖方期权

如果投资者预计未来的债券价格将上涨，他就可以选择卖出一个债券卖方期权。过了一段时间，若该债券的市场价格真的上涨，且涨至期权合约的协定价格以上，买入卖方期权的人就不会行使权利，从而该投资者就可以获利，即收取的期权费；反之，若该债券的市场价格未上涨，而是下跌，且跌至协定价格以下，买入卖方期权的人就会行使权利，从而该投资者就会发生亏损(但其中未跌至协定价格减期权费之差以下时不亏损)，亏损的多少与标的债券市场价格下跌幅度成正比。当然，卖出卖方期权的盈亏与买入卖方期权的盈亏正好相反。若设 X 仍为协定价格，P 仍为期权费，则图 3－10 是卖出卖方期权的盈亏情况。从中可见，盈利是有限的，亏损相对来说可能会比较大。求盈亏平衡点 B 的公式是(3－9)。

$$B=X-P \tag{3-9}$$

(五)利率期货与利率期权的比较

将期货与期权进行比较，既可以找到它们之间存在着共同的方面，也可以发现它们有着各自不同的特点。

1. 利率期货与利率期权的共同点

(1)两者都是衍生性的金融工具。如果具体到债券期货与债券期权，那么，债券现货

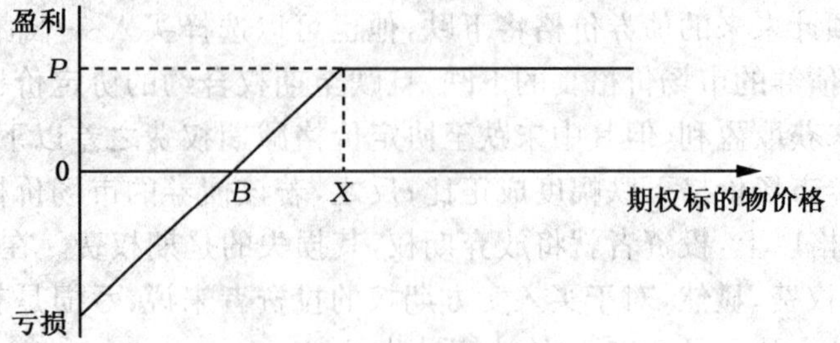

图 3—10　卖出卖方期权盈亏

是债券发行人的负债，而债券期货与债券期权本身都不是债券发行人的负债，它们都只是以债券作为标的物来进行买卖活动的交易形式。没有债券，也就没有债券期货与债券期权；有了债券，债券期货与债券期权的发展才有可能。

(2)两者的发展互相促进。在现代社会，当期货和期权出现以后，它们之间的联系就越来越密切了。尤其是在集中性的交易所进行的交易中，它们都是标准化的合约，它们在交易规则方面有一些共同的因素，在交易策略上有时要互相配合。因而，一种交易方式的发展可以带动或促进另一种交易方式的发展。

2. 利率期货与利率期权的不同点

(1)两者的权利义务关系不同。在期货交易中，交易双方的权利与义务是对称的，即不管是期货的买方还是卖方，既有要求对方履约的权利，也有自己向对方履约的义务。而在期权交易中，交易双方的权利与义务存在明显的不对称性，即期权买方只有权利而没有义务，期权卖方只有义务而没有权利。

(2)两者的盈亏情况不同。在期货交易中，交易双方的盈利与亏损都可能很大，甚至于从某种意义上说是无限的。一般来说，期货的盈亏有一定的对称性。在期权交易中，期权买方的亏损是有限的，限于支付的期权费，而其取得的盈利却可能很大。同时，期权卖方的盈利是有限的，亦限于收取的期权费，而其遭受的亏损却可能很大。所以，期权的盈亏具有不对称性。

(3)两者的保证金支付不同。在期货交易中，交易双方都需要缴存一定的保证金，与买卖方向无关。并且在交易过程中，随着期货价格的变化，盈利的可以提取多余保证金，亏损的则要追加保证金。在期权交易中，只有期权卖方需要按规定缴存保证金，因为其负有履行期权合约所规定的义务。而期权买方无须缴存保证金，因为其支付了期权费后既可以选择履约，也可以选择不履约。

(4)两者的市场报价内容不同。在期货交易中，投资者所报出的价格是合约标的物本身的价格，也就是合约到期发生交收的价格。在期权交易中，投资者所报出的价格是期权合约的价格，即期权费，其实质是期权合约所赋予的权利的价格，而交收价格是由标准化的合约预先规定的。

(5)两者的现金流转不同。在期货交易中,交易双方在成交时并不发生现金收付关系;而在成交后,由于实行逐日结算制度,交易双方将因价格的变动而发生现金流转。在期权交易中,期权买方为取得期权合约所赋予的权利,必须于成交时向期权卖方支付一定的期权费;而在成交后,除了到期如果选择履约外,交易双方将不发生任何现金流转。

(6)两者的标的物不完全相同。在期货交易中,标的物一般是现货工具。在期权交易中,标的物可以是现货工具,也可以是期货合约。一般来说,可以作期货交易的金融现货商品大多数也可以作期权交易,而且期货合约也可以,所以在总体上,期权的标的物多于期货的标的物。

四、利率互换

互换是指两个或两个以上的当事人按共同商定的条件,在约定的时间内定期交换现金流的金融交易。互换可以分为货币互换、利率互换、股权互换等类别。

所谓利率互换,是指互换双方同意以名义(或假设的)本金为基础交换现金流,一方支付固定利率,另一方支付浮动利率①。比如,A 公司发行了票面利率为 8%、每半年付息一次的 5 年期固定利率债券 1 000 万美元,B 公司向银行借入了浮动利率为 6 个月 LIBOR +0.3%的 5 年期 1 000 万美元。现 A 公司和 B 公司都想按对方的借款条件支付利息,于是双方达成利率互换协议,彼此向对方定期支付以其利率为基础的利息成本,即 A 公司每半年按当时的 LIBOR+0.3%的利率向 B 公司支付本金 1 000 万美元的利息,B 公司则每半年向 A 公司支付 40 万美元。在上述的利率互换例子中,有这样几个特征:首先,互换双方不必进行本金互换,不过本金在互换中是计算利息的基础。其次,互换交易与实际的借款可以是相互独立的行为。最后,互换并未影响双方向各自贷款人的偿债义务。

互换交易起源于 20 世纪 70 年代英国与美国企业之间安排的英镑与美元的平行贷款,利率互换交易的问世是在 1981 年,以后其进展迅速,并在发展过程中出现了更多的变化,比如互换中介的介入等。

互换交易对于债券市场的发展也有较大的影响。一方面,互换交易使债券市场筹资者有了更灵活多样的筹资条件选择,如筹资者若想改变其在债券市场上发行债券所筹集资金的利率基础或货币种类,通过互换交易就可以方便地实现;另一方面,互换交易使债券市场投资者的投资范围有了拓展,如投资者可以根据其需要,通过购买基础证券来创造出以某种货币或利率基础表示的相应现金流的投资组合。

① 于研. 金融互换交易[M]. 上海:上海财经大学出版社,1999.

复习题

1. 什么是债券流通？说明债券流通的经济意义。
2. 债券发行市场与流通市场有何关系？
3. 说明我国证券交易所债券现券交易程序。
4. 我国银行间债券市场债券现券交易以什么方式进行？
5. 什么是债券回购交易？它可以发挥什么作用？
6. 说明利率期货的特点和功能。
7. 说明利率期货与利率期权的异同。
8. 什么是利率互换？它有什么特征？

第四章　债券定价

从这一章开始，我们将讨论债券在市场上买卖所涉及的计量问题。对于债券投资者而言，在选定了债券品种后，一个需要考虑的基本内容就是债券的买卖价格。这一章讲述的就是债券定价。我们将从货币的时间价值谈起，逐步深入分析，既给出普通债券的定价公式，也介绍含权债券的定价方法。另外还要说明，本章的债券定价，主要是指债券理论价格(即债券内在价值)的决定。至于债券在市场上的实际价格，还会受到市场环境等更多因素的影响。

第一节　货币时间价值

在债券定价中。为什么先要了解货币的时间价值？因为债券的价格首先与债券未来现金流量发生的时间有关[①]。比如，一张债券 1 年后可得本息 105 元，另一张债券 3 年后可得本息 105 元，它们的价格一般就不同，因为两张债券的本息现金流产生的时间不同。这一因素就涉及货币的时间价值。

一、货币时间价值的含义

货币时间价值是财务分析的一个基础概念，它在固定收益证券定价中具有广泛的应用。货币时间价值是指按照一定的利率水平，货币经历一定时间的投资与再投资所增加的价值。即货币的时间价值是说明在不同时点上的货币具有不同的价值。在经济生活中存在这样一种现象，现在的 1 元钱与 1 年后的 1 元钱价值不相等。想象一下，你可以获得 10 000 元奖金，可以要求马上拿或 1 年后再拿，你会选择哪一个？有理性的人会选择马上

① 这里的现金不是与存款对应的概念，含义要更宽泛，指未来的货币流量。后面的现金流都具有同样的意义。

拿，因为拿完这笔钱后可以存入银行，如果按 10%的年利率，一年以后你将得到 11 000 元。由此例可知，这 10 000 元经过一年的投资增加了 1 000 元，这就是货币的时间价值。

再换一个例子。比如一年后你要支付 100 万元买房。但从现在时点来看，如果存款利率是 5%，则现在不必有 100 万元，因为现在只要存入银行 95.24 万元，一年后就可以从银行取出 100 万元了。所以，在利率大于零时，将来的 100 万元，在现在时刻看它的价值少于 100 万元。同样数量的货币，因为所处的时点不同而价值不同，这就是货币时间价值的表现。

为什么货币有时间价值？存在不同的理论来解释，如劳动价值理论、效用节欲理论等①。不管何种理论，强调货币时间价值都离不开货币要投入社会再生产过程。否则，再多的货币、或者再长的时间，也不能使货币增值。比如，在抽屉里放入 1 元，若干年后打开抽屉仍然只是 1 元。但若货币投入社会再生产过程，货币的增值能力就与时间因素有关了。

衡量货币时间价值大小的指标是利率，即单位时间单位货币所得利息的多少，或单位时间单位货币的增加值的大小。根据利率的大小和适用条件，可以将不同时点上的货币转化为同一时点上的货币值，从而进行比较和分析。而不同时点货币的转化，就涉及货币的现值与终值。

二、终值及其计算

终值又称未来值，是指现在一定量的资金在未来某一时点上的价值。终值的计算主要分为单利和复利两种形式。

（一）单利终值计算

所谓单利方法，是指前期得到的利息，在后期不再加入本金继续计算利息。在计算货币时间价值时，按照单利方法计算利息的终值称作单利终值。具体计算见公式(4－1)。

$$FV = P(1+nr) \tag{4-1}$$

式中：FV 为终值，P 为现在时刻拥有的货币额，n 为期数，r 为周期利率。如果期数单位为年，则 r 就是年利率。

【例 4－1】 某人存入银行 10 000 元，是定期存款，期限 3 年，若年利率为 5%，则 3 年后其能得到的本利和为：

$FV = 10\,000 \times (1+3\times 5\%) = 11\,500$(元)

（二）复利终值计算

所谓复利方法，是指前期得到的利息，在后期要加入本金继续计算利息，逐期滚算。这一方法俗称“利滚利”。比如，第一年产生的利息在第二年又按同样比例产生新的利息，

① 劳动价值理论认为：货币投入于生产过程会形成增值，增值部分是劳动者创造的剩余价值，这就是货币时间价值的真正来源。效用节欲理论认为：投资者进行投资就必须推迟消费，因此要对推迟消费给予报酬，这种报酬与推迟消费的时间成正比。

那么两年后，会出现两笔利息，一笔是本金在第二年产生的利息，另外一笔是第一年产生的利息在第二年期间又产生一笔小额的利息。如此可以依次类推下去。在计算货币时间价值时，按照复利方法计算利息的终值称作复利终值。具体计算见公式(4－2)。

$$FV=P(1+r)^n \tag{4-2}$$

式中：FV 仍为终值，P 为现在时刻拥有的货币额，n 为期数，r 为周期利率。当期数单位为年时，r 也就是年利率。

【例 4－2】 A 企业将 10 000 元存入某银行，年利率为 5％，复利计息，3 年后 A 企业能得到的本利和为：

$FV=10\ 000\times(1+5\%)^3=11\ 576.25$(元)

从上面两个例子中可以看到，如果计息方式不同，在计算终值时，会有一定差异。一般而言，时间期限越长，在同样利率和本金下，单利计息和复利计息差别越大。在实际生活中，我国银行定期存款采用单利计息，发行的债券有的是单利计息，有的是每年付息一次或两次。

另外，在计算复利终值时，有时候允许利率发生变化。这种情况下需要做相应的计算调整。

【例 4－3】 设某个基金经理购买了 10 万元的无风险证券，该证券收益带来的年复利率为 5％，期限为 4 年。在第 4 年末，该基金经理又用所有收益和本金购买了另外一种无风险证券，这种新证券带来的年复利率为 6％，期限为 5 年。那么该基金经理这项投资在 9 年后的终值是多少？

我们可以采用这样的思路来计算这个终值，先计算前四年的终值，然后以这个终值为本金，再计算后五年的终值。具体计算如下：

$FV=10\times(1+5\%)^4\times(1+6\%)^5=16.27$(万元)

以上都是考虑整数期的终值，如果投资期限为非整数期，那么仍然可以按照类似方式来计算终值，只是这个时候 n 不是一个正整数。

【例 4－4】 设现在时刻有 100 元，年利率为 5％，按复利计息，那么 6 年半后这笔货币的终值是：

$FV=100\times(1+5\%)^{6.5}=137.32$(元)

再来考虑每年付息一次以上的情况。在许多债券的设计中，规定一年可以计息多次，如每半年付息一次。如果一年付息 m 次，则每次付息额就是年利息的 $1/m$，这样复利终值的一般计算方法就为公式(4－3)。

$$FV=P\left(1+\frac{r}{m}\right)^{mn} \tag{4-3}$$

式中：FV 为终值，P 为现在时刻拥有的货币额，r 为年利率，m 为一年计息次数，n 为终值的年限。考虑如下例子：

【例 4－5】 假设某项投资初始投资 10 000 元，年利率为 5％，按复利每半年计息一次，共投资 3 年，则终值为：

$FV=10\ 000\times(1+5\%\div2)^{2\times3}=11\ 596.93$(元)

显然，与[例 4－2]相比，在相同年利率、本金条件下，每年计息多一次，结果终值要大一些。

那么，如果考虑每年付息无数次，即在公式(4－3)中计息次数 m 趋向无穷大，即连续复利，那么在 n 年后本金为 P 的一笔金额的终值就为公式(4－4)。

$$FV=\lim_{m\to\infty}P\left(1+\frac{r}{m}\right)^{mn}=Pe^{rn} \tag{4-4}$$

还可以将公式(4－4)改写为公式(4－5)：

$$FV=P\left[1+(e^{r}-1)\right]^{n} \tag{4-5}$$

将公式(4－5)与公式(4－2)比较，可知，连续复利相当于以每年 $(e^{r}-1)$ 的利率按年复利计算。在 $r>0$ 时，$(e^{r}-1)>r$。

三、现值及其计算

现值是指未来(或过去)的一笔支付或支付流在现在某基准时刻的价值。实践中，通常是计算未来的现金流折现到现在某基准时刻的价值。另外，在计算现值时，对现在的基准时刻应有明确的具体日期。因为折现到不同时点时，计算的现值可能会有不同的结果。如果不特别提出，现金流折现一般可笼统理解为折现到现在时刻。但有的时候，折现也会到第一次收到或者支出现金流的时刻。

(一)单利现值计算

这是指按照单利方式计算未来现金流的现在价值。根据公式(4－1)，反过来可以计算将来一笔货币金额在现在时刻的现值，见公式(4－6)。

$$PV=\frac{F}{1+nr} \tag{4-6}$$

式中：PV 为现值，F 为将来时刻拥有的货币额，n 为期数，r 为周期利率。如果期数单位为年，则 r 就是年利率。

需要说明的是，单利现值只是与单利终值相对应的名称，实践中很少采用这样的计算现值方法，尤其不在期限超过一年的情况下运用公式(4－6)。

(二)复利现值计算

按照复利方法计算未来现金流的现在价值，被称为复利现值计算。具体计算公式是(4－7)。

$$PV=\frac{F}{(1+r)^{n}} \tag{4-7}$$

式中：PV 为现值，F 仍为将来时刻拥有的货币额，n 为期数，r 为周期利率。同样，如果期数单位为年，则 r 就是年利率。

【例 4—6】 一家公司 3 年后将收到一笔 20 万元的支付款，如果年复利率为 5%，那么这笔金额的现值是多少？

根据公式(4—7)得：

$PV=20\div(1+5\%)^3=17.28$(万元)

如果投资期限为非整数期，那么仍然可以用公式(4—7)来计算复利现值，当然其中的 n 就不是一个正整数。

同样再来考虑一年中多次计息的情况，比如一年中计息 m 次，则周期复利现值公式为(4—8)。

$$PV=\frac{F}{\left(1+\frac{r}{m}\right)^{mn}} \tag{4—8}$$

式中：PV 为现值，F 为将来时刻拥有的货币额，r 为年利率，m 为一年中计息次数，n 为年数。

在公式(4—8)中，当 m 趋向无穷大时，就可以用连续复利来计算现值，见公式(4—9)。

$$PV=\frac{F}{e^{rn}}=Fe^{-rn} \tag{4—9}$$

在现值计算中，有时还用到折现因子的概念。折现因子是指某特定期间结束时所收取的 1 单位货币的现值。比如，在公式(4—7)中，令 F 等于 1，则折现因子可用公式(4—10)表示。

$$d(n)=\frac{1}{(1+r)^n} \tag{4—10}$$

式中：$d(n)$为 n 期限的折现因子，n 为期数，r 为周期利率。

于是，将来某期限一笔货币额的现值就等于该货币额与该期限折现因子的乘积。

四、年金的终值与现值

(一)年金的概念和种类

本书所称的年金①，是指定期收付的等额系列款项。之所以在债券定价部分要介绍年金，是因为附息债券的利息现金流也是一种定期收入的等额系列款项，符合年金所具有的等额、系列的基本特征。

年金按照收支的时点划分，有普通年金、预付年金、递延年金、永续年金等。普通年金是指从第一期起，在一定时期内每期期末等额收付的系列款项，又称为后付年金或期末年金。预付年金是指从第一期起，在一定时期内每期期初等额收付的系列款项，又称先付年金、即付年金或期初年金。递延年金和永续年金都是普通年金的特殊形式。递延年金又

① 在不同领域，年金会有不同含义。比如在养老金领域，有所谓企业年金的概念。

称延期年金，是指在最初若干期没有收付款项的情况下，后面若干期才开始发生等额系列的收付款项。永续年金是指无限期的等额收付的年金，即期限趋于无穷的普通年金。

下面主要介绍普通年金和预付年金的终值和现值公式①。

(二)年金终值计算

1. 普通年金单利终值

普通年金的各期收付款项发生在每期期末，如果按照单利方法计算最后终点(即 n 时刻)的价值(见图 4－1)，公式如(4－11)显示。

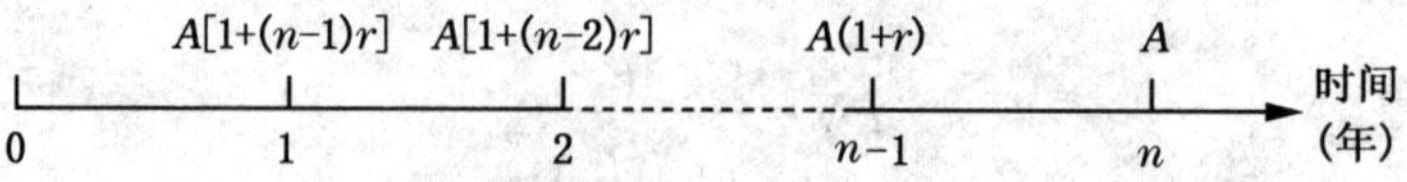

图 4－1　普通年金单利终值

$$FV = A\sum_{t=0}^{n-1}(1+tr) \tag{4-11}$$

式中：FV 为各期等额现金流量的终值之和，A 为等额的现金流量，r 为年利率，n 为用年表示的期数。

2. 普通年金复利终值

在普通年金的情况下，如果每期期末获得等额款项后，可以进行再投资，那么就可以按照复利方法计算最后终点(即 n 时刻)的价值(见图 4－2)，公式为(4－12)。

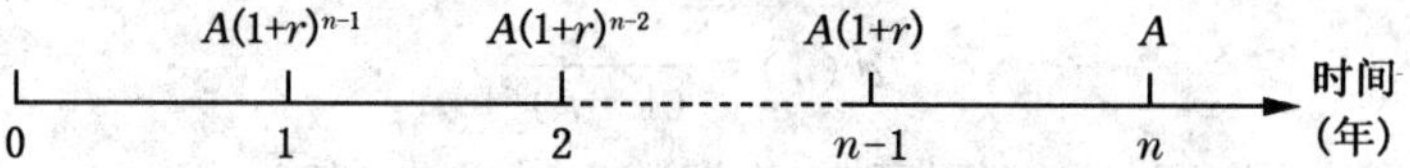

图 4－2　普通年金复利终值

$$FV = \frac{A}{r}[(1+r)^n - 1] \tag{4-12}$$

式中：FV 为各期等额现金流量的终值之和，A 为等额的现金流量，r 为年利率，n 为用年表示的期数。

【例 4－7】 设一家公司从员工工作第 1 年末开始，每年给员工 1 000 元福利存入一个银行账户，每年年利率为 5%，复利计息。那么一个员工工作 5 年后，其账户的金额就是：

$$FV = \frac{1\ 000}{5\%} \times [(1+5\%)^5 - 1] = 5\ 525.63(\text{元})$$

① 叶永刚. 固定收入证券概论[M]. 武汉：武汉大学出版社，2001.

在实际生活中，投资期限不一样，复利率往往是不同的，因而在计算年金终值过程中，就要考虑可变复利率的年金终值。在这种情形下，需要调整每笔年金的复利率。举一个和[例 4—7]类似的例子，但让每笔年金复利率变化，我们来计算这种情形下的年金终值。

【例 4—8】 设一家公司从员工工作第 1 年末开始，每年给员工 1 000 元福利存入一个银行账户，连续存 5 年，4 年期存款年复利率为 6%，3 年期存款年复利率为 5%，2 年期存款年复利率为 4%，1 年期存款年复利率为 3%。那么第五年末该账户金额是多少？

此时不能直接用公式(4—12)，因为其中的年利率不一样。我们可以把每年末的每笔现金流的终值先计算出来，然后相加，得到该账户第五年末的金额是：

$$
\begin{aligned}
FV &= 1\,000\times(1+6\%)^4+1\,000\times(1+5\%)^3+1\,000\times(1+4\%)^2 \\
&\quad +1\,000\times(1+3\%)+1\,000 \\
&= 5\,531.70(\text{元})
\end{aligned}
$$

3. 预付年金单利终值

预付年金的各期收付款项发生在每期期初，如果按照单利方法计算最后终点(即 n 时刻)的价值(见图 4—3)，公式是(4—13)。

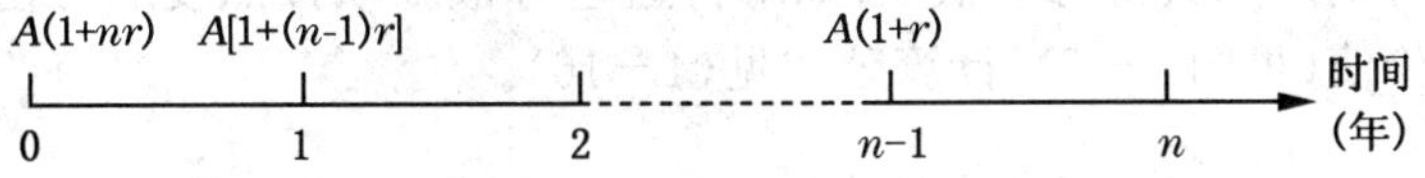

图 4—3 预付年金单利终值

$$FV=An\left[1+\frac{1}{2}(1+n)r\right] \tag{4—13}$$

式中：FV 为各期等额现金流量的终值之和，A 为等额的现金流量，r 为年利率，n 为用年表示的期数。

4. 预付年金复利终值

同样，如果预付年金每期期初获得等额款项后，要进行再投资，也可以按照复利方法计算最后终点(即 n 时刻)的价值(见图 4—4)，公式则为(4—14)。

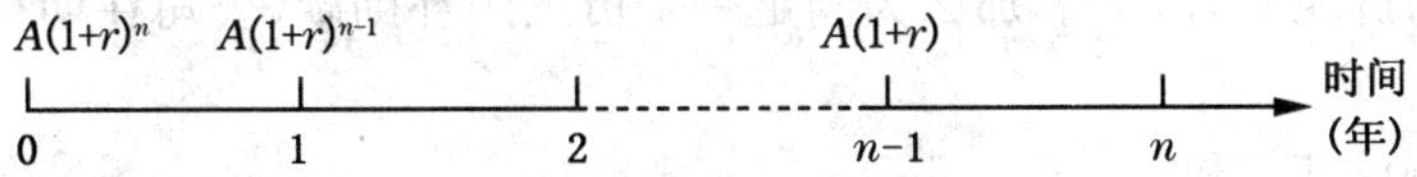

图 4—4 预付年金复利终值

$$FV=\frac{A}{r}(1+r)\left[(1+r)^n-1\right] \tag{4—14}$$

式中：FV 为各期等额现金流量的终值之和，A 为等额的现金流量，r 为年利率，n 为用年表示的期数。

（三）年金现值计算

1. 普通年金单利现值

对于普通年金，各期收付款项发生在每期期末，现在按照单利方法计算最初起点（即0时刻）的价值（见图4—5），计算公式是（4—15）。

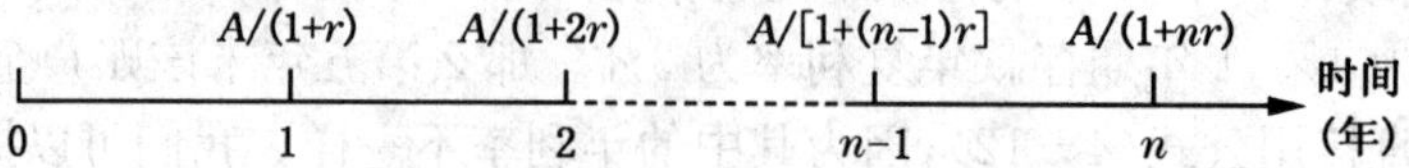

图4—5　普通年金单利现值

$$PV=A\sum_{t=1}^{n}\frac{1}{1+tr} \tag{4—15}$$

式中：PV 为各期等额现金流量的现值之和，A 为等额的现金流量，r 为年利率，n 为用年表示的期数。

2. 普通年金复利现值

普通年金每期期末获得等额款项，如果将这些等额款项按照复利方法计算最初起点（即0时刻）的价值（见图4—6），计算公式见（4—16）。

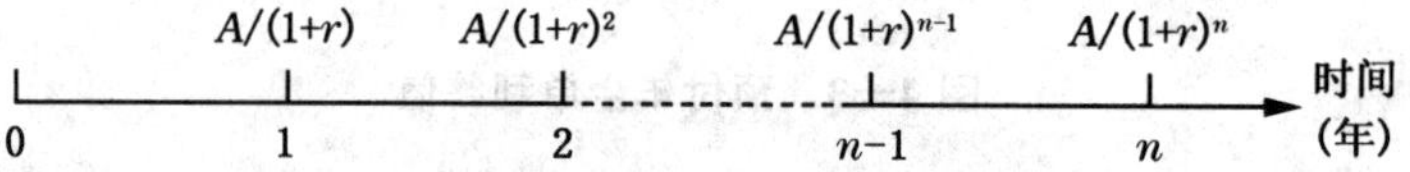

图4—6　普通年金复利现值

$$PV=\frac{A}{r}\left[1-(1+r)^{-n}\right] \tag{4—16}$$

式中：PV 为各期等额现金流量的现值之和，A 为等额的现金流量，r 为年利率，n 为用年表示的期数。

【例4—9】 公司准备给其退休员工在每年年末发放1 000元的生活补助款，一共发放5年，设市场折现率为5%。那么为满足一个员工的补助款，公司在期初需要投资的金额是：

$$PV=\frac{1\ 000}{5\%}\times\left[1-\frac{1}{(1+5\%)^{5}}\right]=4\ 329.48（元）$$

3. 预付年金单利现值

在预付年金的情况下，各期收付款项发生在每期期初，我们可以按照单利方法计算最初起点（即0时刻）的价值（见图4—7），计算公式是（4—17）。

$$PV=A\sum_{t=0}^{n-1}\frac{1}{1+tr} \tag{4—17}$$

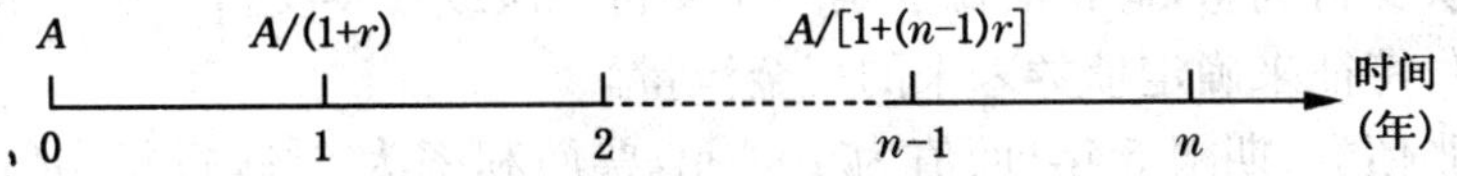

图 4—7 预付年金单利现值

式中：PV 为各期等额现金流量的现值之和，A 为等额的现金流量，r 为年利率，n 为用年表示的期数。

4. 预付年金复利现值

同样，对于预付年金每期期初获得的等额款项，也可以按照复利方法计算最初起点（即 0 时刻）的价值（见图 4—8），计算公式可见（4—18）。

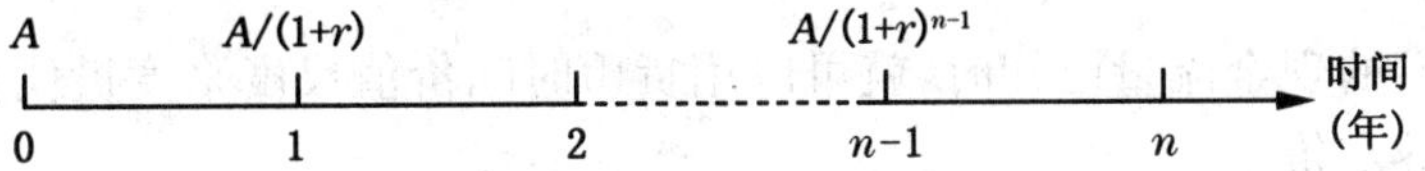

图 4—8 预付年金复利现值

$$PV=\frac{A\left[(1+r)^{n}-1\right]}{r\,(1+r)^{n-1}} \tag{4—18}$$

式中：PV 为各期等额现金流量的现值之和，A 为等额的现金流量，r 为年利率，n 为用年表示的期数。

第二节　普通债券定价

债券定价与货币的时间价值是有关系的，因为债券定价的基本思路是将债券未来的现金流量折算成现值。因此，下面先阐述债券定价的基本模型，然后再根据不同类型的债券分别介绍定价公式。另外要指出的是，本节所讨论的债券定价，针对的是没有嵌入期权的普通债券。

一、收入资本化模型

实际上，任何金融产品的价格，在基本原理上，都可以认为是由其未来所能提供的预期收入以适当的折现率折现求得。这种方法就称为收入资本化模型。对于债券定价而言，两个最重要的数据分别是各期现金流和折现率，现分别介绍如下。

（一）现金流的确定

确定债券价格的第一步是确定它的现金流量。对于一张不附带任何选择权利的债券（可称为无选择权债券），其现金流量由两部分构成，一是各期的利息收入，二是到期日的面值收入。有些债券的利息是到期时一次支付，有些债券的利息是在债券期限内多次支付。如果是多次支付利息，通常的做法是一年支付一次或半年支付一次。因此，必须根据债券的利息支付特征来确定债券未来的现金流量。

假设有一张债券，期限 5 年，面值为 100 元，票面利率为 6%，每年支付一次利息，则该债券所产生的现金流量如图 4—9 所示。

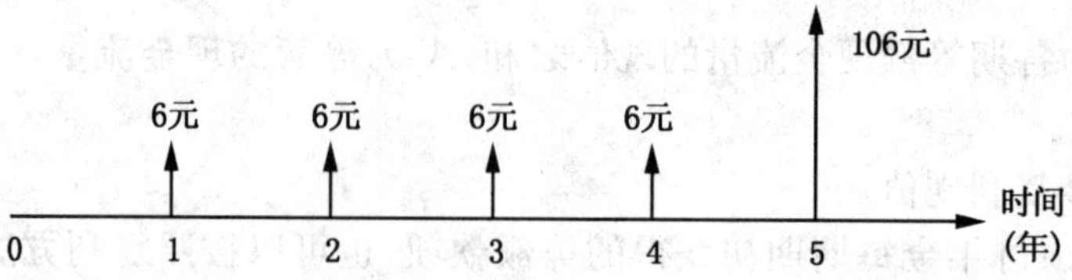

图 4—9　5 年期票面利率 6%每年付息一次债券的现金流

当一张债券的现金流量已知时，就可以用货币时间价值尺度来度量债券的现在价值，从而就能给债券定价了。

(二)折现率的确定

投资者进行债券投资时所要求的折现率也可以称为必要的到期收益率(简称必要收益率)。必要收益率通常是根据市场上同类可比债券(即具有同样信用等级和同样到期日的债券)的收益率来确定的。实际上，投资者在购买某种债券时，总是会将这种债券提供的收益与其他同类债券进行比较，要求得到同样的收益率。如果存在收益率的差异，市场上的供求力量会促使同类可比债券的收益率基本平衡。所以，在为债券定价时，一般就用同类可比债券的收益率作为折现率。

但是，对于信用等级不同的债券，必要收益率就会不同。信用等级越高，要求的必要收益率就会越低；反之，信用等级越低，要求的必要收益率就会越高。在债券市场上，国债的风险一般是最低的，所以就会用国债收益率代表无风险收益率，尽管国债实际上也会有一定风险。而无风险收益率是所有投资中至少应该达到的最低收益率，也正是这个原因，所以国债收益率才成了投资决策中一个基础的参考标准。有了国债收益率这个标准，其他债券品种，只要与国债在风险、现金流、信用、对利率的敏感性等方面进行比较后，就可以估算出应该加上多少溢价收益(风险报酬)，并成为这种债券适用的贴现率。

二、债券定价一般公式

有了债券预期的现金流，并选择好了恰当的必要收益率，就有了给债券定价的必要数据，于是，债券的价格就等于债券未来所有现金流量的现值之和，可以用公式(4—19)表示。

$$P=\sum_{t=1}^{n}\frac{C_t}{(1+r)^t} \tag{4—19}$$

式中：P 为债券价格，C_t 为每期的现金流，r 为折现的必要收益率，n 为债券的期数。

如果债券期数单位为年，则折现的必要收益率就是年折现率。

在公式(4—19)中，折现的必要收益率对不同期限现金流都是一样的。如果考虑折现率或者利率具有非水平的期限结构(即随着折现时间不一样，利率也不一样)时，公式(4—19)可以作适当的修正，改为公式(4—20)，即其中的 r_t 为每期现金流折现的必要收益率。

$$P=\sum_{t=1}^{n}\frac{C_t}{(1+r_t)^t} \tag{4—20}$$

三、不同类型债券的定价

公式(4—19)是一般债券定价公式，可以根据债券不同的现金流、折现率和期限来计算。不过，由于债券付息特点的差异，具体的债券定价公式将依据不同类型的债券而有所区别。依据债券的付息特点，可以将债券分为一次付息债券与分次付息债券，前者只有一笔现金流，后者可以有多笔现金流。此外，还有一些具有某种特征的债券，如等额摊还债券、永久债券等。

(一)一次付息债券定价

一次付息债券包括贴现债券、零息债券和一次还本付息债券，它们的共同特征是债券所有利息一次性支付，即未来只有一笔现金流。

1. 贴现债券定价

贴现债券在票面上不规定利率，发行时的价格低于票面金额，到期时按面额偿还本金。贴现债券的期限一般在 1 年以内，属于短期债券。对于这种债券，从原理上来说，定价公式可以是(4—21)。

$$P=\frac{M}{(1+r)^n} \tag{4—21}$$

式中：P 为债券价格，M 为债券面额，r 为年折现率，n 为债券距到期的期限。由于贴现债券是短期的，故该期限用年作单位时是介于 0 和 1 之间的一个小数。

【例 4—10】 有一种国债，3 个月后到期，面值为 100 元，年折现率为 2%，那么这种国债的现价为多少？

这种国债的期限可以近似为 0.25 年，根据公式(4—21)，应为：

$$P=\frac{100}{(1+2\%)^{0.25}}=99.51(元)$$

在债券市场上，贴现债券的剩余到期期限一般是根据实际剩余天数比一年的天数(以 365 天为一年)来计算。

【例 4—11】 有一种国债，某年 2 月 1 日发行，同年 5 月 1 日到期，面值为 100 元，年折现率为 2%，那么这种国债在当年 4 月 3 日的价格为多少？

该债券的剩余到期期限为 28 天，按年为单位的折现期限就是 28/365，于是：

$$P=\frac{100}{(1+2\%)^{28\div 365}}=99.85(元)$$

2. 零息债券定价

零息债券以贴现方式发行，不附有息票，即在债券存续期内不支付利息，债券到期时按面值一次性偿付。对于期限大于1年的零息债券，定价公式仍然是(4－21)。但需注意的是，其中债券到期期限的 n 用年作单位时，应为大于1的数。

【例 4－12】 某债券面额为100元，期限2年，年折现率为3%，到期按债券面额偿还，计算其价格。

$$P=\frac{100}{(1+3\%)^2}=94.26(\text{元})$$

3. 一次还本付息债券定价

一次还本付息债券的所有利息在债券到期偿还本金时一次性支付，这类债券的期限通常是超过1年的，计息时一般按单利方法，不计复利。在债券定价时，因为这种到期一次还本付息债券的现金流特征与零息债券完全相同，所以定价方法也是一样的。但由于要计算利息，所以可以按照公式(4－22)来定价。

$$P=\frac{M+Mni}{(1+r)^n} \tag{4－22}$$

式中：P 为债券价格，M 为债券面额，r 为年折现率，n 为债券距到期的期限(用年表示)，i 为债券票面利率。

【例 4－13】 某债券面额为100元，期限3年，票面利率4.5%，年折现率为4%，到期一次还本付息(单利计息)，计算其价格。

$$P=\frac{100+100\times4.5\%\times3}{(1+4\%)^3}=100.90(\text{元})$$

(二)分次付息债券定价

1. 一般定价公式

分次付息债券的形式主要是附息债券，其期限通常在1年以上，从发行日起每半年或一年会支付给持有人一定比例的利息，债券到期日则支付最后的利息及本金。这种债券与一次付息债券比较，特征是未来的现金流将不再是一次，而是有多次，因此定价公式的形式比一次付息债券稍微复杂，见公式(4－23)。

$$P=\sum_{t=1}^{n}\frac{C}{(1+r)^t}+\frac{M}{(1+r)^n} \tag{4－23}$$

式中：P 为债券价格，C 为票面利息，M 为债券面额，r 为年折现率，n 为债券距到期的期限(通常用年表示)。

【例 4－14】 一张面值为500元的10年期固定利率附息债券，票面利率为10%，一年付息一次，若年折现率为12%，求该债券的价格。

$$P=\sum_{t=1}^{10}\frac{500\times10\%}{(1+12\%)^t}+\frac{500}{(1+12\%)^{10}}=443.50(\text{元})$$

2. 一年付息多次债券的定价

另外,公式(4—23)可理解为针对的是一年付息一次的债券。如果债券是一年付息多次的,则定价公式更为复杂。比如,一张面值为 M 的附息债券,剩余付息次数为 n,一年付息的次数为 m,票面利息为 C,则每次支付的利息额为 C/m,如年折现利率为 r,则定价公式为(4—24)。

$$P=\sum_{t=1}^{n}\frac{C/m}{(1+r/m)^{t}}+\frac{M}{(1+r/m)^{n}} \tag{4—24}$$

【例 4—15】 一张票面金额为 1000 元的债券,票面利率为 8%,每半年付息一次,期限 3 年,若年折现率为 6%,求该债券的价格。

$$P=\sum_{t=1}^{6}\frac{1\ 000\times 8\%\div 2}{(1+6\%\div 2)^{t}}+\frac{1\ 000}{(1+6\%\div 2)^{6}}=1\ 054.17(\text{元})$$

从[例 4—14]和[例 4—15]还可以看到:如果折现利率高于票面利率,债券的价格就会小于面值;如果折现利率低于票面利率,债券价格就会大于面值。

3. 年折现率可变的债券定价

再来考虑具有可变年折现率的债券定价,可以将公式(4—23)作适当的修正,改为公式(4—25),其中的 r_t 为每次现金流的年折现率。

$$P=\sum_{t=1}^{n}\frac{C}{(1+r_t)^{t}}+\frac{M}{(1+r_n)^{n}} \tag{4—25}$$

【例 4—16】 一种年初发行的国债,期限为 5 年,本金 100 元,每年年末支付利息 3 元,1 年期存款年利率是 3.5%,2 年期存款年利率是 4%,3 年期存款年利率是 4.6%,4 年期存款年利率是 5.3%,5 年期存款年利率是 6.1%。如果将存款年利率作为年折现率,问该国债的发行价是多少?

解:根据公式(4—25),可以有:

$$P=\frac{3}{1+3.5\%}+\frac{3}{(1+4\%)^{2}}+\frac{3}{(1+4.6\%)^{3}}+\frac{3}{(1+5.3\%)^{4}}+\frac{3+100}{(1+6.1)^{5}}=87.34(\text{元})$$

4. 交割日处于付息日之间的债券定价①

上面所举例的定价公式,实际上都假定了交割日发生在付息日,所以每笔现金流到来的时间都正好是一个计息周期或计息周期的整数倍数。然而在更多的情况下,投资者会在两个付息日之间购买债券,因此就要了解交割日处于付息日之间的债券定价方法。

解决这一问题,先要知道到下一付息日还有多少时间(通常用天表示)。关于天数的计算,主要根据各个市场的规定。在美国,附息国债的天数计算规则为"实际/实际",意思是用月的实际天数和计息周期的实际天数。

【例 4—17】 设有一个附息国债,每半年付息一次,付息日分别为 3 月 1 日和 9 月 1 日。某投资者购买这个债券后的交割日是 7 月 17 日,试计算其到下一付息日的天数和计息周期天数。

---

① 弗兰克·J.法博齐. 固定收益证券手册[M]. 任若恩,李焰等,译. 6 版. 北京:中国人民大学出版社,2005.

交割日到下一付息日的天数为46天，因为：7月17日到7月31日有14天，8月有31天，9月1日是1天。计息周期天数为184天，因为按实际天数计算，3月算30天，4月有30天，5月有31天，6月有30天，7月有31天，8月有31天，9月算1天。

但同样在美国，公司债券和市政债券等的天数计算规则为"30/360"，即规定每月有30天，一年为360天。

【例4－18】 如果[例4－17]的债券为公司债券，试计算其到下一付息日的天数和计息周期天数。

交割日到下一付息日的天数为44天，因为：7月17日到7月31日算13天，8月算30天，9月1日是1天。而计息周期天数按规定直接为180天。

确定了交割日到下一付息日的天数和计息周期天数后，就要算两者之间的比例，然后按公式(4－26)给距到期日有n次利息支付的债券定价。

$$P=\frac{c}{(1+r)^{w}}+\frac{c}{(1+r)^{1+w}}+\cdots+\frac{c}{(1+r)^{n-1+w}}+\frac{M}{(1+r)^{n-1+w}}$$

$$=\sum_{t=1}^{n}\frac{c}{(1+r)^{t-1+w}}+\frac{M}{(1+r)^{n-1+w}} \tag{4-26}$$

式中：P为债券价格，c为每次支付的利息[①]，M为债券面额，r为周期的折现率[②]，n为债券的剩余付息期数，w为交割日到下一付息日的天数比计息周期天数的值。

【例4－19】 假设某投资者购买一个公司债券，面值100元，每半年付息一次，息票利率10%，付息日分别为3月1日和9月1日，交割日是2014年7月17日，债券到期日是2016年3月1日。如果年折现率为6.5%，并按照"30/360"的天数计算规则，计算其价格。

根据[例4－18]的计算，交割日到下一付息日的天数为44天，计息周期天数为180天，所以$w=0.24$。另外根据题意，剩余付息期数n是4，半年利率是3.25%（＝6.5%÷2）。则该债券价格为：

$$P=\frac{5}{(1+3.25\%)^{0.24}}+\frac{5}{(1+3.25\%)^{1.24}}+\frac{5}{(1+3.25\%)^{2.24}}+\frac{5+100}{(1+3.25\%)^{3.24}}$$

$$=109.08(\text{元})$$

（三）特殊形式债券定价

上面介绍的贴现债券、一次还本付息债券、附息债券等是债券市场上的主要品种，下面再介绍两种特殊形式债券的定价。

1. 等额摊还债券的定价

等额摊还债券与固定利率附息债券不同，它的本息和在债券期限内是平均偿还的，因此，等额摊还债券的价格等同于n期年金的现值。假设一张等额摊还债券的剩余偿还次

① 如果每半年付息一次，则c为年利息额的一半。
② 如果每半年付息一次，则r要乘以2才是年的必要收益率。

数为 n，每年偿还本息的金额为 A，其现金流就如图 4—10 所示。若市场的年折现率为 r，则等额摊还债券的定价见公式(4—27)。

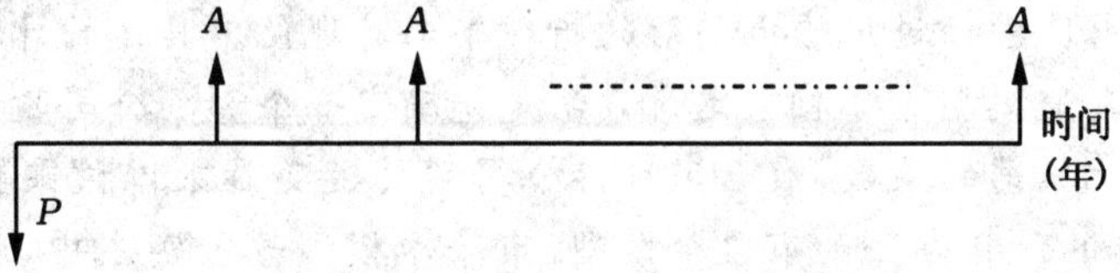

图 4—10 等额摊还债券的现金流

$$P=\sum_{t=1}^{n}\frac{A}{(1+r)^t} \tag{4—27}$$

【例 4—20】 一张期限为 10 年的等额摊还债券，每年等额偿还的金额为 100 元，市场年折现率为 8%，则其价格为：

$$P=\sum_{t=1}^{10}\frac{100}{(1+8\%)^t}=671.01(\text{元})$$

2. 永久债券的定价

永久债券指一种不规定本金返还期限，可以无限期地按期取得利息的债券。基于这一特点，永久债券的偿还形式相当于一个永续年金，即未来永远要按期定额支付的年金。假设一张永久债券每年支付利息额为 A，则其现金流将如图 4—11 所示。若市场的年折现率为 r，其价格就由公式(4—28)决定。

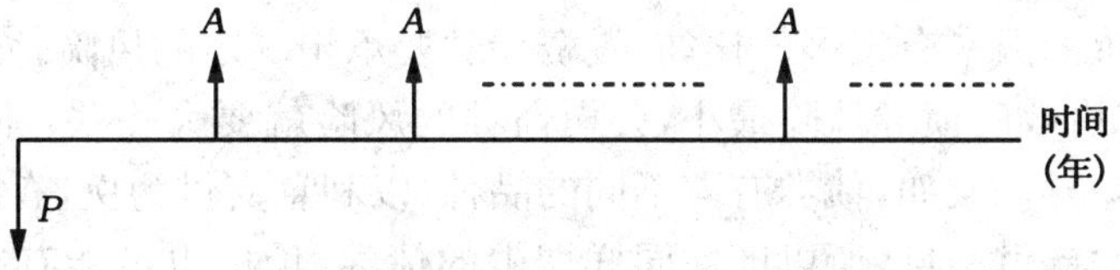

图 4—11 永久债券的现金流

$$P=\sum_{t=1}^{\infty}\frac{A}{(1+r)^t}=\frac{A}{r} \tag{4—28}$$

【例 4—21】 一张永久债券每年支付利息为 10 元，市场年折现率为 5%，则其价格为：

$$P=\sum_{t=1}^{\infty}\frac{10}{(1+5\%)^t}=\frac{10}{5\%}=200(\text{元})$$

小专栏 4－1　　　　　　　债券与股票定价方法的比较

在股票定价中，有所谓的绝对定价方法和相对定价方法。绝对定价方法是用公司股票未来的现金流，按经过风险调整后的折现率求其现值。具体的计算办法如股利贴现模型、自由现金流模型等。相对定价方法是先确定一个影响公司股票价格的关键变量，然后计算可比公司的乘数，最后用目标公司的关键变量乘以该乘数就等于公司股票的价格。具体的计算办法如市盈率模型、市净率模型等。实践中，股票的相对定价方法似乎比绝对定价方法使用更广泛，原因在于股票未来现金流难于测定。

在债券定价中，基本上采用绝对定价方法，因为债券未来的现金流(即利息和本金)一般是确定的。债券绝对定价方法就是收入资本化模型。

第三节　债券定价影响因素和定价定理

本节要说明两个方面的问题，一是影响债券价格的因素，二是债券价格的定价原理。这两方面的问题其实有一定关联。债券价格受多种因素影响，而将影响结果的规律总结出来就形成了定价定理。

一、债券价格的影响因素

影响债券价格的因素可以分为基本因素和一般因素两类。

(一)影响债券价格的基本因素

影响债券定价的因素有很多。比如，投资债券要承担一定的风险，而不同债券的风险可能不同，一般来讲政府债券风险最小，公司债券的风险就要大一些，那么不同风险的债券其价格就会有差异。又如，债券有着不同的品种，以利息支付为例，有些债券按期付息，有些债券到期一次支付利息，所以即使同样期限的债券，价格也可能有差异。其实，这些因素只是表面现象，或者说，它们只是影响债券定价基本因素的表现。根据债券价格决定的基本原理，债券价格是其未来所有现金流量的现值之和。这样，未来现金流量产生的时间长短、决定未来利息大小的债券票面利率、未来现金流量折现所采用的折现率，就成为影响债券定价的基本因素。

1. 债券剩余时间及债券付息方式

债券剩余时间是指当前日至债券到期日之间的时间间隔。随着时间向后推移，债券剩余的到期时间逐渐变小，至到期日时，债券到期时间为零。显然，债券剩余时间影响到债券最后本金现金流到来的时间长短。如果两个债券未来有名义上相等金额的现金流，若采用相同的折现率，但剩余时间不同，则价格就会有差异。

【例 4－22】 设有 A、B 两个债券，面额 100 元，发行时的期限都是 5 年，票面利率都是 4%，都是到期一次还本付息，但 A 债券剩余期限只有 4 年，B 债券还是 5 年。若年折现率都是5%，请计算其价格。

若分别用P_A和P_B表示债券A和债券B的价格，则有：

$$P_A=\frac{100+100\times 5\times 4\%}{(1+5\%)^4}=98.72(\text{元})$$

$$P_B=\frac{100+100\times 5\times 4\%}{(1+5\%)^5}=94.02(\text{元})$$

显然，在其他条件相同的情况下，债券剩余期限越短，债券价格就越高。

我们还可以通过数学来证明这一点。将公式(4－22)改变为公式(4－29)，其中的I是一次还本付息债券的总利息。

$$P=\frac{M+I}{(1+r)^n} \tag{4－29}$$

利用公式(4－29)，求价格P对到期期限n的偏导数，可以得到公式(4－30)。

$$\frac{\partial(P)}{\partial(n)}=-\ln(1+r)\times\frac{M+I}{(1+r)^n} \tag{4－30}$$

这个偏导数恒小于0，因此它关于到期时间就是一个减函数，即到期的剩余时间越短，债券价格就越高。

另外，债券未来现金流量除了本金外还有利息，因此不同的债券付息方式，会影响利息现金流的到来时间。比如，一次还本付息债券的利息都是到债券偿还时才向债券持有人支付，而附息债券的利息可以在债券存续期内不断向债券持有人支付，所以即使其他条件相同，这两种债券的价格也会有差异。

【例4－23】 设有债券C，面额100元，期限是5年，票面利率为4%，每年付息一次。若年折现率亦采用5%，请计算其发行时价格。

若用P_C表示债券C的价格，则有：

$$P_C=\sum_{t=1}^{5}\frac{100\times 4\%}{(1+5\%)^t}+\frac{100}{(1+5\%)^5}=95.67(\text{元})$$

比较[例4－22]中的债券B和[例4－23]中的债券C，可以看到，在其他条件相同的情况下，利息现金流的到来时间越早，债券价格就越高。

2. 债券票面利率

在决定债券的价格时，涉及到债券未来现金流量的大小，而债券未来现金流量由债券面值和债券利息组成。债券面值在债券发行时直接规定，债券利息则是债券面值与债券票面利率的乘积。从这一角度看，债券票面利率是决定债券价格的一个重要因素。

【例4－24】 设有债券D，面额100元，期限是5年，票面利率为5%，每年付息一次。若年折现率也采用5%，请计算其发行时价格。

若用P_D表示债券D的价格，则有：

$$P_D=\sum_{t=1}^{5}\frac{100\times 5\%}{(1+5\%)^t}+\frac{100}{(1+5\%)^5}=100(\text{元})$$

比较[例 4－23]中的债券 C 和[例 4－24]中的债券 D，可以看到，在其他条件相同的情况下，票面利率越高，债券价格也就越高。

我们也可以从数学上来证明。将公式(4－23)改变为公式(4－31)，i 是债券票面利率，因为债券票面利率 i 与债券面额 M 的乘积就是债券票面利息 C。

$$P=\sum_{t=1}^{n}\frac{Mi}{(1+r)^{t}}+\frac{M}{(1+r)^{n}} \tag{4-31}$$

对公式(4－31)求价格 P 对利息 Mi 的偏导数，可以得到公式(4－32)。

$$\frac{\partial(P)}{\partial(Mi)}=\sum_{t=1}^{n}\frac{1}{(1+r)^{t}} \tag{4-32}$$

显然这个偏导数恒大于 0，因此支付利息越高的债券，价格就越高。

3. 债券定价的折现率

折现率的高低会影响到债券价格，因为债券定价就是对债券未来现金流量的折现。

【例 4－25】 设有债券 E，面额 100 元，期限是 5 年，票面利率为 5%，每年付息一次。若年折现率采用 6%，请计算其发行时价格。

若用 P_E 表示债券 E 的价格，则有：

$$P_E=\sum_{t=1}^{5}\frac{100\times5\%}{(1+6\%)^{t}}+\frac{100}{(1+6\%)^{5}}=95.79(\text{元})$$

比较[例 4－24]中的债券 D 和[例 4－25]中的债券 E，可以看到，在其他条件相同的情况下，债券定价的折现率越低，债券价格就越高。

下面再通过数学方法证明。对公式(4－31)求价格 P 对年折现率 r 的偏导数，可以得到公式(4－33)。

$$\frac{\partial(P)}{\partial(r)}=-t\sum_{t=1}^{n}\frac{Mi}{(1+r)^{t+1}}-n\frac{M}{(1+r)^{n+1}} \tag{4-33}$$

结果是这个偏导数也恒小于 0，因此，年折现率越低，债券价格越高。

另外还要提到，债券定价折现率这一基本因素与上面两个基本因素在形成原因上有些不同。无论是债券剩余时间及债券付息方式，还是债券票面利率，都是在债券发行前已经决定的，都是债券本身所固有的，一旦发行就不再变更。但债券定价的折现率却是由市场来决定的，而且随着时间的延续，折现率还可能会发生变化。

(二)影响债券价格的一般因素

实际上，之所以将债券剩余时间及债券付息方式、债券票面利率和债券定价的折现率，视为债券定价的基本因素，是因为它们直接体现于债券定价公式。即在公式(4－19)中，要求出债券价格 P，就要知道债券的期数 n、每期的现金流 C_t 和折现的必要收益率 r。于是，我们就把其他可能影响债券价格的因素称为一般因素，但一般因素最终还是要通过基本因素来影响债券价格。影响债券价格的一般因素又可以包括外部因素和内部因素，前者是指经济环境方面的因素，后者是指与债券本身特性相关的因素。

1. 影响债券价格的外部因素

(1)市场利率。在市场总体利率水平上升时,债券的收益率水平也要相应上升,亦使得债券定价时折现的必要收益率上升,从而使债券的价格、即其内在价值降低;反之,在市场总体利率水平下降时,债券的收益率水平也应下降,使折现的必要收益率跟随下降,这样债券的内在价值就增加。另外,基础利率也是债券定价过程中必须考虑的一个重要因素。在证券的投资价值分析中,基础利率一般是指无风险债券利率。政府债券可以看作是现实中的无风险债券,它风险最小,收益率也最低。其他债券所要求的收益率是在基础利率的基础上加上一定的风险溢价构成。

(2)债券供求关系。债券市场上的债券供给和债券需求对比也会影响债券价格的变化,而债券供求关系又受到社会资金的松紧和其他金融资产收益水平的影响。比如,社会资金宽松,对债券的需求旺盛,债券价格呈上升趋势;反之,社会资金紧张,对债券的需求疲软,债券价格呈下跌趋势。而其他金融资产收益水平高,会吸引社会资金流出债券市场,使债券价格水平下降;反之,其他金融资产收益水平低,会吸引社会资金流入债券市场,使债券价格水平上升。

(3)社会经济发展状况。社会经济发展状况会影响到债券价格。比如,在经济处于景气阶段,企业会扩大投资,需要募集更多的资金,从而扩大债券的供给,减少对债券的需求,结果会促使债券价格下降;反之,在经济处于衰退阶段,企业就要压缩投资,并寻求资金的出路,从而缩小债券的供给,增加对债券的需求,结果会促使债券价格上升。

(4)财政货币政策。财政收支状况会影响债券价格。当财政资金紧张时,政府要扩大其债券发行规模,增加了债券供给,从而促使债券价格下跌;反之,当财政资金宽裕时,政府要缩小其债券发行规模,减少了债券供给,从而促使债券价格上升。货币政策实施也会影响债券价格。如果实施紧缩性货币政策,货币供给缩小,市场上流动性减少,从而减少对债券的需求,促使债券价格下降;反之,如果实施扩张性货币政策,货币供给扩大,市场上流动性增加,从而增加对债券的需求,促使债券价格上升。

(5)汇率和国际利差的变化。对于开放型的一国金融市场来说,当本国货币升值时,国外资金会流入本国市场,从而增加对本币债券的需求,促使债券价格上升;反之,当本国货币贬值时,国内资金会流出本国市场,从而减少对本币债券的需求,促使债券价格下降。另外,如果不同国家的市场利率有差异,则资金会流向高利率的国家和地区,这样也会导致国内债券市场供求发生变化。

2. 影响债券价格的内部因素

(1)税收待遇。有些债券的利息收益要征税收,而有些债券的利息收益可以免征税收[①]。这样,如果这两种债券具有相同的利息收益,但税后的实际收益就不一样。反过来

① 在我国,国债和地方政府债券的利息免纳个人所得税和企业所得税。另外,经国务院批准发行的金融债券的利息也免纳个人所得税。

说，如果投资这两种债券要获得相同水平的收益，则购买价格就要不一样。一般来说，在其他条件基本相同的情况下，免税债券的价格比类似的应纳税债券的价格要高。

(2)流动性。流动性是指债券可以迅速出售而不会发生实际价格损失的能力，不同债券可能具有不一样的流动性。如果某种债券按市价卖出很困难，持有人就会因该债券的流动性差而遭受损失，其中包括较高的交易成本以及资本损失，而这种风险必须在债券的定价中得到补偿，即流动性差的债券要求有相对高一些的收益率。因此，在其他条件基本相同的情况下，流动性好的债券其价格要高一些，流通性差的债券其价格要低一些。

(3)信用等级。债券的信用等级反映了债券发行人按期履行合约规定的义务、足额支付利息和本金的可靠性程度。一般来说，各种债券都有信用风险，只不过风险大小有所不同而已。对于信用等级越低的债券，投资者要求得到的收益率就越高，从而债券的价格就越低；反之，信用等级越高的债券，投资者要求得到的收益率就越低，从而债券的价格就越高。

(4)提前赎回条款。该条款是债券发行人所拥有的一种选择权，它允许债券发行人在债券发行一段时间以后，按约定的赎回价格在债券到期前部分或全部偿还债务。这种规定对债券发行人是有利的，因为发行人可以视市场情况发行较低利率的债券取代那些利率较高的可赎回债券，从而减少融资成本。而对投资者来说，其再投资机会受到限制，再投资利率可能较低。因此，这种风险需要补偿。在其他条件基本相同的情况下，含提前赎回条款债券的价格就要比不含提前赎回条款债券的价格低。

二、债券定价定理

在债券定价领域，20 世纪 60 年代美国有学者对债券价格、到期期限、折现率及票面利率的关系进行研究[①]，总结了其中内在的规律，并以条文形式给出，就称为债券定价定理。这些定理可以归纳为六个方面。

定理一：如果一种债券的票面利率和折现率一样，则债券的价格将等于票面金额。

比如，对于面值 100 元、票面利率为 8%的 5 年期每年付息一次的附息债券，每年可以得到 8 元利息，当投资者要求的折现率(必要收益率)也是 8%时，其为了得到每年 8 元的利息，正好愿意支付 100 元的价格来购买该债券。

我们也可以通过数学办法证明。将公式(4－31)的两边同除以 M，有公式(4－34)。

$$\frac{P}{M}=\sum_{t=1}^{n}\frac{i}{(1+r)^{t}}+\frac{1}{(1+r)^{n}}=\frac{i}{r}\left[1-\frac{1}{(1+r)^{n}}\right]+\frac{1}{(1+r)^{n}} \tag{4-34}$$

所以，如果 $i=r$，P/M 将等于 1。同理：如果一种债券的票面利率高于折现率，则债券的价格将高于票面金额；如果一种债券的票面利率低于折现率，则债券的价格将低于票

① B.G.Malkiel. "Expections, Bond Price and the Term structure of Interest Rate", Quarterly Journal of Ecomomics, May, 1962.

面金额。这一现象在表 4—1 中也可以反映出来,即对于面值 100 元、票面利率为 8%的 5 年期每年付息一次的附息债券,当投资者要求的折现率为 6%时,债券价格都是高于面额的;而当投资者要求的折现率为 10%时,债券价格都是低于面额的。

表 4—1 **附息债券价格变动轨迹** 单位:元

剩余期限(年)	年折现率		
	6%	8%	10%
5	108.42	100.00	92.42
4	106.93	100.00	93.66
3	105.35	100.00	95.03
2	103.67	100.00	96.53
1	101.89	100.00	98.18

注:该债券为面值 100 元、票面利率 8%、到期期限 5 年、每年付息一次的附息债券。

定理二:如果市场的折现率下降,债券的价格就会上涨;如果市场的折现率上升,债券的价格就会下跌。

这一定理反映了债券的市场价格与折现率呈反比关系。比如,在表 4—1 中,对于面值 100 元、票面利率为 8%的 5 年期每年付息一次的附息债券,当剩余期限为 5 年时,如果市场折现率从 10%下跌到 8%,债券的价格就从 92.42 元上涨到 100 元;反之,如果市场折现率从 6%上升 8%,债券的价格就从 108.42 元下跌到 100 元。

定理三:如果债券市场折现率在整个期限内没有发生变化,则债券的价格折扣或价格升水会随到期日的接近而减少,或者说其价格日益接近票面金额。

比如,在表 4—1 中,对于面值 100 元、票面利率为 8%的 5 年期每年付息一次的附息债券,若市场折现率一直为 10%,在剩余期限尚有 5 年时,价格为 92.42 元,价格折扣为 7.58 元;而在剩余期限尚有 1 年时,价格为 98.18 元,价格折扣为 1.82 元。两者比较,价格折扣减少了 5.76 元。同样,若市场折现率一直为 6%,在剩余期限尚有 5 年时,价格为 108.42 元,价格升水为 8.42 元;而在剩余期限尚有 1 年时,价格为 101.89 元,价格升水为 1.89 元。两者比较,价格升水减少了 6.53 元。

再换一个角度看,如果将债券票面利率与折现率的差额固定不变,则能看到债券价格的波动幅度与债券剩余期限成正比关系。即剩余期限越长,价格波动幅度越大;反之,剩余期限越短,价格波动幅度越小。

比如,对于面值 100 元、票面利率为 8%的 5 年期每年付息一次的附息债券,在市场折现率从 8%下降到 6%时,其价格将从 100 元上升到 108.42 元;同时,对于另一个面值 100 元、票面利率为 8%的 1 年期债券,在市场折现率从 8%下降到 6%时,其价格将从 100 元上升到 101.89 元。显然,前者比后者变动更大。

定理四:如果债券市场折现率在整个期限内没有发生变化,则附息债券的价格折扣或价格升水会随到期日的接近而以一个不断增加的比率减少。

比如,在表 4－1 中,对于面值 100 元、票面利率为 8%的 5 年期每年付息一次的附息债券,若市场折现率一直为 10%,在剩余期限尚有 5 年时,价格为 92.42 元,在剩余期限尚有 4 年时,价格为 93.66 元,价格折扣减少额为 1.24 元,减少速度为 1.34%;而在剩余期限尚有 2 年时,价格为 96.53 元,在剩余期限尚有 1 年时,价格为 98.18 元,价格折扣减少额为 1.65 元,减少速度为 1.71%。即价格折扣随到期日来临而减少的速度加快了。在表 4－1中,当有价格升水时也能看到同样的结论。

不过对于只有一笔现金流的债券,债券的价格折扣或价格升水会随到期日的接近而以一个恒定的比率减少。比如,对于面值 100 元、票面利率为 8%的 5 年期一次还本付息债券[①],若市场折现率一直为 10%,在剩余期限尚有 5 年时,价格为 86.93 元,在剩余期限尚有 4 年时,价格为 95.62 元,价格折扣减少额为 8.69 元,减少速度为 10%;而在剩余期限尚有 2 年时,价格为 115.70 元,在剩余期限尚有 1 年时,价格为 127.27 元,价格折扣减少额为 11.57 元,减少速度还是 10%。

定理三和定理四反映的是债券价格的时间轨迹。

定理五:对于到期期限既定的债券,市场折现率下降引起的债券价格上涨的金额,在数量上会超过市场折现率以相同幅度上升所引起的债券价格下跌的金额。

前面定理二已经描述了债券折现率的变化会引起其价格的反向变化,这里进一步说明对于同等幅度的市场利率变动,折现率下降给投资者带来的利润大于折现率上升给投资者带来的损失。比如,在表 4－1 中,对于面值 100 元、票面利率为 8%的 5 年期每年付息一次的附息债券,在发行时若市场折现率为 8%,则价格正好为 100 元;在发行时若市场折现率降为 6%,价格就升到 108.42 元;在发行时若市场折现率升为 10%,价格就降到 92.42 元。显然,市场折现率变动均为 2%,但价格上涨 8.42 元,大于价格下跌的 7.58 元。

通过图 4－12 也可以看到这一现象。在图中,$(r_+ - r)$等于$(r - r_-)$,但$(P_+ - P)$大于$(P - P_-)$。

定理六:如果一种附息债券的票面利率较高,则因市场折现率变动而引起的债券价格变动百分比会较小。

比如,在表 4－2 中,对于面值 100 元、票面利率为 8%的 5 年期每年付息一次的附息债券,在发行时若市场折现率为 8%,则价格正好为 100 元;在发行时若市场折现率降为 6%,价格就升到 108.42 元。即价格上升了 8.42 元,上升幅度为原价格的 8.42%。而对于面值 100 元、票面利率为 3%的 5 年期每年付息一次的附息债券,在发行时若市场折现率为 8%,则价格为 80.04 元;在发行时若市场折现率降为 6%,价格就升到 87.36 元。即价格上升了 7.32 元,上升幅度为原价格的 9.15%。显然,前者情况的债券票面利率高,价格

① 即只有到期的一笔 140 元现金流,也是最终的到期价格。

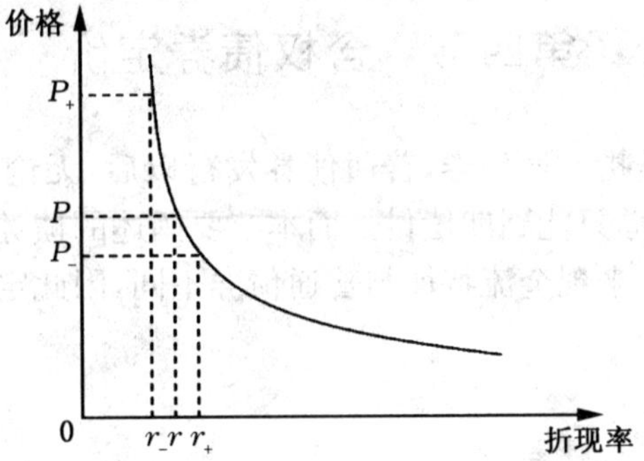

图 4—12 债券价格与市场折现率关系

变动幅度小；后者情况的债券票面利率低，价格变动幅度大。这一定理反映的是对于给定的市场折现率变动幅度，债券的息票率与债券价格的波动幅度之间成反比关系，即息票率越高的债券其价格的波动幅度越小。

表 4—2　　不同利息债券因折现率变动而引起的价格变动

债券品种	折现率为 8%的价格(元)	折现率为 6%的价格(元)	价格上升(元)	上升幅度(%)
A 债券	100.00	108.42	8.42	8.42
B 债券	80.04	87.36	7.32	9.15
C 债券	95.28	104.62	9.34	9.80
D 债券	78.27	85.93	7.66	9.80

注：A 债券为面值 100 元、票面利率 8%、到期期限 5 年、每年付息一次的附息债券，B 债券为面值 100 元、票面利率 3%、到期期限 5 年、每年付息一次的附息债券，C 债券为面值 100 元、票面利率 8%、到期期限 5 年、一次还本付息债券，D 债券为面值 100 元、票面利率 3%、到期期限 5 年、一次还本付息债券。

不过对于只有一笔现金流的债券，不管其利息高低，因市场折现率变动而引起的债券价格变动百分比是一样的。比如，在表 4—2 中，对于面值 100 元、票面利率为 8%的 5 年期一次还本付息债券，在发行时若市场折现率为 8%，则价格为 95.28 元；在发行时若市场折现率降为 6%，价格就升到 104.62 元。即价格上升了 9.34 元，上升幅度为原价格的 9.80%。而对于面值 100 元、票面利率为 3%的 5 年期一次还本付息债券，在发行时若市场折现率为 8%，则价格为 78.27 元；在发行时若市场折现率降为 6%，价格就升到 85.93 元。即价格上升了 7.66 元，上升幅度亦为原价格的 9.80%。

第四节 含权债券定价

前面所阐述的债券是指普通债券，普通债券发行以后，无论是发行人还是持有人，都没有特殊的选择权利，债券只能到期偿付。而本节要阐述的债券，是具有某种选择权利的债券。这种含权债券的未来现金流特征与普通债券不同，因此定价方法也不同。

一、含权债券概述

（一）含权债券的含义与种类

含权债券又称嵌入期权债券，是指在债券契约中含有期权条款的债券。含权债券依据其附带的权力的不同，可以有不同的具体品种。

一种含权债券称为发行人可赎回债券，这类债券赋予发行人可以提前赎回债券的权利。当市场的利率下降到低于该债券的票面利率时，对于发行人而言，可以在市场上融入一笔成本较低的资金来提前赎回这只债券，以降低自己整体的融资成本，因此可赎回期权可以算是对发行人有利的期权。还有一种含权债券称为投资人可回售债券，该类债券赋予持有人可以要求发行人提前买回债券的权利。当利率上升并且高出债券的票面利率时，持有人会希望将手中的债券回售给发行人，取得本金后投资于更高收益的债券，以提升自己整体的投资效益，因此可回售期权可以视为是对持有人有利的期权。在这两种含权债券中，都是仅对发行人或持有人一方有利而对另一方不利。

对于可赎回债券或可回售债券，一旦发行人采取了提前赎回行为，或者是持有人采取了提前回售行为，该含权债券就不再存在。由于含权债券的实际存在期限可能缩短，就造成债券偿付的现金流不确定。因此分析含期权债券就必须采用有别于普通债券的方法。

另外，可转换债券实际上也是含权债券。不过可转换债券与上面提到的可赎回债券和可回售债券有所不同，可赎回债券和可回售债券的权利行使仅与市场利率变化有关，而可转换债券属于股票连接类的债券，其权利行使与基础股票价格变化有关。

（二）含权债券定价原理

由于含权债券嵌入期权，即给予债券发行人或持有人在未来改变债券现金流的权利，因此，含权债券与普通债券相比，定价方法上就要复杂一些，因为需要考虑期权的因素。

从基本原理来看，含权债券可以看成是普通债券与期权的结合。因此，一个发行人可赎回债券的价格包含两种价值：一是假设该债券为不含期权债券的价值，二是可赎回期权价值。由于可赎回期权对于债券持有人而言是不利的因素，因此该期权价值应该是负值，可以表达为公式(4－35)。

$$P_c = P - c \tag{4-35}$$

式中：P_c为发行人可赎回债券价格，P 为假设该债券为不含期权债券的价格，c 为可赎回期权价值。

相同的，投资人可回售债券的价格也包含了两种价值：一是假设该债券为不含期权债券的价值，二是可回售期权价值。由于可回售期权对于债券持有人而言是有利的因素，因此该期权价值是正值，可以表达为公式(4－36)。

$$P_p = P + p \tag{4-36}$$

式中：P_p为持有人可回售债券价格，P 为假设该债券为不含期权债券的价格，p 为可回售期权价值。

从定价思路来说，一种是根据公式(4－35)和公式(4－36)，分别计算普通债券价格和期权价格，然后将两者加总(或相减)就可以得到含权债券的价格。还有一种是在考虑行使期权的基础上，直接将含权债券未来可变的现金流折成现值。计算的方法有 BS 模型、二叉树方法等。实务中二叉树方法相对简单，针对可赎回债券和可回售债券的定价，运用时先要构建利率二叉树。

小专栏 4－2　　BS 模型

1973 年美国学者费希尔·布莱克(Fischer Black)和迈伦·斯科尔斯(Myron Scholes)合作研究出一个期权定价的复杂公式，称为布莱克—斯克尔斯期权定价模型，简称 BS 模型。与此同时，罗伯特·默顿(RoBert Merton)也发现了同样的公式及许多其他有关期权的有用结论。所以，布莱克—斯克尔斯期权定价模型又称为布莱克—斯克尔斯—默顿期权定价模型。这一模型为各种以市场价格变动来定价的衍生金融工具的合理定价奠定了基础。BS 模型问世后，期权市场参与者很快将其应用于实践，并随着计算机、通信技术的进步而不断扩展。如今，BS 模型以及它的一些变形已被期权交易商、投资银行、金融管理者、保险人等广泛使用。

1995 年费希尔·布莱克因病去世，1997 年第 29 届诺贝尔经济学奖被授予了罗伯特·默顿和迈伦·斯科尔斯。

二、利率二叉树构建

(一)利率二叉树含义

利率二叉树是基于利率波动的某些假设条件下，利率变化的一种图形描述和数值计算。这一模型的假设包括：第一，下一期的利率波动只有上升或下降两种情况。第二，利率上升或下降的概率在每次变动时是一样的。第三，利率的运动服从对数正态过程。第四，各期利率的波动率保持不变。图 4－13 就是一个利率二叉树①，其中 N 表示时间的某个节点，下标 u 表示与上一个节点比较利率是上升的，下标 d 表示与上一个节点比较利率是下降的。r 表示的是该节点的即期利率②，下一个节点的现金流可以通过该即期利率

① 本节关于利率二叉树的介绍，参阅汤震宇，徐寒飞．固定收益证券定价理论[M]．上海：上海财经大学出版社，2002.

② 关于即期利率的具体含义，在第五章中介绍。

折现算出在该节点的价值。如果我们把前后节点之间的时间设置为一年，那么 r_0 就是目前的 1 年期即期利率。根据该模型的假设，每次上升后的利率与下降后的利率的比值为 $e^{2\sigma}$，即有公式(4－37)，其中 σ 是利率的波动率。

$$r_u = r_d e^{2\sigma} \tag{4-37}$$

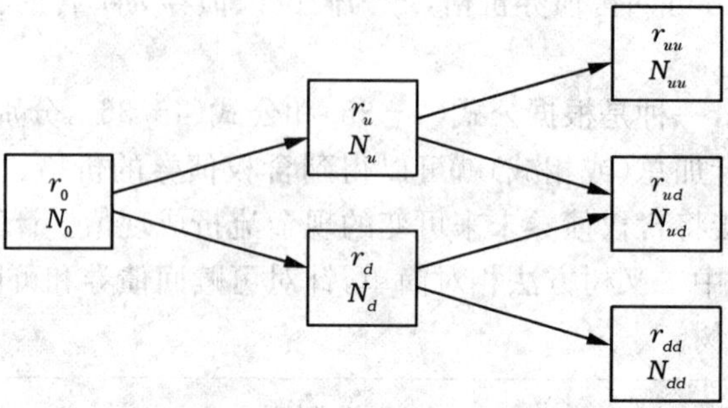

图 4－13　利率二叉树

如果各节点的利率得知，我们也可以计算各节点的债券价格。根据本章第二节的收入资本化模型，债券的价格是未来现金流的现值。但由于未来利率有可能上升，也有可能下降，所以就要考虑未来两种可能的债券现金流。比如，要确定节点 N_u 的债券价值，就要先知道节点 N_{uu} 和 N_{ud} 的债券现金流（如果是附息债券还要计入利息）。假定节点 N_{uu} 的债券现金流是利率上升的债券价值加利息（即 $V_{uu}+C$），节点 N_{ud} 的债券现金流是利率下降的债券价值加利息（即 $V_{ud}+C$），则节点 N_u 的债券价值就是它们的现金流现值的平均数（因为假设两种可能性发生的概率相等），即公式(4－38)。

$$V_u = \frac{1}{2}\left(\frac{V_{uu}+C}{1+r_u} + \frac{V_{ud}+C}{1+r_u}\right) \tag{4-38}$$

接下去的问题就是如何确定各节点的利率，在分析中我们利用当前的债券市场价格来求解，这也是一种常用的方法，属于无套利机会模型。

（二）各期利率的确定

在利率二叉树中，各节点利率也就是各期利率。我们通过例题来分析。

【例 4－26】　若市场上有表 4－3 所示的三个债券，并假设市场利率的波动率是 10％，构建一个二期的利率二叉树。

表 4－3　　市场债券品种假设

品种	到期期限（年）	息票利率（％）	当前价格（元）
A	1	3.60	100.00
B	2	3.85	100.27
C	3	4.20	101.03

注：A 债券到期一次还本付息，B 债券和 C 债券都是每年付息一次，三个债券面值都是 100 元。

利用表 4－3 中三个债券的到期期限、息票利率和当前价格的数据，按照公式(4－19)，可以计算出 A、B、C 三个债券的折现率分别为 3.60%、3.71%和 3.83%。该折现率也称为到期收益率①。但对于 A 债券，只有一笔现金流，所以 3.60%的到期收益率也就是目前的 1 年期即期利率。

我们可以通过 B 债券来构造二期的利率二叉树，即要求得图 4－14 中问号处的值。在图 4－14 中，最初 N_0 的 V_0 值是 B 债券当前价格，N_u 和 N_d 的 C 值是第一年利息，N_{uu}、N_{ud} 和 N_{dd} 的 C 值是第二年利息(也是最后一次利息)，V_{uu}、V_{ud} 和 V_{dd} 值是债券本金。实际计算时，一般采用试错法来确定 r_d 的值。即先假定一个 r_d 值，再由公式(4－37)求得 r_u，然后将各期现金流按公式(4－38)向前一期折现，最后得到 V_0 的值是否是实际价格。如果大于实际价格，说明 r_d 的值取得太小，故应适当增加再重新计算债券价格；如果小于实际价格，说明 r_d 的值取得太大，故应适当减少再重新计算债券价格。如此反复，直至最后得到 N_0 的债券价格(即 V_0)等于实际价格为止。

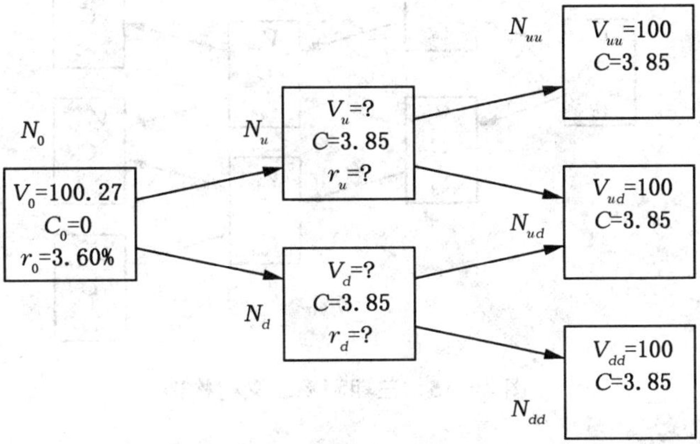

图 4－14　二期利率二叉树构造

在本例中，经过反复计算，我们发现当 r_d 为 3.44%，最后得到 N_0 的债券价格为 100.27 元。计算过程如下：

$$r_u = 3.44\% \times e^{2\times 10\%} = 4.20\%$$

$$V_u = \frac{1}{2}\left(\frac{100+3.85}{1+4.20\%} + \frac{100+3.85}{1+4.20\%}\right) = 99.66(\text{元})$$

$$V_d = \frac{1}{2}\left(\frac{100+3.85}{1+3.44\%} + \frac{100+3.85}{1+3.44\%}\right) = 100.40(\text{元})$$

$$V_0 = \frac{1}{2}\left(\frac{99.66+3.85}{1+3.60\%} + \frac{100.40+3.85}{1+3.60\%}\right) = 100.27(\text{元})$$

① 关于到期收益率的具体含义，在第五章中介绍。

这样，图 4－14 中问号处的值都得到了确定，即 B 债券按照利率二叉树的各期利率变化来折现的价值也是 100.27 元。

如果市场上各种期限的债券丰富，还可以将利率二叉树的期数扩展。

【例 4－27】 试根据[例 4－26]的资料，构建三期的利率二叉树。

要将利率二叉树扩展为 3 年期，就需要利用 C 债券。在图 4－15 中，已知的有：最初的 C_0 为 0，其余的 C 都是 4.20 元(即 C 债券的年利息)，V_0 为 C 债券当前价格 101.03 元，V_{uuu}、V_{uud}、V_{udd} 和 V_{ddd} 值都是债券本金 100 元，r_0 为 3.60%，r_u 为[例 4－26]中计算得到的 4.20%，r_d 为[例 4－26]中确定的 3.44%。

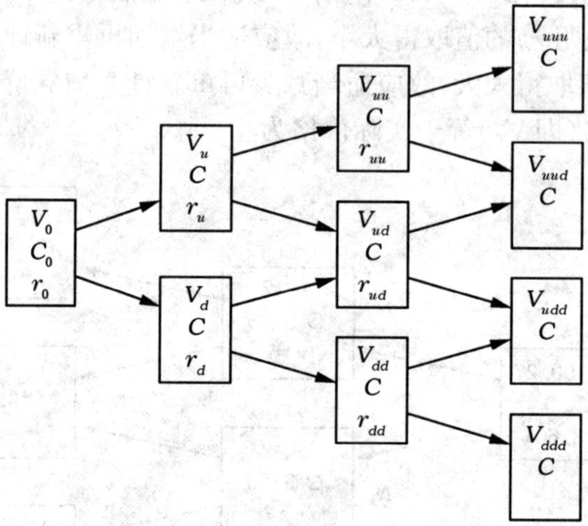

图 4－15　三期利率二叉树构造

然后采用同样的方法，当假定 r_{dd} 为 3.32% 时，最后得到 V_0 的值也恰为 101.03 元。计算过程如下：

$$r_{ud}=3.32\%\times e^{2\times 10\%}=4.05\%$$

$$r_{uu}=4.05\%\times e^{2\times 10\%}=4.95\%$$

$$V_{uu}=\frac{1}{2}\left(\frac{100+4.20}{1+4.95\%}+\frac{100+4.20}{1+4.95\%}\right)=99.29(\text{元})$$

$$V_{ud}=\frac{1}{2}\left(\frac{100+4.20}{1+4.05\%}+\frac{100+4.20}{1+4.05\%}\right)=100.14(\text{元})$$

$$V_{dd}=\frac{1}{2}\left(\frac{100+4.20}{1+3.32\%}+\frac{100+4.20}{1+3.32\%}\right)=100.85(\text{元})$$

$$V_{u}=\frac{1}{2}\left(\frac{99.29+4.20}{1+4.20\%}+\frac{100.14+4.20}{1+4.20\%}\right)=99.73(\text{元})$$

$$V_{d}=\frac{1}{2}\left(\frac{100.14+4.20}{1+3.44\%}+\frac{100.85+4.20}{1+3.44\%}\right)=101.21(\text{元})$$

$$V_0=\frac{1}{2}\left(\frac{99.73+4.20}{1+3.60\%}+\frac{101.21+4.20}{1+3.60\%}\right)=101.03(\text{元})$$

利用利率二叉树，可以对市场上的各种债券进行定价。

【例 4－28】 有一附息债券，息票利率 4.25%，每年付息一次，偿还期限 3 年，面值 100 元。试利用[例 4－27] 构建的三期利率二叉树进行定价。

根据[例 4－27]，已知：r_{uu}为 4.95%，r_{ud}为 4.05%，r_{dd}为 3.32%，r_u为 4.20%，r_d为 3.44%，r_0为 3.60%。另外，根据题目，最初的 C_0为要求解的值，其余的 C 都是 4.25 元。于是有如下的计算过程：

$$V_{uu}=\frac{1}{2}\left(\frac{100+4.25}{1+4.95\%}+\frac{100+4.25}{1+4.95\%}\right)=99.33(\text{元})$$

$$V_{ud}=\frac{1}{2}\left(\frac{100+4.25}{1+4.05\%}+\frac{100+4.25}{1+4.05\%}\right)=100.19(\text{元})$$

$$V_{dd}=\frac{1}{2}\left(\frac{100+4.25}{1+3.32\%}+\frac{100+4.25}{1+3.32\%}\right)=100.90(\text{元})$$

$$V_u=\frac{1}{2}\left(\frac{99.33+4.25}{1+4.20\%}+\frac{100.19+4.25}{1+4.20\%}\right)=99.82(\text{元})$$

$$V_d=\frac{1}{2}\left(\frac{100.19+4.25}{1+3.44\%}+\frac{100.90+4.25}{1+3.44\%}\right)=101.31(\text{元})$$

$$V_0=\frac{1}{2}\left(\frac{99.82+4.25}{1+3.60\%}+\frac{101.31+4.25}{1+3.60\%}\right)=101.17(\text{元})$$

最后该债券的市场价格应为 101.17 元。

三、可赎回债券和可回售债券的定价

（一）可赎回债券定价

可赎回债券对于其发行人来说有一种权利，即有权在特定的时间按照某个价格强制从债券持有人手中将债券赎回。一般而言，当市场利率跌至比可赎回债券的票面利率更低的时候，债券发行人如果认为将债券赎回并且按照较低的利率重新发行债券，比按照现有的债券票面利率继续支付利息要合算，就会将其赎回。可赎回条款通常在债券发行一段时期后才开始生效。

给可赎回债券定价可以利用利率二叉树，要注意的是：当某个节点属于赎回期时，若其债券价格高于赎回价格，则要进行调整，先改为赎回价格，然后再进行前一节点债券价格的计算。即使节点处的债券价格要等于赎回价格和在不赎回情况下债券价格两者的最小值，因为赎回机制的存在使节点处的债券价格不可能超过赎回价格。

【例 4－29】 假设例 4－28 中的债券属于可赎回债券，债券发行人有权在发行后的第一年或第二年以 100 元的价格赎回债券，试利用例 4－27 构建的三期利率二叉树进行定价。

已知条件与[例 4－28]相同，经过同样的计算，V_{uu}为 99.33 元，但V_{ud}和V_{dd}分别为 100.19 元和 100.90 元，均超过了 100 元，因此都改为赎回价格 100 元，这样再计算V_u和V_d值：

$$V_u=\frac{1}{2}\left(\frac{99.33+4.25}{1+4.20\%}+\frac{100+4.25}{1+4.20\%}\right)=99.73(\text{元})$$

$$V_d=\frac{1}{2}\left(\frac{100+4.25}{1+3.44\%}+\frac{100+4.25}{1+3.44\%}\right)=100.78(\text{元})$$

计算出的V_d超过了 100 元，因此也要改为赎回价格 100 元，由此再计算V_0值：

$$V_0=\frac{1}{2}\left(\frac{99.73+4.25}{1+3.60\%}+\frac{100+4.25}{1+3.60\%}\right)=100.50(\text{元})$$

即该可赎回债券的市场价格应为 100.50 元。

显然，由于存在有利于债券发行人的可赎回期权，可赎回债券的市场价格比同样条件的普通债券要低。根据公式(4－35)得知，其中的差额 0.67 元(101.17－100.50)，就是嵌入可赎回债券的看涨期权的价格。

（二）可回售债券定价

可回售债券对于其持有人来说有一种权利，即有权在特定的时间按照某个价格要求将债券回售给债券发行人。一般而言，当市场利率涨到比可回售债券的票面利率更高的时候，债券持有人可以选择以事先约定的价格提前回售该债券，并以较高的市场利率重新投资。可回售条款通常也是在债券发行一段时期后才开始生效。

给可回售债券定价也可以利用利率二叉树，要注意的是：当某个节点属于回售期时，若其债券价格低于回售价格，则要进行调整，先改为回售价格，然后再进行前一节点债券价格的计算。即使节点处的债券价格要等于回售价格和在不回售情况下债券价格两者的最大值，因为回售机制的存在使节点处的债券价格不可能小于回售价格。

【例 4－30】 假设例 4－28 中的债券属于可回售债券，债券持有人有权在发行后的第一年或第二年以 100 元的价格向债券发行人回售债券，试利用例 4－27 构建的三期利率二叉树进行定价。

已知条件与[例 4－28]仍然相同，经过计算，V_{uu}为 99.33 元，不到 100 元，因此要改为回售价格 100 元，而V_{ud}和V_{dd}分别为 100.19 元和 100.90 元，均超过了 100 元，因此保留，这样再计算V_u和V_d值：

$$V_u=\frac{1}{2}\left(\frac{100+4.25}{1+4.20\%}+\frac{100.19+4.25}{1+4.20\%}\right)=100.14(\text{元})$$

$$V_d=\frac{1}{2}\left(\frac{100.19+4.25}{1+3.44\%}+\frac{100.90+4.25}{1+3.44\%}\right)=101.31(\text{元})$$

计算出的V_u和V_d都超过了 100 元，因此再计算V_0值：

$$V_0=\frac{1}{2}\left(\frac{100.14+4.25}{1+3.60\%}+\frac{101.31+4.25}{1+3.60\%}\right)=101.33(\text{元})$$

即该可回售债券的市场价格应为 101.33 元。

显然,由于存在有利于债券持有人的可回售期权,可回售债券的市场价格比同样条件的普通债券要高。根据公式(4—36)得知,其中的差额 0.16 元(101.33—101.17)元,就是嵌入可回售债券的看跌期权的价格。

四、可转换债券价格

可转换债券是指其持有者可以在一定时期内按一定比例或价格将之转换成一定数量的另一种证券的债券[①]。在通常情况下,可转换债券是转换成普通股票。投资者在购买了一张可转换债券后,还拥有了一个看涨期权。一旦股票价格上涨,超过了转股价格,投资者就可以行使转股权利。

(一)可转换债券的转换价值与理论价格

可转换债券的转换价值是指可转换债券将转换的股票的市场价格乘以转换比例[②],即公式(4—39)。

$$\text{转换价值} = \text{股票的市场价格} \times \text{转换比例} \tag{4—39}$$

【例 4—31】 有一可转换债券的面值为 100 元,转换比例为 4,可转换的股票的市场价格为 27 元,则转换价值就为 108 元。

显然,转换价值随着股票的市场价格成正比变化。股票的市场价格越高,可转换债券的转换价值越大;股票的市场价格越低,可转换债券的转换价值越小。再进一步分析,可转换债券的转换价值也不一定等于可转换债券的价值(即理论价格)。理论上,证券的价值是其未来现金流的现值。因此,可转换债券的价值应该是未来一系列债息加上转换价值用市场利率折算成的现值。可用公式(4—40)来表示。

$$V = \sum_{t=1}^{n} \frac{C}{(1+r)^t} + \frac{V_C}{(1+r)^n} \tag{4—40}$$

式中:V 为可转换债券的价值,C 为可转换债券年利息,n 为债券发行至行使转换权的年数,V_c 为可转换债券的转换价值,r 为市场的年折现率。

(二)可转换债券的价格分析

通过上面分析,可以得到可转换债券的价值公式。但是,要利用这一公式直接给可转换债券定价是非常困难的,原因在于其中的转换价值是随着股票的市场价格变化而变化的。实际上,可转换债券具有债权和期权的双重特性。因此,在给可转换债券定价时,就要考虑双重特性的影响。

一般分析时,可以将可转换债券看成普通债券加上购买基准股票的买入看涨期权。因此,可转换债券定价也就应该包括债券价值与期权价值两部分的定价。其中,债券价值

---

① 有关可转换债券的特性、要素等,将在第九章第二节中进一步阐述。

② 转换比例指一定面值可转换债券可以转换成普通股票的股数。

是可转换债券价值的下限。当二级市场股票价格不利于转股时,投资者拒绝转股,该项期权被放弃,可转换债券的收益即为债券的收益。当二级市场股票价格对转股有利时,投资者行使转股权,可转换债券的收益为转股前的利息收益与转股收益之和。在两部分收益中,债券的价值主要取决于市场利率水平与债券票面利率,而期权的价值主要取决于公司股票价格的变化。为了说明问题的方便,我们假定可转换债券的价值为 V_{bc},债券部分的价值为 V_b,期权部分的价值为 V_c,则有公式(4－41)。

$$V_{bc}=V_b+V_c \tag{4－41}$$

另外,也可以用图 4－16 表示可转换债券的价值。图中纵轴表示可转换债券的价格,横轴是基准股票的价格,直线 OA 的斜率是可转换债券的转换比例,曲线 V_{bc} 是可转换债券的价值,其两端向 A、B 靠拢。当股票价格较低时,V_{bc} 的价格接近债券部分的价格,这时可转换债券主要表现为债权性,V_{bc} 的变化受股价影响不大;当股票价格较高时,V_{bc} 的价格就随股票价格的上升而上升,可转换债券中股权性越来越显露,而利率对 V_{bc} 的影响变小。

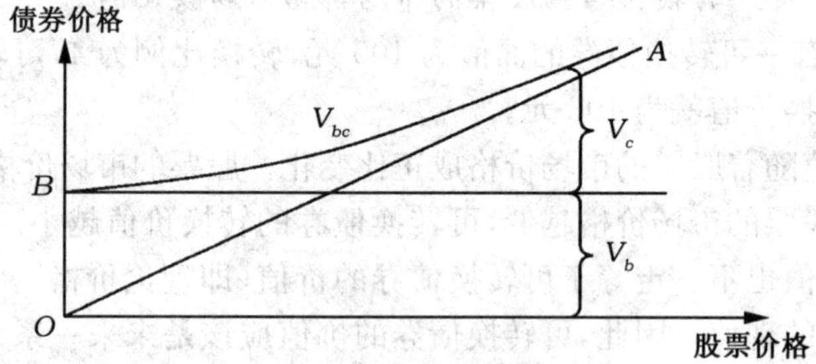

图 4－16　可转换债券的价值

依据上面的分析,可转换债券作为普通债券与股票期权的合成体,通过计算两部分各自的价值,加总后就可以得到可转换债券的价格。公式 4－42 为可转换债券的价格公式,其中第一部分体现了可转换债券的债券部分价值,第二部分体现了可转换债券的转股权价值。

$$P=\sum_{t=1}^{n}\frac{C}{(1+r)^t}+\frac{EV_C}{(1+r)^n} \tag{4－42}$$

式中:P 为可转换债券的价格,C 为可转换债券年利息,n 为转换前的年数,EV_c 为可转换债券预期的转换价值,r 为折现的市场利率。

对于第一部分的定价,是不考虑可转换债券的转股权,直接衡量其作为普通债券的价值,计算方法与附息债券相同。对于第二部分的定价,一般有两个途径:一是根据市场预测法来计算转股权价值,二是通过期权定价法来计算转股权价值。

市场预测法是通过对基准股票价值的预测来确定可转换债券转股权价值。由于对二级市场的股票价格走势做出准确预测是相当困难的，因此依据股票价格计算转股权价值也存在一定的困难。而股票期权的计算方法有前面提到的BS模型等。

小专栏4—3　　可转换债券的定价

可转换债券是普通债券与期权的结合，通过计算债券部分和期权部分的价值，合计后成为可转换债券的价格。可转换债券的期权最主要的是投资人拥有购买基准股票的权利，但是对于附有赎回条款和回售条款的可转换债券，发行人就拥有了一定条件下赎回债券的权利，投资人也拥有了一定条件下回售债券的权利。因此，可转换债券相当于这样一种投资组合：投资人持有一张与可转换债券相同利率的普通债券，买入一张期权行使价为初始转股价格的看张期权，买入一张期权行使价为回售价格的看跌期权，出售一张期权行使价为赎回价格的看涨期权。

据此，可转换债券的价格可以用公式近似表示为：可转换债券价格≈纯粹债券价值＋投资人买权价值＋投资人卖权价值－发行人买权价值。

复习题

1. 什么是收入资本化模型？
2. 掌握不同类型债券的定价公式。
3. 债券价格的影响因素有哪些？
4. 说明债券定价定理。
5. 什么是含权债券？它有哪些种类？
6. 掌握利率二叉树的构建方法。
7. 掌握可赎回债券和可回售债券的定价方法。
8. 可转换债券是如何定价的？

第五章　债券收益

买卖债券很重要的一个目的是为了获得收益，本章围绕债券收益这一主题展开，主要任务是分析债券投资收益的组成，阐明各种债券收益率的概念和计量方法。同时，还要将债券的收益与期限关联起来，进行一定的引申，说明债券收益率曲线的内容，并介绍理论界对债券利率期限结构的解释。

第一节　债券收益构成和影响因素

其实，债券的收益是与债券投资联系在一起的，因为只有通过债券投资这一过程，才能获得债券的收益。所以，描述债券收益构成，实际是要说明债券投资的收益组成。另外，债券投资收益还会受到经济中许多因素的影响。

一、债券投资收益组成

债券是证券的一种。当分析证券投资收益时，一般是强调有两个收入来源：一是来自于证券发行人，二是来自于市场。分析债券投资收益，同样是这两方面的收入来源，来自于债券发行人的是债券利息，来自于债券市场的是买卖价差。

（一）债券利息

债券利息是指债券发行人因通过债券融资而向债券持有人定期支付的报酬。对于利息的本质，不同的理论有不同的观点。比如，马克思的政治经济学观点认为，利息实质是利润的一部分，是剩余价值的转化形式。而西方经济学的货币利息理论认为，利息是借钱和出售证券的成本，同时又是贷款和购买证券的收益。

在债券这一金融工具的运用中，利息对于债券发行人和债券所有人有着不同的意义。对于债券发行人而言，利息是其融入资金所需付出的代价；对于债券所有人而言，利息则是借出资金所应获得的收益。因此，在这一层面上，债券利息是构成债券投资回报的不可或缺的组成部分。

计算债券利息的尺度是债券票面利率。因此，在一般意义上，债券票面利率越高，债券投资收益越大；反之，债券票面利率越低，债券投资收益越小。

债券利息的支付方式主要有三种：第一是息票方式，即通过裁剪息票的方式定期从债券发行人处获得利息。在债券无纸化情况下，可以通过相关账户定期支付利息。第二是本息合一方式，即通过债券到期后的一次还本付息而支付利息。实际上，这两种方式都属于按利率支付法。第三是折扣利息，即通过以低于债券面额的价格发行债券，到期后按债券面额进行支付。其中的折扣额即为债券持券人的利息，也即贴现付息法。无论债券利息形式如何，都丝毫不影响利息作为债券投资收益的内容。

(二)债券买卖价差

债券买卖价差是投资者在债券市场上通过低价买进债券、高价卖出债券而获得的收益。债券买卖价差的来源不同于债券利息。债券利息来自债券发行人，不管外部市场环境如何，债券一旦发行，债券发行人就要按照原先的规定支付利息。债券买卖价差则来自债券市场的其他投资者，而与债券发行人无关。在债券市场上，有的投资者可能实现了低买高卖的收益。也有的投资者可能遇到了高买低卖的亏损。亏损实际上是负的收益，面临亏损的投资者无权要求债券发行人对此负责。

债券买卖价差有时也称为资本利得。资本利得是资本所得的一种，指人们通过出售诸如股票、债券等资本项目所获取的毛收入，减去购入价格以后的余额①。显然，债券买卖价差是资本利得的一部分。

计算资本利得按照买卖价差额就可以直接获得。因此，在一般意义上，债券卖出价减债券买入价的差额越大，债券投资收益越大；反之，债券卖出价减债券买入价的差额越小，债券投资收益越小。

二、影响债券投资收益的因素

影响债券投资收益的因素可以分为基本因素和一般因素。

(一)影响债券投资收益的基本因素

影响债券投资收益的基本因素来自于债券投资收益两方面的收入来源，按照前述，其一是债券利息，其二是买卖价差。由此，影响债券投资收益的基本因素就是债券票面利率和债券市场价格。

1. 票面利率

债券票面利率越高，债券利息收入就越高，债券收益自然也就越高。假定两个债券的

① 在更宽泛的概念上，资本利得来源的买卖价差项目除了股票、债券外，还可以包含诸如房屋、机器设备、商标和专利权等项目。

其他条件都相同，毫无疑问票面利率高的债券其收益就大。不过这一假定实际并不合理，因为两个债券的其他条件都相同，它们的票面利率也应该是一样的。

实际上，债券的票面利率取决于经济中的许多因素，如债券发行时的市场利率、债券的期限、债券发行人信用等级、债券的流动性水平等。比如，发行时市场利率越高，债券票面利率也就越高；发行的债券期限越长，债券票面利率一般也就越高；发行人信用等级越低，债券票面利率也就越高；债券的流动性越差，债券票面利率一般也就越高。

2. 市场价格

债券市场价格的高低会影响债券投资者获得资本利得的多少。正如前面提及，债券买卖价差直接与债券卖出价和债券买入价有关。两者的差额为正且越大，资本利得就越多；两者的差额为零，没有资本利得；两者的差额为负，将出现投资亏损。

根据第四章的债券定价公式，市场利率（折现率）的变动与债券价格的变动呈反向关系，即当市场利率升高时债券价格下降，市场利率降低时债券价格上升。所以，市场利率的变动将引起债券价格的变动，从而给债券的买卖带来差价，并影响着债券买卖价差的多少。从债券投资的角度看，随着市场利率的升降，投资者如果能适时地买进卖出债券，就可获取更大的债券投资收益。当然，如果投资者债券买卖的时机不当，也会使得债券的投资收益减少。

（二）影响债券投资收益的一般因素

实际上，经济中还有许多因素影响着债券投资收益。当然，它们的作用途径或者是影响债券票面利率，或者是影响债券市场价格[①]。在上面的分析中，我们提到的债券市场利率、债券期限、债券发行人信用等级、债券流动性水平等，其实都是影响债券投资收益的一般因素。下面，我们再列举若干介绍。

1. 债券的投资成本

债券投资的成本大致有购买成本、交易成本和税收成本三部分。购买成本是投资者买入债券所支付的金额，表现为购买债券的数量与债券价格的乘积；交易成本包括经纪人佣金、成交手续费和过户费等，从广义角度看还可以包括投资者买卖债券投入的时间和精力；税收成本是投资者买卖债券所应缴纳的税款。债券的投资成本越高，其投资收益也就越低。因此债券投资成本是投资者在比较选择债券时所必须考虑的因素，也是在计算债券的实际收益率时应该扣除的。

2. 市场供求关系

在第四章已经分析，债券的市场价格受到资金和债券的供求关系的影响，从而影响到债券投资者的收益。当经济呈上升趋势时，企业一般要增加设备投资，所以它一方面因急需资金而抛出债券，另一方面它会从金融机构借款或发行公司债，这样就会使市场的资金趋紧而债券供给增大，从而引起债券价格下跌。而当经济呈下降趋势时，生产企业对资金

① 其实，债券票面利率与债券市场价格本身之间也有关联。

的需求将有所下降，金融机构则会因贷款减少而出现资金剩余，从而增加对债券的投入，引起债券价格的上涨。

3. 宏观经济政策

当中央银行、财政部门、外汇管理部门对经济进行宏观调控时，往往会引起市场上货币供给量的变化，进一步就会反映出利率和汇率的跟随变化，从而引起债券价格的涨跌。比如，宽松的货币政策往往会促使债券价格上升，而紧缩的货币政策往往会促使债券价格下降。

4. 其他因素

其他因素实际上还有许多，如物价因素、政治因素、投机因素等等，很难全部列出。物价因素更多是指通货膨胀，当物价上涨的速度较快时，人们出于保值的考虑，一般会将资金投资于房地产、黄金、外汇等可以保值的领域，减少对债券的持有，从而引起债券价格的下跌。政治因素反映了政治对经济的反作用，当人们认为政治形式的变化将会影响到经济的发展时，就会影响到债券所有人的买卖选择。投机因素通常伴随在债券交易中，有些投资者的交易目的是直接赚取价差，也有一些资金雄厚的投资者可能会利用手中的资金或债券进行操作来影响债券价格的变动，从而影响到债券投资收益。

第二节　收益率的衡量

债券投资收益有大有小，因此需要有度量的方法。衡量债券投资收益通常不采用绝对量指标，因为不同投资者本身的投资规模就可能不一样，比较合理的指标是相对量，这样就避免了投资数量差异的影响。相对量指标的直接表现是债券的收益率，有时也称利率，其一般含义是指货币资金在一定时期投资后所产生的利息（或收益）同投资本金的比率。但在债券投资领域，收益率的形式有多种，它们有着不同的适用范围，也有着各自的特点。

一、本期收益率

本期收益率又称当期收益率，是指债券年息票利息收入与债券市场价格的比值。可用公式（5－1）表示。

$$y_c=\frac{C}{P}\times 100\% \tag{5－1}$$

式中：y_c为本期收益率，C 为息票利息，P 为债券的市场价格。

【例 5－1】 有一偿还期为 5 年的债券，面值 100 元，票面利率 4％，每年付息一次，现在的市场价格为 97.16 元，则其本期收益率为：

$$y_c=\frac{100\times 4\%}{97.16}=4.12\%$$

如果债券一年付息多次，按照本期收益率的定义，仍然是用一年的利息除以债券市场价格，而不是用每次支付的利息额除以债券市场价格。比如，假设例 5－1 中的债券改为每半年付息一次，在其他条件不变的情况下，本期收益率仍然是 4.12％。

本期收益率的优劣特征是：可以用来反映债券每年利息收入的收益情况，衡量了债券所有人在某一期间所获得的现金收入相较于购买价格的比率，但没有考虑影响债券投资者收益的其他收入来源，如买卖债券的资本利得，更没有考虑买卖债券的总体收益情况。

从本期收益率的公式可以看到，若要提升本期收益率，最直接的方法不外乎一是提升息票利息，二是将购入债券的价格降低。另外，债券价格越接近债券面值，本期收益率就越接近到期收益率[①]；反之，债券价格越偏离债券面值，本期收益率也就越偏离到期收益率。比如，有一偿还期为 5 年的债券，面值 100 元，票面利率 4％，每年付息一次，现在的市场价格为 99.78 元，则其本期收益率为 4.01％，到期收益率为 4.05％。而这一债券如果现在的市场价格为 97.16 元（即例 5－1），则其本期收益率为 4.12％，到期收益率为 4.65％。显然，前者情况接近，后者情况偏离。

二、即期收益率

即期收益率更多地被称为即期利率，是指对于未来只有一笔现金流的债券，使其未来现金流的现值等于债券当前市场价格的折现率。由于即期利率对应的是一笔现金流，所以有时也称为零息利率，其计算方法见公式（5－2）。

$$y_s=\sqrt[n]{\frac{C+M}{P}}-1 \tag{5-2}$$

式中：y_s 为即期利率，C 为债券到期利息，M 为债券面值，P 为债券的市场价格，n 为债券剩余期限。

如果债券没有票面利率，贴现发行，则公式（5－2）中的 C 为零即可。

【例 5－2】 有一偿还期为 5 年的债券，面值 100 元，票面利率 4％，到期一次还本付息，现在的市场价格为 97.16 元，则其即期利率为：

$$y_s=\sqrt[5]{\frac{100\times4\%\times5+100}{97.16}}-1=4.31\%$$

即期利率的优劣特征是：即期利率针对的是未来只有一笔现金流收益的债券，所以对于零息债券比较适用，但对于还有多次利息支付的附息债券，就无法直接求得。不过，在后面章节的内容里要提到，即期利率在债券定价中实际上很重要。

在债券市场上，即期利率不是一个能够直接观察到的市场变量，而是一个基于现金流折现法，通过对市场数据进行分析而得到的利率。在现代金融分析中，人们运用各种先进的数学模型与计算方法，能够科学、准确地构造各种不同期限的即期利率，并将它作为金

① 到期收益率的含义和计算在本节随后介绍。

融分析与定价的基础。这里介绍一个简单的线性插值法来近似拟合即期利率。

线性插值是数学、计算机图形学等领域广泛使用的一种简单插值方法。在计算即期利率时，如果能够知道当天几个不同期限的零息债券的即期利率，其他期限的零息债券隐含的利率就可以采用下述方法计算出来。

已知剩余期限为 t_1 和 t_2 的零息债券，则通过公式(5－2)可以分别算出它们的即期利率 y_1 和 y_2。若市场上没有剩余期限为 t_i(假设 $t_1<t_i<t_2$)的零息债券，但想知道剩余期限为 t_i 的零息债券即期利率 y_i，就可以采用公式(5－3)计算其近似值。

$$y_i=y_1+\frac{y_2-y_1}{t_2-t_1}\times(t_i-t_1) \tag{5-3}$$

这一方法的基本原理是：如果当天不同期限的即期利率是关于剩余到期时间的函数，那么在 t_1 和 t_2 的这段时间内，近似把这个函数看作是关于剩余期限的线性函数。因此，如果已知两点的坐标，可以用直线方程的两点式求出直线上每一点的函数值。这种方法好处是计算简单，但是准确度值得商榷。

【例 5－3】 假设当天市场上剩余 3 个月期限的零息国债即期利率为 2%，剩余 6 个月期限的零息国债即期利率为 2.5%，试计算剩余 4 个月期限零息国债的即期利率。

采用线性插值法的公式(5－3)，计算结果为：

$$y_i=2\%+\frac{2.5\%-2\%}{6-3}\times(4-3)=2.17\%$$

三、远期收益率

远期收益率也更多地被称为远期利率，是指从将来某个时点开始，到将来另一个更远时点结束之间的债券收益率。通常情况下，远期利率针对的是将来两个时点之间只有一笔现金流的债券，所以是将来两个时点之间的即期利率①。从资金借贷角度看，远期利率是当前约定的未来借贷的均衡利率。

远期利率的优劣特征是：远期利率在一定程度上可以反映人们对未来利率走势的看法，但它不能用来表示当期投资债券的收益情况。

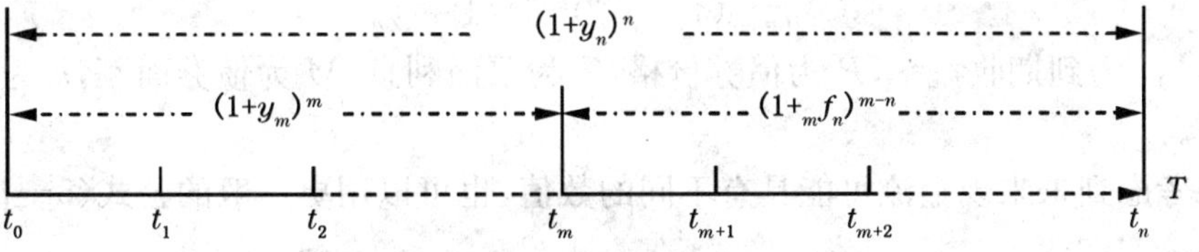

图 5－1　即期收益率和远期收益率的关系

---

① 如果针对的是将来两个时点之间具有多笔现金流的附息债券，也有远期的到期收益率的提法。

图 5－1 显示了即期利率和远期利率的关系，从中可以推导远期利率的计算公式。图中，T 表示时间（各时点用 t 加下标表示，其中 $n>m$），y_m 表示从现在开始的 m 期即期利率，y_n 表示从现在开始的 n 期即期利率，${}_mf_n$ 表示从 m 时点开始到 n 时点为止的远期利率。

推导远期利率按照无套利定价原理。在图 5－1 中，可以将时间单位规定为年，假设你的投资期限是 n 年，则你有两种选择：一种是按 y_n 的即期利率投资 n 年，期末价值为 $(1+y_n)^n$；另一种是先按 y_m 的即期利率投资 m 年，期末价值为 $(1+y_m)^m$，再按 ${}_mf_n$ 的远期利率投资 $(n-m)$ 年。在没有套利机会而达到均衡的情况下，两种投资方法的期末总价值应该是一样的，故有公式（5－4），反映了即期利率与远期利率的关系。

$$(1+y_n)^n=(1+y_m)^m\ (1+{}_mf_n)^{n-m} \tag{5-4}$$

解公式（5－4）可以得到公式（5－5），为远期利率的求解公式。

$${}_mf_n=\left[\frac{(1+y_n)^n}{(1+y_m)^m}\right]^{\frac{1}{n-m}}-1 \tag{5-5}$$

【例 5－4】 假定有一个零息债券的剩余期限为 2 年，对应的即期利率为 3.12%，另一个零息债券的剩余期限为 5 年，对应的即期利率为 5.60%，试求从 2 年后开始至 5 年末的远期利率。

根据公式（5－5），可以计算如下：

$${}_2f_5=\sqrt[3]{\frac{(1+5.60\%)^5}{(1+3.12\%)^2}}-1=7.29\%$$

四、到期收益率

到期收益率是指使债券未来现金流量的现值等于债券当前市场价格的贴现率。到期收益率相当于投资者按照当前市场价格购买债券并且一直持有到满期时可以获得的复利回报率。直接将到期收益率作为未知数写出其等于什么的公式是困难的，但可以通过公式（5－6）形式间接表达。

$$P=\sum_{t=1}^{n}\frac{C}{(1+y_m)^t}+\frac{M}{(1+y_m)^n} \tag{5-6}$$

式中：y_m 为到期收益率，P 为债券价格，C 为票面利息，M 为债券面额，n 为债券距到期的期限。

如果考虑到未来现金流可能具有不同的数值，也可以用更一般的公式（5－7）表达。

$$P=\sum_{t=1}^{n}\frac{C_t}{(1+y_m)^t} \tag{5-7}$$

式中：y_m 为到期收益率，P 为债券价格，C_t 为每期的现金流，n 为债券的到期期数。如果债券期数单位为年，则到期收益率就是年到期收益率。

【例 5－5】 设某债券年初市场价为 100 元，面值也是 100 元，还有 2 年到期，第一年支付 6 元利息，第二年支付 5 元利息，试计算该债券的到期收益率。

按照公式(5－7)有：

$$100=\frac{6}{1+y_m}+\frac{5}{(1+y_m)^2}+\frac{100}{(1+y_m)^2}$$

解这个方程得：y_m 等于 0.0551，那么到期收益率就是 5.51%。

在公式(5－6)和公式(5－7)中，n 是债券剩余的期数，且每期付一次利息，这样 y_m 就是该周期的到期收益率，即是周期性收益率。如 1 年支付一次利息，为年收益率；如半年支付一次利息，就为半年期收益率。可是在市场上，如果要对不同付息周期的债券进行收益率比较，就要将它们换算成同一尺度。通常，都要转换为年收益率。按照债券市场惯例，半年期收益率乘以 2 转换为年收益率，其他周期性收益率也可以同理转换。

但这样的转换并不完全精准。真正的年收益率可以称为有效年利率，如果设 f 为每年支付利息的次数，则有公式(5－8)。

$$\text{有效年利率}=(1+\text{周期性利率})^f-1 \tag{5－8}$$

上面已经讲述了即期利率，实际上对于零息债券而言，其即期利率也就是其到期收益率。因为在零息债券的情况下，只需让到期前的利息现金流为零即可。所以，即期利率也可以称为零息债券到期收益率。

到期收益率的优劣特征是：到期收益率考虑了各期的利息，因此既可以运用于附息债券，也可运用于零息债券，应用性广泛。但不同时期的现金流用同一的贴现率折现，有一定的缺陷。

在一般的投资领域，有一种内生收益率的概念，它是指资金流入现值总额与资金流出现值总额相等、净现值等于零时的折现率，见公式(5－9)。内部收益率在项目经济评价中有重要的作用，是一项投资可望达到的报酬率，该指标越大越好。将公式(5－9)与公式(5－7)比较，显然，当净现值等于零时，在债券投资领域，到期收益率也就是内生收益率。

$$NPV=\sum_{t=1}^{n}\frac{A_t}{(1+y_{IRR})^t}-P \tag{5－9}$$

式中：NPV 为投资净现值，y_{IRR} 为内生收益率，P 为期初投资额(假设资金流出只有期初投资)，A_t 为每期的现金流入，n 为期数。

另外，按照公式(5－6)或公式(5－7)计算到期收益率一般采用试错法，即先假定一个 y_m 的值，然后按公式计算其价格。如果计算的结果大于债券实际价格，说明所取的 y_m 值太小，应适当增大 y_m 值再计算；反之，如果计算的结果小于债券实际价格，说明所取的 y_m 值太大，应适当减小 y_m 值再计算。最后如果计算的结果等于债券实际价格，说明所取的 y_m 值正好。当然，严格的相等可能是困难的，在满足一定精度条件下相等就可以了。

有的时候，为了计算简便，在要求精度不高的情况下，也可以按照公式(5－10)来计算到期收益率的近似值。

$$y_m=\frac{C+\frac{M-P}{n}}{P}\times 100\% \quad (5-10)$$

式中：y_m为到期收益率，C 为每年的利息，M 为债券面值，P 为债券价格，n 为债券的剩余期限(用年表示)。

【例 5－6】 设某债券的市场价格为 98 元，面值 100 元，还有 5 年到期，每年支付 5 元利息，试计算该债券的到期收益率。

按照公式(5－10)有：

$$y_m=\frac{5+\frac{100-98}{5}}{98}\times 100\%=5.51\%$$

前面已经讲述了本期收益率，债券的票面利率、本期收益率和到期收益率之间，有下述的关系：第一，如果债券价格等于债券面值(即平价)，则票面利率＝本期收益率＝到期收益率。第二，如果债券价格低于债券面值(即折价)，则票面利率＜本期收益率＜到期收益率。第三，如果债券价格高于债券面值(即溢价)，则票面利率＞本期收益率＞到期收益率。

比如，一个 3 年期债券，面值 100 元，票面利率 3.50％，每年付息一次。如果债券价格亦为 100 元，则按公式(5－1)和公式(5－6)计算，本期收益率和到期收益率均为 3.50％，符合上面第一种情况。如果债券价格为 96 元，则按公式(5－1)和公式(5－6)计算，本期收益率为 3.65％，到期收益率为 4.97％。显然，折价交易时票面利率是最小值，到期收益率为最大。如果债券价格为 103 元，则按公式(5－1)和公式(5－6)计算，本期收益率为 3.40％，到期收益率为 2.45％。此时溢价交易，票面利率为最大值，到期收益率最小。

上述的关系也可以定性地来理解：债券平价时，票面利率是等于到期收益率的。如果债券折价，那么到期投资者就会有资本利得，因此到期收益率会高于票面利率，而本期收益率只考虑利息收益，不考虑到期的资本利得，故比到期收益率低一些。如果债券溢价，那么到期投资者就会有资本损失，因此到期收益率会低于票面利率，而本期收益率同样只考虑利息收益，不考虑到期的资本损失，故比到期收益率高一些。

五、其他形式的收益率

上述的本期收益率、即期收益率、远期收益率和到期收益率，都属于债券的常规收益率。除此之外，针对不同的情况，还有一些其他形式的债券收益率。

(一)赎回收益率和持有期收益率

1. 赎回收益率

对于可赎回债券，发行人在到期之前有可能进行赎回，因此就需要计算债券一旦被赎回的收益率。在这种情况下，可以按照公式(5－11)计算。

$$P=\sum_{t=1}^{n}\frac{C}{(1+y_r)^t}+\frac{P_r}{(1+y_r)^n} \qquad (5-11)$$

式中：y_r为赎回收益率，P 为债券价格，C 为票面利息，P_r为债券赎回价，n 为债券距赎回的期限（一般用年表示）。

实际上，可赎回债券往往会设置首次提前赎回日以及随后的赎回日，因此可以分别计算未赎回的到期收益率、首次赎回收益率和随后的每次赎回收益率，并将其中最低的作为最差收益率。最差收益率对稳健型债券投资者有特别的参考意义。

【例 5－7】 有一可赎回债券期限 5 年，面值 100 元，票面利率 6%，每年付息一次，发行价格 96 元。该债券发行后发行人有权在第三年末或者第四年末按 101 元的价格赎回，试计算债券的最差收益率。

若设 y_m 为持有到期的收益率，y_{r3} 为第三年末的赎回收益率，y_{r4} 为第四年末的赎回收益率，则可以分别用试错法求得下面公式中的 y_m、y_{r3} 和 y_{r4}。

$$96=\sum_{t=1}^{5}\frac{100\times6\%}{(1+y_m)^t}+\frac{100}{(1+y_m)^5}$$

$$96=\sum_{t=1}^{3}\frac{100\times6\%}{(1+y_{r3})^t}+\frac{101}{(1+y_{r3})^3}$$

$$96=\sum_{t=1}^{4}\frac{100\times6\%}{(1+y_{r4})^t}+\frac{101}{(1+y_{r4})^4}$$

计算结果：到期收益率为 6.97%，第三年末的赎回收益率为 7.86%，第四年末的赎回收益率为 7.42%。所以，到期收益率为最差收益率。

2. 持有期收益率

另有一种情况，投资者购买债券后未等到期满已经在市场上卖出，这样也可以计算买入和卖出之间持有债券的收益率，可以按照公式（5－12）计算。

$$P=\sum_{t=1}^{n}\frac{C}{(1+y_h)^t}+\frac{P_s}{(1+y_h)^n} \qquad (5-12)$$

式中：y_h为持有期收益率，P 为债券价格（买入价），C 为票面利息，P_s为债券卖出价，n 为债券距卖出的期限（一般用年表示）。

从公式（5－11）和公式（5－12）可以看出，赎回收益率和持有期收益率实际上都类似到期收益率，只需将到期收益率计算公式里的债券面额改为债券赎回价或债券卖出价、并计算到赎回或卖出的期限即可。不过，如果是债券到期，最后一次利息发生时间与债券本金偿还时间是一致的，而公式（5－11）和公式（5－12）也假定了最后一次利息发生时间与债券赎回或与债券卖出的时间一致。其实，在债券赎回和债券卖出情况下（尤其是卖出债券），并不能保证它们发生的时间一致，所以具体运用的公式要更复杂，要根据未来每次利息以及赎回或卖出的实际时间来计算。

（二）总收益率

总收益率是指投资者购买债券到期后（以及被赎回或卖出后）的总收益与购买价格的

比率。在总收益率分析中，由于债券赎回或卖出的情况与债券到期是一样的，故下面的分析都以债券到期为例。

在到期收益率的论述中，已经提到：到期收益率相当于投资者按照当前市场价格购买债券并且一直持有到满期时可以获得的复利回报率。既然如此，为何还要分析总收益率？到期收益率不能完整反映投资债券总的收益吗？下面对到期收益率公式再进一步讨论。

将到期收益率公式(5－6)的两边同时乘以$(1+y_m)^n$，可以得到公式(5－13)。

$$P(1+y_m)^n=C(1+y_m)^{n-1}+C(1+y_m)^{n-2}+\cdots+C+M \tag{5－13}$$

公式(5－13)又可以再变形为公式(5－14)。

$$P[(1+y_m)^n-1]=nC+(M-P)+\sum_{t=1}^{n-1}C[(1+y_m)^t-1] \tag{5－14}$$

式中各字母的含义仍然与公式(5－6)相同。从公式(5－14)中可以看到：左边部分是投资者以 P 的价格购买债券并按到期收益率为 y_m 的投资收益；右边部分是债券的收益来源，其中第一项是定期支付的利息收益，第二项是债券到期时的资本利得(或资本损失)，第三项是利息按收益率为 y_m 的再投资收益之和(即利息的利息收益)。所以，如果要使到期收益率 y_m 成为现实，则必须满足：第一，发行人定期支付利息；第二，持有债券到期；第三，收到的利息要按原到期收益率进行再投资。这里，第一条一般没有问题，第二条亦比较容易达到，第三条在实际的投资中很难实现。因此，到期收益率只是一种理想的收益率，不一定能代表最后实际的总收益率。

而要计算总收益率，很重要的是要考虑利息的再投资收益，即公式(5－14)右边部分的第三项。如果设 y_i 为利息再投资的收益率，根据第四章第一节普通年金复利终值公式(4－12)，可以证得公式(5－15)。

$$\sum_{t=1}^{n-1}C[(1+y_i)^t-1]=C\left[\frac{(1+y_i)^n-1}{y_i}\right]-nC \tag{5－15}$$

对于不同的债券，利息的利息收益占总收益的比重可能是不一样的。一般来说，如果给定到期收益率和票面利率，则债券的到期日越长，利息之利息收益的比重就越大，如表5－1中A债券与B债券的比较。而给定到期日和到期收益率，则债券的票面利率越高，利息之利息收益的比重也越大，如表5－1中B债券与C债券的比较。

表 5－1　　不同债券各部分收益占债券总收益的比重　　单位：%

债券品种	利息收入的比重	资本利得的比重	利息之利息的比重
A债券	77.7	10.6	11.7
B债券	84.3	12.7	3.0
C债券	58.4	39.6	2.0

注：A 债券为面值100元、票面利率6%、到期期限5年、每年付息一次的附息债券；B 债券为面值100元、票面利率6%、到期期限2年、每年付息一次的附息债券；C 债券为面值100元、票面利率4%、到

期期限 2 年、每年付息一次的附息债券。另外，假定三个债券的到期收益率和利息的再投资收益率都为 7%。

最后，总收益率的计算公式可以根据公式(5－14)和公式(5－15)得到。将公式(5－15)代入公式(5－14)，并将公式左边部分的到期收益率 y_m 改为总收益率 y_t，即有公式(5－16)。

$$P[(1+y_t)^n-1]=nC+(M-P)+C\left[\frac{(1+y_i)^n-1}{y_i}\right]-nC \tag{5－16}$$

从公式(5－16)中求得总收益率 y_t，即公式(5－17)。

$$y_t=\sqrt[n]{\frac{M+C\left[\frac{(1+y_i)^n-1}{y_i}\right]}{P}}-1 \tag{5－17}$$

严格来讲，公式(5－17)的总收益率仍然不一定是完全真实的，因为其中又假定了每次利息的再投资收益率为同一收益率 y_i，这在实践中也是很难实现的。不过公式(5－17)给出了求总收益率的基本原理，即将债券到期后的总的价值折现为买入债券价格，则该折现率就是总收益率。

另外，总收益率、到期收益率和利息的再投资收益率有如下关系：如果利息的再投资收益率等于到期收益率，总收益率也就等于到期收益率；如果利息的再投资收益率大于到期收益率，总收益率也就会大于到期收益率；如果利息的再投资收益率小于到期收益率，总收益率也就要小于到期收益率。

下面举一例以加深理解。

【例 5－8】 某投资者以 900 元的价格购买了一个面值为 1 000 元、期限 10 年、票面利率 8%、每年付息两次的附息债券，若利息的再投资收益率为 9%，试计算：①投资者购买债券时的到期收益率；②定期支付的利息收益、债券到期时的资本利得、利息的利息收益；③最后的总收益率。

投资者购买债券时的到期收益率(年收益率)为下式中的 y_m：

$$900=\sum_{t=1}^{20}\frac{1000\times 8\%\div 2}{(1+y_m\div 2)^t}+\frac{1\,000}{(1+y_m\div 2)^{20}}$$

解得 y_m 为 9.58%。

定期支付的利息收益为：20×1 000×8%÷2＝800(元)。

债券到期时的资本利得为：1 000－900＝100(元)。

利息的利息收益为：$40\times\{[(1+4.50\%)^{20}-1]\div 4.50\%\}-800=454.86$(元)。

最后的总收益率为下式中的 y_t：

$$\frac{y_t}{2}=\sqrt[20]{\frac{1\,000+40\left[\frac{(1+4.50\%)^{20}-1}{4.50\%}\right]}{900}}-1$$

解得 y_t 为 9.40%。

显然，由于利息的再投资收益率小于购买债券时的到期收益率，故最后的总收益率也小于购买债券时的到期收益率。

(三)债券组合收益率

在实际经济活动中，投资者购买债券往往并非只购买一个，他们经常会同时购买多个债券，并且每个债券会购买不同的数量。这就涉及债券的投资组合，要考察整个债券投资组合的收益情况，计算债券组合收益率。

债券组合收益率的计算依据不同的角度，有一些不同的方法。

1. 按未来现金流折现计算到期收益率

如果投资者购买了 n 个债券，可以将 n 个债券的所有现金流统一按照一个折现率折成购买债券的总金额，这一折现率即为债券组合的到期收益率，也就是债券组合的内生收益率。

【例 5—9】 某投资者购买了三个债券，A 债券为面值 100 元、票面利率 6%、到期期限 5 年、每年付息一次的附息债券；B 债券为面值 100 元、票面利率 3%、到期期限 2 年、每年付息一次的附息债券；C 债券为面值 100 元、票面利率 4%、到期期限 3 年、到期一次还本付息的债券。假设三个债券中购买 A 债券 10 张、购买价格 100 元；购买 B 债券 6 张、购买价格 102 元；购买 C 债券 8 张、购买价格 98 元。计算该债券组合的到期收益率。

根据题意，可以计算得到表 5—2 的现金流，其中 0 时刻的负数表示一开始的购买债券支出。

表 5—2　　各债券及债券组合的现金流　　单位：元

收到现金流时间	A 债券	B 债券	C 债券	债券组合
0 时刻	−1 000	−612	−784	−2 396
1 年	60	18		78
2 年	60	618		678
3 年	60		896	956
4 年	60			60
5 年	1 060			1 060

然后利用试错法求下式中的债券组合收益率 y_p：

$$2\,396=\frac{78}{1+y_p}+\frac{678}{(1+y_p)^2}+\frac{956}{(1+y_p)^3}+\frac{60}{(1+y_p)^4}+\frac{1\,060}{(1+y_p)^5}$$

解得 y_p 为 4.99%。

2. 按各债券投资比重计算加权平均收益率

在证券投资组合管理中，证券组合的期望收益率是组合中各证券期望收益率的加权平均值，权数为各证券在组合中的投资比重。根据这一思路，也将债券组合中各债券的到期收益率按其投资比重进行加权平均，并以该值作为债券组合的收益率，计算方法为公式(5—18)。

$$y_p = \sum_{i=1}^{n} W_i y_{mi} \tag{5—18}$$

式中：y_p为债券组合收益率，W_i 为某个债券投资额占债券投资组合总投资额的比重，y_{mi}为某个债券的到期收益率，n 为债券的个数。

【例 5—10】 设一个债券投资组合仍然是[例 5—9]的组合，计算其加权平均的收益率。

利用[例 5—9]的数据，可以计算出 A 债券的到期收益率为 6%，B 债券的到期收益率为 1.97%，C 债券的到期收益率为 4.55%。另外，利用表 5—2 第二行的期初投资额，还可以计算出 A 债券的投资比重为 41.74%，B 债券的投资比重为 25.54%，C 债券的投资比重为 32.72%。于是有：

$$y_p = 41.74\% \times 6\% + 25.54\% \times 1.97\% + 32.72\% \times 4.55\% = 4.50\%$$

3. 按最后总价值计算总收益率

这一方法是计算债券组合最终到期后的实际收益。

【例 5—11】 设一个债券投资组合依旧是[例 5—9]的组合，并设 4 年期的再投资收益率是 5.5%，3 年期的再投资收益率是 4.5%，2 年期的再投资收益率是 2.5%，1 年期的再投资收益率是 1.5%。计算债券投资组合的收益率。

根据表 5—2 最后一列数据，该债券组合在第五年末的价值 V_p 为：

$$\begin{aligned} V_p &= 78 \times (1+5.5\%)^4 + 678 \times (1+4.5\%)^3 + 956 \times (1+2.5\%)^2 \\ &\quad + 60 \times (1+1.5\%) + 1\ 060 \\ &= 2\ 995.64(\text{元}) \end{aligned}$$

于是可以得到：

$$y_p = \sqrt[5]{\frac{2\ 995.64}{2\ 396}} - 1 = 4.57\%$$

(四)名义收益率和实际收益率

在涉及债券投资收益时，还涉及名义收益率和实际收益率的差别。

名义收益率又称名义利率，是指不考虑通货膨胀因素，以名义货币表示的资产的收益率，或以名义货币表示的利率。比如，某债券面值 100 元，期限 1 年，债券票面利率 6%，则计算出的利息为 6 元。这里，债券票面利率 6%就是名义利率。之所以强调名义利率，是因为实际经济生活中还可能存在物价变化情况。

在我们日常生活中，商品的价格往往发生变化，当大多数商品的价格都上升时(也就是常说的通货膨胀)，货币的购买力就会下降。在此期间，我们称大部分商品价格上涨的幅度为通货膨胀率。在通货膨胀期间，尽管债券投资人可以按债券名义利率得到利息，但扣除通货膨胀因素后的实际利率会变低。比如在通货膨胀率为 5%时，一年以后 105 元的购买力和现在100元相当，若仍以上面债券为例，债券名义利率是6%，1年后到期本息为106元。但是，其中的105元相当于原来购买债券100元的购买力，超过原来购买力的只是1元，因此实际利率只有0.95%（=1÷105）。

实际收益率也称为实际利率，是指资产的真实收益率，或指物价水平不变，从而货币购买力不变条件下的利率。一般债券等固定收益产品的利率都是按名义利率支付利息，但如果在通货膨胀环境下，债券投资者收到的利息回报就会被通货膨胀侵蚀。名义收益率与实际收益率存在着公式(5－19)的关系。

$$y_a=\frac{(1+y_n)-(1+\pi)}{(1+\pi)}=\frac{y_n-\pi}{1+\pi} \tag{5－19}$$

式中：y_n表示名义收益率，y_a表示实际收益率，π表示通货膨胀率。

如果通货膨胀率比较低，分母中的π可以忽略不计，则公式(5－19)可以简写为公式(5－20)。

$$y_a=y_n-\pi \tag{5－20}$$

即实际收益率等于名义收益率减去通货膨胀率。当通货膨胀率大于零时，实际收益率低于名义收益率；反之，当通货膨胀率小于零时，实际收益率高于名义收益率。

第三节　我国债券市场收益率公式

在我国债券市场上，债券收益率计算法则有相关的规定。中国人民银行曾发布在银行间债券市场实行统一的到期收益率计算标准[①]，其中规定了所适用债券的含义、计息方式、计息期限和收益率计算办法。

一、计算办法中的若干定义

（一）所指债券的含义

针对债券市场的不同债券，有不同的收益率计算标准，因此先要明确不同品种债券的含义。中国人民银行发布的到期收益率计算标准包括了四种债券：零息债券、固定利率债券、浮动利率债券和到期一次还本付息债券。显然，这一分类与本书第一章所描述的债券种类并不完全一致。

这里的零息债券，是指债券发行人在债券期限内不支付任何利息，至到期兑付日按债券面值进行偿付的债券[②]。这里的固定利率债券，是指债券发行人按固定票面利率定期支付利息的债券[③]。这里的浮动利率债券，是指债券发行人根据一定规则调整票面利率，

① 本教材根据中国人民银行2007年6月20日发布的《中国人民银行关于完善全国银行间债券市场债券到期收益率计算标准有关事项的通知》介绍。

② 即一般债券分类中的贴现债券，包括偿还期限在1年以上的。

③ 即一般债券分类中的附息债券。

并依此利率定期支付利息的债券。这里的到期一次还本付息债券，是指发行时规定票面利率、但是在到期兑付日前不支付利息，全部利息至到期兑付日和本金一同偿付的债券。

（二）日计数基准和理论付息日

日计数基准是债券市场中计算应计利息天数和付息区间天数时采用的基准，不同的国家可能采用不同的标准，如“实际天数/实际天数”、“实际天数/365”、“30/360”等。

在我国，以前曾采用“实际天数/365”，即应计利息天数按实际天数计算，而一年按365天计算。后来银行间债券市场（包括债券回购交易）的日计数基准都改为“实际天数/实际天数”，即应计利息天数按当期的实际天数计算（算头不算尾），闰年2月29日亦计算利息，而分母的付息区间天数也按实际天数计算（算头不算尾）。

理论付息日主要针对未来只有一笔现金流的债券（即对零息债券和到期一次还本付息债券），是指债券期限内每年与到期兑付日相同的日期。如零息债券A到期兑付日为2020年8月10日，则债券期限内每年的8月10日为债券A的理论付息日。

二、到期收益率的计算

前面第二节在介绍到期收益率计算公式时，已经指出：在未来有多笔现金流的情况下，直接将到期收益率作为未知数写出其等于什么的公式是困难的，计算时可以采用试错法。而未来如果只有一笔现金流，则可以直接写出其计算公式。

（一）一笔现金流的短期债券到期收益率的计算

一笔现金流的短期债券是指剩余期限在1年以内、且只有一笔现金流的债券。实践中，属于这类债券的有：处于最后付息周期的固定利率债券、待偿期在1年及以内的到期一次还本付息债券和零息债券。

对于这类债券，到期收益率按单利计算，见公式（5—21）。

$$y=\frac{FV-PV}{PV}\div\frac{D}{TY} \tag{5—21}$$

式中：y为到期收益率；FV为到期兑付日债券本息和，固定利率债券为$M+C/f$，到期一次还本付息债券为$M+N\times C$，零息债券为M；PV为债券全价；D为债券结算日至到期兑付日的实际天数；M为债券面值；N为债券期限（年），即从起息日至到期兑付日的整年数；C为债券票面年利息；f为年付息频率；TY为当前计息年度①的实际天数，算头不算尾。

【例5—12】 有一附息债券，面值100元，票面利率5%，每半年付息一次，期限5年。债券交易的全价为102.04元，结算日为5月12日，债券的到期兑付日为7月9日。如果当前计息年度的实际天数为365天，试计算其到期收益率。

根据题目，债券结算日至到期兑付日的实际天数为58天，故有：

① 计息年度是指债券发行公告中表明的第一个起息日至次一年度对应的同月同日的时间间隔为第一个计息年度，以此类推。

$$y=\frac{100+100\times5\%\div2-102.04}{102.04}\div\frac{58}{365}=2.84\%$$

(二)一笔现金流的中长期债券到期收益率的计算

一笔现金流的中长期债券是指剩余期限超过1年、且只有一笔现金流的债券。实践中,属于这类债券的有:待偿期在1年以上的到期一次还本付息债券和零息债券。

对于这类债券,到期收益率按复利计算,见公式(5—22)。

$$PV=\frac{FV}{(1+y)^{\frac{d}{TY}+m}} \tag{5—22}$$

式中:PV为债券全价;FV为到期兑付日债券本息和,到期一次还本付息债券为$M+N\times C$,零息债券为M;y为到期收益率;d为结算日至下一最近理论付息日的实际天数;m为结算日至到期兑付日的整年数;M为债券面值;N为债券期限(年),即从起息日至到期兑付日的整年数;C为债券票面年利息;TY为当前计息年度的实际天数,算头不算尾。

【例5—13】 某一次还本付息债券,面值100元,票面利率5%,期限5年,2011年12月20日到期。债券交易的全价为98.60元,结算日为2009年9月15日,试计算其到期收益率。

根据题目,该债券的理论付息日为12月20日,结算日至下一最近理论付息日的实际天数为96天(即2009年9月15日至2009年12月20日之间的实际天数),当前计息年度的实际天数是365天(即2008年12月20日至2009年12月20日之间的实际天数),结算日至到期兑付日的整年数是2年,故有:

$$98.60=\frac{100+100\times5\%\times5}{(1+y)^{\frac{96}{365}+2}}$$

解得y为11.05%。

(三)多笔现金流的债券到期收益率的计算

多笔现金流的债券是指在其剩余期限里还有两笔或两笔以上现金流的债券。实践中,属于这类债券的有:不处于最后付息周期的固定利率债券。

对于这类债券,到期收益率按复利计算,见公式(5—23)。

$$PV=\frac{C/f}{(1+y/f)^{\frac{d}{TS}}}+\frac{C/f}{(1+y/f)^{\frac{d}{TS}+1}}+\cdots+\frac{C/f}{(1+y/f)^{\frac{d}{TS}+n-1}}+\frac{M}{(1+y/f)^{\frac{d}{TS}+n-1}} \tag{5—23}$$

式中:PV为债券全价;C为票面年利息;f为年付息频率;y为到期收益率;d为债券结算日至下一最近付息日的实际天数;n为结算日至到期兑付日的债券付息次数;M为债券面值;TS为当前付息周期的实际天数①。

【例5—14】 假设有一个附息债券,面值100元,票面利率4%,每年付息2次,期限7

① 付息周期的实际天数是指下一个付息日与上一个付息日之间的实际天数,算头不算尾,含闰年的2月29日。

年，2013 年 4 月 10 日到期。债券交易的全价为 102.72 元，结算日为 2012 年 1 月 18 日，试计算其到期收益率。

根据题目，债券结算日至下一最近付息日的实际天数为 83 天（即 2012 年 1 月 18 日至 2012 年 4 月 10 日之间的实际天数），结算日至到期兑付日的债券付息次数还有 3 次，当前付息周期的实际天数为 183 天（即 2011 年 10 月 10 日至 2012 年 4 月 10 日之间的实际天数），然后解下式：

$$102.72=\frac{100\times 4\%\div 2}{(1+y\div 2)^{\frac{83}{183}}}+\frac{100\times 4\%\div 2}{(1+y\div 2)^{\frac{83}{183}+1}}+\frac{100+100\times 4\%\div 2}{(1+y\div 2)^{\frac{83}{183}+2}}$$

解得 y 为 2.64%。

（四）浮动利率债券到期收益率的计算

对于浮动利率债券的到期收益率，可参考上面公式中固定利率债券的收益率算法，但其中要假定未来各期票面利率与当前付息期票面利率相同进行计算。

三、应计利息的计算

到期收益率是将债券未来现金流折算为债券全价的贴现率，但债券市场多数采用净价交易，而债券全价等于债券净价与债券应计利息之和，因此，如果算出了应计利息，则可求得债券全价。应计利息是起息日（或上次付息日）至结算日的利息。

（一）零息债券应计利息计算

对于零息债券，票面金额与发行价格的差额为实际上的利息，所以每百元面值债券应计利息额的计算可见公式（5－24）。

$$AI=\frac{100-P_d}{T}\times t \tag{5-24}$$

式中：AI 为每百元面值债券的应计利息；P_d 为债券发行价；T 为起息日至到期兑付日的实际天数；t 为起息日至结算日的实际天数。

【例 5－15】 有一贴现债券，面值 100 元，期限 182 天，发行价为 98.25 元。如果进行了交易，起息日至结算日的实际天数为 31 天，试计算应计利息。

若设 AI 为每百元面值债券的应计利息，则有：

$$AI=\frac{100-98.25}{182}\times 31=0.30(\text{元})$$

（二）到期一次还本付息债券应计利息计算

对于到期一次还本付息债券，每百元面值债券应计利息额的计算可见公式（5－25）。

$$AI=K\times C+\frac{C}{TY}\times t \tag{5-25}$$

式中：AI 为每百元面值债券的应计利息；C 为每百元面值的年利息；K 为债券起息日至结算日的整年数；t 为起息日或上一理论付息日至结算日的实际天数；TY 为当前计

息年度的实际天数,算头不算尾。

【例 5-16】 某一次还本付息债券,面值 100 元,票面利率 4.75%,期限 3 年,2007 年 11 月 18 日起息,2010 年 11 月 18 日到期。若该债券交易的结算日是 2009 年 7 月 22 日,试计算应计利息。

根据题目,该债券起息日至结算日的整年数为 1 年,上一理论付息日至结算日的实际天数为 246 天(即 2008 年 11 月 18 日至 2009 年 7 月 22 日之间的实际天数),当前计息年度的实际天数为 365 天(即 2008 年 11 月 18 日至 2009 年 11 月 18 日之间的实际天数),于是每百元面值债券的应计利息为:

$$AI=1\times100\times4.75\%+\frac{100\times4.75\%}{365}\times246=7.95(\text{元})$$

(三)固定利率债券和浮动利率债券应计利息计算

对于固定利率债券和浮动利率债券,它们的利息是定期支付的,每百元面值债券应计利息额的计算可见公式(5-26)。

$$AI=\frac{C}{f}\times\frac{t}{TS} \tag{5-26}$$

式中:AI 为每百元面值债券的应计利息额;C 为每百元面值年利息,对浮动利率债券,C 根据当前付息期的票面利率确定;t 为起息日或上一付息日至结算日的实际天数;f 为年付息频率;TS 为当前付息周期的实际天数。

【例 5-17】 利用[例 5-14]的债券数据资料,计算每百元面值债券应计利息额。

根据题目,上一付息日至结算日的实际天数为 100 天(即 2011 年 10 月 10 日至 2012 年 1 月 18 日之间的实际天数),当前付息周期的实际天数为 183 天(即 2011 年 10 月 10 日至 2012 年 4 月 10 日之间的实际天数),因此可以计算每百元面值债券应计利息额为:

$$AI=\frac{100\times4\%}{2}\times\frac{100}{183}=1.09(\text{元})$$

第四节　收益率曲线

在实际的债券市场上,我们可以看到,对于具有不同剩余期限的债券,它们的收益率经常是不一样的。这就涉及利率期限结构和收益率曲线问题。

一、收益率曲线的含义和类型

(一)收益率曲线的含义

利率期限结构和收益率曲线其实是同一个问题的不同表述。利率期限结构研究的是其他因素相同、期限不同债券的收益率和到期期限之间的关系,即指一组具有相同信用质量的债券的到期期限和其收益率之间的关系。利率期限结构揭示了不同期限债券的供求情况，预示着未来市场利率的变化方向，为投资者的投资决策和管理层的政策制定提供了参考依据，因此研究利率期限结构有着重要意义。

利率期限结构既然描述的是收益率和到期期限之间的关系，那么收益率和到期期限的关系用图形描画出来的曲线就是收益率曲线。因此，所谓的收益率曲线，就是显示一组信用质量相同、但期限不同的债券或其他金融工具收益率的线型图。图的纵轴表示收益率，横轴表示距离债券到期的时间。一般来说，可以直接把收益率曲线看作是利率期限结构的图形表示。

另外需要再次强调的是，在收益率曲线中，不同期限的一组债券必须具有相同的信用质量，因为如果是不同信用质量的债券，哪怕是有相同的到期期限，它们的收益率也是不同的。我们可以将具有不同信用质量债券的收益率曲线分别在图上描绘出来，比如一条显示具有相同的高信用质量的债券收益率曲线，另一条显示具有相同的低信用质量的债券收益率曲线。那么一般情况下，高信用质量的债券收益率曲线会在低信用质量的债券收益率曲线之下。因为信用质量高，要求的收益率就低；反之，信用质量低，要求的收益率就高。而无风险债券的收益率曲线通常是最低的，也称为基准收益率曲线。实践中，国债往往作为无风险债券，所以国债收益率曲线也经常成为基准收益率曲线。

小专栏 5－1　　对利率期限结构和收益率曲线的进一步说明

在学术界有观点认为，利率期限结构和收益率曲线其实是有一定差异的。收益率曲线显示的是一组信用质量相同、但期限不同的债券或其他金融工具的到期收益率的线型图，而利率期限结构反映的是一组信用质量相同、但期限不同的零息债券的到期收益率与其期限的函数关系，即显示的是相同信用质量下不同期限的即期利率的线型图。

因此，利率期限结构和收益率曲线区别有：第一，数据不同。构造收益率曲线是用到期收益率，构造利率期限结构是用即期利率。第二，功能不同。收益率曲线不具备债券定价功能，利率期限结构具备债券定价功能。

（二）收益率曲线的类型

在债券市场上，收益率曲线的走向有许多形状，其中比较典型的有四种。

1. 向上的收益率曲线

向上的收益率曲线又称为正常的收益率曲线，见图 5－2，表示到期期限越长，收益率越高。这种类型的收益率曲线在实际中最常见。

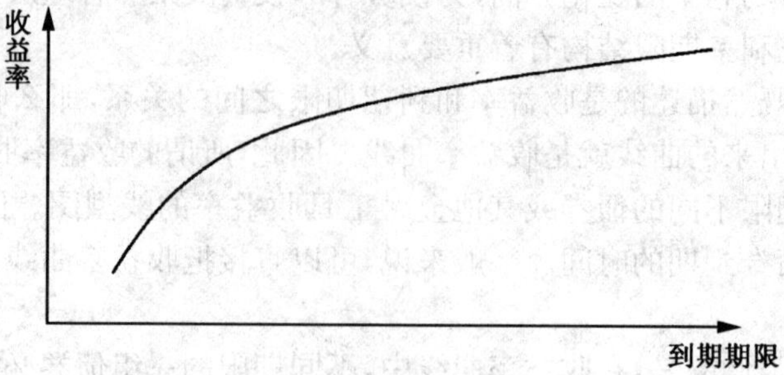

图 5—2　向上的收益率曲线

2. 向下的收益率曲线

向下的收益率曲线见图 5—3，表示到期期限越长，收益率越低。

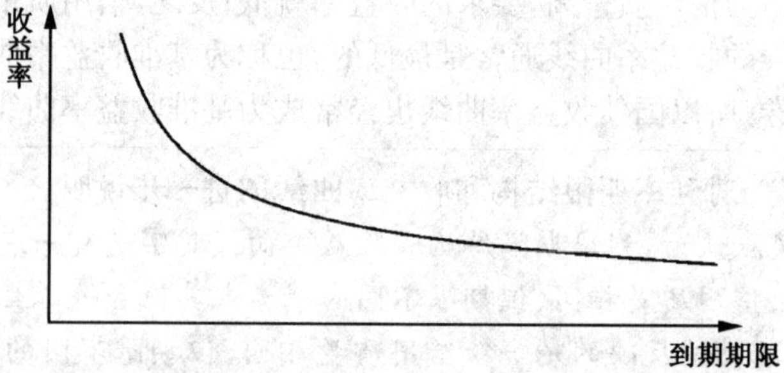

图 5—3　向下的收益率曲线

3. 水平的收益率曲线

水平的收益率曲线见图 5—4，表示不同期限的收益率相等，呈水平型。

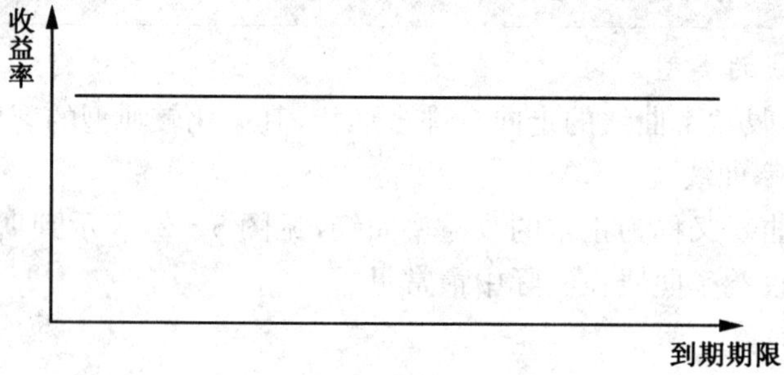

图 5—4　水平的收益率曲线

4. 拱形的收益率曲线

拱形的收益率曲线又称为驼峰型收益率曲线，见图 5－5，表示收益率先随着到期期限的增长而增加，然后达到一个顶点，随后又随着到期期限的增长而下降，呈拱形。

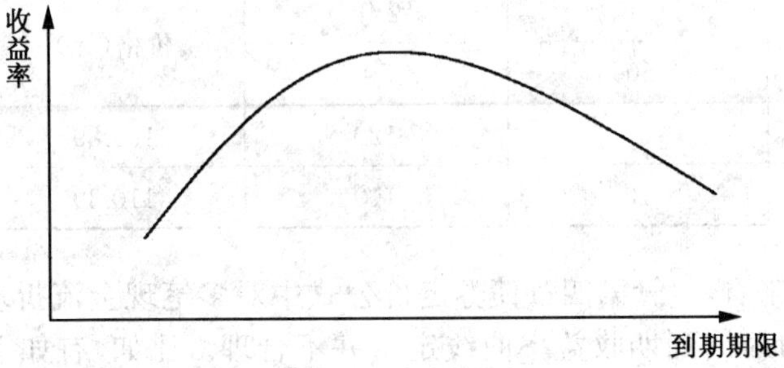

图 5－5　拱形的收益率曲线

人们对不同形状收益率曲线的形成进行分析，提出了一些不同的理论解释。我们将在后面再进一步介绍。

二、收益率曲线的构造

(一)到期收益率曲线的形成和功能缺陷

收益率曲线反映了债券收益率和到期期限的关系，但债券的收益率有到期收益率和即期收益率等不同的种类。依据不同的收益率种类，就有到期收益率曲线和即期收益率曲线之分。到期收益率曲线描绘的当然就是债券的到期收益率和到期期限的关系。

如何得到到期收益率曲线？直接的办法就是从市场得到。在债券市场上，一般短期债券是贴现债券，中长期债券是附息债券。不管是贴现债券还是附息债券，都可以根据它们的交易价格，直接算出其到期收益率。然后，将具有相同信用质量但剩余期限不同的债券的到期收益率在图上标示出来，就是一条到期收益率曲线。

当然，这种办法还是比较粗糙的。一是因为这样的线条其实不是光滑的曲线，而是连点描绘的折线。二是市场上如果存在错误定价的债券，则收益率曲线也许存在不合理的因素。因此，就有必要利用数学工具对市场实际债券的到期收益率数据进行处理，拟合出比较光滑的到期收益率曲线。

然而，即使这样的到期收益率曲线形成，其功能其实也是有限的。债券收益率曲线的重要功能，在于给市场设置收益率标准并作为定价基础。而到期收益率既难于作为收益率标准，又无法合理用来定价。

从第一个方面来看，有两个信用质量完全相同的债券，它们的到期期限相同，但它们的到期收益率可能是不一样的。比如，有 A、B 两个国债，面值都是 100 元，到期期限都是 2 年，票面利率都为 10%，但 A 国债是到期一次还本付息，B 国债是每年付息一次。显然，在有效的市场上(假设 1 年期现金流折现率为 3.50%、2 年期现金流折现率为

4.50%)，它们的到期收益率是不一样的，见表 5—3。

表 5—3　　相同期限债券的到期收益率可能不同

时期	1 年	2 年	价格(元)	到期收益率
折现率	3.50%	4.50%		
A 国债现金流	0	120	109.89	4.50%
B 国债现金流	10	110	110.39	4.45%

从第二个方面来看，尽管第四章债券定价公式中对多笔现金流折现时采用了统一的折现率，但实际定价时用到期收益率曲线定价并不合理。比如，有如下的到期收益率曲线：1 年期对应的到期收益率为 2%，2 年期对应的到期收益率为 3%，3 年期对应的到期收益率为 4%。假设现在财政部发行一个面值 100 元、每年付息一次的 3 年期债券，票面利率 5%。于是一个承销商可以按照 102.78 元购得，因为：

$$\frac{5}{1+4\%}+\frac{5}{(1+4\%)^2}+\frac{5+100}{(1+4\%)^3}=102.78(\text{元})$$

然后该承销商自己发行三个贴现债券：A 债券期限 1 年、面值 5 元，B 债券期限 2 年、面值 5 元，C 债券期限 3 年、面值 105 元。发行价分别为 4.90 元、4.71 元和 93.34 元，共得到 102.95 元。因为有：

$$\frac{5}{1+2\%}=4.90(\text{元})$$

$$\frac{5}{(1+3\%)^2}=4.71(\text{元})$$

$$\frac{105}{(1+4\%)^3}=93.34(\text{元})$$

以后承销商自己发行的债券到期时，只需用财政部支付的债券利息和本金来分别偿付，结果可以无风险地获得利益 0.17 元。显然，这里存在用到期收益率曲线定价不合理的问题。

(二)即期收益率曲线构造原理

1. 即期收益率曲线的合理性

既然到期收益率曲线定价不合理，那么合理的方法是什么呢？正确的做法是应该将所有的债券都看成是零息债券的组合，即债券未来有几笔现金流就相当于几个零息债券，一个一次还本付息债券就是一个零息债券，一个附息债券是多个零息债券的叠加。这样，债券的价格就等于其包含的各零息债券的价值之和。如果不相等，就会出现上面的套利。

零息债券的价值等于其现金流按照该现金流期限的即期收益率折现，所以构造即期收益率曲线(又称即期利率曲线)是非常重要的一环，这也是利率期限结构分析中往往以即期收益率曲线作为研究对象的原因。

遗憾的是，即期收益率曲线并不能像到期收益率曲线那样从债券市场里直接得到，因为在实际的债券市场上，大部分债券是附息债券。所以如何利用附息债券来构造即期收益率曲线是我们下面要讲述的内容。

小专栏 5－2　　即期收益率曲线构造方法

即期收益率曲线构造方法主要有两大类：直接法与间接法。

直接法是运用市场中的债券价格信息直接推导出部分剩余期限的即期利率，而后采用插值法描绘整条曲线，如自展方法。

间接法是先将即期利率假设为剩余期限的某种函数，然后利用债券价格信息对函数中的参数进行有约束下的最小二乘估计，从而得到估计函数方程，如样条法及NS模型等。

2. 自展方法原理

在构造即期收益率曲线时，一种经常采用的方法称为自展方法[①]，就是利用现有短期零息债券和中长期附息债券的价格信息，从短期开始逐步向中长期扩展，构建零息债券收益率曲线的方法。其依据是附息债券的价值等于复制其现金流量的所有零息债券的价值和。换言之，一个 n 年期的附息债券的价值，可以是其未来各笔现金流都按照 n 年期到期收益率折现，也可以是其未来各笔现金流分别按照各自期限的即期收益率折现，即可表现为公式(5－27)。

$$P=\sum_{t=1}^{n}\frac{C_t}{(1+y_m)^t}=\frac{C_1}{1+y_1}+\frac{C_2}{(1+y_2)^2}+\cdots+\frac{C_{n-1}}{(1+y_{n-1})^{n-1}}+\frac{C_n}{(1+y_n)^n} \tag{5－27}$$

式中：P 为债券价格，y_m 为到期收益率，C_t 为每期的现金流，n 为债券的到期期数，y_1 到 y_n 分别第一期到第 n 期的即期收益率。如果债券期数单位为年，则到期收益率就是年到期收益率，即期收益率也是年即期收益率。

自展方法实际上是一个不断重复的过程，步骤如下：①首先利用零息债券的价格直接推算出到期期限小于或者等于1年的零息债券的即期收益率；②考虑到期期限介于1年到2年之间并有两笔现金流的债券，使其价格等于这两笔现金流的现值(其中第一笔现金流的折现率来自第一步骤)，然后通过求解方程的办法得到第二笔现金流的折现率，即相应期限的即期收益率；③如第二步骤一样，继续考虑到期期限介于2年到3年的债券，通过重复上面的步骤，利用债券价格和前面步骤得到的折现率，求解出2年到3年期限现金流相对应的折现率；④如此反复，不断得到更远期限现金流相对应的折现率，并描绘成一条即期收益率曲线。

然而要注意的是，在这样的构造即期收益率曲线方法中，还要确定采用什么样的债

① 又称“系鞋带”方法。

券。一般来说，要避免具有下列特征的债券：第一，具有选择权。可赎回等选择权会使债券价格变高或者变低。第二，定价错误。因为是利用债券的实际价格推导出零息债券利率，如果选择了定价错误的债券，就不能推导出准确的零息债券利率，进而不能准确地推导出即期收益率曲线。第三，缺乏流动性。缺乏流动性的债券往往意味着定价不准确，从而不能得到合理的零息债券利率。

（三）即期收益率曲线构造举例

1. 零息债券即期收益率曲线的推导

假设一种情况，如果债券市场上存在一系列各种期限的零息债券，则可以直接观察到各种期限的零息债券的价格，从而直接确定各种期限的即期收益率。假定有一个 n 期限的零息国债，其面值为 M，价格为 P，即期收益率（也是零息债券的到期收益率）为 y，那么债券价格、面值和即期收益率的关系就是公式（5－28）。

$$P=\frac{M}{(1+y)^n} \qquad (5-28)$$

从而得到期限为 n 期的即期收益率为公式（5－29）。

$$y=\left(\frac{M}{P}\right)^{\frac{1}{n}}-1 \qquad (5-29)$$

【例 5－18】 有 5 种零息债券，面值都是 100 元，期限分别为 1 年、2 年、3 年、4 年和 5 年，价格分别为 94.79 元、88.97 元、82.67 元、76.66 元和 70.64 元。于是，根据公式（5－29），可以计算出 1 年期至 5 年期的即期收益率分别为：

$$y_1=\frac{100}{94.79}-1=5.50\%$$

$$y_2=\left(\frac{100}{88.97}\right)^{\frac{1}{2}}-1=6.02\%$$

$$y_3=\left(\frac{100}{82.67}\right)^{\frac{1}{3}}-1=6.55\%$$

$$y_4=\left(\frac{100}{76.66}\right)^{\frac{1}{4}}-1=6.87\%$$

$$y_5=\left(\frac{100}{70.64}\right)^{\frac{1}{5}}-1=7.20\%$$

将这些即期收益率连接起来，就可以形成即期收益率曲线。不过，这种假设在现实的债券市场很难成立，因为 1 年期以内会存在一些只有一笔现金流的债券，1 年期以上则大多数是具有多笔现金流的附息债券了。

2. 附息债券即期收益率曲线的推导

相对于零息国债，由附息债券直接推导即期收益率并不那么简单，需要采用自展方法推导出即期收益率曲线。下面，我们将通过举例形式来说明如何具体运用自展方法。

【例 5－19】 假设有 5 个不同期限债券，它们的数据见表 5－4，其中第一个为零息债券，后 4 个是附息债券，且都是每年付息一次。试给出 1 年期到 5 年期的即期收益率。

表 5－4　　5 个不同期限债券的数据

期限(年)	面值(元)	息票利率(%)	市场价格(元)
1	100	0	96.47
2	100	8.36	108.46
3	100	9.77	115.64
4	100	10.25	121.08
5	100	11.58	130.04

第一个债券是零息债券，零息债券的即期收益率就是其到期收益率，因此，1 年期的即期收益率 y_1 为 3.66%，即(100－96.47)÷96.47。后面 4 个债券都是附息债券，附息债券的即期收益率并不等于其到期收益率，但附息债券可以看作是一系列零息债券的组合，且附息债券的价格等于一系列零息债券分别按其即期收益率折现的现值。于是针对 2 年期债券就有：

$$108.46=\frac{8.36}{1+3.66\%}+\frac{8.36+100}{(1+y_2)^2}$$

解得 2 年期的即期收益率 y_2 等于 3.89%。同理，针对 3 年期债券就有：

$$115.64=\frac{9.77}{1+3.66\%}+\frac{9.77}{(1+3.89\%)^2}+\frac{9.77+100}{(1+y_3)^3}$$

解得 3 年期的即期收益率 y_3 等于 4.15%。接下去，针对 4 年期债券有：

$$121.08=\frac{10.25}{1+3.66\%}+\frac{10.25}{(1+3.89\%)^2}+\frac{10.25}{(1+4.15\%)^3}+\frac{10.25+100}{(1+y_4)^4}$$

解得 4 年期的即期收益率 y_4 等于 4.45%。最后针对 5 年期债券有：

$$130.04=\frac{11.58}{1+3.66\%}+\frac{11.58}{(1+3.89\%)^2}+\frac{11.58}{(1+4.15\%)^3}+\frac{11.58}{(1+4.45\%)^4}+\frac{11.58+100}{(1+y_5)^5}$$

解得 5 年期的即期收益率 y_5 等于 4.82%。

表 5－5 显示了到期收益率和即期收益率的结果。其中到期收益率是利用表 5－4 中债券的期限、息票利率、市场价格等数据，根据公式(5－6)计算出来的，它们可以形成一条到期收益率曲线。即期收益率根据上面计算得到，它们也可以形成一条即期收益率曲线。

表 5－5　　不同期限的到期收益率和即期收益率

期限	到期收益率	即期收益率
1 年	3.66%	3.66%

续表

期限	到期收益率	即期收益率
2 年	3.88%	3.89%
3 年	4.12%	4.15%
4 年	4.39%	4.45%
5 年	4.70%	4.82%

(四)通过即期利率求远期利率

上面我们得到了一系列即期收益率(也就是即期利率),我们可以通过这些求出来的即期利率,利用公式(5—5),进一步计算出各期间之间的远期利率。

【例 5—20】 如果用${}_1f_2$表示从 1 年后到 2 年的远期利率,${}_2f_3$表示从 2 年后到 3 年的远期利率,${}_3f_4$表示从 3 年后到 4 年的远期利率,${}_4f_5$表示从 4 年后到 5 年的远期利率,则根据公式(5—5)有:

$${}_1f_2=\frac{(1+3.89\%)^2}{1+3.66\%}-1=4.12\%$$

$${}_2f_3=\frac{(1+4.15\%)^3}{(1+3.89\%)^2}-1=4.67\%$$

$${}_3f_4=\frac{(1+4.45\%)^4}{(1+4.15\%)^3}-1=5.36\%$$

$${}_4f_5=\frac{(1+4.82\%)^5}{(1+4.45\%)^4}-1=6.31\%$$

从这些计算结果中我们可以看到,即期利率也可以由远期利率来表示,即有公式(5—30)。

$$(1+y_t)^t=(1+y_1)\times(1+{}_1f_2)\times(1+{}_2f_3)\times\cdots\times(1+{}_{t-1}f_t) \qquad (5-30)$$

式中:y_t为t期即期利率,y_1为第一期即期利率,f都是以后各期间的远期利率。

比如,[例 5—19]中第 5 年即期利率也可以表示为:

$$(1+4.82\%)^5=(1+3.66\%)\times(1+4.12\%)\times(1+4.67\%)\times(1+5.36\%)\times(1+6.31\%)$$

另外,实际上还可以利用公式(5—5)算出 1 年后其他各期间(包括 2 年间、3 年间、4 年间)的远期利率。

【例 5—21】 试利用[例 5—19]的债券数据和计算结果,算出 5 年里各期间的远期利率。

${}_1f_2$、${}_2f_3$、${}_3f_4$和${}_4f_5$在[例 5—20]中已经算出,这里还需要计算的有:${}_1f_3$、${}_1f_4$、${}_1f_5$、${}_2f_4$、${}_2f_5$和${}_3f_5$,计算过程如下:

$${}_1f_3=\sqrt[2]{\frac{(1+4.15\%)^3}{1+3.66\%}}-1=4.40\%$$

$${}_1f_4=\sqrt[3]{\frac{(1+4.45\%)^4}{1+3.66\%}}-1=4.71\%$$

$$_1f_5=\sqrt[4]{\frac{(1+4.82\%)^5}{1+3.66\%}}-1=5.11\%$$

$$_2f_4=\sqrt[2]{\frac{(1+4.45\%)^4}{(1+3.89\%)^2}}-1=5.01\%$$

$$_2f_5=\sqrt[3]{\frac{(1+4.82\%)^5}{(1+3.89\%)^2}}-1=5.44\%$$

$$_3f_5=\sqrt[2]{\frac{(1+4.82\%)^5}{(1+4.15\%)^3}}-1=5.83\%$$

至此为止，依据[例 5—19]提供的 5 个债券的数据，我们已经计算了 5 年里各期限的即期利率和远期利率，所有的结果列于表 5—6。

表 5—6　　各期限的即期利率和远期利率

时点	1 年	2 年	3 年	4 年	5 年
0	$y_1=3.66\%$	$y_2=3.89\%$	$y_3=4.15\%$	$y_4=4.45\%$	$y_5=4.82\%$
1 年		$_1f_2=4.12\%$	$_1f_3=4.40\%$	$_1f_4=4.71\%$	$_1f_5=5.11\%$
2 年			$_2f_3=4.67\%$	$_2f_4=5.01\%$	$_2f_5=5.44\%$
3 年				$_3f_4=5.36\%$	$_3f_5=5.83\%$
4 年					$_4f_5=6.31\%$

三、利率期限结构的理论解释

前面已述，利率期限结构描述的是不同期限债券的收益率和到期期限之间的关系，那么，是什么因素影响了这种关系？或者说，是什么因素影响了收益率曲线的各种形状？对收益率曲线形状的不同解释，就产生了不同的利率期限结构理论。

利率期限结构理论的研究经历了两个发展阶段：一个是传统的利率期限结构形成机制理论阶段；另一个是现代的利率期限结构模型理论阶段。传统的利率期限结构理论主要采用定性分析的方法，通过提出某种假说来对市场上存在的收益率曲线的形状、形成机制及其经济含义进行解释。现代的利率期限结构模型理论主要采用定量分析的方法，通过建立随机模型来解释当前存在的利率期限结构并预测未来的趋势。这里主要讲述传统的利率期限结构理论，它们是预期理论、流动性偏好理论和市场分割理论。

(一)预期理论

预期理论是最著名的利率期限结构理论，在 19 世纪末就已出现。预期理论的前提假设有：第一，市场是完备且有效的；第二，资金可以自由流动；第三，不存在交易成本和税收；第四，没有违约风险；第五，不同期限的债券之间可以完全替代；第六，投资者对未来短期利率水平的预期是不变的，并且是一致的；第七，投资者以利润最大化为目标。

投资者对未来利率的预测决定了他们是购买短期债券还是购买长期债券。如果投资者预测未来利率是上升的,那么投资者将购买短期债券,以便获得未来更有利的投资机会,投资者购买短期债券的行为将导致短期债券价格上升和短期债券的收益率下降;如果投资者预测未来利率是下降的,那么投资者将购买长期债券,以便可以锁定现金流,投资者这种行为将导致长期债券的价格上升和长期债券的收益率下降。

根据预期理论,收益率曲线的形状是由市场对未来短期利率的预期决定的。具体可以表现为:①向上的收益率曲线表明市场预期短期利率将在未来会上升,远期利率超过即期利率,收益率曲线向上倾斜;②向下的收益率曲线表明市场预期短期利率在未来会下降,远期利率低于即期利率,收益率曲线向下倾斜;③水平的收益率曲线表明市场预期短期利率大体不变,远期利率等于即期利率,收益率曲线保持水平;④拱形的收益率曲线表明市场预期短期利率先上升后下降,前一段远期利率大于即期利率,后一段远期利率小于即期利率,收益率曲线成驼峰型。

预期理论也有许多不完善的地方:第一,预期理论没有充分考虑到债券投资中的风险因素,认为远期利率和未来债券价格都是确定的。而在现实中,利率的波动带来再投资风险和价格风险,债券的未来价格是不确定的,远期利率也无法确定。第二,预期理论假设市场是完备且有效的、不存在交易成本和税收、资金可以自由流动等等,这些假设过于完美,在现实经济社会中很难实现。第三,预期理论认为短期债券和长期债券可以相互替代,这表明投资者是风险中性的。而在现实中,投资者往往是风险厌恶型的。第四,在现实中,收益率曲线更多的是向上倾斜,而预期理论无法做出解释。根据预期理论,利率呈上升趋势和下降趋势的概率应该一样,收益率曲线向上倾斜和向下倾斜的概率也应该基本相同。

(二)流动性偏好理论

流动性偏好理论是在20世纪40年代中期被提出来的。预期理论的重要缺陷是没有考虑债券投资中的风险。实际上,投资长期债券的风险与短期债券可能不一样,并且这一风险往往随着债券期限的增加而增加。考虑到投资债券的这种风险因素,于是流动性偏好理论应运而生。

流动性偏好理论的基本假定有:第一,投资者是风险厌恶型的;第二,影响利率期限结构的因素除了预期还有风险,因为未来充满不确定性,到期期限越长,利率风险就越大,其他条件一定的情况下,长期债券的风险要比短期债券的风险大;第三,短期债券的流动性比长期债券要好。

流动性偏好理论认为债券投资者为了减少风险,偏好于流动性强的短期债券,而对于流动性相对较差的长期债券,投资者要求一定的流动性溢价,作为风险和机会成本的补偿。即只有当长期债券的利率比短期债券的利率高时,投资者才有动力去购买风险高、流动性差的长期债券。因此向上倾斜的收益率曲线更为普遍,是正常的收益率曲线。只有预期未来的短期利率下降,且下降的幅度大于流动性溢价时,收益率曲线才向下倾斜。

根据流动性偏好理论,债券的长期利率等于现在的短期利率、未来短期利率的预期以及相应的流动性溢价的几何平均数。这样,远期利率并不是未来预期利率的无偏估计,远期利率和预期的即期利率的差额就是流动性溢价。期限越长,流动性溢价越大。

流动性偏好理论纠正了预期理论忽略风险的缺点,认为由于流动性溢价的存在,向上倾斜的收益率曲线更为普遍。这一观点得到很好的实证支持,从历史数据统计上看,利率期限结构上升的频率要多于利率期限结构下降的频率。但是流动性偏好理论也存在着一些局限性:第一,流动性溢价很难准确地获得。第二,现实中流动性溢价并不是固定不变的,而流动性溢价固定不变的假设导致流动性偏好理论对利率的预测发生偏差。

(三)市场分割理论

市场分割理论出现在20世纪50年代后期。该理论认为债券利率期限结构不是取决于市场对利率的预期,而是由不同期限债券市场的供求关系决定的。市场分割理论的前提假设有:第一,不同期限的债券市场是彼此分割的,很少受到其他期限债券市场的影响;第二,市场是由不同投资需求的投资者组成;第三,投资者是理性的;第四,不同投资者对不同期限债券的偏好不同。

根据市场分割理论,债券市场可以区分为短期市场、中期市场和长期市场,不同期限的债券市场是相对分割的,某种期限的债券市场很少受到其他期限债券市场的影响。各市场供求力量决定该市场上债券即期利率,短期利率是由短期债券市场的供求关系决定的,中期利率是由中期债券市场的供求关系决定的,长期利率是由长期债券市场的供求关系决定的。

不同期限债券市场之所以相对独立、彼此不相互影响,其中的原因有:①法律上的规定及限制;②金融市场的相互独立性和不完全性;③转化成本非常高;④信息成本的存在;⑤投资者缺乏足够的知识和其偏好等。

市场分割理论也有其局限性,具体来说包括:第一,市场分割理论不能解释收益率曲线平移(期限不同债券收益率同向、同比例移动)的现象。第二,市场分割理论没有考虑到预期和流动性偏好对利率期限结构的影响。第三,市场分割理论的有效性没有得到很好的实证支持。

小专栏5—3　　动态利率期限结构模型

动态利率期限结构模型的建模对象是瞬时即期利率与瞬时远期利率,因为只要知道了瞬时利率的变化规律,就可以以零息债券价格为媒介推出未来任一时刻任一期限的即期利率。瞬时利率建模框架有连续变量形式和离散形式。

另外,不同的动态利率期限结构模型主要在对瞬时利率的漂移率和波动率的设置上有所不同,主要分为两大类。一类是均衡模型,多由市场均衡条件推导出瞬时利率满足的随机过程,其漂移率和波动率是非时变的;另一类是无套利模型,在瞬时利率服从随机过程中设有市场数据导入窗口,在无套利原则下,可以用当时市场数据对模型参数校正。

复习题

1. 说明影响债券投资收益的因素。
2. 掌握债券各种收益率的衡量方法。
3. 掌握我国债券市场的收益率计算公式。
4. 什么是利率期限结构?
5. 收益率曲线有什么类型?
6. 掌握即期收益率曲线构造方法。
7. 关于利率期限结构有什么理论解释?

第六章　债券风险

在债券买卖中，收益与风险实际上是联系在一起的。因此，在了解了债券收益的基础上，本章要分析的是债券风险。本章首先要对债券投资风险的种类进行介绍，阐明各种债券风险的概念和发生原因。然后要重点讨论债券的利率风险，包括它对债券价格波动的影响和度量的方法。

第一节　债券投资风险的含义和种类

其实，债券的风险也是与债券投资联系在一起的，因为只有通过债券投资这一过程，才能感受到债券风险的存在。所以，在描述债券风险时，实际上就是指债券的投资风险。

一、风险的含义

(一)一般风险的含义

一般而言，风险是指对投资者预期收益的背离，或者说是收益的不确定性。债券是证券的一种，因此我们先从证券投资的风险谈起①。

在证券投资活动中，投资者投入一定数量的本金，目的是能得到预期的若干收益。从时间上看，投入本金是当前的行为，其数额是确定的，而取得收益是在未来，其数额是无法确定的。在持有证券这段时间内，有许多因素可能使预期收益减少甚至使本金遭受损失，而且相隔时间越长，预期收益变动的可能性越大。因此，证券投资的风险是普遍存在的。证券投资的风险，就是指证券的预期收益变动的可能性及变动幅度。

另外，我们还要指出，理论上对风险的定义与一般投资者对风险的体会是有些差异

① 霍文文．证券投资学[M]．3 版．北京：高等教育出版社，2008.

的。前面的定义是理论界对风险的一般描述，即收益的不确定性。既然是不确定性，所以既包括好的方面也包括坏的方面，或者说可以是对预期收益正的偏离，也可以是对预期收益负的偏离。而一般投资者谈到证券投资风险，更多是将风险与预期收益减少，尤其是与本金遭受损失联系在一起。这种差异，一方面反映出理论界需要对风险、也就是要对收益的不确定性进行计量，而对正、负偏离的同时计量更为便捷和可行；另一方面则反映出投资者对盈利和亏损的心理感受其实是不一样的，投资者喜好盈利而厌恶损失。

（二）债券投资风险的含义

依据证券投资风险的定义，可以直接得到：债券投资风险就是指债券的预期收益变动的可能性及变动幅度。当然，对于一般的债券投资者来说，更多地愿意将债券投资风险与买卖债券的收益达不到预期、甚至亏损联系在一起。实际上，投资者投资债券过程中会面临许多影响投资收益的不确定因素。这些不确定因素从投资者购买债券开始到售出债券的整个过程一直伴随着，它们影响债券价格、从而影响投资债券收益。

另外，在证券投资风险中，风险可以被分为系统风险和非系统风险两大类。系统风险是指由于某种全局性的因素引起的所有投资者的投资收益的可能变动，这种因素几乎是以同样的方式对所有证券产生影响。非系统风险是指由于某种特殊因素引起的某些投资者的投资收益的可能变动，这种因素只对某个行业或某个别发行人的证券产生影响。在债券投资风险中，也可以进行这样的划分，有些风险属于系统风险，有些风险属于非系统风险。

在债券投资领域，风险的种类很多。通常来说，债券投资者可能面临以下风险：利率风险、信用风险、收益率曲线风险、赎回和提前偿还风险、政策风险、税收风险、流动性风险、汇率风险、通货膨胀风险、波动性风险、事件风险和主权风险等。其中，利率风险是属于系统风险，市场利率的变动将对几乎所有债券的投资收益产生影响；而信用风险是属于非系统风险，因为它只与每个债券发行人自身的还本付息能力有关。

二、利率风险

利率风险又称市场风险，是指由于市场利率变化造成债券投资收益发生变化，进而给投资者带来风险。债券价格对市场利率变化越敏感，则利率变动引起的债券价格波动就越大，从而债券投资者面临的风险就越大。利率风险是投资者在债券投资过程中面临的最主要的风险。在实际的经济运行中，利率变化是经常发生的，有些时期甚至变化的幅度还很大。在我国经济发展过程中，尽管相当长的时期是计划利率，但也可以从表6—1中看到利率的变动。

表6—1　　我国商业银行1年期储蓄定期存款利率变化

调整时间	利　率	调整时间	利　率
1988年9月1日	8.64%	2007年8月22日	3.60%

续表

调整时间	利 率	调整时间	利 率
1989年2月1日	11.34%	2007年9月15日	3.87%
1990年4月15日	10.08%	2007年12月21日	4.14%
1990年8月21日	8.64%	2008年10月9日	3.87%
1991年4月21日	7.56%	2008年10月30日	3.60%
1993年5月15日	9.18%	2008年11月27日	2.52%
1993年7月11日	10.98%	2008年12月23日	2.25%
1996年5月1日	9.18%	2010年10月20日	2.50%
1996年8月23日	7.47%	2010年12月26日	2.75%
1997年10月23日	5.67%	2011年2月9日	3.00%
1998年3月25日	5.22%	2011年4月6日	3.25%
1998年7月1日	4.77%	2011年7月7日	3.50%
1998年12月7日	3.78%	2012年6月8日	3.25%
1999年6月10日	2.25%	2012年7月6日	3.00%
2002年2月21日	1.98%	2014年11月22日	2.75%
2004年10月29日	2.25%	2015年3月1日	2.50%
2006年8月19日	2.52%	2015年5月11日	2.25%
2007年3月18日	2.79%	2015年6月28日	2.00%
2007年5月19日	3.06%	2015年8月26日	1.75%
2007年7月21日	3.33%	2015年10月24日	1.50%

资料来源:根据中国人民银行每次利率调整时发布的公告整理。

市场利率变动对债券收益的影响可以分为两个方面,一是价格效应,二是再投资效应。因此,可以将利率风险分为价格风险和再投资风险。

(一)价格风险

价格风险指的是由于市场利率变动造成债券价格波动而产生的风险。我们知道,债券价格等于债券未来所有现金流(本金和利息)的现值。市场利率变动,会使现金流的折现率发生变化,从而导致债券价格发生变化。价格变动和利率变动是反方向的:当利率上升时,债券的价格下降;反之,当利率下降时,债券的价格上升。

只有一种情况,利率变动不影响投资者收益,即当投资者打算持有债券到期时,其投资收益不会受到利率波动的影响。而一旦当投资者打算在债券到期前出售时,就会面临由于利率变动而带来的风险,这种利率变动的价格效应既可能是负的,也可能是正的。对于那些采取利率预期策略买卖债券的投资者来说，正是利用这种利率风险的价格效应来获取债券价格波动过程中产生的资本利得。

在本章第二节中，我们将详细讲解由利率风险引起的债券价格波动性问题。另外，与固定利率债券相比，浮动利率债券的息票利率是随着市场利率变化而变化的，因此其面临的利率风险要小很多。

（二）再投资风险

再投资风险指的是持有附息债券的投资者将收到的利息进行再投资时因市场利率变化造成再投资收益波动而产生的风险。当投资者持有附息债券时，通常要将收到利息继续投资，而利息之利息的大小取决于再投资时市场利率的大小。当再投资时的市场利率下降，并低于当初购买该债券时的收益率，投资者收益就会减少。比如，投资者持有的一个债券的票面利率是6%，投资者收到的利息将用于再投资债券，但是此时市场利率只有4%，投资者利息再投资收益率将低于原来6%的收益率，这部分损失就是利率波动的再投资效应的表现。

如果投资者购买的是零息债券，就可以避免再投资风险，这是因为在零息债券持有过程中，没有前期的利息收入，这样就不需要进行再投资。所以零息债券没有再投资效应，这也是为什么有些投资者选择零息债券的一个原因。

利率波动的再投资效应和价格效应方向相反，当市场利率上升时，利息的再投资收益上升，而债券价格下降，此时投资者感觉更多面临价格风险；当市场利率下降时，债券的价格上升，而利息的再投资收益下降，此时投资者感觉更多面临再投资风险。在债券投资策略的选择时，可以基于这种反向的作用，专门设计方案，让再投资效应和利率效应互相抵消，使债券组合对利率风险免疫。

三、信用风险

信用风险又称违约风险，是指债务人（债券发行人）不能按时足额偿还债券利息和本金的风险。不同债券的违约风险不同。政府债券是政府作为债务人发行的债券，以政府信誉作为担保；金融债券是银行等金融机构作为债务人发行的借款凭证，金融机构相对而言实力较强；公司债券是公司为了融资而作为债务人发行的借款凭证，不同的公司实力差距很大。所以一般来说，政府债券的信用级别最高，发生违约的概率最低；金融债券较之公司债券，总体上的信用情况可能好一些；公司债券则依发行人信用状况而定，有些公司债券的风险级别很低，违约风险很高。在债券市场上，当其他条件一样时，债券的违约风险越大，其价格就越低，因为只有在获得高收益补偿时，投资者才会愿意去投资违约风险大的债券。

债券的信用风险与其发行人的信用级别紧密相关，在金融市场上，存在一些专门从事信用评级业务的社会中介机构。这些信用评级机构，由一些专门的法律、财务等方面专家组成，并对证券和证券发行人的信用进行等级评定，为投资者选择债券提供参考依据。有的时候，因为各种原因而导致债券发行人信用级别下降，尽管不一定就会违约，但也会影响其债券的市场价值。因此这种信用降级风险，也可以归入信用风险中。

信用风险的分析，主要是对公司债券进行分析，一般是从其还本能力和付息能力等方面入手[①]。

(一)公司的还本能力分析

公司债券的还本资金主要来源于公司收益，另外还可能是公司资产。分析公司债券的还本保证，可以从几个方面进行。

首先，要分析公司发行债券筹集资金所投入项目的可行性程度。项目能否产生预期的经济效益？能否带来公司盈利的逐渐增长？如果这些问题有比较肯定的回答，则对公司的还本能力应有信心。其次，可以了解公司是否设立偿债基金并委托某一可信的金融中介机构代为保管。一般如果这一方面有所安排，则公司对债券的还本有了进一步的保障。再次，还需要知晓本次发行的公司债券在公司所有债务中的地位。公司债券与普通股票、优先股票相比具有第一优先清偿权，但因公司债券种类多，有抵押与无抵押之分，也有担保与无担保之别，因此投资者必须清楚自己准备投资的公司债券的地位，也就是清偿顺序。最后，也是比较重要的是要了解公司的资产状况。如果公司债券的还本出现问题，那一定是在公司经营失败、造成破产或合并改组需要清算资产和负债的时候。这时需要分析公司的资产价值和债务数量，包括资产对某一笔债务以及全部债务的比率。

另外，对公司资产分析的时候，要注意资产的价值不应以账面价值计算，而应以市值计算并考虑必要的清理费用。计算的指标有：第一，债务与资本净值（即净资产）的比率。这一比率应小于1，比率越小，表明资产价值越足以偿付债务。如果比率过大，一旦资不抵债，债务清偿就没有保证。第二，长期债务对固定资产比率。由于固定资产习惯上是由长期债务和资本投资的，因此原则上长期债务不应超过公司固定资产市场价值的50%。在这一范围内，投资者拥有的公司长期债务较有保障。

(二)公司的付息能力分析

公司债券支付利息的资金来自经常收入，公司的盈利能力和现金流量是分析公司付息能力的主要依据，因为没有充足的盈利和现金流量，公司对于债息支付就会力不从心。由于利息是在税前支付的，因此可以计算税前盈利对固定的利息支付的比率，即利息抵补比率。利息抵补比率是以倍数表示的。倍数大，说明公司的债息支付有充分的资金来源；反之，倍数小，说明公司的债息支付有发生拖欠的风险。这一比率的高低并没有统一的标准，要依据经济环境、行业状况和市场利率等情况而有所不同。

① 霍文文. 证券投资学[M]. 3版. 北京：高等教育出版社，2008.

小专栏 6—1　　信用风险模型

信用风险模型主要有结构化模型和简约模型。

在结构化模型中，违约事件是内生的，可描述为：发债公司的资产可以设为随机游走，当资产总量下降，向下击穿负债警戒线时公司破产，从而出现债券违约。

在简约模型中，不以公司价值为基础，认为违约事件的原因是外生的，是不可预测的。这类模型一般以无风险套利为理论依据，重点在于确定违约强度和偿付率。

四、其他种类的风险

利率风险和信用风险是债券风险中最重要的内容，但其他种类的风险也不容忽视。

（一）收益率曲线风险

收益率曲线风险是指收益率曲线不平行移动导致期限不同债券的收益率之间差额发生变化而产生的风险，又称为期限结构变化风险。这种风险实质上是因为重新定价的不平衡造成的。

不同到期期限债券的收益率通常是不同的。到期期限与收益率之间的关系就表现为收益率曲线，收益率曲线有不同的形状，如前面曾经描述的向上的收益率曲线、水平的收益率曲线、向下的收益率曲线、拱形的收益率曲线。随着时间的变化，收益率曲线并不是固定不变的，而是不时地发生着变化，并且这种变化并不局限于收益率曲线的平行移动。在很多情况下，这种变化呈现为收益率曲线的非平行移动，即收益率曲线的斜率发生显著变化。比如，收益率曲线大多数情况下是向上倾斜的，即长期利率高于短期利率。但当经济出现过快增长时，中央银行可以提高短期市场利率来抑制投资需要，进而抑制经济过快增长。此时，短期利率可高于长期利率，收益率曲线可能会出现由向上倾斜转化为向下倾斜。

在债券组合中，有时需要用某种期限的债券来代替另一种期限的债券，这种调整是基于对不同期限债券收益率变化的假设（即对收益率曲线变化的假设），而如果实际的收益率曲线变化偏离了原先的假设，就形成收益率曲线风险。

（二）流动性风险

流动性风险又称变现能力风险，是指由于债券流动性差，很难以正常流动情况下的市场价格出售债券而给债券投资者带来的风险。债券流动性大小与债券的市场活跃程度有关。如果某种债券的市场交易比较少，投资者可能会无法在短期内以合理价格出售债券获取现金。此时，投资者要么降低债券价格出售，要么丧失新的投资良机。前者会使投资者蒙受债券价格损失，后者会使投资者丧失获得更好收益的投资机会，产生机会成本。作为投资者来说，此时就要衡量两种方法的损失大小，选择损失较小的策略。如果债券的市场交易比较活跃，那么投资者就会比较容易地找到购买者，并且可以以较低的成本和较理想的价格成交。

另外，对于那些想持有债券到期的投资者，不需要去关注流动性风险。但对于那些想在债券到期日之前卖出债券的投资者来说，流动性风险就是他们不得不面对的问题。此时，流动性风险的规避方法有：第一，为了避免或者减小债券投资的流动性风险，投资者应该尽量选择交易活跃的债券，如国债等。第二，在可能的情况下，选择到期期限短的债券进行投资，因为在现实的债券市场上，一般较短期限债券的交易相对活跃一些。

（三）赎回和提前偿还风险

赎回和提前偿还风险是针对含权债券而言的，含有期权的债券赋予发行人或者投资者某种权利，会使债券未来现金流出现某些不确定性①。因此，赎回和提前偿还风险就是指由可赎回权利和可提前偿还权利带来的债券未来现金流的不确定性，进而给投资者带来一定的风险。其中，由可赎回权利带来的不确定性称为赎回风险，由可提前偿还权利带来的不确定性称为提前偿还风险。

在债券市场上，有许多债券赋予发行人在到期日之前赎回全部或者部分债券的权利，这给债券投资人造成了三方面的不利之处：第一，可赎回债券的现金流模式是不确定的，因为投资者不知道可赎回债券什么时候会被发行人赎回；第二，当利率下降的时候，可赎回债券的发行人将会提前赎回债券，在这种情况下，投资者将不得不以较低的利率进行再投资，即被迫面临再投资风险；第三，相对于其他债券，可赎回债券的增值潜力将降低。至于可提前偿还债券，对投资者的风险在原理上是与可赎回债券一样的。

（四）汇率风险

汇率风险是指由于汇率发生变化而引起的债券投资者投资债券收益改变的风险。当投资者投资以外国货币计价的债券时，如果汇率发生变化，投资者最后收到的本国货币收益将会改变。所以，汇率风险也称货币风险。例如，一个中国投资者购买以美元计价的债券，他就面临着汇率风险。当人民币贬值的时候，这个投资者将会收到更多人民币；而当人民币升值的时候，这个投资者将会收到更少的人民币。

影响汇率风险的因素很多，如国际收支情况、利率水平、通货膨胀和政治局势等。汇率风险的规避方法主要有：第一，积极预测汇率走势，投资者应关注国际收支情况等影响汇率的信息，积极预测汇率走势，顺势而为，避免逆趋势交易债券。第二，采用避险策略，如投资者在购进以外币计价的债券时，可以选择合理的避险工具进行套期保值以规避对应的汇率风险。

（五）通货膨胀风险

通货膨胀风险也称购买力风险，是指由于通货膨胀造成债券收益及本金实际购买力下降的风险。在前面第五章里，我们已经阐明了债券投资收益率有名义收益率和实际收益率的区别，按照公式（5－20），实际收益率等于名义收益率减去通货膨胀率。所以，通货膨胀率越高，债券的实际收益越低，本金的购买力也越低，即债券的通货膨胀风险越大。

---

① 赎回和提前偿还风险更多的是针对赋予债券发行人某种权利的含权债券。

大部分债券都面临着通货膨胀风险，因为其发行人许诺的票面利率在债券存续期内是固定的，如果想要补偿，也只能补偿到发行债券时就预期到的通货膨胀造成的损失。但浮动利率债券比固定利率面临的通货膨胀风险要小，因为浮动利率债券的票面利率往往会随某利率的变动而变动。相对来说，抵御通货膨胀风险比较有效的是通货膨胀指数债券，因为这类债券可以补偿由预期到的和没有预期到的通货膨胀造成的损失。

通货膨胀指数债券是债券发行人参照物价指数的变化来调整每期利息和偿还本金，保证本息支付维护投资者的购买力水平①。比如，有一通货膨胀指数债券期限 3 年，面值 100 元，每年付息一次，票面利率 4%。若发行时的物价指数为 100，发行后的三次付息日（第三次付息日也是还本日）的物价指数分别为 103、108 和 115。则三次利息支付额分别为 4.12 元、4.32 元和 4.60 元，本金支付额为 115 元。

（六）波动性风险

波动性风险是指债券价格波动性变化引起的风险。对于含权债券来说，影响其中期权价格的因素除了利率外，还有债券价格的波动性。当债券价格波动性增大时，就会相应增大其内含期权的价格，进而影响含权债券的总体价格。比如对于可赎回债券，当债券价格波动性增大时，就增加了发行人在债券价格低迷时提前赎回债券的概率，进而影响到投资人的收益，降低了债券的价值。

（七）税收风险

税收风险是指由于税收的变化影响到投资者投资债券的收益而产生的风险。投资者买卖债券是以税后实际收益为目标的，因此，税率和债券税前收益率呈正相关关系。因为，税率越高，投资者要求的税前收益率就越高；反之，税率越低，投资者要求的税前收益率也越低。

如果一个债券原来是属于免税债券，但发行后由于某些方面的原因最终仍然要被课征税收，即失去了免税的好处，那么债券的价值必然就会下降，要形成与可比的不免税债券一致的收益率。如果一个债券原来是要课税的，但政府宣布降低该债券税率，则与该债券相似的但原来免税的债券的价值就会受到影响，因为这样的税收变化实际上减少原本免税债券的价值。

（八）政策风险

政策风险是指经济政策（如财政政策、货币政策、行业政策、产业政策等）发生变化，引起的债券市场的波动，而给投资者带来的风险。在经济发展过程中，一国政府为了促进本国经济的发展和加强市场管理，会制定出相关政策，这些政策一般是长期稳定的，但有时也会随着经济发展以及环境的变化而进行一些调整，以促进经济健康、有序地发展。当国家对政策进行调整时，就不可避免对债券的交易价格和投资者收益产生一定的影响。

不过，在完全市场化的国家，债券市场的风险更多来自市场，政策风险这一概念并不

① 美国财政部从 1997 年开始发行通货膨胀保护国债。

常用。有时则会出现政治风险和法律风险的提法，即任何有可能对债券价值产生消极影响的政治或法律行为均构成政治风险或法律风险。

（九）事件风险

事件风险是指由于一些无法预期的重大事件的发生造成债券价格下降的风险。事件风险根据其事件类型可以分为三种：第一，自然灾害（比如泥石流、台风、地震、疫病流行等）或意外事故造成的公司停产或者倒闭；第二，公司重组或者公司被恶意收购；第三，规则改变（比如市场运行规则等）。上面这些事件的发生势必会对债券发行人的营运和业绩产生影响，进而可能对其还本付息能力产生损害。

（十）主权风险

主权风险也叫国家风险，是指发行债券的政府无法按时偿还债务的风险。主权风险通常针对的是投资者在国际债券市场上购买外国政府的债券，当外国政府不愿偿还债务，或者外国政府不能偿还债务时，投资者就面临了主权风险。从历史经验上看，更多的外国政府违约情况是没有经济能力去支付债务。国际上一些著名的评级机构如标准普尔公司和穆迪投资服务公司等，都对世界各国进行主权风险评级。以往主权风险容易被投资者忽略，现在随着世界上多次发生的某些国家的债务危机和地区性的多国债务危机，主权风险越来越被投资者所重视。

第二节　债券价格的波动性

上面一节我们详细介绍了投资债券面临的各种风险，其中利率风险是投资债券过程中最主要的风险。当市场利率上升，债券价格就下降；反之，当市场利率下降，债券价格就上升。然而在投资债券时，我们不仅仅需要知道债券价格是上升还是下降，还需要进一步了解债券价格上升和下降的幅度，即债券价格对利率的敏感性。债券价格对利率的敏感性也叫债券价格的波动性。本节首先介绍债券价格波动性的特征，然后介绍债券价格波动性的若干度量方法。

一、债券价格与市场收益率的关系

（一）普通债券的价格与收益率关系

在第四章债券定价中，实际上已经涉及了债券价格与市场收益率的关系。比如，根据债券定价的一般公式，债券的价格就等于债券未来所有现金流量的现值之和，其中就反映了债券价格与折现的必要收益率的关系，而折现的必要收益率也来自于市场，是市场收益率的表现。又如，在债券定价定理中，也多次提到了债券价格与市场折现率关系，并用图将它们表现出来。这里，我们将进一步描绘债券价格与市场收益率的关系，以便更好地理解债券价格的波动性。先用例子说明。

【例 6－1】 假设有一个债券，面值 100 元，期限 5 年，票面利率 4%，每年付息一次。

再假设市场要求的收益率是从 1%变化到 10%，于是我们算出了在不同的市场收益率情况下该债券的价格，见表 6－2。

表 6－2　　不同市场收益率的债券价格

市场收益率(%)	债券价格(元)	市场收益率(%)	债券价格(元)
1	114.56	6	91.58
2	109.43	7	87.70
3	104.58	8	84.03
4	100.00	9	80.55
5	95.67	10	77.26

如果将表 6－2 的数据标示在图上，就可以直观地看到债券价格与市场收益率的关系，见图 6－1，图中横轴是市场收益率，纵轴是债券价格。

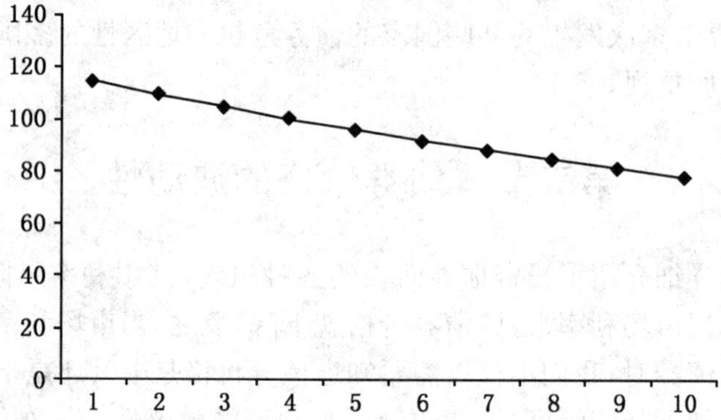

图 6－1　基于表 6－2 数据的债券价格与市场收益率关系

实际上，根据债券定价的一般公式[①]，普通债券的价格与收益率关系可以表现为图 6－2 的一般形式，这里的普通债券指不含权债券。

从例 6－1 及图 6－2 中，可以总结出同一个债券的价格随收益率变化而变化的若干表现[②]。

第一，债券价格与收益率之间不是线性关系，而是一种非线性关系。在表 6－2 中可以看到，各收益率之间的差是一样的，但各价格之间的差不一样，所以图 6－1 中的各数据连接线不是直线。而且，越往图中左边靠近纵轴的地方，价格之间的差越大；越往图中右边靠近横轴箭头的地方，价格之间的差越小。如，在收益率 1%～2%之间，价格差为 5.13

① 见第四章公式(4－19)。

② 其中有些已经在第四章的债券定价定理中提及。

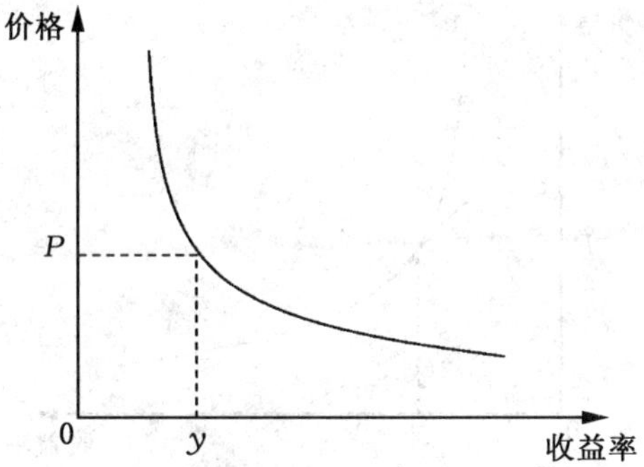

图 6—2　普通债券价格与市场收益率关系

元;而在收益率 9%～10%之间,价格差仅为 3.29 元。这说明整个线条是凸向原点的,这种价格与收益率的非线性关系,被称为凸性。

第二,债券价格与收益率之间的变化是反向的。市场收益率上升,债券价格就下跌;市场收益率下降,债券价格就上涨。比如收益率从 5%上升到 6%,债券价格从 95.67 元下跌到 91.58 元。这一条也是第四章债券定价定理二已经告诉我们的。

第三,当收益率变动很小时,债券价格变动基本对称,但当收益率变动很大时,债券价格变动明显非对称。比如,仍然利用[例 6—1]的债券,可以计算出当收益率为 3.99%时,其价格与收益率为 4%时价格的差距是 0.04 元;而当收益率为 4.01%时,其价格与收益率为 4%时价格的差距仍然是 0.04 元。即收益率小幅度变动 0.01%,价格变动幅度基本一样。再看当收益率为 3%时,其价格与收益率为 4%时价格的差距是 4.58 元;而当收益率为 5%时,其价格与收益率为 4%时价格的差距是 4.33 元。即收益率大幅度变动 1%,价格变动幅度明显不一样。

第四,在收益率同等变化幅度且方向相反时,债券价格的增加幅度要超过债券价格的减少幅度。这从表 6—2 中可以看到,收益率从 10%每次减少 1%时,债券价格的增加金额逐渐变大,即印证了这一规则。其实,这一条也是第四章债券定价定理五已经告诉我们的。

(二)含权债券的价格与收益率关系

对于含权债券来说,其价格与收益率的关系就与上述不含权的普通债券有所不同了,下面我们按照可赎回债券和可回售债券分别予以说明,不过都只是定性的介绍。

1. 可赎回债券的价格与收益率关系

可赎回债券赋予债券发行人可以提前赎回债券的权利。因此,当市场利率下降到一定程度后,债券发行人有可能选择赎回债券以便按更低的利率再融资。而对于债券投资者而言,可赎回期权是不利的因素。因此,可赎回债券的价格随着市场收益率下降而上升的幅度,就小于同等条件不含可赎回期权的普通债券。图 6—3 描绘了可赎回债券的价格与市场收益率关系。

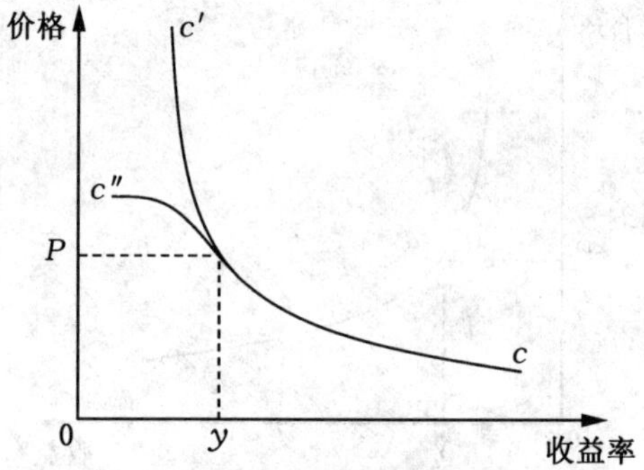

图 6—3　可赎回债券价格与市场收益率关系

图 6—3 中，cc'是不含可赎回期权普通债券的价格与收益率关系曲线，cc''是可赎回债券的价格与收益率关系曲线。当市场收益率高于 y 时，两条曲线是一样的；而当市场收益率低于 y 时，两条曲线有明显差异。即市场利率低于 y 后，可赎回债券的价格就会低于普通债券的价格，两线之间的差额是可赎回期权的价值。

2. 可回售债券的价格与收益率关系

可回售债券赋予债券持有人可以要求发行人提前买回债券的权利。因此，当市场利率上升到一定程度后，债券持有人有可能选择将手中的债券回售给发行人，取得本金后投资于更高收益的债券。这样对于债券投资者而言，可回售期权是有利的因素。因此，可回售债券的价格随着市场收益率上升而下降的幅度，就小于同等条件不含可回售期权的普通债券。图 6—4 描绘了可回售债券的价格与市场收益率关系。

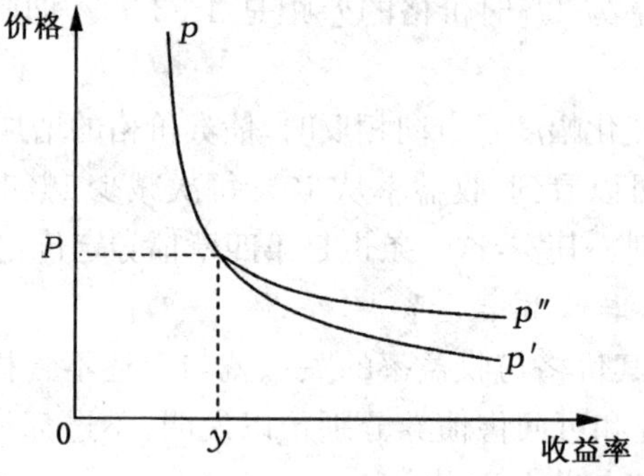

图 6—4　可回售债券价格与市场收益率关系

图 6—4 中，pp'是不含可回售期权普通债券的价格与收益率关系曲线，pp''是可回售债券的价格与收益率关系曲线。当市场收益率低于 y 时，两条曲线是一样的；而当市场收益率高于 y 时，两条曲线有明显差异。即市场利率高于 y 后，可回售债券的价格就会

高于普通债券的价格，两线之间的差额是可回售期权的价值。

二、债券价格波动性特征

上面说明债券价格与市场收益率的关系，都是针对一个债券来说的。然而，当市场收益率（即市场利率）变动时，不同债券的价格波动会有什么表现？还有，当市场收益率在不同起始位置变动时，债券的价格波动会有什么表现？这些都进一步涉及债券价格的波动性特征。但下面的分析仅针对不含权的普通债券。

在普通债券的定价公式中，等式右边有三个变量。其中有关债券本身的变量有两个：一是票面利率，二是债券到期期限；有关市场因素的变量有一个，即折现的市场收益率。因此，依据这三个变量进行债券价格波动性特征的分析。

（一）票面利率与债券价格波动

价格波动性特征一：假定其他因素不变，则票面利率越低的债券，其价格波动越大。这一特征可以由下例看到。

【例 6—2】 假设有 A 债券和 B 债券，同为国债，面值 100 元，期限都是 5 年，付息方式相同，每年付息一次，但 A 债券票面利率为 2%，B 债券票面利率为 10%。再假设市场收益率从 5%变化到 6%，于是可以算出在市场收益率变化的情况下 A 债券和 B 债券的价格和波动率，见表 6—3。

表 6—3　票面利率不同债券的价格波动

收益率（%）	A 债券		B 债券	
	价格（元）	波动率（%）	价格（元）	波动率（%）
5	87.01	—4.44	121.65	—3.95
6	83.15		116.85	

从表中显示，低票面利率的 A 债券，在市场收益率从 5%变到 6%时，价格降低了 3.86 元，与原来价格相比，价格变动了—4.44%；而高票面利率的 B 债券，在市场收益率从 5%变到 6%时，尽管价格降低了 4.80 元，但与原来价格相比，价格只变动了—3.95%。所以，债券的票面利率越低，价格波动性越大。

（二）到期期限与债券价格波动

价格波动性特征二：假定其他因素不变，则到期期限越长的债券，其价格波动越大。这一特征也可以由下例看到。

【例 6—3】 假设有 A 债券和 B 债券，信用级别一样，面值都是 100 元，票面利率也同为 6%，每年付息一次，但 A 债券的到期期限是 2 年，B 债券的到期期限是 10 年。再假设市场收益率还是从 5%变化到 6%，于是可以算出在市场收益率变化的情况下 A 债券和 B 债券的价格和波动率，见表 6—4。

表 6—4　　　　　　　　　　到期期限不同债券的价格波动

收益率(%)	A债券		B债券	
	价格(元)	波动率(%)	价格(元)	波动率(%)
5	101.86	—1.83	107.72	—7.17
6	100.00		100.00	

从表中显示，到期期限短的 A 债券，在市场收益率从 5%变到 6%时，价格降低了 1.86 元，与原来价格相比，价格变动了—1.83%；而到期期限长的 B 债券，在市场收益率从 5%变到 6%时，价格降低了 7.72 元，这样与原来价格相比，价格变动了—7.17%。所以，债券的到期期限越长，价格波动性越大。

(三)初始收益率与债券价格波动

价格波动性特征三：假定其他因素不变，则初始收益率越低，债券的价格波动越大。初始收益率是指折现率变动的起始水平。我们可以从下例看到这一特征。

【例 6—4】　假设有一个债券，面值 100 元，期限 5 年，票面利率 4%，每年付息一次。再假设市场收益率从 1%变化到 2%，以及从 9%变化到 10%，于是可以算出在市场收益率变化的情况下该债券的价格和波动率，见表 6—5。

表 6—5　　　　　　　　　初始收益率不同时的债券价格波动

收益率(%)	价格(元)	波动率(%)
1	114.56	—4.48
2	109.43	
9	80.55	—4.08
10	77.26	

从表中显示，在市场收益率从 1%变到 2%时，价格降低了 5.13 元，与原来价格相比，价格变动了—4.48%；而在市场收益率从 9%变到 10%时，价格降低了 3.29 元，这样与原来价格相比，价格只变动了—4.08%。所以，市场初始收益率越低，债券价格波动性越大。

三、基点价格值和价格变动收益率值

基点价格值和价格变动收益率值都是用来度量债券价格波动性的指标，可以显示债券价格波动的大小。它们也是衡量债券利率风险的简单方法。

(一)基点价格值

在说明这一概念前，先明确基点的含义。所谓基点，是利率改变量的计量单位。一个基点等于 1 个百分点的 1%，即 0.01%。因此，100 个基点等于 1%。

所谓基点价格值，是指收益率变动一个基点时，债券价格的变动金额。要注意的是，基点价格值是价格变化的绝对值。如果要计算价格变化的相对值，也就是价格变化百分比，可以由基点价格值除以初始价格求得。

【例 6-5】 有一债券，面值为 100 元，到期期限为 2 年，票面利率 5%，每年付息一次。若市场收益率为 4%，试计算该债券的基点价格值。

首先需要计算出债券在市场收益率为 4%时的价格 P：

$$P=\frac{5}{1+4\%}+\frac{5+100}{(1+4\%)^2}=101.8861(\text{元})$$

当收益率改变一个基点，如收益率从 4%上升到 4.01%时，债券的新价格 P_{+1}变为：

$$P_{+1}=\frac{5}{1+4.01\%}+\frac{5+100}{(1+4.01\%)^2}=101.8670(\text{元})$$

此时债券价格变动－0.0191 元，即基点价格值为 0.0191 元。如果收益率从 4%下跌到 3.99%，此时债券的新价格 P_{-1}变为：

$$P_{-1}=\frac{5}{1+3.99\%}+\frac{5+100}{(1+3.99\%)^2}=101.9052(\text{元})$$

此时债券价格变动＋0.0191 元，即基点价格值亦为 0.0191 元。严格来说，收益率增加或减少一个基点时，基点价格值并不完全相等，只是因为收益率变化幅度小，所以债券价格升降基本对称。一旦让收益率变化幅度增加，正如前面债券定价定理五所述，债券价格升降就不对称了，可见下例。

【例 6-6】 利用[例 6－5]的数据，计算 100 个基点的价格值。

上例已计算出，市场收益率为 4%时，债券价格 P 为 101.89 元。而当市场收益率上升 100 个基点到 5%时，同理也可以计算出债券价格 P_{+100}为 100 元，即收益率上升 100 个基点的价格值为 1.89 元。再用同样方法计算当市场收益率下降 100 个基点到 3%时，债券价格 P_{-100}为 103.83 元，即收益率下降 100 个基点的价格值为 1.94 元。显然，此时收益率下降 100 个基点的价格值大于收益率上升 100 个基点的价格值。

如果投资者持有的是一个债券组合，则该债券组合的基点价格值，等于组合里各个债券的基点价格值的总和，即公式(6－1)。

$$PVBP_p=\sum_{i=1}^{n}S_i\times PVBP_i \qquad (6-1)$$

式中：$PVBP_p$为债券组合的基点价格值，$PVBP_i$是债券 i 的基点价格值，n 是债券的个数，S_i是债券 i 的数量。

【例 6-7】 假设有一个债券组合由三个债券构成，A 债券、B 债券和 C 债券每张的基点价格值分别为 0.0208 元、0.0154 元和 0.0098 元。债券组合中 A 债券有 200 张，B 债券由 50 张，C 债券有 100 张。则该债券组合的基点价格值为：

$$PVBP_p=200\times0.0208+50\times0.0154+100\times0.0098=5.91(\text{元})$$

采用基点价格值方法的特点是：比较简单、直截了当，特别适用于评价单个债券和由少数几种债券组成的投资组合。但该方法不适合评价由多种债券组成的投资组合或者种类少但是内含选择权的债券组成的投资组合，因为这种情况下用基点价格值法计算反而是过于麻烦，不如后面将要讲述的久期方法。另外，在使用基点价格值方法测量债券组合的利率风险时，需要特别注意基点价格值的时效性，即基点价格值会随着市场收益率的变化而变化，因此要根据利率变化及时调整基点价格值。

(二)价格变动收益率值

所谓价格变动收益率值，是指债券价格变动一定数量时所对应的收益率值变动，即债券价格变动某数量前后的收益率差额。它和基点价格值方法相似，也用来度量债券价格波动，不过是从收益率角度观察。如果价格变动收益率值越大，意味着债券价格变动一定数量时，所要求的收益率的变动越大，因此反过来说明了债券价格波动性越小；反之，如果价格变动收益率值越小，意味着债券价格变动一定数量时，所要求的收益率的变动越小，因此反过来说明了债券价格波动性越大。

价格变动收益率值的计算步骤如下：首先计算出债券价格上升或下降某单位数量后的新收益率，然后再比较新收益率和初始收益率的大小，其差额就是债券价格变动单位数量的收益率值。债券价格变动单位数量一般采用债券交易的价格变动最小单位①。

第三节　久　期

久期是度量债券价格波动性的方法，它可以用来测量债券价格对于市场收益率变动的敏感性。在实践中，久期是债券组合管理的有效工具。

一、久期的含义和公式

久期是一个被广泛运用的衡量债券价格波动性的指标，由于最早是由麦考利提出②，所以也称为麦考利久期。久期与上面介绍的基点价格值比较，一个明显的优势是久期不受债券面值大小的影响，便于不同债券之间的比较。

(一)久期的含义

麦考利久期有三种常见的解释。解释一：是债券现金流加权平均到期期限；解释二：是债券价格关于收益率的一阶导数；解释三：是债券价格对利率变化的敏感性。下面分别介绍。

1. 债券现金流加权平均到期期限

对于零息债券和一次还本付息债券，由于它们的现金流只有在到期偿还时候的一笔，所以债券现金流的到期期限就是最后的偿还期。但对于附息债券来说，其有多笔现金流，不同现金流的到期时间不一样，所以就可以计算这些现金流的平均到期时间。同时考虑到不同现金流的价值不一样，计算时还应采用加权方法，权数是每笔现金流的现值占总现

① 如美国债券市场经常采用1美元的1/32。
② 1938年由R.R.麦考利(F.R.Macaulay)提出。

值的比重。因此，久期就是债券现金流加权平均到期期限。

根据这一定义，可以有久期的计算公式，见公式(6—2)。

$$D=\frac{1}{P}\sum_{t=1}^{n}\frac{tC_t}{(1+y_m)^t} \tag{6-2}$$

式中：D 为久期（一般指麦考利久期），P 为债券价格，t 为各笔现金流的到期时间，C_t 为 t 时间的现金流，y_m 为折现的到期收益率，n 为最后一笔现金流的到期时间。

在这一公式中，久期的计算步骤为：第一，用选取的到期收益率作为折现率计算未来每一笔现金流的现值；第二，计算每一笔现金流现值在总现值中的比重；第三，将每一比重和相应的现金流期限相乘并将积加起来。

【例 6—8】 设政府现在发行一种 3 年期的每年付息一次的附息债券，面值 100 元，票面利率为 4.2%。如果以到期收益率 4%作为折现率，试列表计算该债券在发行日的久期（小数点后保留 4 位）。

计算过程和结果见表 6—6，最后该债券的久期为 2.881 年。

表 6—6　　久期计算过程和结果

年份	现金流(元)	现值(元)	权重	乘积
1	4.2	4.0385	0.0402	0.0402
2	4.2	3.8831	0.0386	0.0772
3	104.2	92.6334	0.9212	2.7636
合计		100.555	1	2.881(年)

以衡量债券现金流的加权平均到期时间作为久期的定义，有其可取之处，也有一些不足。就第一方面来说，债券到期期限通常指的是债券本金收回的期限，该期限没有充分提供债券整个现金流大小和时间的信息，不能充分反映债券价格对市场利率的敏感性。与债券的到期期限比较，久期更能反映债券现金流整体的到期时间。就第二方面来说，将久期作为债券现金流现值的平均收到时间，在理解风险方面仍显不足。比如，[例 6—8]计算的结果是该债券的久期为 2.881 年。如果告诉投资者这一时间年限有什么意义呢？结合风险因素，我们只能这样认为，一个债券的平均到期时间短，投资者就可以更早的收回其投资，投资资金将更少地暴露在利率风险下，利率风险小；而一个债券的平均到期时间长，投资者收回其投资的时间长，投资资金将更多地暴露在利率风险下，利率风险大。但这样对利率风险的理解并不完全精准。另外，当我们把久期的应用扩展到普通债券以外时，将久期理解为时间概念会出现无法解释的现象，比如有的久期是负值，这在时间上是没有意义的。

最后还需要说明的是，按照公式(6—2)计算的久期其实也是针对一定周期而言的久期。比如一个债券期限 5 年，每半年付息一次，那么未来就有 10 笔现金流，因此计算出来的是这 10 笔现金流针对半年期的加权平均到期期限。如果要统一为年度值，则设 m 为每年支付的利息次数，就可以按公式(6－3)计算。

$$久期的年度值＝每年\ m\ 期内的久期/m \tag{6－3}$$

2. 债券价格关于收益率的一阶导数

将久期解释为这一定义是从数学角度来说的，因为通过久期测算的债券价格，确实是在价格与收益率关系曲线的切点的直线上。因此，这一说法有数学基础支撑。不过，在债券市场上，如果以这样的定义给出什么是久期，是无法让投资者体会到利率风险的。这种说法缺乏经济学意义，仅说明了久期和债券价格与收益率关系曲线之间的数理逻辑。

3. 债券价格对利率变化的敏感性

价格敏感性是用价格变动的百分比来表现。因此，根据这一解释，久期就是指市场收益率变化单位百分比时，债券价格变化的百分比大小。换言之，久期是债券价格变动率与收益率变动率的比值，可用公式(6－4)表示。

$$D=-\frac{\Delta P/P}{\Delta y/(1+y)} \tag{6－4}$$

式中：D 为久期，P 为债券价格，ΔP 为价格的变动值，Δy 为收益率的变动值，y 为折现的收益率。公式右边的负号，表示价格变动的方向与收益率变动的方向相反。

公式(6－4)显示的意义是：久期值越大，债券价格的波动幅度越大，从而利率风险就越大。这一解释反映了久期的本质含义，而且其适用性强，无论是普通债券还是含权债券，都可以采用。因此，它比前面两种解释更合理。美国有一本关于固定收益证券的教科书，其中在对久期含义讨论时就写道："忘掉一阶导数和时间度量的定义①。"

另外，我们还可以利用公式(6－4)计算债券价格变化的近似值。因为当折现的收益率很小时，即 $1+y$ 近似看成 1 时，那么公式(6－4)就可以写成公式(6－5)。

$$\frac{\Delta P}{P}\approx -D\times\Delta y \tag{6－5}$$

该公式表示：久期是收益率变动一定基点时债券价格变动的近似百分比。比如在[例6－8]计算得到的 2.881 的久期，就表示收益率变动 100 个基点时②，这个债券的价格大约变动 2.881%。

【例 6－9】 设一债券的久期为 6.75，市场收益率为 4%，请问当收益率上升到 4.24%时，债券价格变动的百分比是多少？

根据公式(6－5)有：

$$\frac{\Delta P}{P}\approx -6.75\times(4.24\%-4\%)=-1.62\%$$

即债券价格将大约下跌 1.62%。

① 弗兰克·J.法博齐. 固定收益证券手册[M]. 任若恩、李焰，等译. 6 版. 北京：中国人民大学出版社. 2005.

② 即令 Δy 等于 0.01。

（二）久期的公式推导

上面我们已经说明，对于普通债券来说，久期既可以解释为债券现金流加权平均到期期限，也可以解释为债券价格对利率变化的敏感性。两个解释对应的公式分别是公式（6—2）和公式（6—4）。

以直观的角度，久期的这两个解释有很大区别，公式也有很大差异，但实际上它们是一致的，我们可以通过公式推导来求证。

首先，债券价格等于未来各期现金流的现值之和，因此，可以将第四章债券的一般定价公式（4—19）写成公式（6—6）。

$$P=\frac{C_1}{1+y}+\frac{C_2}{(1+y)^2}+\frac{C_3}{(1+y)^3}+\cdots+\frac{C_n}{(1+y)^n} \quad (6-6)$$

式中：P 为债券价格，C_1、C_2、…、C_n 为各期的现金流，y 为折现的必要收益率，n 为债券的期数。如果债券期数单位为年，则折现的必要收益率就是年折现率。

然后，对公式（6—6）求价格对收益率的导数，结果如下：

$$\frac{dP}{dy}=\frac{(-1)C_1}{(1+y)^2}+\frac{(-2)C_2}{(1+y)^3}+\frac{(-3)C_3}{(1+y)^4}+\cdots+\frac{(-n)C_n}{(1+y)^{n+1}}$$

在上式两边都乘以 $-(1+y)/P$，结果如下：

$$-\frac{dP}{dy}\times\frac{(1+y)}{P}=\frac{1}{P}\times\left[\frac{C_1}{1+y}+\frac{2C_2}{(1+y)^2}+\frac{3C_3}{(1+y)^3}+\cdots+\frac{nC_n}{(1+y)^n}\right]$$

对上式两边整理和化简，得公式（6—7）。

$$-\frac{dP/P}{dy/(1+y)}=\frac{1}{P}\sum_{t=1}^{n}\frac{tC_t}{(1+y)^t} \quad (6-7)$$

在公式（6—7）中可以看到，左边是债券价格对利率变化的敏感性[①]，右边是债券现金流加权平均到期期限。可见，久期的两个公式是等价的，可以相互推导。

小专栏 6—2　　对久期公式的一种看法

从数学角度来说，如果将久期定义为是债券价格变动率与收益率变动率的比值，就应该用如下公式表示：

$$D=-\frac{\Delta P/P}{\Delta(1+y)/(1+y)}$$

即收益率变动率度量时的分子和分母应统一。但在实践中，对该公式运用时在形式上采用了如下公式：

$$D=-\frac{\Delta P/P}{\Delta y/(1+y)}$$

公式中收益率变动率的度量在分子和分母上不一致。其中的原因，主要是根据久期公式推导的结果。

① 与公式（6—4）比较，dP 与 ΔP 是等价的，dy 与 Δy 是等价的。

二、久期的种类

(一)修正久期

修正久期是一种在债券投资管理中经常使用的久期,其计算方法见公式(6—8)。

$$D_m=-\frac{\mathrm{d}P/P}{\mathrm{d}y} \tag{6—8}$$

式中:D_m为修正久期,P 为债券价格,$\mathrm{d}P/\mathrm{d}y$ 是债券价格对收益率的导数。

由修正久期的公式和久期的公式,可以得出修正久期和麦考利久期的关系,见公式(6—9)。

$$D_m=\frac{D}{1+y} \tag{6—9}$$

有了修正久期后,计算债券价格变化就可以既像公式(6—5)那样简洁,又比公式(6—5)更精确。因为从公式(6—8)中可以直接得到公式(6—10)。

$$\frac{\mathrm{d}P}{P}=-D_m\times\mathrm{d}y \tag{6—10}$$

【例 6—10】 假设一个债券的久期是 3.6 年,修正久期是 3.3 年,价格为 90 元,那么我们可以计算出,当收益率增加 1%时,通过修正久期估计债券价格变化幅度是:

$$\frac{\mathrm{d}P}{P}=-3.3\times1\%=-3.3\%$$

用修正久期估计债券价格变化值是:

$$dP=-3.3\%\times90=-2.97(\text{元})$$

(二)美元久期

美元久期也是久期的一种形式,它与修正久期的差异是:修正久期是债券价格变化的相对数,美元久期是债券价格变化的绝对数。

美元久期与修正久期的关系见公式(6—11)。

$$D_d=D_m\times P \tag{6—11}$$

式中:D_d为美元久期,D_m为修正久期,P 为债券价格。

【例 6—11】 设有一债券,其修正久期为 10,债券价格 89.28 元,那么这个债券的美元久期就是:

$$D_d=10\times89.28=892.8(\text{元})$$

(三)有效久期

前面我们介绍的久期、修正久期等范畴时,实际上针对的是普通债券,亦即假定债券现金流并不随着市场利率的改变而改变。但是在一些特殊的情境下(比如可赎回债券、可提前偿还债券等含权债券),市场利率的改变会改变债券的现金流,这时如果继续使用久期、修正久期的话,得出的结果就可能不够精确。针对这种情况,就需要用有效久期的概念。

有效久期也叫期权调整久期，其前提条件是承认市场收益率的变化对债券预期现金流可能产生影响。所以，有效久期既考虑了收益率的变化，也考虑了预期现金流的可能变化。它直接使用不同收益率变动为基础的债券价格进行计算，这样可以反映债券隐含期权价值的变动。

有效久期的计算公式见公式(6—12)。

$$D_e=-\frac{P_+-P_-}{P_0(y_+-y_-)} \tag{6—12}$$

式中：D_e为有效久期，P_+为市场利率上升某个基点时债券的价格，P_-为市场利率下降同样基点时债券的价格，P_0为市场利率变化前的债券价格，y_+为市场利率上升某个基点后的收益率，y_-为市场利率下降某个基点后的收益率。

由于市场利率上升的幅度和下降的幅度都为 Δy，故又有公式(6—13)。

$$D_e=\frac{P_- - P_+}{2P_0\Delta y} \tag{6—13}$$

【例 6—12】 假设有一债券，面值 100 元，期限 5 年，票面利率 8%，每年付息一次，市场利率 6%，试计算其麦考利久期和修正久期。如果市场利率上升 10 个基点和下降 10 个基点，试计算有效久期。

该债券的市场价格为：

$$P=\sum_{t=1}^{5}\frac{8\%\times 100}{(1+6\%)^t}+\frac{100}{(1+6\%)^5}=108.424\ 7(\text{元})$$

根据公式(6—2)，可以计算麦考利久期如下：

$$D=\frac{1}{108.424\ 7}\left[\sum_{t=1}^{5}\frac{t\times 8\%\times 100}{(1+6\%)^t}+\frac{5\times 100}{(1+6\%)^5}\right]=4.342\ 2$$

根据公式(6—9)，可以计算修正久期如下：

$$D_m=\frac{4.342\ 2}{1+6\%}=4.096\ 4$$

当市场利率上升 10 个基点，此时收益率 y_+ 为 6.10%，可以计算得到债券的市场价格为：

$$P_+=\sum_{t=1}^{5}\frac{8\%\times 100}{(1+6.10\%)^t}+\frac{100}{(1+6.10\%)^5}=107.981\ 8(\text{元})$$

当市场利率下降 10 个基点，此时收益率 y_- 为 5.90%，可以计算得到债券的市场价格为：

$$P_-=\sum_{t=1}^{5}\frac{8\%\times 100}{(1+5.90\%)^t}+\frac{100}{(1+5.90\%)^5}=108.870\ 1(\text{元})$$

于是根据公式(6—12)，可以计算有效久期如下：

$$D_e=-\frac{107.981\ 8-108.870\ 1}{108.424\ 7\times(6.10\%-5.90\%)}=4.096\ 4$$

计算得出该债券的有效久期与其修正久期相等。

其实，对于不含选择权的债券来说，修正久期和有效久期的数值一样大小。因为从公式(6—8)和公式(6—12)中可以看出，它们都是债券价格与市场收益率关系曲线某一点处的切线斜率除以该点对应的债券价格。

但对于含有选择权的债券，有效久期和修正久期的差别可能就很大了。比如，某种可赎回债券的修正久期是6.3，而有效久期可能是4.1。这是因为对于含有选择权的债券，其预期现金流受到收益率变动的影响，而修正久期的前提条件是假设收益率的改变不影响预期现金流，所以继续采用修正久期来计算含有选择权债券的久期，就会产生很大的误差。在这种情况下，应采用有效久期方法。修正久期和有效久期的区别可见表6—7。

表6—7　修正久期和有效久期的区别

比较方面	修正久期	有效久期
收益率改变是否影响预期现金流	假设收益率的改变不影响预期现金流	承认收益率的变化对预期现金流产生影响
考虑了到期收益率的变化还是预期现金流的变化	考虑了到期收益率的变化	既考虑了到期收益率的变化，也考虑了预期现金流的变化
适合的债券类型	适合不含权债券的久期计算	适合含权债券的久期计算

(四)特别情形的久期

1. 零息债券的久期

对于附息债券来说，债券的久期小于它的到期期限。因为附息债券不但会在最后一期收到本金及最后一次利息的现金流，还会在早先的一些期限里收到定时支付的利息的现金流，这样就缩短了现金流的平均到期时间，进而使得其久期小于其到期时间。但零息债券不同，零息债券所有的现金流都是在最后一期收回。这样根据久期的公式，零息债券的久期就等于它的到期期限。所以，当且仅当债券是零息债券的时候，债券的久期等于它的到期期限。

2. 永久债券的久期

对于永久债券，根据第四章公式(4—28)，其价格为定期支付的固定的现金流除以折现的到期收益率。因此，将此价格代入公式(6—2)，可以得到公式(6—14)[①]。

$$D=\frac{1}{C\div y}\sum_{t=1}^{\infty}\frac{tC}{(1+y)^{t}}=1+\frac{1}{y} \qquad (6-14)$$

式中：D为久期，t为各笔现金流的到期时间，C为t每期支付的固定的现金流，y为折现的必要收益率。

① 数学上可以证明：$\sum_{t=1}^{\infty}\frac{t}{(1+y)^{t}}=\frac{1+y}{y^{2}}$。

3. 债券组合的久期

如果投资者拥有一个债券组合，那么债券组合的久期就是组合中各债券的久期的加权平均数，见公式(6—15)。

$$D_p=\sum_{i=1}^{n}W_iD_i \tag{6—15}$$

式中：D_p为债券组合久期，W_i为债券 i 的价值在组合总价值中所占的比重，D_i为债券 i 的久期，n 为组合中债券的个数。

三、久期的特性和局限性

(一)久期的特性

不同的债券具有不同的久期，但是债券的久期也不是没有规律可循。一般来说，债券久期的特性与债券票面利率、到期期限、债券现金流折现的必要收益率等要素相关。

1. 票面利率与久期

特性一：假定其他因素不变，则票面利率越低的债券，其久期值越大。

在这一情形下，要固定债券的到期期限和折现的必要收益率。于是，票面利率越低，意味着早期收到的利息越小，它们占债券价格的权重也就越小，这样使债券现金流到来时间的加权平均值延长，从而久期就越大。我们前面说到，零息债券的久期就是它的到期期限，因为零息债券在到期之前没有现金流，所以零息债券与其他条件相同的附息债券相比，久期值最大。

【例 6—13】 假设有 A 债券和 B 债券，同为国债，面值 100 元，期限都是 5 年，付息方式相同，每年付息一次，但 A 债券票面利率为 2%，B 债券票面利率为 10%。再假设市场收益率为 5%，于是可以利用公式(6—2)、公式(6—9)和公式(6—11)，分别算出 A 债券和 B 债券的久期、修正久期和美元久期，见表 6—8。

表 6—8　　票面利率不同债券的久期

债券	价格(元)	久期	修正久期	美元久期
A 债券	87.01	4.791 4	4.563 2	397.044 0
B 债券	121.65	4.253 4	4.050 9	492.792 0

从表中显示，低票面利率的 A 债券，与高票面利率的 B 债券比较，其久期和修正久期的数值都要大。不过要注意的是，这一特性指的是久期和修正久期，因为它们表示的是债券价格针对利率变动而变化的相对数。而美元久期不同，它是债券价格变化的绝对数。因此尽管 A 债券的价格变化相对数高，但由于债券价格本身较低，所以引起的美元久期反而小一些。

2. 到期期限与久期

特性二:假定其他因素不变,则到期期限越长的债券,其久期值越大。

在这一情形下,要固定债券的票面利率和折现的必要收益率。于是,到期期限越长,债券现金流到来时间的加权平均值也就越长,从而久期就越大。

【例 6—14】 假设有A债券和B债券,信用级别一样,面值都是100元,票面利率也同为6%,每年付息一次,但A债券的到期期限是2年,B债券的到期期限是10年。再假设市场收益率为5%,于是同样可以算出分别算出A债券和B债券的久期、修正久期和美元久期,见表6—9。

表 6—9 **到期期限不同债券的久期**

债券	价格(元)	久期	修正久期	美元久期
A债券	101.86	1.943 9	1.851 3	188.573 4
B债券	107.72	7.892 3	7.516 5	809.677 4

从表中显示,到期期限长的B债券,与到期期限短的A债券比较,其久期和修正久期的数值都要大。同时,由于B债券本身的价格也较高,所以引起的美元久期也要大。

另外还应指出,对于零息债券,久期等于到期时间,所以到期期限延长多少,其久期也就增长多少。但对于附息债券,久期的增长速度比到期时间的增长速度要慢一些。比如在[例6—14]中,B债券的到期期限比A债券的到期期限增长了8年,但B债券的久期只比A债券的久期增长5.948 4年。

3. 初始收益率与久期

特性三:假定其他因素不变,则初始收益率越低,债券的久期值越大。

在这一情形下,要固定债券的票面利率和到期期限。于是,折现时的初始收益率越低,后期的债券现金流的现值越大,它们占债券价格的权重也就越大,这样使债券现金流到来时间的加权平均值延长,从而久期就越大。不过,对于零息债券来说,由于久期等于到期时间,所以其久期不受初始收益率高低的影响。

【例 6—15】 假设有一个债券,面值100元,期限5年,票面利率4%,每年付息一次。再假设市场收益率为2%以及9%两种情况,于是也可以算出该债券在两种情况下的久期、修正久期和美元久期,见表6—10。

表 6—10 **初始收益率不同时债券的久期**

市场收益率	价格(元)	久期	修正久期	美元久期
2%	109.43	4.648 5	4.557 4	498.716 3
9%	80.55	4.580 6	、4.202 4	338.503 3

从表中显示,市场收益率为2%和市场收益率为9%的两种情况比较,前者的久期和修正久期的数值都比后者要大。而且,市场收益率较低时债券本身的价格也高,所以引起

的美元久期也要大。

上面第二节我们曾经讲到了债券价格波动性有三个特征，这里又讲了久期的三个特性，它们其实是统一的。久期作为债券价格对利率变化的敏感性，其数值越大，债券价格波动就越强；反之，其数值越小，债券价格波动就越弱。

(二)久期的局限性

前面已经说明，债券价格与到期收益率的关系并不是线性的，而是一种非线性关系，这条曲线是凸向原点的。在这条曲线上，切线的斜率是随着利率(收益率)的上升而逐渐变得平缓，即所谓的凸性现象。

由于债券价格与到期收益率关系曲线不是一条直线，那么我们利用久期方法来计算债券价格变化的值就不那么精确。比如，假设某债券的价格与收益率曲线是如图6—5的曲线。如果初始收益率为 y_0，初始价格为 P_0，当收益率发生变化从 y_0 上升到 y_1 时，债券价格实际从 P_0 下降到 P_1，下降幅度为($P_0 - P_1$)。而我们使用久期计算出债券价格是下降到了 P_2，下降幅度为($P_0 - P_2$)；从而出现了一定的误差($P_1 - P_2$)。在图中，可以很直观地发现这个误差产生的原因是:债券价格与收益率关系曲线具有凸性。另外，我们还可以发现，当收益率下降时，利用久期测算的债券价格上升程度也小于债券价格上升的实际值，如图中的 P_4 小于 P_3。所以，无论是收益率上升还是收益率下降，用久期计算的债券价格总是小于债券应具有的实际价格。

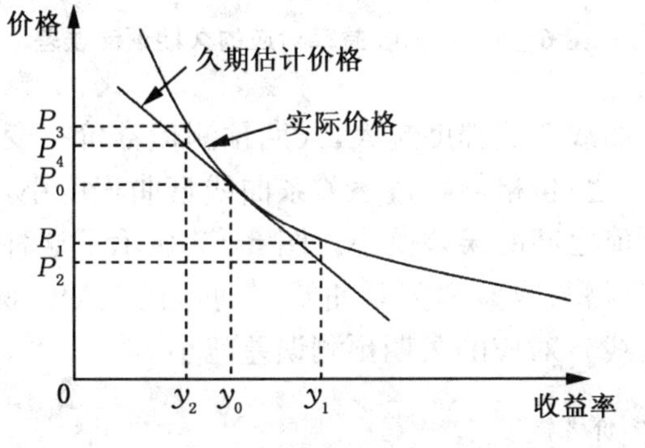

图6—5　久期的局限性

【例6—16】　利用[例6—12]的债券数据，该债券面值100元，期限5年，票面利率8%，每年付息一次，到期收益率6%，则可以计算其价格为108.4247元，修正久期为4.096 4。

当收益率下降0.5%时，新的收益率变为5.5%，因此可以计算出新的债券实际价格为110.675 7元，即价格上升了2.251 0元。

我们再借助公式(6—8)，用修正久期来计算债券价格的变化。

当收益率下降0.5%时，债券价格变化值 ΔP_{-50} 为：

$\Delta P_{-50} = -4.096\ 4 \times (-0.5\%) \times 108.424\ 7 = 2.220\ 8$(元)

经过上面计算，我们可以看出使用修正久期计算出的债券价格变化值小于实际债券的价格变化值，它们之间存在的差额为 0.030 2 元。

实际上，利用久期计算债券价格变化值产生的误差与两个因素相关：第一是收益率变化的幅度，第二是价格与收益率关系曲线的弯曲程度。

收益率变化幅度越大，久期预测债券价格变化值和债券价格变化实际值之间的误差越大；反之，收益率变化幅度小，久期预测债券价格变化值和债券价格变化实际值之间的误差就小。图 6－6 显示了这种情况。对应着相同的价格与收益率关系曲线，当收益率从 y_0 上升到 y_1 时，久期方法计算出的误差比较小；而当收益率从 y_0 上升到 y_2 时，久期方法计算出的误差就比较大。

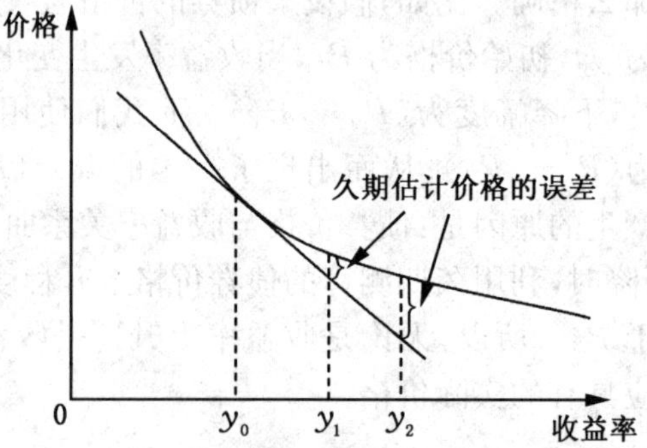

图 6－6　不同收益率对应的久期预测误差

价格与收益率关系曲线弯曲程度越大，久期预测债券价格变化值和债券价格变化实际值之间的误差越大；反之，价格与收益率关系曲线弯曲程度小，久期预测债券价格变化值和债券价格变化实际值之间的误差就小。图 6－7 显示了这种情况。收益率变动幅度一定时，弯曲程度大的价格与收益率关系曲线 c'' 对应的久期预测误差较大，弯曲程度小的价格与收益率关系曲线 c' 对应的久期预测误差就小。

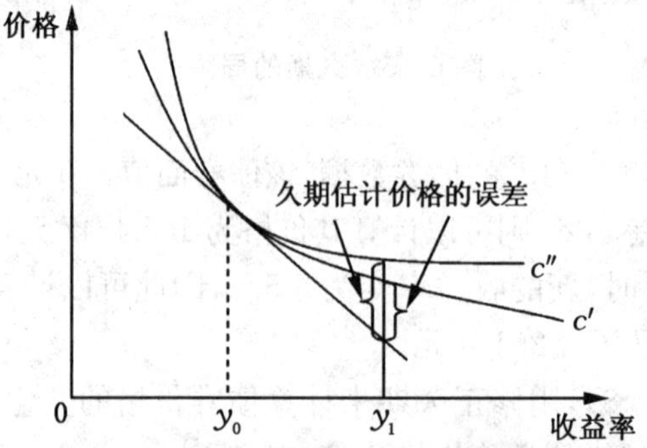

图 6－7　不同凸度对应的久期预测误差

综合上述，随着收益率变化幅度增大或者债券价格与收益率关系曲线弯曲程度增大，用久期估计债券价格方法所产生的误差也会增大。此时，我们可以采取凸度方法对久期所产生的误差进行一定调整。

第四节 凸 度

凸度与久期一样，也是度量债券价格波动性的方法。由于久期在测量债券价格变动方面还存在一定局限，所以需要进一步用凸度来弥补。凸度可以衡量市场收益率变动引起的债券价格变动幅度的变动程度。

一、凸度的定义和公式

(一)凸度的定义

在收益率变动幅度较大时，久期不能很准确地描述债券价格对市场利率变动的敏感性。为了纠正久期方法的这种不足，就需要引入凸度的概念。所谓凸度，是指债券收益率的单位变化所引起的债券久期的变化大小，即衡量到期收益率变动所引起的债券价格变动幅度的变动程度。从图形上看，更直观地说，凸度用来衡量债券价格与收益率关系曲线的曲度。在图 6—7 中，c''的凸度大于c'的凸度。即有：如果收益率增加相同大小，则凸度大的债券其价格减少幅度较小，凸度小的债券其价格减少幅度较大；如果收益率减少相同大小，则凸性大的债券其价格增加幅度较大，凸度小的债券其价格增加幅度较小。

(二)凸度的计算公式

凸度是债券价格对收益率的二阶导数除以债券价格，见公式(6—16)。

$$C=\frac{1}{P}\frac{\mathrm{d}^2P}{\mathrm{d}y^2} \tag{6—16}$$

式中：C 为凸度，P 为债券价格。

凸度的具体计算公式可以如下推导：

债券的理论价格在第四章已经给出公式(4—19)，这里再重新表达为公式(6—17)。

$$P=\sum_{t=1}^{n}\frac{C_t}{(1+y)^t} \tag{6—17}$$

式中：P 为债券价格，C_t为每期的现金流，y 为折现的必要收益率，n 为债券的期数。如果债券期数单位为年，则折现的必要收益率就是年折现率。

在公式(6—17)中求债券价格对收益率的导数，有：

$$\frac{\mathrm{d}P}{\mathrm{d}y}=-\sum_{t=1}^{n}\frac{tC_t}{(1+y)^{t+1}}=-\frac{1}{1+y}\sum_{t=1}^{n}\frac{tC_t}{(1+y)^t}$$

若该式两边同时除以 P，则其右边就是修正久期。在该公式中再求债券价格对收益率的导数，有：

$$\frac{d^2P}{dy^2}=\sum_{t=1}^{n}\frac{t(t+1)C_t}{(1+y)^{t+2}}=\frac{1}{(1+y)^2}\sum_{t=1}^{n}\frac{t(t+1)C_t}{(1+y)^t}$$

上式两边同时除以 P，即得到凸度的具体计算公式，见公式(6－18)。

$$C=\frac{1}{P}\frac{d^2P}{dy^2}=\frac{1}{P(1+y)^2}\sum_{t=1}^{n}\frac{t(t+1)C_t}{(1+y)^t} \tag{6－18}$$

从上面的公式推导中可以看到，久期描述的是债券价格对收益率的一阶导数，而凸度描述的是债券价格对收益率的二阶导数。因此，久期描述的是债券价格与收益率关系曲线的斜率，而凸度衡量的是债券价格与收益率关系曲线的弯曲程度。

下面通过例子来熟悉凸度的计算。

【例 6－17】 再次利用例 6－12 的债券数据，计算该债券的凸度。该债券面值 100 元，期限 5 年，票面利率 8%，每年付息一次，到期收益率 6%。凸度计算中的步骤可见表 6－11。

表 6－11 **凸度计算过程**

时间(年)	CF(元)	$PVCF$(元)	$t(t+1)$	$PVCF\times t(t+1)$
1	8	7.547 2	2	15.094 4
2	8	7.120 0	6	42.720 0
3	8	6.717 0	12	80.604 0
4	8	6.336 7	20	126.734 0
5	108	80.703 9	30	2 421.117 0
现金流现值和(价格)		108.424 8	总计	2 686.269 4

注：CF 为现金流，$PVCF$ 为现金流现值。

于是，凸度为：

$$C=\frac{2\ 686.269\ 4}{108.424\ 8\times(1+6\%)^2}=22.05$$

按照公式(6－18)计算的凸度其实是针对一定周期而言的。在[例 6－17]中的债券是一年付息一次，所以直接就是年度的凸度数值。如果 1 年内债券支付的利息次数为 m，那么凸度的年度值见公式(6－19)。

$$凸度的年度值=每年\ m\ 期内的凸度/m^2 \tag{6－19}$$

(三)凸度的近似计算

二阶导数是一阶导数的导数。在图 6－8 中，A 点的一阶导数用弦 AB 的斜率来近似，为$(P_+-P_0)/\Delta y$；B 点的一阶导数用弦 BC 的斜率来近似，为$(P_0-P_-)/\Delta y$。这样，B 点的二阶导数就是：

$$\frac{\frac{P_{+}-P_{0}}{\Delta y}-\frac{P_{0}-P_{-}}{\Delta y}}{\Delta y}=\frac{P_{+}+P_{-}-2P_{0}}{(\Delta y)^{2}}$$

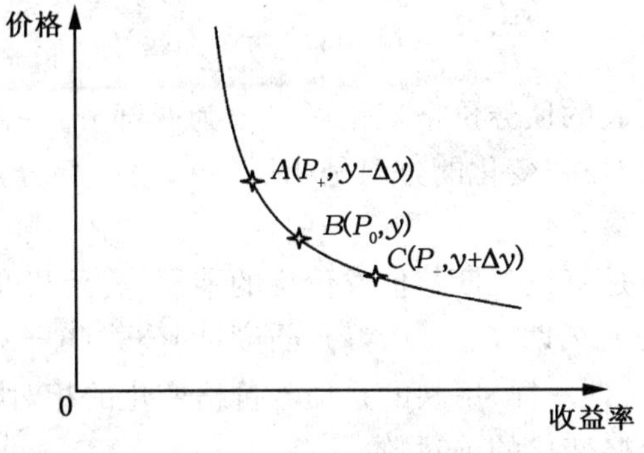

图 6－8　凸度近似计算

所以凸度可以按照公式(6－20)进行近似计算。

$$C=\frac{P_{+}+P_{-}-2P_{0}}{P_{0}(\Delta y)^{2}} \tag{6－20}$$

式中：C 为凸度，P_{+} 为收益率变化 $-\Delta y$ 时债券的价格，P_{-} 为收益率变化 Δy 时债券的价格，P_{0} 为债券初始价格。

【例 6－18】 仍然以[例 6－17]的债券为例，假设收益率的变化值为 10 个基点，那么经计算当收益率下降 10 个基点时，债券的价格为 108.870 1 元；当收益率上升 10 个基点时，债券的价格为 107.981 8 元；而收益率为 6%时，债券的价格为 108.424 7 元。于是估算该债券在 B 点的凸度为：

$$C=\frac{108.8701+107.9818-2\times 108.4247}{108.4247\times(0.001)^{2}}=23.0575$$

二、凸度调整值

凸度是要用来弥补久期估计债券价格的误差，那么凸度需要调整价格误差的数值是多少？我们可以采取数学方式，用泰勒展开式来推导债券价格变化和久期、凸度之间的关系。

首先把债券价格看作是收益率的函数，对债券价格进行泰勒展开得到：

$$\mathrm{d}P=\frac{\mathrm{d}P}{\mathrm{d}y}\mathrm{d}y+\frac{1}{2}\frac{\mathrm{d}^{2}P}{\mathrm{d}y^{2}}(\mathrm{d}y)^{2}+\varepsilon$$

式中的 ε 是误差项。然后上式两边同除以 P，得到公式(6－21)。

$$\frac{\mathrm{d}P}{P}=\frac{\mathrm{d}P}{\mathrm{d}y}\frac{1}{P}\mathrm{d}y+\frac{1}{2}\frac{\mathrm{d}^{2}P}{\mathrm{d}y^{2}}\frac{1}{P}(\mathrm{d}y)^{2}+\frac{\varepsilon}{P} \tag{6－21}$$

在公式(6—21)中,右边第一项就是用修正久期来估计债券价格的百分比变动,第二项就是由凸度所引起的债券价格的百分比变动。对照公式(6—8)和公式(6—16),可以将公式(6—21)写成公式(6—22)。

$$\frac{\mathrm{d}P}{P} \approx -D_m \mathrm{d}y + \frac{1}{2}C\ (\mathrm{d}y)^2 \tag{6—22}$$

所以,收益率改变引起的债券价格变化可以分为两部分:一部分是修正久期预测值,这种效应的变化方向和收益率变化的方向是相反的①;另一部分是凸度调整值,这种效应的变化总是取正值。

另外,如同美元久期是修正久期与债券价格的乘积,美元凸度也是凸度与债券价格的乘积。如果用 D_d 表示美元久期,C_d 表示美元凸度,则公式(6—22)可以变形为公式(6—23)。所以,凸度和修正久期一样,反映的是债券价格变化的相对数,而美元凸度和美元久期一样,反映的是债券价格变化的绝对数。

$$\Delta P \approx -D_d \Delta y + \frac{1}{2}C_d\ (\Delta y)^2 \tag{6—23}$$

由公式(6—22)还可以看到,凸度调整值的大小受凸度本身和收益率变动两个因素的影响。一方面,凸度越大,凸度调整值越大;凸度越小,凸度调整值越小。另一方面,收益率变动幅度越大,凸度调整值越大;收益率变动幅度越小,凸度调整值越小。

凸度调整值可以有效地纠正久期方法的误差值。将久期和凸度结合起来,能够更精确地计算出收益率变化所引起的债券价格变动,这种方法也称为久期/凸度方法。

【例 6—19】 有一个债券与例 6—12 的债券相同,面值 100 元,期限 5 年,票面利率 8%,每年付息一次,市场利率 6%。例 6—12 已计算出该债券的修正久期为 4.0964,例 6—17 已计算出该债券的凸度为 22.05。

如果市场利率从 6%上升到 7%,则:

久期解释的债券价格变化百分比=−4.096 4×0.01=−4.096 4%

凸度解释的债券价格变化百分比=0.5×22.05×(0.01)²=0.110 3%

债券价格总的变化百分比=−4.096 4%+0.110 3%=−3.986 1%

如果市场利率从 6%下降到 5%,则:

久期解释的债券价格变化百分比=−4.096 4×(−0.01)=4.096 4%

凸度解释的债券价格变化百分比=0.5×22.05×(−0.01)²=0.110 3%

债券价格总的变化百分比=4.096 4%+0.110 3%=4.206 7%

下面根据债券定价公式计算不同市场利率的债券价格。当市场利率为 6%时,债券价格为 108.424 7 元。当市场利率上升到 7%时,债券价格下跌为 104.100 2 元,下跌了 4.324 5 元;当市场利率下降到 5%时,债券价格上涨为 112.988 4 元,上涨了 4.563 7 元。

---

① 注意收益率上升时,dy 取正值;收益率下降时,dy 取负值。

下面再分别用久期和考虑凸度调整因素来计算市场利率变化后的债券价格波动值。

如果市场利率从6%上升到7%,则有:

久期预测的债券价格波动值=−4.096 4%×108.424 7=−4.441 5(元)

凸度调整的债券价格波动值=0.110 3%×108.424 7=0.119 6(元)

考虑凸度调整后的债券价格总波动值=−4.441 5+0.119 6=−4.321 9(元)

如果市场利率从6%下降到5%,则有:

久期预测的债券价格波动值=4.096 4%×108.424 7=4.441 5(元)

凸度调整的债券价格波动值=0.110 3%×108.424 7=0.119 6(元)

考虑凸度调整后的债券价格总波动值=4.441 5+0.119 6=4.561 1(元)

显然,经过凸度调整后,计算出来的债券价格波动值与实际的债券价格变化值十分接近,其精确度远高于单纯的久期预测的债券价格波动值。

三、凸度的特性和价值

(一)凸度的特性

债券凸度的特性与债券的美元久期、债券票面利率、到期期限、债券现金流折现的必要收益率等要素相关,主要表现在如下方面:

1. 美元久期与凸度

美元久期与凸度的关系为:在其他条件相同的情况下,债券的凸度越大,其美元久期的变化就越大;反之,债券的凸度越小,其美元久期的变化就越小。在图6−9中,c''的凸度大于c'。当收益率从y_0上升到y_1时,c''的切线比c'的切线更平坦;当收益率从y_0下降到y_2时,c''的切线比c'的切线更陡峭。即c''的切线斜率比c'的切线斜率变化更大,也就是美元久期的变化更大。

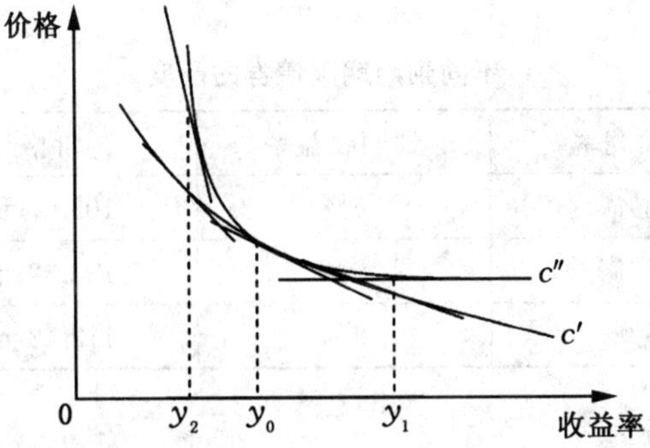

图6−9 不同凸度债券的美元久期变化

另外,不含权债券的凸度总是正的。即对于一般债券而言,无论收益率的变化是负的还是正的,其凸度始终都是正的。负凸度的存在,一般是在含权债券中,比如可提前偿还债券等。

由于凸度是债券价格对于收益率的二阶导数除以债券价格，凸度为正，说明价格对于收益率的二阶导数大于零，即一阶导数（为美元久期的负值）是增函数。于是，收益率增加，一阶导数增加，美元久期就减少；反之，收益率减少，一阶导数减少，美元久期反而增加。

2. 票面利率与凸度

假定债券的到期期限和到期收益率不变，则票面利率越低的债券，凸度越大。

【例 6—20】 有三个其他条件相同但票面利率不同的附息债券，面值都是 100 元，期限也都是 5 年，每年付息一次，到期收益率同为 6%，票面利率分别是 5%、8%和 11%。经过计算，我们得出它们的凸度，见表 6—12，从中可以看出随着票面利率的上升，债券凸度不断减小。

表 6—12　　不同票面利率债券的凸度

期限	票面利率	到期收益率	价格	凸度
5 年	5%	6%	95.79 元	23.41
5 年	8%	6%	108.42 元	22.05
5 年	11%	6%	121.06 元	20.97

3. 到期期限与凸度

假定债券的票面利率和到期收益率不变，则到期期限越长的债券，凸度越大。

【例 6—21】 有三个其他条件相同但到期期限不同的附息债券，面值都是 100 元，票面利率也都是 8%，每年付息一次，到期收益率同为 6%，到期期限分别是 2 年、5 年和 8 年。经过计算，我们得出它们的凸度，见表 6—13，从中可以看出随着到期期限的延长，债券凸度不断增大。

表 6—13　　不同到期期限债券的凸度

期限	票面利率	到期收益率	价格	凸度
2 年	8%	6%	103.67 元	5.08
5 年	8%	6%	108.42 元	22.05
8 年	8%	6%	112.42 元	46.38

4. 初始收益率与凸度

假定债券的票面利率和到期期限不变，则初始收益率（现金流折现的到期收益率）越低时，凸度越大。

【例 6—22】 有一附息债券，面值为 100 元，票面利率为 8%，每年付息一次，到期期限是 5 年。但有三种不同的市场利率情况，到期收益率分别为 3%、6%和 9%。经过计算，我们得出不同市场利率情况该债券的凸度，见表 6－14，从中可以看出随着到期收益率的上升，债券凸度不断减小。

表 6－14　　不同到期收益率时债券的凸度

期限	票面利率	到期收益率	价格	凸度
5 年	8%	3%	122.90 元	23.67
5 年	8%	6%	108.42 元	22.05
5 年	8%	9%	96.11 元	20.57

将久期的特性与凸度的特性比较，可以看到：票面利率低的债券，久期大，凸度也大；到期期限长的债券，久期大，凸度也大；初始收益率低时，久期大，凸度也大。

（二）凸度的价值

在图 6－9 中，c''债券比c'债券的凸度大。这样，在收益率上升时，c''债券的价格下跌比c'债券少；而在收益率下降时，c''债券的价格上涨比c'债券多。这就使得c''债券比c'债券更有吸引力，这种吸引力在市场对c''债券和c'债券定价时可能会反映出来，即凸度的价值体现。

小专栏 6－3　　对久期、凸度的再理解

第一，切线的斜率代表久期（或修正久期），其变化与久期一致。第二，曲线的曲率（曲线弯曲程度，或斜率的变化率）代表凸度。这两个表述是否正确？

这两个表述并不准确。第一，切线的斜率不是修正久期，是修正久期与债券价格的乘积，或者说是美元久期。所以切线斜率变化程度与修正久期变化程度不完全一致。第二，曲线的曲率不是凸度，是凸度与债券价格的乘积，或者说是美元凸度。由于债券价格因素的存在，所以曲率变化程度与凸度变化程度也不完全一致。

复习题

1. 债券投资会面临哪些风险？
2. 公司债券的信用风险如何分析？
3. 普通债券和含权债券的价格与收益率关系有何差异？
4. 说明债券价格的波动性特征。
5. 掌握久期的计算办法。
6. 说明久期的特性和局限性。
7. 掌握凸度的计算公式。
8. 凸度的价值如何体现？

第七章 债券投资

在掌握了债券收益和债券风险的基础上，接下来就可以进一步学习债券投资的有关知识。实际上，对于投资者进入债券市场，重要的在于参与债券买卖，也就是要进行债券投资。本章先要阐明债券投资的步骤和一般技巧，然后重点介绍债券投资的管理策略，包括这些策略的运作依据和具体方法。另外要提及的是，本章债券投资主要针对基础性的债券交易，不涉及债券衍生工具交易。

第一节 债券投资管理步骤和技巧

在现代社会，投资在经济中占有重要的地位，投资和消费一起，是拉动经济增长的重要因素。债券投资也是投资的内容之一，同样对经济发展有积极的意义，同时对投资者本身也有一定作用。

一、债券投资的含义

尽管在前面分析债券收益和债券风险时已经提到了债券投资，但是并未对这一概念做深入分析。这里，我们依照投资—金融投资—证券投资—债券投资的次序，说明其含义。

在商品经济的社会，投资是普遍存在的经济现象。所谓投资，是指经济主体为了获取未来的预期收益，预先垫付一定数量的货币或实物以经营某项事业的经济行为[①]。进一步理解投资，可以从四个方面展开。第一，投资是预先投入一定价值量的活动，即投资需要有先前的付出或投入，以获取未来的回报。第二，投资具有一定的时间性，即投资的投

① 霍文文. 证券投资学[M]. 3版. 北京：高等教育出版社，2008.下面阐述的金融投资、证券投资等，也参阅该书的导论。

入与回报之间有一定的时间过程。第三,投资的目的是为了获得收益,即投资是要追求未来的回报,而且其价值要超过预先的投入。第四,投资具有一定的风险性,即投资的预先投入是确定的,但未来的回报是不确定的。

投资根据范围的不同,有广义和狭义的区别。广义的投资是指为了获取未来预期收益而垫支一定资本的任何经济行为。因此,办实业、开工厂、买股票、买债券等等,都属于投资行为。狭义的投资是指为了获取未来预期收益而买卖各种金融资产的经济行为。狭义的投资也称为金融投资,所投资的对象包括存款、票据、股票、债券、基金等各类金融资产。

在金融投资中,还可以区分直接投资和间接投资。直接投资是指投资者以买卖股票、债券、票据等形式进行投资。间接投资是指投资者将资金存入商业银行或其他金融机构,再由吸收存款的机构向实体经济进行投资。从筹资角度看,直接投资和间接投资分别称为直接融资和间接融资。银行储蓄信贷是间接投融资的重要形式,商业银行则是间接投融资的主要中介机构。股票、债券的发行和交易则是直接投融资的重要形式,证券经营机构则是直接投融资的主要中介机构。直接投资和间接投资的最根本区别,其实是投资者与筹资者之间不同的经济关系。在直接投资中,投资者与筹资者之间是直接的所有权关系或债权债务关系。在间接投资中,投资者与筹资者之间是间接的信用关系,商业银行是存款人的债务人,同时又是贷款人的债权人。

证券投资属于金融投资,而且是直接投资,它是指个人或法人以买卖有价证券的形式进行投资。证券投资与实物投资有一定区别。实物投资是对现实的物质资产的投资,它的投入会形成社会资本存量和生产能力的直接增加。证券投资是对作为虚拟资产形式的金融资产的投资,它要通过金融资产的发行才转移到实物部门。

债券作为证券的一种,债券投资也就是一种证券投资。所以,债券投资是指投资者为了获取未来的预期收益而买卖债券的经济行为。依据对投资含义的解释,同样可以理解债券投资。就最基本的意义而言,债券投资需要投资者购入债券,并经过一定的时间,以获取未来的本金和利息偿还,但本息偿付具有不确定性。

通过上面的描述,我们已阐明债券投资的含义并勾画出债券投资在投资体系中的地位。

小专栏 7—1　　债券投资与股票投资的收益和风险比较

伦敦商业学院的埃尔罗伊·迪姆松等3位学者在一项研究中统计了欧美16国家101年(1900～2000年)证券投资收益情况,有以下结论:

第一,股票投资收益高于债券。如美国股票投资实际收益率(名义收益率减通货膨胀率)为6.7%,政府长期债券只有1.6%。

第二,股票投资风险大于债券。如美国股票收益波动率为20%,政府长期债券只有10%。

第三,从长期看,股票投资安全,债券有风险,但短期相反。

第四,债券投资收益与通货膨胀密切。如美英前50年通货膨胀控制好,债券投资收益好;20世纪70年代高通货膨胀,收益下降。

二、债券投资管理步骤

投资管理是一个过程，尤其是在金融市场日益发达和复杂的情况下，投资管理就更显得重要。债券投资管理的步骤大致可以分为四个方面。

(一)确定投资目标

债券投资的第一步就是要明确投资目标，投资目标是制定投资策略、选择投资方法的基础。投资目标又根据投资主体的不同而有所区别，即使同样的投资主体，投资目标也有多重性。

买卖债券的主体，可以是自然人，也可以是法人。相应地，债券投资者可以分为个人投资者和机构投资者两大类。其中，机构投资者可以是政府机构、金融机构、企业和事业法人及各类基金等。

对于个人投资者来说，投资债券的目的主要包括：第一，稳定的年金收入。比如，有的人考虑到将来养老的需要，希望通过债券投资，等到老年时能够有定期的现金流回来，以支付到时的生活费用。第二，将来一次性用款。比如，有的人准备在未来某时期购置房产，或未来某时期需要支付下一代的教育费用等。第三，流动性的需要。比如，有的人打算进行股票投资，但因某种原因觉得现在还不宜进入，于是先购入债券，一旦机会来临，可以随时抛售债券转入股票市场。

对于机构投资者来说，不同的机构投资目标会有差异。中央银行参与债券市场显然不同于一般性的机构，它不以营利为目的，而是要通过债券买卖来实施货币政策，达到紧缩或放松银根的效果。商业银行为了保证其资产负债运营的顺畅，会更多地考虑安全性和流动性，将债券，尤其是国债作为其储备资产的一部分，并运用债券交易来调剂头寸余缺。保险公司根据其业务性质，它的资金来源主要是保险费，具有长期性、偿付性的特点，因此保险公司投资债券更多地最求安全性和长期稳定的收益。证券投资基金有不同的投资类型，如偏股型基金、债券基金等，它们投资债券的重点会根据基金设置目标而有差异。

(二)选择投资策略

选择投资策略是在评估投资者自己风险承受能力的基础上进行的，换言之，评估风险承受能力对于制定投资策略有重要作用。如果投资者的风险承受能力小，那么可以选择消极型的债券投资策略，投资的债券品种可以以违约风险小的国债为主；如果投资者的风险承受能力大，那么可以采用积极型的债券投资策略，并以购买风险相对较大的公司债券为主。

投资者风险承受能力又取决于投资者的资金实力、投资者对风险的态度等因素。一般来说，投资者资金实力强，抗风险能力也会大；反之，投资者资金实力弱，抗风险能力也就小。愿冒风险的投资者往往能承受更大的风险，不愿冒风险的投资者往往只能承受较小的风险。

至于债券的投资策略，主要分为积极型债券投资策略和消极型债券投资策略，它们还有不同的具体方法，且有各自的特点。实际上，很难说有最好的债券投资策略，只有适合的投资策略。因此，投资者要根据自己的偏好和对未来的市场变化预期，来选择适合自己的债券投资策略。

（三）构建投资组合

当确定了投资目标并选择了投资策略后，投资者就开始构建债券投资组合，这个过程是债券投资管理中最为复杂的一步。投资者需要决定：什么时候买卖债券？具体买卖什么债券品种？也就是说，投资者一方面要预测债券市场整体的价格变动走势和个别债券的价格变动规律，另一方面要比较不同债券品种的收益和风险状况。

在证券市场上，通常有两类分析方法，一是基本分析，二是技术分析。在债券投资中，投资者也可以采用这些分析方法，来选择时机和选择品种。基本分析的依据是债券价格由其内在价值决定，因此要分析影响债券价格的基本因素，既包括宏观方面的经济因素和其他因素，也包括微观方面的具体发行人的各种因素。基本分析有助于预测整个债券市场的中长期变动趋势和识别具体的债券品种特征。技术分析的依据是债券价格变化有一定的历史规律，因此可以利用过去债券市场的资料，运用指标和图形来加以表述。技术分析有助于决定现阶段具体的债券买卖时机。另外要强调的是，在债券市场，相对来说，基本分析更显得重要。

小专栏 7—2　　基本分析与技术分析的优缺点

基本分析能够比较全面地把握证券价格的基本走势，它一方面注重宏观环境的分析，有利于把握证券价格走势的长期趋势，对长期投资者较为重要；另一方面它又关注企业的行业状况和财务数据等微观因素，有助于投资者进行个别证券的选择。但基本分析预测的时间跨度相对较长，对短线投资者的指导作用比较弱，对把握整个证券市场近期走势作用不大；另外，基本分析预测的精确度相对较低。

技术分析采用图表和指标等分析方法，能够通过价格走势图把各种变量之间的关系及其相互作用的结果清晰地表现出来，比较直观；同时，技术分析容易把握证券价格变化的短期态势。不过，单纯运用技术分析来准确预测证券长期价格走势较为困难；另外，通过技术分析得到的买卖信号也会呈现操作上的不确定性。

债券投资组合构建完成以后，投资者还要根据债券市场情况的变化，及时对投资组合进行修正，即有可能需要对投资组合中的债券品种进行调整，以保持债券投资组合可以在变化的市场环境下，仍然符合最初的投资目标的要求。

（四）评估投资业绩

债券投资组合建立之后，投资者应当评价投资组合的表现。投资业绩评估考虑的角度不仅要包括投资组合的收益率，还包括投资组合的风险。为此，需要有衡量收益和风险的相对标准，或者称为衡量的基准。通过将债券投资组合的业绩与基准对照，可以发现其中的优势或差距，并将评价结果作为未来投资的参考依据。

在衡量基准的选择方面，常用的标准是债券市场指数，它代表了债券市场的平均水平。不过，由于债券投资者有不同的类型，投资的目标也有差异，所以评价的基准也不是唯一的。投资者还要根据自身的投资特点，对投资组合业绩的优劣进行具体分析。

另外，评估投资业绩是一个动态的过程，它不一定是到投资结束时才实施，而可以定期进行。只有注重动态管理和跟踪，才能取得更好的投资效果。

三、债券投资的技巧

本章所讲的债券投资技巧，是指将人们在债券市场上所积累的一些投资方法，进行归纳小结。这些技巧的运用，也许并不需要按照上面提及的严谨的债券投资管理步骤，也不一定是对所有的债券投资者都适合，但了解这些投资技巧，对理解债券投资管理还是有一定参考价值的。

（一）进行债券现券买卖的投资技巧

这里的债券投资技巧，仅包括投资者在债券现券市场买卖债券，而不参与其他债券交易方式或其他证券品种的交易。

1. 匹配投资法

匹配投资法是指投资者直接购买等于其投资期限的债券，并持有到期。因此，这种方法也称为买入并持有策略。之所以称为匹配，主要是强调所购买的债券的剩余期限等于投资者的投资期限。这样，投资的最终结果就不存在市场利率变化的价格风险，如果是选择一次还本付息债券，再投资风险也将不再存在。这种方法的扩展，是构建一个债券组合并使其久期等于投资者的投资期限。这是一个相对复杂而且需要不断进行后续调整的办法，与直接购买等于投资者投资期限的债券相比，虽然不一定能完全避免投资过程中利率的价格风险和再投资风险，但至少可以减少。

对于投资者的不同资金来源情况，匹配投资法还可以有不同的方式。比如，有的投资者定期会有固定的收入现金流，因此就可以每隔一段时间（如几个月或者几年），就在债券市场上买入一批适合自己投资期限的债券，这样可以使投资者将来一直都能获得稳定的本息收入。这种方法也称为等期投资法。

有的投资者定期有不断增加的收入现金流，而且将来某一时间又有一笔较大量的用资需要（如购买住房、儿女教育等）。为了满足将来这一支出，现在开始可以分期逐次增加投资债券，选择债券的剩余期限与用资需要的时间相匹配。即每年都投资债券，但投资的金额不是等量而是逐年上升，若干年后一次性收回全部投资。由于债券投资金额逐年增加，像是三角形，所以也称为三角增资法。

2. 等级投资计划法

等级投资计划法借鉴了股票的投机技巧，具体的操作流程为：首先确定债券价格波动的等级，这个等级可以是确定的常数，也可以是确定的百分比；然后投资者按照确定的计划投资，即每当债券价格下降一个等级，就买进一些债券；而每当债券价格上升一个等级，就卖出一些债券。等级投资计划法适用的场合是债券价格不断上下波动的行情，但对于债券价格持续上升或者持续下降的过程，该办法就较难采纳。

【例 7—1】 有一位投资者选择 1 000 张某债券作为投资对象，该债券面值 100 元，目前的市场价格为 100 元。投资者经过综合分析后，决定采用等级投资计划法进行操作，并确定债券价格波动的等级为 3 元。于是根据等级投资计划法，每当债券价格上升或者下降 3 元时，那么投资者就卖出或者买进债券。最初投资者先按照 100 元的价格买进 1 000 张债券，现在假设债券价格下降到了 97 元，投资者就再买进 1 000 张债券；接着价格又下降到了 94 元，投资者继续买进 1 000 张债券；然后价格上升到了 97 元，投资者开始卖出 1 000张债券；下一阶段价格又继续上升到 100 元，投资者又卖出 1 000 张债券；最后价格再上升到 103 元，投资者再次卖出 1 000 张债券。整个买卖过程如表 7—1 所示。

表 7—1　　等级投资计划法

债券价格(元)	买卖数量(张)	收付金额(元)	累计数量(张)	累计金额(元)
100	+1000	−100 000	1 000	−100 000
97	+1 000	−97 000	2 000	−197 000
94	+1 000	−94 000	3 000	−291 000
97	−1 000	+97 000	2 000	−194 000
100	−1 000	+100 000	1 000	−94 000
103	−1 000	+103 000	0	9 000

通过投资，最后投资者的盈利是 9 000 元。另外，在使用等级投资计划法时要注意债券市场行情，根据债券价格的波动程度来合理设定等级间隔。如果等级过大，可能会错过良好的市场机会；如果等级过小，又会过多的增加手续费，降低收益。

3. 逐次等额买进摊平法

逐次等额买进摊平法的思路是通过多次的买入，将购入债券的成本维持在一个平均的水平。其操作流程为：先确定一个投资时期，然后在这段时间内不管债券价格如何波动，都按照定期和定量的原则购买债券。

【例 7—2】 有一位投资者准备采用逐次等额买进摊平法投资某债券，计划整个投资时期是 5 个月，每个月购买一次债券，每次购买 1 000 张，所以最后一共购买 5 000 张。现在假设该债券面值 100 元，市场价格也是 100 元，投资者购买了 1 000 张；一个月后第二次又购进 1 000 张，债券市场价格为 98 元；接着第三个月再购买了 1 000 张，债券市场价格为 96 元；然后第四个月仍然购买 1 000 张，债券市场价格是 99 元；最后第五个月购买 1 000张，债券市场价格为 102 元。整个买卖过程见表 7—2。

表 7—2　　逐次等额买进摊平法　　单位:元

债券价格(元)	买进数量(张)	收付金额(元)	累计金额(元)	每张平均成本(元)
100	+1 000	−100 000	−100 000	100.00
98	+1 000	−98 000	−198 000	99.00
96	+1 000	−96 000	−294 000	98.00
99	+1 000	−99 000	−393 000	98.25
102	+1 000	−102 000	−495 000	99.00

最后投资者购买了 5 000 张债券,累计付出金额为 495 000 元,平均每张债券的成本为 99 元,而此时债券市场价格为 102 元,因此如果卖掉这些债券可以获益 15 000 元。逐次等额买进摊平法一般适用于债券市场价格波动相对剧烈、同时又无法预测价格波动转折点时的情况。

4. 金字塔法

金字塔法可以分为两种,一种是金字塔买入法,另一种是倒金字塔卖出法。

金字塔买入法与逐次等额买进摊平法有些相似,不同的是:金字塔法要求在债券价格下降时,应该加量买进债券;而在债券价格上涨时,就要减量买进债券。这种购买节奏,可以确保低价买入的债券在全部债券中占有较大比重,从而可以更低地摊平成本。

【例 7—3】 有一位投资者拟采用金字塔买入法投资某债券,债券面值 100 元。开始时债券的市场价格为 100 元,于是第一次以每张 100 元价格购买了 1 000 张;经过一段时期,债券市场价格上涨到了 103 元,于是减量购买了 500 张;又经过一段时期,债券市场价格下降到了 95 元,于是加倍购买了 3 000 张;再后来,债券市场价格又下降到了 90 元,该投资者继续加倍购买了 6 000 张。整个买卖过程见表 7—3。

表 7—3　　金字塔买入法

债券价格(元)	买进数量(张)	金额(元)	累计数量(张)	累计金额(元)	每张平均成本(元)
100	1 000	−100 000	1 000	100 000	100
103	500	−51 500	1500	151 500	101
95	3 000	−285 000	4500	436 500	97
90	6 000	−540 000	10 500	976 500	93

最后投资者累计买入债券 10 500 张,累计付出金额为 976 500 元,每张债券的平均购买成本只有 93 元。可见,采用金字塔法可以使成本随着价格的不断下跌而不断摊低。此时,不需要债券价格上涨到初始价位,而只需要轻微上升,超过平均成本,投资者即能盈利。不过,投资者在运用这种方法时,需要注意应保留一定的剩余资金,不要在前期过多

的投入,否则在债券市场价格下降时,没有资金摊薄成本。

与金字塔买入法相反,倒金字塔卖出法要求在债券价格上升时,分批出售债券,而出售债券的数量随着债券价格上升而增加,如同一个倒金字塔型。

【例7—4】 有一位投资者现在拥有某面值为100元的债券1 000张,平均价格为每张110元。当债券价格上升到120元时,投资者先卖出其中的100张;当价格再上升到130元时,投资者接着卖出300张;而当价格继续上升到140元时,投资者把剩下的600张全部出售。这样,投资者当初拥有债券的市值是110 000元,经过三次抛售,投资者收回资金135 000元。

(二)参与股票和债券交易的投资技巧

这种投资技巧也称为复合的债券投资技巧,是指投资者不仅买卖债券现券,同时还参与股票买卖而采用的投资技巧。

1. 固定金额投资法

固定金额投资法的操作流程为:首先把全部资金分为两部分,分别进行股票投资和债券投资,并使投资股票的市值维持一个固定的金额;当股票价格下跌使所持股票的市值小于固定金额时,就出售债券而购买股票,使股票市值回到预先设置的固定金额;反之,当股票价格上涨使所持股票市值大于固定金额时,就出售股票而购买债券,使股票市值再回到预先设置的固定金额。

【例7—5】 有一位投资者有20万元的本金,决定同时投资债券和股票,并预先将股票的投资额固定为10万元。于是在投资初始时刻,投资者分别购入10万元的债券和10万元的股票。接下去股票价格上涨,股票市值假设变为13万元,投资者就卖掉3万元的股票,买进3万元的债券,使股票市值继续保持在10万元。如果股票价格又开始下跌,股票市值变为9万元,投资者就卖掉1万元的债券,买进1万元的股票,使股票市值继续保持在10万元。

在这种操作过程中,我们可以看到,买入股票都是在股票价格下跌之时,而卖出股票都是在股票价格上涨之时。同时,采用这种方法实际上的前提是:股票市场的价格变动幅度要大于债券市场的价格变动幅度。在下面要说明的固定比例投资法和可变比例投资法,也都需要有这一前提。

另外,固定金额投资法中固定金额的确定,取决于投资者的风险偏好。如果投资者相对愿意冒风险,那么股票的固定金额就设定大一些;如果投资者不太愿意冒风险,那么股票的固定金额就设定小一些。固定金额投资法的优点是操作容易,并适用于股票市场上下波动的行情。

2. 固定比例投资法

固定比率投资法实际上是固定金额投资法的变形,两者的区别在于:固定金额投资法是要维持在股票上有固定的投资市值,而固定比例投资法要维持的是股票和债券的固定比例。固定比例投资法的操作流程为:首先把全部资金分为两部分,分别进行股票投资和债券投资，并使股票市值和债券市值维持一个固定的比例；当股票价格下跌使股票市值比重小于其所应占的比重时，就出售债券而购买股票，使两者的比重回到预先设置的比例；反之，当股票价格上涨使股票市值比重大于其所应占的比重时，就出售股票而购买债券，使两者的比重回到预先设置的比例。

【例 7－6】 有一位投资者有 20 万元的本金，决定将其中 50％的资金投资到债券，50％的资金投资到股票，并将债券市值和股票市值之间的比例保持在各占 50％的关系。持有过程中，假设股票价格下跌，股票市值只有 8 万元，而债券价格没有变化。于是投资者为了保持两者各占 50％的比例，就卖出 1 万元的债券，买进 1 万元的股票。此时，债券和股票的市值都为 9 万元，各占 50％。同样，当股票价格上涨时，投资者就要卖出若干股票，买进一些债券，将它们的比例保持在最初设定的数量上。

和固定金额投资法一样，固定比例的确定取决于投资者的风险偏好。如果投资者轻度厌恶风险，那么股票的比例就设定大一些；如果投资者极度厌恶风险，那么股票的比例就设定小一些。固定比例投资法的优点和适用场合也与固定金额投资法相似。

3. 可变比例投资法

可变比例投资法是以固定比例投资法为基础的，它允许投资者根据市场行情的变化改变股票市值和债券市值之间的比例。除此之外，其他操作步骤和固定比例投资法一样。可变比例投资法相对于固定比例投资法来说，调整更为灵活，更易把握住市场机会。但同时这种方法操作起来更为复杂，既需要不断收集信息，研究市场，判断市场趋势，又需要根据市场变化及时调整。

(三)利用债券回购方式的投资技巧

在债券市场上，还可以将债券现券交易和回购交易结合起来进行操作，以实现增加收益的目的。

1. 长期持有加回购并进行短期投资

有的债券投资者最初采用的方式是匹配投资法，打算持有债券直到投资期限结束。但在随后的过程中，可能发现市场上有其他一个较好的短期投资机会，而该投资者又不愿放弃对原先已购入债券的债权人地位。于是可以利用手中债券进行回购来融进资金，再将资金进行短期投资。采用这种方法关键是要判断短期投资的收益是否大于回购的成本，回购的成本包括回购的利率和回购手续费。由于投资总是有风险的，短期投资也是如此，所以这种方法使得原来风险很小的匹配投资另外加上了风险，因此投资者需要谨慎采用。

2. 利用债券回购放大债券头寸

这种方法的操作过程是：投资者用最初的投资资金买入债券现券，然后通过质押式回购交易取得资金；再将融入的资金继续买入债券现券，再通过质押式回购交易取得资金。

假定能在同一天反复操作，则可以放大投资者手头持有的债券现券数量[①]。不过，由于受最小交易单位的限制，零头的货币金额和债券现券将被闲置，所以放大不能无限。另外，如果债券市场交易规则有所限制，这一操作过程也会受到制约。

采用这一方法的意图是：如果债券现券价格在回购到期时候上涨，则投资者的债券现券收益可以放大。但这种策略风险也是巨大的，因为一旦出现债券现券价格在回购到期时候下跌，亏损也会被放大。

第二节　消极型债券投资策略

在西方的债券投资理论发展中，对投资者的投资策略有专门的研究，并总结了不同策略的理论依据和采用的主要方法。债券投资策略总体上分为消极型投资策略和积极型投资策略两种。在 20 世纪 60 年代以前，投资者以采用消极型投资策略为主；20 世纪 70 年代初期，积极型投资策略发展迅速；而从 20 世纪 70 年代后期开始，由于通货膨胀和利率的变动，债券的收益很不稳定，为了获得稳定的投资回报率，各种投资组合专项管理技术应运而生并飞速发展。

一、策略采用依据

消极型投资策略又称被动管理策略或保守型投资策略，是指债券投资者不以战胜市场为目的，而是通过控制债券投资组合的风险，来获得与承担风险相匹配的回报率的投资管理策略。

区分消极型投资策略和积极型投资策略的理论基础是有效市场假定，两种投资策略关于市场有效性的认知是不同的，这种不同造成了两种策略所采用方法的差异。

有效市场假定是证券市场中一个较为重要的理论，这一理论有三个依次渐强的假定层次。第一层次是弱式有效市场，认为现行的证券价格只反映了该证券的历史价格序列。因此，如果证券价格的走势是随机游走的，则市场就达到了弱式有效。在弱式有效市场里，以分析历史价格来作出投资决策的技术分析法将无所作为。第二层次是半强式有效市场，认为现行的证券价格不仅反映了该证券历史价格的信息，也反映了现行所有公开可得的信息。公开可得的信息包括证券发行人公布的财务数据、重大事件的公告等。在半强有效市场里，以分析公开信息来作出投资决策的基本分析法也将失去作用。第三层次是强式有效市场，认为现行的证券价格反映了任何市场参与者所了解的有关该证券的一切信息，包括历史的、现行所有公开的和非公开的信息。在强有效市场里，即使掌握内幕消息的人也无法从中获得超额利润。

将有效市场理论运用到债券市场，那么如果债券可以有效、连续地定价，且当市场中

① 其中有很大比例的部分进入债券回购市场的质押库。

有新的信息产生时，投资者都能迅速、准确地获得信息，并迅速采取行动，使得相关债券的价格会立刻得到调整，这样就是有效的债券市场。而如果债券的定价经常会发生错误，投资者在获取信息的数量和质量方面存在很大差异，市场上经常会存在套利的机会，这样就是无效的债券市场。

采用消极型投资策略的投资者认为，债券市场是有效的市场，市场上的债券价格是均衡交易价格，都已经及时准确地反映了所有的市场信息，不存在高估或者低估的债券。同时，债券价格的变化如同随机漫步，其趋势是不可预测的。总结起来，就是任何企图战胜市场的行为都是不可行的，很难通过交易获得超额收益率，反而由于过度交易会增加交易成本。消极型投资策略投资者并不奢望获得高于市场平均收益水平的超额收益率，而是顺应市场，只图获取市场平均收益，即稳定的债券利息收入和到期安全收回本金。

消极型投资策略投资者构造债券投资组合时，一般采用简单的选择债券规则、分散化的投资组合、少量的交易次数、程序化交易形式、连续地后续检测。简单的选择债券方法和程序化交易形式可以降低债券管理过程的营运成本、管理成本；分散化的投资策略可以使投资者获得更低的非系统性风险以及市场平均收益率；少量的交易次数可以使投资者降低交易成本；连续地后续检测指的是投资者购买债券后不能完全不理会自己的债券投资组合，而是应该对债券组合的构成和状态进行有效的后续监督和及时调整，以使债券投资组合对市场发生及时反应。其中，消极型投资策略的重点是降低债券的交易次数和费用。

消极型投资策略主要包括三种方法：第一种是买入保存法，即买进一组债券并固定持有到期；第二种是指数化投资法，即模仿某个指数构建投资组合，目的是使债券组合的收益尽可能接近这个债券市场指数的业绩；第三种是利率风险消除法，构建一投资组合，使其免疫于利率风险。

虽然都是属于消极型投资策略，但是买入保存法、指数化投资法和利率风险消除法在利率风险处理方式上有很大区别。买入保存法是通过持有债券到期的方式，使债券免受利率的价格风险；指数化投资法通过分散化投资的方式降低债券的非系统风险，使其只受到系统风险的影响；利率风险消除法则通过建立几乎是零风险的资产组合来减小利率风险。

二、买入保存法

(一)操作方法

买入保存法又称购买和持有法，是指投资者选择最合意的债券买入后一直保存，直到债券期满的方法。这是最简单的消极型债券投资策略，按照这种交易方式，投资者并不需要积极地进行债券买卖以获取超额收益，而是着眼于获取债券的利息收入，买入一些剩余期限与自己投资期限相同(或者相近)的债券并持有到期。买入保存法的操作过程是：首先分析债券市场上所有发行的债券；然后根据自己的偏好和需要，选择合适的债券和恰当的配置比例构造债券组合；一旦债券组合构成，就不再进行买卖行为，直至持有债券到期兑付。

（二）主要适用情景

采用买入保存法的主要适用情景有如下几种：第一，交易成本大的市场。由于交易成本比较大，频繁的交易反而得不偿失，因此买入保存法反而能获得更高的收益率。第二，市场规模小、流动性差的债券。由于债券流动性比较差，一般来说其收益率会高一些。另外，即使市场上出现定价错误，其他投资者也很难进行套利操作。第三，适合采用买入保存法的投资者有：长期投资者、战略投资者；不熟悉市场或者缺乏投资技巧的投资者；要求稳定现金流且要规避风险的投资者。

（三）特点归纳

买入保存法的特点可以从其优缺点方面分析。该方法的优点主要表现在下述方面：第一，交易费用低。由于在买入保存法的操作中，投资者购入债券后就持有到期，中间并不需要进行频繁的交易，因此交易费用比较低，这样也反过来间接地提高了投资收益。第二，收益基本确定。投资者买入债券或构造了债券投资组合后，就不再进行其他买卖行为，直至持有债券到期。因此，买入保存法的收益是固定的，并且事先就可以测算。第三，价格风险小。采用买入保存法后，就不再进行卖出债券的交易，这样可以直接避免遭受利率波动带来的价格风险。如果买入的是一次还本付息债券，则利息的再投资风险也不再存在。

买入保存法也有一些缺点，通常表现为：第一，丧失一定的机会。按照买入保存法，投资者购入债券后不再关心市场变化，这样可能会错过市场中有利的投资机会。在实践中，有一种修正的买入保存法，投资者买入债券后，如果发现存在特别有利的价位，会继续增加其持仓量。这一办法在一定程度上可以做些弥补。第二，有通货膨胀损失。买入保存法的名义收益率是固定的，在发生通货膨胀情况下，投资者不作其他投资调整的话，实际收益率将小于名义收益率。如果发生严重的通货膨胀，通货膨胀率还有可能超过债券的名义收益率，这时投资者将遭受更大损失。

三、指数化投资法

（一）构建投资组合方法

指数化投资法是指通过模仿市场上某一债券指数，构建一个债券投资组合，以获取市场平均收益率的方法。指数化投资和其他消极型投资策略一样，并不尝试去寻找高估或者低估的债券，或者预测债券价格的未来走势以期获得超额收益，而只是以市场平均收益率为目标。

债券指数是反映市场上所有债券或一组债券的价格平均水平变化的指标，因此，指数化投资法就需要构建债券投资组合。按照债券指数的样本，构建债券投资组合的方法有两种，一是完全复制方法，二是非完全复制方法。

完全复制方法也称为债券指数完全匹配法，是一种简单的指数化投资组合方法，即通过购买与目标债券指数相同权重的债券来构建债券投资组合。依据这种方法，可以获得与目标债券指数相似的收益，也承担相似的风险。其中出现的差异，主要是调整债券投资组合过程中产生的交易成本。在债券市场上，完全复制方法看起来似乎比较简单，但是其实现却有许多困难。比如，有些样本债券的流通性不强，很难以较合理的价位购买到；还有某些债券指数中债券数目庞大，很难去完全精确地购买到其中每一个债券。非完全复制方法与完全复制方法不同，它并不强调要尽可能地逐个债券进行匹配，而是要使构造的债券投资组合与目标债券指数在某种特征方面尽可能匹配。比如，有一种被称为增强的债券指数化/匹配主要的风险因素法①，是通过投资于大样本的债券，使得债券投资组合的风险因素与债券指数的风险因素相匹配。它与完全复制方法比较，虽然其平均的追踪差异较高，但其实现和维护成本却低很多。

下面再介绍一种具体的复制债券指数的分格方式。由于完全复制有一定困难，可以采取分格办法来近似复制。采用这种办法时，首先要将市场上的债券品种按照某种标准分类，如表 7—4 是按照债券发行人和偿还期限进行分类，一共分为 15 格。在同一单元格中的债券被近似看成是无差异的。然后在市场上选择一个目标债券指数，计算其中样本债券在各单元格中的市值比重，如表 7—4 中假设的比重值。最后投资者构建的一个债券组合，使组合所包含的各债券品种在单元格的市值比重分布与目标债券指数一致。这样的复制，使得用少量的债券就可以代替债券指数的所有债券。

表 7—4　　复制债券指数的分格方式

债券剩余期限	政府债券(%)	金融债券(%)	公司债券(%)
1～3 年(含)	3	8	7
3～5 年(含)	2	2	10
5～10 年(含)	20	7	30
10～20 年(含)	6	1	2
20 年以上	2		

(二)操作流程

指数化投资法的操作流程大致有下面几个环节：选取目标市场指数、确定跟踪误差范围、创建初始跟踪组合、维护跟踪组合和跟踪组合的再平衡、跟踪组合业绩评价。这些环节虽然相互独立，但彼此之间又有联系，其中较为重要的环节是创建、维护和再平衡跟踪组合。

1. 选择目标市场指数

① 弗兰克·J.法博齐. 固定收益证券手册[M]. 任若恩，李焰，等译. 6 版. 北京：中国人民大学出版社. 2005.

选取合适的目标市场指数是债券指数化投资的第一步,也是非常重要的一步。市场上债券指数种类繁多,在一些债券市场发达的国家,有许多机构会公布其各种债券指数。

在美国,债券市场可以分为不同的板块,如美国投资级债券(包括国债)、美国高收益债券、各国政府债券。因此,债券市场指数类别就可以分为美国投资级债券指数、美国高收益债券指数和全球政府债券指数,这些指数类别里面又各自包含了许多机构发布的具体的债券指数。在我国,债券市场包括证券交易所市场和银行间债券市场,这两个市场都有许多债券指数,如上海证券交易所编制的上证国债指数、上证企业债指数、上证公司债指数、上证分离债指数等,深圳证券信息有限公司编制的巨潮企债指数等,中证指数有限公司编制的中证全债指数、中证国债指数、中证金融债指数、中证企业债指数等,中央国债登记结算有限责任公司编制的中债总指数、中债央票 50 指数等。

不同的债券指数虽然都与市场走势密切相关,但其所含范围有所不同。有各市场的债券指数,也有跨市场的债券指数。有综合债券指数,也有成分债券指数。有包含各债券类别的指数,也有仅针对某债券种类的指数。因此,投资者若要采用指数化投资,应该根据自己的需求来选取适合自己的基准指数(目标指数)。

2. 确定跟踪误差范围

在确定目标指数后,接下去就是确定跟踪误差范围。确定跟踪误差范围有时也称为确定投资目标,不过这种投资目标不是投资管理步骤第一步所讲述的,而是有其特定的含义。即该目标是要确定跟踪误差的数值,因为跟踪误差是用来衡量跟踪目标指数的债券投资组合与目标指数之间的偏差程度。如果要求的跟踪误差较小,则跟踪目标指数会困难一些,跟踪成本会大一些;反之,如果要求的跟踪误差过大,则复制债券目标指数的效果就会差一些。所以,投资者要根据自己投资的要求,结合各方面因素综合决定。

3. 创建初始跟踪组合

这是一步具体构建投资组合的过程,主要是确定初始跟踪组合里包含哪些债券以及各个债券的比重。当然,确定的依据就是上面两个环节所决定的。

4. 维护跟踪组合和跟踪组合的再平衡

初始跟踪组合构建之后,会面临的一个问题是如何对跟踪组合进行日常维护。日常维护分为两类,一类是交易类日常维护,另一类是非交易类日常维护。交易类日常维护包括目标指数中的样本债券发生变化后需要通过重新交易来继续复制,非交易类日常维护包括样本债券发生停牌等极端情况。

另外,跟踪组合并不是目标指数的完美复制,它们之间总会存在一定偏差,并且这种偏差有可能随着时间延续而增大,因此有必要经过一段时间就对跟踪组合进行调整,以减少跟踪组合和目标指数两者之间的偏差。在这一调整过程中,关键是要确定合理的再平衡的频率。调整次数过少,会使投资组合和目标指数的差别过大;调整太过频繁,又会使交易成本过高。

5. 跟踪组合业绩评价

指数化投资法的最后一个环节是跟踪组合的业绩评价，其方法是对照目标指数的业绩，在综合考虑收益和风险的基础上，衡量跟踪组合的总体表现。应该说，业绩评价既是指数化投资过程的终点，也是新的投资的起点。因为通过业绩评价，可以找出投资过程中的成效和不足，以作为后来投资过程的借鉴。

(三)特点归纳

我们仍然从优缺点方面分析。指数化投资法的优点概括为下面几点：第一，规避非系统风险。在债券风险一章里已经提到，债券和其他证券一样，风险也可以分为两大类：系统风险和非系统风险。系统风险反映为债券市场整体的价格波动，比如市场利率的变动、战争对宏观经济的影响等。非系统风险表现为单个债券或者属于某种行业债券的价格波动。由于指数化投资采用的是分散投资的策略，投资分布广泛，能够在一定程度上抵消各个债券之间的非系统风险。第二，流动性好。一般来说，能够被纳入债券指数组合的债券往往流通量比较大，市场交易比较活跃，流动性较好。第三，成本低。指数化投资法之所以有成本低的优点，一方面是因为指数化投资法的交易频率低，从而交易成本小；另一方面是因为指数化投资法的策略简单，只需要模拟指数就可以，因此投资者的其他投入成本小①。

当然，指数化投资法也有其不足的方面，主要的是可能会失去一些获取额外收益的机会。这一点与买入保存法一样，因为投资者构造模拟债券目标指数的投资组合后，不再进行其他交易，这样也可能会错过市场中有利的投资机会。

四、利率风险消除法

(一)利率变动的双向影响

第六章在讨论债券风险时提到，市场利率变动对债券投资收益的影响来自两个方面：一是利率波动的价格效应，即价格风险；二是利率波动的再投资效应，即再投资风险。价格效应和市场利率的变动是反方向的，当市场利率上升时，债券价格下跌；而当市场利率下降时，债券价格上涨。再投资效应和市场利率的变动则是同方向的，当市场利率上升时，利息再投资收益增加；而当市场利率下降时，利息再投资收益减少。可见，在市场利率变化时，价格风险和再投资风险对债券价格的影响是相反的。即在市场利率上升时，债券价格下跌，而利息再投资收益增加；相反，在市场利率下降时，债券价格上涨，而利息再投资收益减少。

由此，人们进行思考，是否可以利用利率变动的双向影响，使债券投资的收益免受利率变动的影响。这样，利率风险消除法在 20 世纪 50 年代初期就被提出来了②。利率风险消除法也称为免疫策略，即免疫法。该方法是利用市场利率波动的价格效应和再投资

① 如不必像其他策略那样需要很多搜索信息的成本等。

② (F.M.Reddington)被认为是该方法的创始人，1952 年他提出了采用一系列资产组合方法可以减小市场利率波动对资产收益的影响。

效应两个方向相反的现象，构造债券投资组合，使组合的价格风险和再投资风险正好抵消，从而不再受市场利率波动影响。

(二)免疫组合构造思路

为了显示利率变动时价格效应和再投资效应的抵消作用，我们将通过下面的例题说明。

【例 7—7】 假设有一债券，面值 100 元，期限 6 年，票面利率 8%，每年付息一次，发行时市场利率亦为 8%，因此是平价发行。再假设发行后市场利率变化有三种情况：①下降为 5%；②保持 8%；③上升为 10%。试计算三种市场利率变化情况下持有债券期限分别为 1 年、3 年、5 年和 6 年的卖出价(或到期还本额)、利息(包括利息的再投资收益)及总收益率。

卖出价按照第四章公式(4—23)计算，利息及其再投资收益按照第四章公式(4—12)计算，也可以按照第五章公式(5—15)右边第一项计算，总收益率按照第五章公式(5—17)计算。表 7—5 是发行后市场利率变为 5%时的计算结果，表 7—6 是发行后市场利率保持 8%时的计算结果，表 7—7 是发行后市场利率变为 10%时的计算结果。

表 7—5　　发行后市场利率变为 5%时的计算结果

收益来源	持有债券期限			
	1 年	3 年	5 年	6 年
卖出价(元)	112.99	108.17	102.86	100
利息及再投资(元)	8+0	24+1.22	40+4.21	48+6.42
合计价值(元)	120.99	133.39	147.07	154.42
总收益率(%)	20.99	10.08	8.02	7.51

注：利息及再投资一项中加号前是利息，加号后是利息的再投资收益。

表 7—6　　发行后市场利率保持 8%时的计算结果

收益来源	持有债券期限			
	1 年	3 年	5 年	6 年
卖出价(元)	100	100	100	100
利息及再投资(元)	8+0	24+1.97	40+6.93	48+10.69
合计价值(元)	108	125.97	146.93	158.69
总收益率(%)	8	8	8	8

注：利息及再投资一项中加号前是利息，加号后是利息的再投资收益。

表 7—7　　　　　　　　**发行后市场利率变为 10%时的计算结果**

收益来源	持有债券期限			
	1 年	3 年	5 年	6 年
卖出价(元)	92.42	95.03	98.18	100
利息及再投资(元)	8+0	24+2.48	40+8.84	48+13.72
合计价值(元)	100.42	121.51	147.02	161.72
总收益率(%)	0.42	6.71	8.01	8.34

注:利息及再投资一项中加号前是利息,加号后是利息的再投资收益。

从计算结果中,可以看到两个现象。第一个现象是上面提到的利率变动的双向影响。比如,表 7—5 与表 7—6 比较,市场利率由 8%下降到 5%后,持有 1 年、3 年、5 年和 6 年的债券价格分别上涨 12.99 元、8.17 元、2.86 元和 0 元,而持有 1 年、3 年、5 年和 6 年的利息再投资收益分别减少 0 元、0.75 元、2.72 元和 4.27 元。表 7—7 与表 7—6 比较,市场利率由 8%上升到 10%后,持有 1 年、3 年、5 年和 6 年的债券价格分别下跌 7.58 元、4.97 元、1.82 元和 0 元,而持有 1 年、3 年、5 年和 6 年的利息再投资收益分别增加 0 元、0.51 元、1.91 元和 3.03 元。

第二个现象是价格效应和再投资效应是随债券持有期限不断变化的。通过细致观察可以发现,当持有期限(即投资期限)变化时,价格效应随着持有期限的增长而减弱,而再投资效应则随着持有期限的增长而增强。再看价格效应与再投资效应之差额的绝对值,在市场利率由 8%下降到 5%后,持有 1 年、3 年、5 年和 6 年的情况分别为 12.99 元、7.42 元、0.14 元和 4.27 元;而在市场利率由 8%上升到 10%后,持有 1 年、3 年、5 年和 6 年的情况分别为 7.58 元、4.46 元、0.09 元和 3.03 元。显然,持有 5 年时,价格效应和再投资效应几乎是抵消的。从收益率角度看,当持有期限等于 5 年时,不管市场利率是下降还是上升,基本上维持在 8%的水平。

这一现象给投资者构造消除利率风险所需要的免疫组合提供了思路,因为例题中的债券在发行时是平价发行,据此可以计算出其当时的久期为 4.992 7 年,非常接近 5 年。实际上,如果持有期限正好是债券久期,则价格效应和再投资效应就完全抵消了,也就是说,无论市场利率如何变化,债券收益率都将正好等于 8%,即债券发行时的市场利率。

顺着这一思路,我们可以将例题中的 6 年期附息债券看成是六个零息债券的组合,这一债券组合的久期是 4.992 7 年,而如果对债券的投资期限也是 4.992 7 年的话,利率风险将完全消除。所以,构造利率风险消除法的要求就是:让所投资的债券组合的久期,等于你的投资期限。

实际上,所投资的债券组合的久期是投资者的资产久期,这是比较容易理解的,因为购买的债券本来就是投资者的资产。而投资期限可以理解为投资者的负债久期,这一点相对来说较难理解。可以这样思考:4.9927 年以后你要买房,到时候你要支付房款,即

4.9927年后你有一项负债。你现在将这笔房款金额的现值购买债券[①],4.9927 年后将债券变现。因此,从现在来看,你的这项负债的久期是 4.9927 年。这样,构造利率风险消除法的要求就可以表现为公式(7—1)。

$$资产久期=负债久期 \quad (7-1)$$

其实,除了上面的要求外,在实践中往往还存在一个收益率要求。如果你现在投入购买债券的金额小于你将来支付房款金额的现值,那么,4.9927 年后你将债券变现所得的款项将不足所需支付的房款金额。因此,所需考虑的收益率要求可以表现为公式(7—2)。

$$资产现值\geqslant负债现值 \quad (7-2)$$

(三)单期免疫

如果未来的债务只有一期,即只需要支付一笔确定的现金流,那么投资者构造的免疫就是单期免疫。下面通过例题来说明如何使用利率风险消除法构建单期的免疫组合。

1. 单个债券的利率风险消除

【例 7—8】 某投资者 5 年后有一笔 10 万元的债务要归还,此时市场上有 5 种债券,面值都是 100 元,票面利率都是 8%,每年付息一次,到期期限分别是 4 年、5 年、6 年、7 年和 8 年,市场利率为 8%。请问应选择哪种债券购买?购买金额至少是多少?

根据久期公式计算,4 年期债券的久期为 3.58 年,5 年期债券的久期为 4.31 年,6 年期债券的久期为 4.99 年,7 年期债券的久期为 5.62 年,8 年期债券的久期为 6.21 年。6 年期债券的久期和债务的期限最相近,故应选择期限为 6 年的债券。

根据现值公式计算,5 年后 10 万元按照市场利率 8%折现的现值是 68058.32 元,所以购买金额至少是 68100 元。

2. 债券组合的利率风险消除

【例 7—9】 某投资者打算用 10 万元进行为期 5 年的债券投资,市场上有 A 债券和 B 债券两种,A 债券的久期为 6.5 年,到期收益率为 6%;B 债券的久期为 4.5 年,到期收益率为 5%。请用利率风险消除法为该债券设计一个投资组合,使该组合免受利率变动的影响,并计算该债券组合的收益率。

设投资 A 债券的资金为 X,投资 B 债券的资金为 Y,因此有:

$$\begin{cases} 6.5\times(X/10)+4.5\times(Y/10)=5 \\ X+Y=10 \end{cases}$$

解得:$X=2.5$ 万元,$Y=7.5$ 万元。

于是债券组合的收益率为:

$6\%\times(2.5/10)+5\%\times(7.5/10)=5.25\%$

(四)多期免疫

如果未来的债务有多期,即需要支付不同时间的一系列现金流,那么投资者构造的免

① 注意现值的金额是小于到时候房款的金额的,但通过投资债券,到时候正好可以支付房款。

疫就是多期免疫。多期免疫一般由两种办法来实现。

第一种办法是将每次负债产生的现金流作为一个单期的负债，然后利用单期免疫对每次负债分别构建一个债券组合，使各债券组合的久期和现值与各期负债的久期和现值相等。第二种办法是先计算多期债务的久期加权平均值，然后构建一个债券组合，使该债券组合的久期和现值与多期债务的久期加权平均值和现值相等。

【例 7－10】 某机构投资者在 2 年、3 年和 6 年后要分别支付 3 笔资金，它们的现值分别是 90 万元、50 万元和 60 万元。该机构投资者打算构造债券组合进行免疫。

如果采用第一种办法，该机构投资者应分别构造三个债券组合。其中第一个债券组合的久期是 2 年，投资金额是 90 万元；第二个债券组合的久期是 3 年，投资金额是 50 万元；第三个债券组合的久期是 6 年，投资金额是 60 万元。

如果采用第二种办法，该机构投资者应构造一个债券组合。该债券组合的久期是：

$$D_p=\frac{90\times2+50\times3+60\times6}{90+50+60}=3.45(\text{年})$$

投资金额则是未来要分别支付的 3 笔资金的现值之和，为 200 万元。

(五)运用条件

利率风险消除法要达到预期效果，其实是有前提条件的：①收益率曲线的类型是水平的，即短期利率和长期利率都是相同的；②收益率曲线的移动也是水平的，即短期利率和长期利率的变动是同步的；③债券没有提前赎回的条款，也不存在违约风险；④不考虑买卖债券的交易成本和相关税收。

当这些前提条件满足时，利率风险消除法可以完全避免利率风险。但是在实际经济活动中，这些前提条件并不能完全满足。此时，利率风险消除法的效果就要打折扣，运用该方法可以降低利率风险，而不能完全消除利率风险。可见利率风险消除法的效果取决于前提条件的满足情况。

实践中运用利率风险消除法所遇到的另一个问题是债券组合的再平衡问题。随着市场利率的上下波动和时间的推移，久期会发生变化，即债券组合的久期不再等于剩余的投资期限。这就意味着债券组合需要调整，进行再平衡，以使调整后的债券组合的久期重新和剩余的投资期限相等。一般来说，两种因素会导致资产和负债的久期不再匹配：一是市场利率变动导致久期变化；二是剩余期限减少时资产久期和负债久期可能会以不同比率减小。这样，调整的目的是使资产的久期继续等于负债的久期。但是需要注意的是，再平衡的次数也不能太多，因为过于频繁地调整会造成债券交易成本过高，超过调整带来的收益。因此，设定一个适度的调整期是十分必要的。

鉴于上述利率风险消除法的前提条件和对债券组合的调整需要，投资者运用该方法时一般应考虑资产离散度问题，即构造的债券组合的类型。比如，第一种债券组合类型是一次还本付息型的债券组合结构，第二种债券组合类型是在将来负债支付日附近时段具有较多现金流的债券组合结构，第三种债券组合类型是距离负债支付日较远的短期和长期有较多现金流的债券组合结构(也称为杠铃型组合)。显然,第一种债券组合类型的效果会更好[①],而第三种债券组合类型的效果会较差(因为在收益率曲线扭曲变动时它有更多的风险暴露值)。

第三节 积极型债券投资策略

积极型投资策略是与消极型投资策略相反的投资策略,它们运用的理论依据不同,采用的方法也不同。

一、策略采用依据

积极型投资策略又称主动管理策略,是指债券投资者力求通过对市场利率变化的预测分析,或者对债券错误定价的发现,选择恰当的时机调整债券投资组合,实现超额回报率最大化的投资管理策略。

采用积极型投资策略的投资者认为,债券市场并不是有效的市场,而是一种无效的,或者低效的市场。债券价格是受多种因素(如利率、市场供给、政策等)影响的,而这些因素在一定程度上是可以预测的,进而债券价格也是可预期的。投资者有不同的预测能力,通过预测债券价格,聪敏的投资者可以获取超额回报率,因此投资者的预测能力将直接影响到其业绩。另外。债券市场由于高信息成本、垄断(资金、人才、信息)以及反应时滞等因素的存在,债券价格经常偏离他们的价值,市场上总是存在着一些价格低估或者高估的债券,并且调整存在着一定的时滞。因此,投资者可以买进被低估的债券,卖出被高估的债券,以赚取差价。

与消极型债券投资策略不同,积极型投资策略投资者构造债券投资组合时,一般采用主动交易策略、复杂的选择债券规则、集中化的投资、频繁的交易次数及灵活的交易形式。主动交易策略说明投资者积极主动寻找机会来获取超额回报率;复杂的选择债券规则一方面指投资者搜索各种信息数据来深入挖掘市场中价格低估或者高估的债券,另一方面指通过对债券价格变动方向的预测来寻找具有升值潜力的债券;集中化的投资可以使投资者只把资金投资到那些定价错误的债券和那些有升值潜力的债券;频繁的交易次数及灵活的交易形式反映了投资者积极观测市场变化来做出购买、持有、出售债券等决定,以获取超额收益率。

积极型债券投资策略分为两种操作思路,一种是通过预测市场变化趋势来进行债券交易以获取超额收益率,另一种则是通过寻找定价错误的债券进行买卖进而获取超额收益率。当然,实践中这两方面也是结合利用的。积极型投资策略在具体方法上,主要包括

---

① 选择这种债券组合也称为现金流匹配策略,即通过构造债券组合使债券组合产生的现金流与负债的现金流在时间上和金额上都正好相等。这一策略可以完全规避利率风险,其最简单的操作方法就是购买剩余期限正好等于负债期限的零息债券(或一次还本付息债券)。

三种:第一种是利率预期法,即在预测利率变化的基础上买卖债券;第二种是骑乘收益率曲线法,如果预测向上收益率曲线不变,则采取投资期限长的债券可以获得更高回报率;第三种是债券互换法,即买进和卖出相同特征的债券,但买进的债券有更大的获利机会。

除此之外,还有一种方法是介于消极型投资策略和积极型投资策略之间,称为或有免疫法,是在免疫策略的基础上进行积极的债券管理。

积极型债券投资策略的目标是战胜市场,获取超额回报率。因此,采用该策略的投资者也需要具有一些其他竞争者所不具备的优势,比如信息优势、出众的分析能力和判断技能、充足的时间和精力,等等。

结合上面一节和本节对消极型债券投资策略和积极型债券投资策略的阐述,下面通过表 7—8 将两种策略的差异进行归纳。

表 7—8　消极型投资策略和积极型投资策略的比较

比较项目	消极型投资策略	积极型投资策略
对市场有效性的判定	市场是有效的,能及时准确地反映市场上所有信息	市场不完全有效,不能及时准确地反映市场上所有信息
投资目标	获取市场平均收益率	获取超额收益
交易策略	持有到期	积极寻找投资机会
研究和管理成本	研究成本和管理成本低	研究成本和管理成本高
交易次数及成本	交易次数少、交易成本低	交易频繁、交易成本高
适用对象	长期、战略投资者;没有充分时间和精力的投资者;初学者	拥有信息优势的投资者;有出众的分析和判断技能的投资者;有充足时间和精力的投资者

随着债券市场不断发展以及新的投资策略的不断创新,积极型债券投资策略和消极型债券投资策略之间界限越来越模糊。这是因为:第一,债券投资者根据风险收益配比的需要,用积极型投资策略管理其中一部分债券,用消极型投资策略管理另一部分债券;第二,在整个投资过程中,数量化投资方法和非数量化投资方法通常交替使用;第三,不断出现融合了积极型投资策略和消极型投资策略特点的混合投资策略,比如或有免疫方法。

二、利率预期法

利率预期法是指债券投资者对未来市场利率进行预测,并以此为基础来调整债券投资组合。实际操作中,对利率变化的预测有不同的侧重面。

(一)利率变化趋势分析

这是一种单纯地通过预测市场利率将会上升还是下降而进行投资的方法,也称为基于利率期限结构上下平行移动的久期策略。该方法属于择时策略,具体操作思路是:当预期利率上升时,卖出债券或者减少债券组合的久期,保护资本,以便在未来再投资于收益率更高的债券;当预期利率下降时,买入债券或者增加债券组合的久期,锁住资本收益,以便未来利率下降时仍然可以获得较高的收益。

这一方法的优势,就是投资者可以有机会获得超额的收益率,这是消极型投资策略所不具备的,也是很多债券投资者追求的目标。但是跑赢市场并获得超额收益率并不容易,要求投资者具有准确预测市场利率变动能力。这一方法的缺点则有:第一,利率预期是风险较大的投资策略。如果利率预测正确,投资者将会跑赢市场并获取超额收益率;但如果投资者判断错误,那么投资者不但不能获得超额收益率,而且还会遭受更大的损失。第二,研究成本和交易成本高。因为这一方法需要投资者尽可能搜集信息预测市场利率变动方向并频繁交易债券。

需要注意的是:投资者在预期利率下跌时面临的风险更大。这是因为当投资者预测市场利率上升时,投资者会卖出债券或者减少债券组合的久期,债券对利率变化的敏感性减小,一旦判断失误投资者蒙受的损失较小;而当投资者预期市场利率下降时,投资者会买入债券或者增加债券组合的久期,债券对利率变化的敏感性增大,一旦判断失误投资者遭受的损失增大。

利率预期法的成功与否取决于对利率预测的准确性,而利率预测非常复杂,受到多方面因素的影响,其中比较重要的因素有:市场供求关系、汇率变化、货币政策和通货膨胀预期等。

(二)债券收益率结构分析

市场利率的变化会引起债券收益各部分的变化,所以通过对债券收益率结构进行分析[①],可以更清晰地看到利率变化的影响。一般来说,债券在任何持有期的收益率取决于债券期初价格、期末价格和利息及其再投资收益。我们可以通过例子进一步说明[②]。

【例 7—11】 有一附息债券,面值 100 元,票面利率 5%,每年付息一次,剩余期限为 10 年,当前市场价格为 92.64 元。据此可以计算该债券 10 年期的到期收益率为 6%。如果投资者买入该债券后打算持有 5 年,并预期 5 年后的到期收益率会下降到 4%,且持有债券期间利息的再投资收益率平均为 5%。试计算投资者持有债券的总收益和各部分收益。

表 7—9　　剩余期限和到期收益率变动时的债券价格　　单位:元

到期收益率	10年	9年	…	5年	…
3%	117.06	115.57		109.16	
4%	108.11	107.44		104.45	
5%	100.00	100.00		100.00	
6%	92.64	93.20		95.79	
7%	85.95	86.97		91.80	

时间因素　收益率因素

① 这种分析有时也称为对收益率变化的期限分析,或水平分析。

② 上海财经大学金融学院《投资学教程》编写组. 投资学教程[M]. 上海:上海财经大学出版社,2010.

投资者的收益包括债券买卖价差和利息及再投资。先看债券买卖价差，表 7－9 显示了剩余期限和到期收益率变动时的债券价格。投资者以 92.64 元的价格购买了债券，如果 5 年后到期收益率变为 4%，则投资者可以按照 104.45 元的价格卖出，价差共有 11.81 元。这一价差其实可以分为两部分：一是投资时间因素造成的，即如果到期收益率没有变动，仍然为 6%，则价格为 95.79 元，价差为 3.15 元；二是到期收益率因素造成的，即收益率降低引起债券价格上涨，价差为 8.66 元。

再看利息及再投资收益。持有 5 年的利息之和为 25 元，即每年 5 元共持有 5 年。利息的再投资收益按照第五章公式(5－15)计算为 2.63 元。于是：

债券持有期总收益＝时间因素影响＋收益率因素影响＋利息＋利息再投资收益

＝3.15＋8.66＋25＋2.63＝39.44(元)

在债券持有期总收益的四个组成部分中，第一项时间因素影响和第三项利息是确定的，不确定的是第二项和第四项。其中，第二项受到投资期末时的到期收益率变化影响，第四项受到投资期初至期末期间到期收益率变化的影响。

因此，如果投资者有能力对投资期间的市场利率变动进行预测，那么就可以根据其预测情况来投资，做出是否投资及投资何种债券的决定。比如，有一种称为基于利率期限结构斜率变动的期限配置策略，该方法也属于择时策略。利率期限结构斜率变动有两种基本形态：一是变得更加陡峭，二是变得更加平坦。期限配置的原则是：当预计利率期限结构发生陡峭变化时，做多短期债券、做空长期债券；当预计利率期限结构发生平坦变化时，做多长期债券、做空短期债券。

下面再举一简单例子说明投资者根据未来即期利率变化而进行不同期限债券品种的选择。

【例 7－12】 某投资者要进行一个期限为 2 年的投资，目前市场有两种零息债券，A 债券期限 2 年，面值 100 元，市场价格为 87.34 元；B 债券期限 1 年，面值为 100 元，市场价格为 95.24 元。如果投资者预期一年后市场上一年期的即期利率为 8%，那么投资者应该投资哪种债券？如果投资者预期一年后市场上一年期的即期利率为 10%，投资者又应该选择哪种债券？

当预期一年后市场上一年期的即期利率为 8%时，投资 A 债券的收益率 y_A 和投资 B 债券的收益率 y_B 分别为：

$$y_A=\sqrt[2]{\frac{100}{87.34}}-1=7\%$$

$$y_B=\sqrt[2]{\frac{100\times(1+8\%)}{95.24}}-1=6.49\%$$

可见，A 债券的投资收益率更高，所以应该投资 A 债券。

当预期一年后市场上一年期的即期利率为 10%时，投资 A 债券的收益率 y_A 和投资 B 债券的收益率 y_B 分别为：

$$y_A=\sqrt[2]{\frac{100}{87.34}}-1=7\%$$

$$y_B=\sqrt[2]{\frac{100\times(1+10\%)}{95.24}}-1=7.47\%$$

可见，B 债券的投资收益率更高，所以应该投资 B 债券。

三、骑乘收益率曲线法

（一）操作过程

骑乘收益率曲线法又称为利用收益率曲线法，是指利用向上的收益率曲线且保持不变的条件，投资剩余期限大于投资期限的债券以获取超额收益率。该方法的具体操作过程是：当投资期限一定时，如果预测收益率曲线是正向的，而且将保持不变，则应选择购买到期期限大于投资期限的债券，然后在投资期限结束时出售债券。可以看出，骑乘收益率曲线法的交易成本相对高一些，因为这一投资过程实际上包含了购入债券和售出债券两个交易步骤。

骑乘收益率曲线法也是利率预期理论的一种运用形式，该方法的核心就是骑乘效应，即随着债券剩余期限的逐渐变短，其收益率将沿着收益率曲线下滑，而对应的债券价格就上升。

（二）前提条件

采用骑乘收益率曲线法的两个必要前提条件是：第一，收益率曲线斜率为正，即期限长的债券的收益率，比期限短的债券的收益率高；第二，在投资期限内，收益率曲线保持稳定，不发生变化（或者变化很微小）。当满足这两个条件时，采用该方法可以获得更高的收益率。而当这两个条件不满足时，比如收益率曲线发生变化，实施该方法可能会使投资者遭受损失。

【例 7－13】 某投资者打算进行债券投资，并预测债券市场上的收益率曲线形状在可预见的未来不发生变化，而收益率曲线的形状为：3 年期对应的利率为 5%，5 年期对应的利率为 7%，8 年期对应的利率为 9%。市场上现有两种面额为 100 元的零息债券，期限分别是 3 年期和 8 年期。该投资者只进行 3 年期限的投资，请问如何进行投资才能使债券收益率最高？

此时投资者有两种投资策略，第一种策略是直接投资 3 年期债券，第二种策略是先购买 8 年期债券，持有 3 年后卖出。

采用第一种策略的收益率为 5%，购买价格 P 为：

$$P=\frac{100}{(1+5\%)^3}=86.38（元）$$

采用第二种策略时，先购买 8 年期债券，价格 P 为：

$$P=\frac{100}{(1+9\%)^8}=50.19（元）$$

持有 3 年后卖出，价格 P 为：

$$P=\frac{100}{(1+7\%)^5}=71.30(\text{元})$$

持有 3 年的投资收益率 y：

$$y=\sqrt[3]{\frac{71.30}{50.19}}-1=12.41\%$$

显然，第二种策略比第一种策略的收益率要高 7.41%。

不过，如果收益率曲线形状在 3 年后发生了变化，比如 5 年期对应的利率上升到了 12%，则持有 8 年期债券 3 年后的卖出价为 56.74 元，持有期的投资收益率仅为 4.17%，反而不如第一种策略。

实践中，骑乘收益率曲线法通常在短期债券市场中应用，因为在短时期中，收益率曲线形状相对而言可能不会发生大的变化。下面再用短期债券市场举例。

【例 7－14】 在国库券市场上，目前面值为 100 元的 90 天期国库券价格为 98.75 元[①]，面值为 100 元的 180 天期国库券价格为 96.50 元[②]。某投资者确定，未来 3 个月国库券的收益率曲线形状将不会变化。于是在投资期为 90 天的情况下，购买 180 天期国库券持有 90 天后出售，比直接购买 90 天期国库券并持有到期会获得更高回报。

如果购买 90 天期国库券并持有到期，年收益率 y 为：

$$y=\frac{100-98.75}{98.75}\div\frac{90}{360}=5.06\%$$

如果购买 180 天期国库券，持有 90 天后出售，只要收益率曲线形状不变化，剩余期限为 90 天的国库券出售价格也是 98.75 元，于是年收益率 y 为：

$$y=\frac{98.75-96.50}{96.50}\div\frac{90}{360}=9.33\%$$

同样，在短期债券市场上，购买期限稍长的债券并在投资期限结束时出售，比直接购买期限更短的债券的收益率要高。

四、债券互换法

债券互换又称债券调换，是指债券投资者确定债券组合后，根据市场情况对债券组合进行调整，卖出组合中某债券的同时，买进性质相同（或相似）、但高收益机会更大的债券。通过债券互换，投资者希望达到若干目的，比如：提高债券的收益，获取收益率级差；降低利率风险；获取纳税方面的好处等。

市场上债券种类繁多，各种不同的债券有着各自不同的属性，比如在票面利率、违约风险、税收负担、流动性、可回购条款等方面存在差异。债券的不同特性决定了不同类型

① 定价的贴现率为 5%［即 98.75＝100×(1－5%×90÷360)］。

② 定价的贴现率为 7%［即 96.50＝100×(1－7%×180÷360)］。

债券互换获利的可能性。

债券互换有不同的类型，如替代互换、市场间利差互换、纯追求高收益率互换、利率预测互换、税收互换等。

（一）替代互换

替代互换是指将债券组合中的债券换为同质、但市场价格更低的债券。所谓的同质是指剩余期限、利息支付、风险、流动性、赎回条件、税负等因素都相同。这种债券的低价主要是由于被市场暂时低估，并最终会回归正常。因此低价时买入，等价格回升时卖出，投资者将会获得超额收益率。

替代互换可以是单个债券的互换。比如，债券投资者持有一种20年期的附息债券，面值100元，票面利率6%，每半年付息一次，价格为98元。但同时市场上还存在同质债券，其票面利率、剩余期限、风险等各种因素都一样，而价格为95元。显然，同质债券的价格被低估了，于是投资者进行替代互换操作，卖出98元的债券，而买入同质的95元的债券。这样当低估债券价格回归时，投资者可以获得每百元面值债券3元的超额收益。替代互换也可以是债券组合的互换。比如，有一债券组合由AAA级和A级两种债券构成，如果市场上还存在一种AA级债券，这种债券与债券组合有相同的现金流模式及类似的风险，因此应该有基本相同的收益率。如果两者的收益率差别过大，就可以买进收益率较高的、卖出收益率较低的进行互换。

当然，投资者进行替代互换也存在风险，比如低估债券的价格继续下降，市场纠正偏差的时间很长，投资者就可能会面临一些意想不到的困难。

（二）市场间利差互换

市场间利差互换是指利用不同债券市场之间的收益率差额，买入高收益率债券，卖出低收益率债券，以获取超额收益率。与替代互换不同的是，市场间利差互换所涉及的债券是指不同市场之间的债券，比如政府债券市场与公司债券市场之间。和替代互换一样的是，一定要确定两种债券的收益率差额是市场的错误定价造成的，是暂时的；而不是市场对两种债券风险的真实反应。否则，投资者将无法通过债券互换获取超额回报率。

（三）纯追求高收益率互换

纯追求高收益率互换是指持有收益率更高的债券以获取更高的收益回报。该方法其实不是发现了错误定价的债券，而是根据收益率曲线的形状，调整持有的债券的期限长短，追求更高的收益。比如，当收益率曲线向上倾斜时，投资者可以将短期债券换为长期债券，因为此时长期债券的收益率更高；而当收益率曲线向下倾斜时，投资者可以将长期债券换为短期债券，因为此时短期债券的收益率更高。不过，在前者情况下如果收益率曲线发生向上位移，或者在后者情况下如果收益率曲线发生向下位移，投资者可能会遭受更大损失。相对来说，运用该方法时投资者更多关注的是债券的长期收益率变动，而较少注意市场上短期收益率变动。

（四）利率预测互换

利率预测互换是指利用对市场利率总体变动趋势的预测来获取收益。比如，当投资者预测市场利率上升时，可以换出久期长的债券，换入久期短的债券；而当投资者预测市场利率下降时，可以换出久期短的债券，换入久期长的债券。因为利率上升将使债券价格下跌，利率下降将使债券价格上涨，而久期长的债券比久期短的债券对利率变化更敏感。所以通过利率预测互换，投资者可以获得更高的收益率。市场上众多投资者对市场利率的走势往往会有不同的看法，在相同的信息条件下，有些投资者预期市场利率上升，而有些投资者预期市场利率下降，因此利率预测互换是可行的。这种互换的结果是一方获得赢利，另一方则遭受损失。

（五）税收互换

税收互换是指通过债券互换而获得纳税方面的好处。这种税收方面的好处包括减少应纳税款的数额，或者推迟交税时间，这样可以利用资金的时间价值赚取投资收益。税收互换的操作要结合各个国家对债券收税的具体制度，包括对利息收益课税和对资本利得课税。

五、或有免疫法

或有免疫法也称为应急免疫法，是一种融合消极型投资管理和积极型投资管理的混合投资策略，是指当债券组合收益率大于其最小目标收益率时，进行积极型投资策略；而当债券组合收益率下降到最小目标收益率时，债券投资者就要免疫该债券组合并锁定其最小目标收益率。或有免疫策略是在利率风险消除法的基础上提出的，能够解决利率风险消除法过于保守的问题，即既可以享受利率下降带来的收益，又可以控制利率上升产生的损失。

或有免疫的具体操作流程为：首先设定触发的临界点，即图 7－1 中的触发点线。然后根据市场情况操作：当市场利率下降时，债券价格上涨，投资者获利，这时实行积极型投资管理，享受市场利率下降带来的资本收益；当市场利率上升时，且上升幅度较大，导致债券价格下跌很多，一旦债券组合价值下降到了临界点（图 7－1 中的 t 时刻），就改为实行消极型投资管理的免疫策略，把损失控制在能够接受的范围内。需要注意的是，触发点并不一定是固定值，投资者可以根据自己的情况设定，并且在投资过程中还可以根据市场情况对触发点进行一定的调整。

【例 7－15】 某债券投资者拥有一个债券组合，现值为 100 万元，投资者的投资目标是确保 2 年后债券组合价值为 114.49 万元，也就是要确保两年内债券组合的收益率不低于 7%。而目前市场利率为 8%，且收益率曲线是水平的。也就是说，按目前的市场利率，债券组合 2 年后的价值为 116.64 万元，大于未来的目标值 114.49 万元。因此投资者在开始时可以不立即采用利率风险消除法锁定收益，而采取一些积极型投资策略，尝试获得更高的收益率。

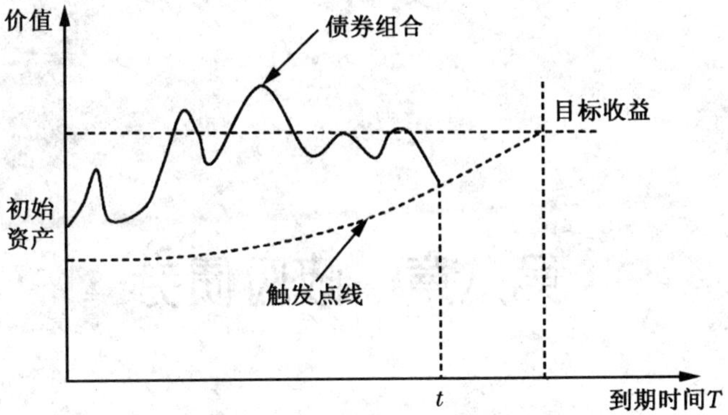

图 7—1　或有免疫法原理

1 年后，假设债券组合的价值达到 108 万元，由于目标资产为 114.49 万元，即此时要求的最小目标利率为 6.01%[①]。如果第二年的市场利率不变或者上升，大于 6.01%，那么投资者可以继续施行积极型投资策略；如果第二年的市场利率下降，当市场利率下降到 6.01%时，那么临界点被触发，因此要转而实施利率风险消除法，锁定收益。

复习题

1. 债券投资在投资体系中处于什么地位？
2. 说明债券投资管理步骤。
3. 进行债券现券买卖有什么技巧？
4. 说明债券现券交易和回购交易结合的投资技巧。
5. 说明消极型债券投资策略的依据和方法。
6. 掌握免疫组合的构造方法。
7. 说明积极型债券投资策略的依据和方法。
8. 试对消极型投资策略和积极型投资策略进行比较。
9. 什么是或有免疫法？

① 即(114.49－108)÷108＝6.01%。

第八章　政府债券

按照债券发行主体分类，有政府债券和企业债券。政府债券在债券体系中占有相当重要的地位。一方面，从纵向发展角度看，它具有悠久的历史，伴随着政府职能的变化而发挥作用；另一方面，从横向发展角度看，又是现代政府所离不开的融资工具，并成为政府进行经济调控的手段。

第一节　政府债券的构成、特点及效应

本节对政府债券进行一般性的介绍，包括政府债券的组成和基本特征、国债发行的金融效应。

一、政府债券的构成

（一）政府债券的含义

顾名思义，政府债券就是政府发行的债券。更完整地理解，政府债券是指政府的财政部门或其他代理机构为筹措资金，以政府名义发行的、承诺在一定时期支付利息和到期还本的有价证券。根据这一定义，可知政府债券尽管在名义上是由政府的财政部门出面举借，但债务人即是政府本身。从财政部门的职能定位来说，它是负责政府资金收付的部门，因此由政府的财政部门出面承担政府债券的发行及偿还事宜，是顺理成章的事情。

另外一个比较特殊的情况是，有时会出现政府的其他部门或政府机构出面举借债务的例子。比如，在美国联邦政府这个层面，讲到债务有两种：一是美国国债，二是机构债券。美国国债是美国联邦政府发行的，也称为美国财政债券，通常被认为无信用风险。而机构债券是由联邦政府机构或政府主办的企业直接承担的债务。政府机构是美国政府的实体，如田纳西河流域开发管理局。归政府主办的企业是指由政府特许设立、归私人所有

和经营的实体，如联邦国民抵押协会、联邦住宅贷款抵押公司等。机构债券并不像美国国债那样得到美国政府的完全信用支持，但由于这些机构具有的政府从属关系，也就被认为有很高的信用质量。

在我国，也存在由财政部之外的其他政府部门出面举借的债务。比如，2013 年以前的中国铁路建设债券的发行人是中华人民共和国铁道部[①]，且由铁路建设基金提供担保。铁路建设债券募集的资金是用于我国铁路建设的具体项目，铁道部要根据国家发展和改革委员会关于企业债券募集债券资金使用有关规定，对发债资金进行专项管理。因此，在我国的债券分类中，中国铁路建设债券归类于企业债券。

因此，本书所讲的政府债券，主要指以政府名义发行、由政府财政部门直接承担还本付息责任的债券。

（二）政府债券的层次

政府债券的层次是与政府体系的层次相联系的，一个国家的政府体系通常是由不同级次的政府组成。如在我国可以分为中央政府和地方政府，地方政府又有省（自治区、直辖市）、设区的市（自治州）、县（自治县、不设区的市、市辖区、旗）和乡（民族乡、镇）四级组成。美国的政府体系则可以分为联邦政府、州政府和地方政府三级，地方政府包括州以下的县、市、乡、镇和特别区的政府。不同级次的政府有着各自一定的独立性，许多国家不仅中央政府可以依据国家法律发行债券，中央政府以下级次的政府也有按照国家和地方的有关法律独立发行债券的权力。如果我们将一国中央政府以下级次的政府统一称为地方政府，那么政府债券就可以分为中央政府债券和地方政府债券。中央政府债券一般称为国债（或国债券），地方政府债券一般称为地方债（或地方债券）。

在我国，20 世纪 50 年代曾经有人民胜利折实公债和国家经济建设公债等国债，有些地方政府也发行了地方债。以后相当长的一段时间我国政府停止发行债券。1981 年我国中央政府恢复发行国债，当时的名称叫国库券，地方债的重新发行是在 2009 年。

在美国，联邦政府的债券是国债，可流通的美国国债包括国库券、中期国债、长期国债、通胀指数国债等，此外还有非流通的国债（如储蓄债券）。在美国州政府和地方政府的层面，发行的债券称为市政债券，有两种主要类型：一种是一般责任债券，另一种是收入债券。一般责任债券是由州、县、市、特别区等政府发行的，并通过发行人的一般税收权来获得安全保障。收入债券是为某个项目或企业融资而发行的，并通过发行人运营项目的收入来保障。

① 2013 年 3 月，根据第十二届全国人民代表大会第一次会议审议的《国务院关于提请审议国务院机构改革和职能转变方案》的议案，铁道部实行铁路政企分开。将铁道部拟定铁路发展规划和政策的行政职责划入交通运输部；组建国家铁路局，由交通运输部管理，承担铁道部的其他行政职责；组建中国铁路总公司，承担铁道部的企业职责；不再保留铁道部。

二、政府债券的性质和特点

(一)政府债券的性质

政府债券的性质可以从两个方面来考察:第一,从形式上看,政府债券也是一种有价证券,它具有债券的一般性质。政府债券本身会有规定的面额(如果是纸面形式债券),也安排了付息方式,因此具备了一般债券所具有的形式要件。第二,从功能上看,政府发行债券最初的目的主要是为了弥补其财政赤字,但在现代商品经济条件下,政府债券已经成为政府筹集资金、扩大公共开支的重要手段。并且随着金融市场的发展,政府债券逐步具备了金融商品和信用工具的职能,成为政府实施宏观经济政策、进行宏观调控的工具。

(二)政府债券的特点

政府债券的特点主要体现在安全性高、流通性强、收益稳定、免税待遇四个方面。

1. 安全性高

政府债券是政府发行的债券,由政府承担还本付息的责任,是国家信用的体现。在各类债券中,政府债券的信用等级是最高的,通常被称为"金边债券"。投资者购买政府债券,是一种较安全的投资选择。

2. 流通性强

政府债券是一国政府的债务,它的发行量一般都非常大,同时由于政府债券的信用好,竞争力强,市场属性好,所以许多国家政府债券的二级市场十分发达,一般不仅允许在证券交易所上市交易,还允许在场外市场进行买卖。发达的二级市场为政府债券的转让提供了方便,使其流通性大大增强。

3. 收益稳定

投资者购买政府债券,可以得到一定的利息。政府债券的付息由政府保证,其信用度最高,风险最小,对于投资者来说,投资政府债券的收益是比较稳定的。此外,因政府债券的本息大多数固定且有保障,所以其交易价格一般不会出现由信用因素导致的大幅波动,二级市场的交易双方均能得到相对稳定的收益。

4. 免税待遇

政府债券是政府自己的债务,为了鼓励人们投资政府债券,大多数国家规定,对于购买政府债券所获得的收益,可以享受免税待遇。在我国,相关的税收法律规定,个人投资的公司债券利息、股息、红利所得应纳个人所得税,但政府发行的债券和政策性银行发行的金融债券,其利息收入可免缴个人所得税。因此,在政府债券与其他证券名义收益率相等的情况下,如果考虑税收因素,持有政府债券的投资者可以获得更多的实际投资收益。

三、国债发行的金融效应

国债是政府债券的主要部分,国债发行对经济的许多方面会产生影响。这里,我们仅就国债的金融效应进行阐述。国债金融效应主要表现为对货币供给的影响和对资金市场的影响。

(一)国债发行对货币供给的影响

国债体现了一种政府与社会投资主体参与的借贷关系,国债发行意味着这一借贷关系的成立。在这一借贷关系中,借方与贷方共存。一方面,国债的债务人是中央政府,它发行了国债券,得到了货币资金,形成了国债收入。这里,借方是单一的,只有唯一的中央政府,并由财政部出面举债。另一方面,国债的债权人是国债承购人,他们得到了国债券,付出了自己的货币资金,表现为国债承购款。这里,除非政府发行国债时带有限制性条件,否则,在公募发行的情况下,国债承购人将是非常广泛的,可能是各类机构和个人,所以贷方是多方面的。为了便于分析,我们将国债承购人分为三类:中央银行、商业银行、非银行部门。这样分类的原因,在于三类主体承购国债时,在货币供给中起的作用不同,即货币效应不同。

1. 中央银行承购国债的货币效应

中央银行在一国货币政策中起着关键的作用,它的职能体现在三个方面:货币发行的银行、政府的银行和银行的银行。由于它具有的特殊地位,在货币供给中就能起到一种控制闸门的作用。

在政府的管理机构中,财政部和中央银行的关系往往是比较密切的。我国在 1993 年及其之前,一直存在允许财政部向中国人民银行透支的做法。尽管财政透支与中央银行直接购买国债在定义上或者规范性方面不一样,但它们对货币供给的影响是一样的,所以在这里的分析中,可以将财政透支视同中央银行直接承购国债。如果政府发行的国债由中央银行直接购买,它对社会上货币供给起什么作用呢?结论为:一般起扩张效应。我们可以结合中央银行的资产负债项目来分析。财政存款是中央银行的负债,国债是中央银行的资产。当中央银行承购国债时,就会直接增加政府存款,即财政部在交给中央银行一张国债券的同时,也得到了一笔可以随时支取的货币资金。如果运作过程到此为止,那么社会上还未出现增加的货币供给,因为仅是中央银行账面上资产和负债的等额增加。但是政府的国债收入总要用于各项开支,当政府再将这笔货币资金拨给社会上的部门、企业和个人时,由于它们的账户开立在商业银行,于是商业银行的社会存款就会增加,其结果就使货币供给扩大了。

在现代银行制度下,中央银行具有信用创造货币的机能,以上说明的内容就是中央银行向财政部提供信用从而创造了货币。同时,商业银行又具有扩张信用、创造派生存款的机能,它表现为商业银行能够在中央银行放出货币的基础上,进一步向社会扩张信用规模。于是,当中央银行承购国债时,扩大的货币供给量并非仅仅是国债数量本身,而可能是扩大了许多倍。具体分析如下:按照存款准备金制度,当财政向社会有关方面进行拨款后,商业银行的社会存款将会增加。于是,其中一部分作为存款准备缴存中央银行,余下的另一部分可用来发放贷款。贷款的结果又使得社会存款增加,此乃派生存款。有了派生存款后,一部分仍作存款准备金,另一部分又可以用来继续发放贷款。如此进行,使得信用扩张。如果不考虑其他因素,扩大了的货币供给量将是政府动用的国债款项乘以存款准备金率的倒数。

以上分析表明,中央银行承购国债是非常容易扩张社会货币供给量的。如果社会经济正好处于货币供给大于货币需求的状况,那么中央银行承购国债将会带来或者加剧通货膨胀。实践中,有些国家对中央银行直接购买政府债券规定了一定的限制条件。我国早在20世纪80年代中期政府出台的有关条例中,就有"中国人民银行不得直接购买政府债券"之条款①,后来在90年代中期又通过法律形式予以规定:"中国人民银行不得对政府财政透支,不得直接认购、包销国债和其他政府债券②。"

2. 商业银行承购国债的货币效应

在现代社会,商业银行的经营要遵循安全性、流动性和营利性的原则。商业银行承购国债的目的,正是为了使其持有一定量的流动性资产,因为国债信誉较好,规模又大,在市场上的变现能力较强。一旦商业银行现金资产不足,就可以通过出售国债来补充。而且,持有国债又有一定的营利性,能获取利息收益。

当商业银行承购国债时,对货币供给有何影响?分析这一问题,首先要明确商业银行购买国债有什么资金来源。在商业银行的资金运用方面,包含的项目有政府债券、贷款以及在中央银行的存款(准备金)等。如果不考虑政府债券项目(因为出售政府债券再来购买新的国债等于是不同政府债券品种的置换),那么,可选择的购买国债资金来源便只有两个:一是收回已发放出去的贷款,二是动用超额的准备金。在第一种情况下,收回贷款属于货币供给量的直接缩减。同时,商业银行承购国债使政府存款增加,财政部门运用这笔资金后又将扩大货币供给量。结合两个方面,一般认为,商业银行靠压缩贷款来承购国债,不会改变货币供给量。在第二种情况下,动用准备金时并未减少社会存款,货币供给量没有减少。而银行购入债券后政府运用其增加的资金,会扩张货币供给。所以考虑综合的效果,可以得到,商业银行靠动用超额准备金来承购国债,会扩大货币供给量。

实际上,商业银行动用超额准备金购买国债,是将其潜在的货币扩张能力作了现实的释放。换言之,如果不购买政府债券,这部分超额准备金也可以随时用来增加贷款。此外,若商业银行承购国债时既未能减少其对社会的贷款,也没有超额准备金可供支用,那么另一途径便是依靠中央银行的再贷款解决。此时,中央银行起着银行的银行这一作用。在这种情况下,社会货币供给量将扩大,其实质是中央银行通过再贷款向商业银行注入了基础货币。

3. 非银行部门承购国债的货币效应

非银行部门的范围非常广泛,在我国,如企事业单位、投资基金、个人等。非银行部门投资国债的目的可能各不相同,投资国债的品种也不会一致,但是分析它们承购国债的货

① 《中华人民共和国银行管理暂行条例》,1986年1月7日国务院发布,第30条。

② 《中华人民共和国中国人民银行法》,1995年3月18日第八届全国人民代表大会第三次会议通过,第28条。

币效应,可以不考虑这些差异性,而把它们看成是同质的经济主体,购买的是同一的国债。

非银行部门承购国债时,其资金来源或者是存款,或者是手持现金,也可能是两者兼有。不管是在商业银行的存款,还是在自己手中的现金,都是货币供给量的组成部分。购买国债后,这些存款和现金转化为政府在中央银行的存款,故社会上的货币供给量减少。接下来再考虑政府对国债资金的运用。财政有了发行国债的收入后,要进行支出方面的拨款,其结果增加了接受拨款单位和个人在商业银行的存款和手持现金,它们也都属于非银行部门,即意味着社会上的货币供给量增加。所以,分析的一般结论是:非银行部门承购国债,造成货币购买力由非银行部门向政府的转移;而政府资金运用的结果,又造成货币购买力的反向转移。如果舍弃其他因素,比如不考虑货币购买力转移中货币结构的变化(现金与存款的改变),那么一般来说,将不改变社会的货币供给量。

(二)国债发行对资金市场的影响

上面分析的时候,主要是涉及货币数量,而且只单纯地考虑货币供给。这里的分析,则从借贷资金市场角度探讨,并考虑到资金供给弹性的问题。借贷资金市场是实现资金交易的市场,从广义上看,是借贷资金供求关系的总和。在借贷资金市场上,资金供给弹性在不同时期可能是不一样的。资金供给弹性是反映资金供给变化敏感性的尺度。如果供给富有弹性(供给弹性大),则资金供给数量变化百分比大于市场利率变化的百分比;如果供给缺乏弹性(供给弹性小),则资金供给数量变化百分比小于市场利率变化的百分比。

1. 资金供给弹性小的情况

在借贷资金市场上,如果资金供给的弹性较小,而此时政府在该市场上发行国债筹资,则可以用图 8-1 表示。图中,纵轴表示资金利率,横轴表示资金借贷数量。S 线是供给线,表示该市场中贷款者的资金供给,其向上倾斜是因为资金供应会随利率上升而增加,同时该线比较陡直,说明资金供给弹性较小。D 线是需求线,表示该市场中当政府尚未发行国债时非政府部门借入资金的需求,其向下倾斜是因为资金需求会随利率下降而增加。供求线的交点 E 决定了如果政府没有发行国债的均衡市场利率 I 和资金借贷数量 Q。现在政府在该市场上发行国债,扩大了资金需求,D 线水平横向移至 D' 线,D' 线表示该市场中政府部门和非政府部门借入资金合计的需求。此时,供求线的新交点 E' 决定了政府发行国债情况下的均衡市场利率 I' 和资金借贷数量 Q'。这一政府借债对借贷资金市场产生了两个效应,一是利率效应,二是挤出效应。

这里的利率效应,是指政府在借贷资金市场上发行国债,使得市场利率大幅度上升。实际上,资金供给弹性小,说明资金供给变化有限,于是大量增加的借款需求和有限增加的资金供给,驱使利率急剧升高。而且,不仅政府借款利率上升,其他非政府部门的借款利率也要同时上升。在图 8-1 中,利率就由原来的 I 升至 I'。

这里的挤出效应,是指政府在借贷资金市场上发行国债,减少了非政府部门在该市场借款可能获得的数量。从图 8-1 中可以看到,非政府部门原来可以从市场上借入 Q 的资金数量,现在政府发行相当于 qQ' 数量的国债,但市场上的资金供给只增加 QQ'。于

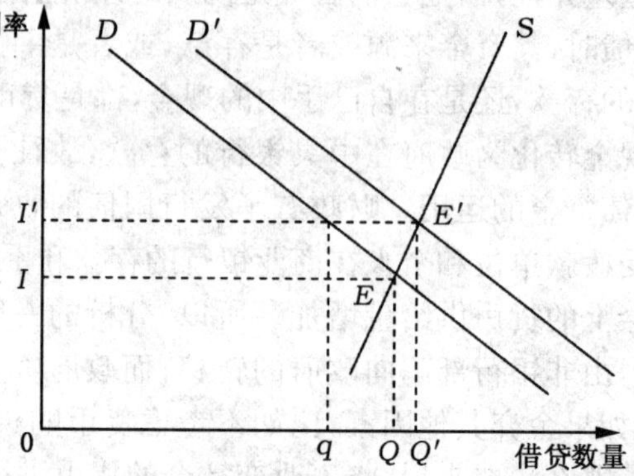

图 8—1 政府在资金供给弹性小的市场发行国债

是，非政府部门只能从市场上借入 q 的资金数量。换言之，qQ 数量的资金被挤出非政府部门，转而投向国债。

2. 资金供给弹性大的情况

上面是分析资金供给弹性小的情况，此时利率效应和挤出效应都是非常明显的。那么，如果资金供给弹性较大，政府在市场上发行国债，两种效应的表现将会如何呢？我们用图 8—2 来说明。图中，纵轴、横轴、S 线、D 线以及 D'线等，都与图 8—1 中同名的轴或线有相同的意义，差别仅在于供给线的倾斜程度。图 8—1 中 S 线供给弹性小，所以比较陡直；图 8—2 中的 S 线供给弹性大，所以就比较平坦。现在政府在该市场上发行国债，同样扩大了资金需求，D 线也移至 D'线，均衡点由 E 到了 E'。

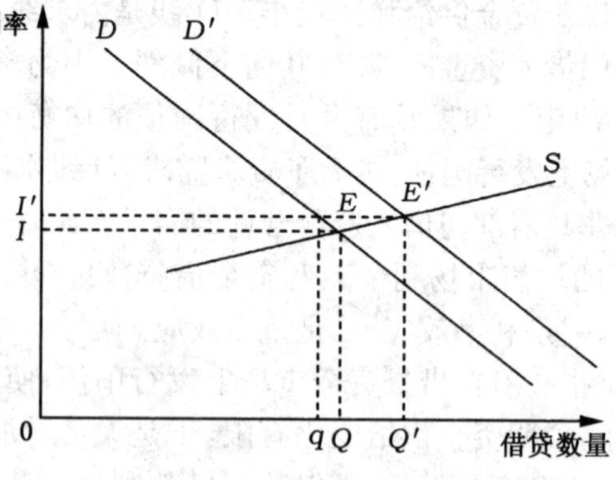

图 8—2 政府在资金供给弹性大的市场发行国债

在这种情况下，可以看到，利率效应和挤出效应虽然还有一些，但与资金供给弹性小的情况相比，在程度上明显减少。由于供给线平坦，政府发行国债虽然向外平移了需求线，但是对利率的推升作用有限，使其仅有 I 升至 I'的小幅上扬。而在挤出作用方面，非政府部门实现的资金借贷数量也只是减少了一个较小的 qQ 值。

第二节 国债发展历史

在政府债券中，国债的地位最为重要，这一方面是因为中央政府在一国政府体系中处于最高位置，国债的信用最高；另一方面也是因为国债发行规模较大，对债券市场的影响较大。纵观债券发展历史，国债发展进程是值得阐述的。

一、国债的产生

（一）国债产生的年代

在历史上，国债更多的是与财政范畴相联系的。不过，很难说国债与政府的财政筹资同时产生，因为捐税是最早的财政收入形式之一，国债仅是政府弥补收入不足的工具。

那么，国债究竟起源于什么年代？限于人类古代社会资料的缺乏以及人们认识上的差异，没有直接可靠的定论。而在我国经济界，对这一问题曾经有不同的说法。一种说法是：在奴隶制时代，国债已经产生。公元前 4 世纪，古希腊和古罗马就出现了国家向商人、高利贷者和寺院借债的情况①。另一种说法是：国债是资本主义时代的产物，是随着中世纪资本主义生产关系的产生而产生的。世界上的第一张国债券，出现于最早产生资本主义生产关系萌芽的地中海沿岸国家。12 世纪末，在当时经济最为发达的意大利城市佛罗伦萨，政府曾向金融业者商借国债。其后，其他的意大利城市如热那亚和威尼斯等，也相继仿效，通过发行国债券的方式募集资金，来应付当时的财政紧急之需②。

两种不同的说法，使国债产生的年代相差了一千六百年左右，而且分别属于两种不同的社会形态。我们认为：第一，如果将国债理解为中央政府以债务人的身份向社会其他经济主体举借的债，那么国债在前资本主义社会就已经产生了。因为有关历史资料明确记载，在资本主义以前的社会形态中，曾经出现过政府借债的事例。比如，在我国战国时期，周国皇帝就曾经向高利贷商人低头请求举债③。在以后的东汉、唐、北宋、南宋等时期，也都出现过皇朝政府借债的事件。第二，尽管国债很早就出现，但是其比较兴旺的发展是在封建社会末期。当时，资本主义生产关系的萌芽已经产生。“公共信用制度，即国债制度，在中世纪的热那亚和威尼斯就已产生，到工场手工业时期流行于整个欧洲，殖民制度以及它的海外贸易和商业战争是公共信用制度的温室。所以它首先在荷兰确立起来。国债，即国家的让渡，不论是在专制国家，立宪国家，还是共和国家，总是给资本主义时代打下自

---

① 邓子基，张馨，王开国. 公债经济学——公债历史、现状与理论分析[M]. 北京：中国财政经济出版社，1990.这种观点实际上来自国外。据称，苏联大百科全书“国家公债”条目中有这样的记载。

② 高培勇. 国债投资知识与诀窍[M]. 北京：中国金融出版社，1995.

③ 胡寄窗. 中国经济思想史（中）[M]. 上海：上海人民出版社，1963.

己的烙印[1]。"马克思的这一段话，说明了国债流行是以资本主义生产关系为产生和发展的经济条件的。基于上述认识，那么可以说：在奴隶社会和封建社会，已经出现了国债现象；而具有现代意义的国债制度则是在封建社会末期，随着资本主义生产关系的产生和发展而产生和发展的。

（二）国债产生的条件

政府为了行使其职能，需要消耗一定的资源，即要形成财政支出，而财政支出的资金来源是财政收入。一般情况下，财政收入是靠无偿方式取得的，诸如各种不同社会形态下的王室土地收入、贡物收入、官产收入、专卖收入、税收收入等，都具有无偿性质。但有的时候，无偿性的财政收入可能会不够抵补财政支出，政府就需要通过其他途径再组织一些收入。这样，采用有偿方式，承诺按期偿付本息的国债，就成为政府获取追加收入的一种办法。可见，发行国债的先决条件是财政支出的需要。

追溯国债历史，我们可以看到，国债产生的直接原因，就是经常性的财政收入不能抵补财政支出。恩格斯对此曾经指出："随着文明时代的向前进展，甚至捐税也不够了；国家就发行期票，借债，即发行公债[2]。"前面已述，在公元前4世纪的古希腊和古罗马，国家曾经在财政入不敷出的情况下向商人、高利贷者和寺院借债。到了封建社会，国债现象比以前又多了一些。比如在欧洲，当时政权辖区范围较小，资源有限，经济水平又较低，一旦遇到战争和自然灾害，就容易出现政府入不敷出的情况，于是就需要发行国债。随着资本主义生产关系的产生，国债有了进一步的发展。到了现代社会，国债则成为许多国家财政收入中一个常见的项目。

还需要说明，发行国债的首要条件是财政支出的需要，但是财政入不敷出的主要原因在不同时期是不一样的。在奴隶社会和封建社会，一般是因为战争和自然灾害。发生战争使得财政支出比和平时期增加，自然灾害对财政产生增支减收的双向影响。当然，皇室开支过大在当时也是一个不可忽视的因素。在自由竞争资本主义时期，政府一般奉行不干预经济的政策，搞"廉价政府"。因此，相对而言，财政入不敷出的情况还比较少，即使发生也大多数与战争、自然灾害等天灾人祸有关。到20世纪30年代，情况有了很大变化，凯恩斯主张政府应积极干预经济。针对当时社会有效需求不足的情况，凯恩斯提出要实行赤字财政政策，这样就需要大量发行国债。在我国，发行国债一般是与经济建设联系的，由于政府要安排较多的建设资金，所以当经常性收入不能满足支出时，也往往利用国债来解决。

以上我们只说明了政府这一个方面，即国债所体现的债权债务关系中的债务人方面。另一方面涉及债权人，即要看国债承购对象的条件。国债承购对象可以是社会各类经济主体，从这个角度出发，发行国债的另一个条件是社会闲置资金的存在。如果国债投资者

① 马克思恩格斯全集(第23卷)[M]. 北京：人民出版社，1972.
② 马克思恩格斯全集(第21卷)[M]. 北京：人民出版社，1965.

没有可用来购买国债的闲置资金，那么即使政府的支出大于收入，从而需要扩大收入来源，也无法通过国债来实现，因为此时社会没有能力购买政府债券。

回顾国债发展的历史过程，我们可以看到，社会闲置资金是否充裕，对政府举债有一定的影响。在奴隶社会和封建社会，生产力比较低，商品货币经济也不发达，社会闲置资金较少，从而国债也不可能大规模地发展。到了资本主义社会，生产力有了很大提高，商品货币关系日益发达，游资充斥，这样就为政府大量举借国债提供了资金来源。在我国现阶段，仍然存在商品货币关系，社会闲置资金的存在也是客观现实。尤其是从 20 世纪 70 年代末进行经济体制改革后，高度集中的制度不复存在，社会资金更加充裕，扩大了可供购买国债的资金来源。

综上所述，国债产生的条件有两个：一是财政支出的需要，二是社会闲置资金的存在。前者是国债产生的必要条件[①]，如果没有这个条件，国债的存在也就失去其必要；后者是国债产生的充分条件，只有这个条件存在，国债发行才能成为现实。

此外，我国经济界还存在一种观点，认为国债的产生应该有四个必要条件。一是要有国家财政上的需要，二是要有平等对立的经济关系，三是要有大量闲置的货币资本，四是要有货币信用制度的发展。显然，在这四个条件中，第一个和第三个条件与上面所述相同。至于为何要有平等对立的经济关系，这是因为借贷是一种平等的行为，只有在政府和其他经济主体作为平等的经济利益体后，政府借债才能发生。对于国债产生要有货币信用制度发展的条件，主要是强调技术上的因素。因为有金融机构才能通过国债吸收社会闲置资金；有全国性的金融市场才能使国债当作证券而流通，从而资金持有人愿意将资金投资于国债。这里阐明的四个条件，是与强调国债产生于封建社会末期、资本主义社会早期的观点相一致的，因为这个时期是人类历史上开始同时具备这些条件的时期。

二、前资本主义社会的国债

人类社会之初是原始社会，然而原始社会没有国家，也因此没有财政，当然也就没有国债了。所以，这里的前资本主义社会是指奴隶社会和封建社会。

(一)奴隶社会的国债

奴隶制国家是人类社会第一种形态的国家，其财政活动内容也是由这种国家的性质来决定。在奴隶制国家，财政收入形式与其所有制结构有关。我国奴隶社会的生产资料(主要指土地)大多数属于国家(帝王)所有，相应的，其财政收入主要表现为赋与贡。在西方奴隶制国家，生产资料实行私人所有制，故其财政收入的主要形式是税收。从奴隶制国家财政收入的内容看，国债并不是常用的手段。另外，奴隶制国家生产力水平低下，社会财力有限，国家理财也注重收支对应、保持平衡的原则。因此，尽管有关文献记载奴隶制国家已经出现过国家借债的情况，但这种国债现象也只是少量的。

---

① 高培勇. 国债投资知识与诀窍[M]. 北京：中国金融出版社，1995.

(二)封建社会的国债

在封建制国家里,财政活动内容也是与其国家性质相联系。封建社会的土地属于私有,封建社会的商品货币经济仍然不发达,所以它的财政分配仍然以土地为主要基础。当时最重要的收入形式是田赋,这是一种税收,此外还有王室土地收入、专卖收入、特种收入等。这些收入基本上可以满足封建财政的开支,但有时也会发生政府收不抵支的情况。在封建制国家的财政收入中,国债仍然是少量的,但是与奴隶社会相比较,国债的现象要频繁一些,尤其是在战争时期。

从总体上看,在奴隶社会和封建社会,国债发展还是属于一种早期阶段,国债现象具有规模小、非经常化的特点。这是因为:无论是奴隶制国家还是封建制国家,政府在社会经济中发挥的作用有限,职能较小,财政规模也因此比较小,正常情况下一般能够做到收支平衡。而且,在当时商品货币经济尚不发达,经常地、大量地举债也是无法实现的。

三、自由竞争资本主义时期的国债

资本主义社会是社会生产力得到较快发展的时代,也是商品经济高度发展的时代,在资本主义社会,赋税是政府的经济基础,即国家财政收入的主要来源。税收作为国家对私有财产行使分配权力的一种形式,其作用比前资本主义社会更为重要。同时,随着资本主义经济的发展,国家职能的扩大,政府所需消耗的资源越来越多,财政入不敷出更为经常,于是发行国债就成了国家弥补财政赤字的主要手段。不过,在资本主义的不同时期,国债在社会经济中的重要性不完全一样。这里先介绍自由竞争资本主义时期国债。

自由竞争资本主义是资本主义社会的第一阶段,然而在资本主义生产方式建立之初(即原始积累时期),国债实际上已经发挥了重要的作用。马克思曾经说:"公债成了原始积累的最强有力的手段之一。它像挥动魔杖一样,使不生产的货币具有了生殖力,这样就使它转化为资本,而又用不着承担投资于工业,甚至投资于高利贷时所不可避免的劳苦和风险。国家债权人实际上并没有付出什么,因为他们贷出的金额变成了容易转让的公债券,这些公债券在他们手里所起的作用和同量现金完全一样①。"因此,国债为加速资本主义生产的发展积累了必要的货币资本。

随着资本原始积累的逐步完成,资本主义开始进入自由竞争的发展时期,这一时期大致延续到20世纪初期。在自由竞争资本主义社会,国债发展的直接原因仍然是政府财政支出增加的需要。同时,由于社会生产力的发展以及商品货币关系的发达,使得政府发行国债的条件更加充分。这也是现代国债制度确立并且发展于资本主义社会的主要理由。

最早强盛的资本主义国家是荷兰。16世纪末,在西欧尼德兰地区爆发了资产阶级革命,并在此基础上建立了资产阶级共和国的荷兰,随之其又通过殖民制度、海外贸易和商业战争迅速发展为一个强国。还在尼德兰的资产阶级革命时期,国会及各地方为筹措战

① 马克思恩格斯全集(第23卷)[M].北京:人民出版社,1972.

争经费就曾经出售过一种终身年金与可兑年金[①]。在17世纪，由于经济的发展，荷兰政府相对于其他欧洲国家来说，不但可以按较低的利率借钱，而且可以借到更多的钱。

英国资产阶级革命在17世纪已经发生，当时财政赤字也是一种比较多的现象。1659年英国政府债务已达到200万英镑，缺钱使新生的共和国陷入困境，后来有过斯图亚特王朝复辟。1693年英国开始通过出售终身年金办法筹集长期性的资金，并由议会担保。到1713年，英国政府的长期债务已经达到3 500万英镑，短期债务也有500万英镑之多，以后政府曾致力于恢复债信。19世纪20年代，英国的国债负担又变得沉重起来，在1828年，英国永久国债和流动国债总额为8亿英镑多，到19世纪末有所降低。

美国与其他老牌资本主义国家比较，历史不长，但在20世纪以前美国政府也发行过国债。1776年大陆会议通过《独立宣言》建立美利坚合众国，并且采取三项措施筹集所需各项经费：一是发行货币，二是向各州摊派，三是举债。1791年美国国债总额达到了7456万美元，1812年至1814年的美英战争使美国国债增至1.27亿美元，1865年美国南北战争结束时国债数额高达27亿美元。

以上我们对自由竞争资本主义时期几个主要资本主义国家的国债作了简单描述，接下来再对当时的国债理论作简要归纳。

在自由竞争资本主义时期，西方经济学家多数主张自由经营，反对国家干预。这种思想反映在国债理论上，主要表现为反对政府借债。比如，法国重农学派创始人法朗斯·魁奈认为：国家应该避免借债，否则会使农村丧失必要的财富。英国经济学家大卫·休谟则提出：国债会造成价格上升，会产生食利者阶层，会增加劳动者负担，还可能使国家变成外国的附庸。英国经济学家亚当·斯密则对国债进行了系统地批判，尤其强调了两个方面：第一，政府借债的原因是由于当权者奢侈而不知节俭；第二，国债是非生产性的，会减少社会生产资本。同是西方古典学派的另一个代表人物大卫·李嘉图，对国债也持否定态度，认为国债的负担在于原有资本被国债本金抽走所产生的损害。当然，在自由竞争资本主义时期，也有一些赞成国家举债的主张，如认为国债只是右手欠左手的钱等。

四、垄断资本主义时期的国债

垄断资本主义是资本主义社会的高级阶段，20世纪初期，许多资本主义国家逐渐由自由竞争走向了垄断。在垄断资本主义时期，社会生产力有了进一步地发展，商品货币关系更为发达，国家的职能也在增强，而国债则更多地被政府用来作为调节财政收入以及宏观经济的手段。下面我们仍然先描述一下有关国家发行国债的情况，然后再简要说明这一时期国债理论的发展。

美国在20世纪的第一次举债高峰是在第一次世界大战期间，借债总额达到240亿美

---

① 本节所引用的国外国债事例和数据，主要来自邓子基，张馨，王开国. 公债经济学——公债历史、现状与理论分析[M]. 北京：中国财政经济出版社，1990.

元之多，战争费用的三分之二是来自债务筹款，战后国债数额呈现下降。1929 年开始许多资本主义国家遇到经济危机，美国在这次危机中也受到沉重打击。1933 年美国实行新政，对经济进行大规模干预，财政政策施行赤字，需要大量借债，当年美国国债总额为 225 亿美元，到 1939 年增加至 404 亿美元。在接下来的第二次世界大战期间，美国国债规模又上了新台阶，到 1946 年美国国债总额达到 2694 亿美元。此后，美国国债的数量一直在不断增长。

在其他一些经济比较发达的资本主义国家，进入垄断阶段后，也都比较注意利用国债政策，国债的数额一般呈现不断增长的态势。比如，英国在两次世界大战的时期，国债规模曾经迅猛增加，而在第二次世界大战结束后依然增长，1955 年为 269 亿英镑，1980 年则为 956 亿英镑。从法国的情况来看，第二次世界大战结束后，经过几年的努力，国民经济基本上得到恢复，而在 20 世纪 70 年代遇到经济危机后，政府加强了赤字财政政策，扩大了国债发行，1955 年法国内债余额为 453 亿法郎，1970 年为 892 亿法郎，1980 年则升到 2 661亿法郎。

在垄断资本主义时期，西方经济理论发生了明显变化。尤其是 20 世纪 20 年代末开始爆发的经济大危机，影响了西方的经济思想。“凯恩斯革命”试图取代“看不见的手”，政府更多地干预了经济。以这种思潮为基础来看待国债，国债就成为对经济发展大有裨益的东西。当时，许多经济学家持有这样的观点。比如，凯恩斯学派认为：第一，举债支出虽然浪费，结果却可以使社会致富，因此国债有益；第二，政府可以不断地发行新国债来代替旧国债，因此国债实际上是不需要偿还的；第三，国债可以不断增长，因为经济也在发展，国债对经济的负担不会越来越重；第四，政府除了负债外，还有大量资产，故国家的负债是可以和资产抵消的。

总的来说，垄断资本主义时期与自由竞争资本主义时期比较，在国债理论上，基本观点是不一样的；在经济实践中，垄断资本主义时期的国债规模也远远大于自由竞争资本主义时期。

另外，在苏联等一些实行社会主义制度的国家，也采用过国债政策。其实，到了当今世界，政府举借债务是普遍的现象。无论社会制度怎样，不管经济发展程度如何，大多数政府都会把国债作为其财政资金的重要来源。

第三节　我国国债的发展

以上介绍国债发展历史的时候，我们着眼于国外的情况，这一节内容将专门论述我国国债的发展。

一、1949 年之前的国债[①]

(一)我国古代的国债

我国是一个历史悠久的国家,在我国奴隶社会和封建社会时期,都曾经出现过一些皇朝举债的事件。比如,前面曾提到的战国时期周国皇帝的举债。东汉时期,汉顺帝因与外族战争,财政困难,遂向人民举债。以后唐代的唐德宗、北宋的宋神宗等,都有举债的事例。

不过总的来说,在我国漫长的古代社会中,政府借债是比较少的现象,其原因在于占据主导地位的理财思想。当时的皇朝政府一般强调量入为出原则,以"度支节用"为主。平时国家财政支出的需要,通过赋税徭役就可以满足。即使财政困难,也不如西欧封建主那样依赖借债,而是更多地用增加杂税、铸钱币等方式解决。

(二)清朝末年的国债

近代中国的国债,可以从清朝末年说起。清朝末年的对内借债,主要有三次。

清朝政府发行的第一次国内国债,是 1894 年(光绪二十年)的"息借商款"。当时为了应付甲午战争的军费需要,清廷户部建议政府向富商巨贾借款,并拟定了具体借款条件,规定在两年半时间里分期还本付息,月息 7 厘,以地丁、关税为担保品,但举债总额没有规定。这次国债的债券面额以 100 两为一张,发行对象是各省的"官绅商民",并鼓励人们多购买。比如,超过 1 万两以上的,可"给以虚衔封典"。

清朝政府发行的第二次国内国债,是 1898 年(光绪二十四年)的"昭信股票"。当年马关条约中规定的第四期赔款即将到期,清朝政府原来想举借外债来偿付,但是西方国家闻风表现出"争欲抵借"。而清廷觉得其中可能包藏着祸心,"其言愈甘,其患愈伏",于是决定改为举借内债。当时规定:发行总额为 1 亿两,年息 5 厘,分 20 年还清,并以田赋和盐税为担保。为了推动发行,清朝政府还要求大小官吏"领票缴银,以为商民之倡"。但后来实际的发行结果并不理想,同年戊戌政变后这一国债就停止了。

清朝政府发行的第三次国内国债,是 1911 年(宣统三年)的"爱国公债"。此时辛亥革命即将爆发,清廷为了挽救自己的命运,希望发行国债以增加实力来抵抗。这次国债的发行额定为 3 000 万元,年息 6 厘,5 年开始还,最长期限 9 年,以部库收入为担保。后来这次国债尚未发行完毕,清王朝已经被推翻。

另外还要提到,其实清朝的外债比内债更早,只是未采用债券的形式。

(三)北洋政府时期国债

辛亥革命以后,曾经成立南京临时政府,并在 1912 年(民国元年)就发行了"中华民国军需公债"。之后实现所谓"南北统一",军需公债及原清朝的爱国公债就由北洋政府继续

① 1949 年之前我国国债的数据资料,主要参阅邓子基,张馨,王开国. 公债经济学——公债历史、现状与理论分析[M]. 北京:中国财政经济出版社,1990.

办理。从1914年开始，北洋政府在国内大量举借债务。据有关资料显示[①]，从1912年（民国元年）到1926年（民国15年），北洋政府共发行了27种国内国债，实际发行额为6.12亿元，其中绝大多数是在1914年（民国3年）以后发行的。从品种上看，除了正式债券外，还有各种记名和不记名的国库证券以及盐余借款等。另外，北洋政府还举借了一些外债。

北洋政府在经济上是破落的，它的财政除了依靠海关的一点关余和盐余外，主要靠举债度日。但由于军阀混乱，政局不稳，所以债信较差，国债发行的折扣就很低，且多数需要担保。不过，它与清朝政府比较，有一个明显差异，即从清廷重点依赖外债而转向主要依靠内债。

（四）国民党政府时期国债

国民党在南京建立政权后，继续运用国债政策，在国内外举借了许多债务，以支持其扩充战争经费及搞一部分经济建设的需要。

在1927～1936年期间，国民党政府以关、盐等税为担保，发行了不少债券，名称多样，如"江海关二五附税国库券""卷烟税国库券""军需公债""赈灾公债""裁兵公债""关税库券""编遣库券""金融公债""爱国库券""统税凭证""统一公债""复兴公债""铁路建设公债"等。这一时期，国民党政府共发行了26亿元以上的国内国债。

1937年到1945年是我国抗日战争时期。在这一时期，国民党政府主要以抗战名义发行国债，来筹措军政费用，同时也发行了一些用于经济建设方面的债券，如"国防公债""军需公债""救国公债""同盟胜利公债""铁路建设公债""土地债券""粮食库券"等。这一时期，国民党政府发行的法币债券大约147.5亿元[②]。国债数额的上升，一方面是战争等因素，另一方面也与通货膨胀、法币贬值有关。

1946～1949年是国民党政府统治大陆的最后年代，这一时期其更多地依靠美国援助，对债务的依赖程度则相对减少，不过每年仍然要发行一些债券，如"土地债券""短期库券""美金公债""整理公债""黄金短期公债"等。而且，由于通货膨胀严重，国民党政府在这一阶段发行的国债，许多是以美元、黄金为本位。

（五）共产党根据地的政府债务

在国民党政府统治大陆时期，共产党曾经在一些地区建立了根据地。为了巩固根据地和保证战争的供给，各根据地政府除了征税、筹款外，也发行过一些债券以弥补财政收入的不足。

根据现有资料，在根据地政府发行的债券中，比较早的是湘鄂西省苏维埃政府发行的"水利借券"，最晚的是海南岛琼崖人民政府发行的"琼崖人民解放公债"，总计各根据地政府先后举借的债务有51种之多。当然，限于当时复杂环境，这一数据或许并不准确，但也

---

① 千家驹. 旧中国公债史资料（1894－1949年）[M]. 北京：中华书局，1984.

② 此外国民党政府还发行了一些外币债券、实物债券。

说明了举债对于根据地财政工作的重要性。另外,根据地政府的债券有两个特点:一是分散性,各根据地政府只能在自己的辖区筹资,不统一;二是实物性,因为货币经济不发达,实物债券较多。

二、20 世纪 50 年代的国债

20 世纪 50 年代,在我国债券发展历史中,国债是最主要的内容,其他种类的债券甚少。而且,在当时计划经济的年代,也不允许国债自由流通。50 年代发行的国债,有两个品种,一是新中国成立初期的人民胜利折实公债,二是 1954 年开始发行的国家经济建设公债。

(一)人民胜利折实公债

1. 人民胜利折实公债发行背景

发行国债很重要的一个原因,在于财政收入不能弥补支出。中华人民共和国成立之初,面临的也是一个严峻的财政经济形势,有一系列困难需要克服。首先,从财政支出来看,开支十分庞大。财政支出庞大的原因,主要有三个方面。一是为了医治战争创伤,恢复国民经济,需要政府投入资金。二是为了肃清残余之敌,财政的军费开支依然庞大。三是为了保证新政权的运作和贯彻对旧政权公职人员的改造政策,国家财政的行政管理费用激增。其次,从财政收入来看,增长十分缓慢。分析其原因,主要表现在三个方面。一是从宏观经济来说,经济基础薄弱,从而财政收入的源泉相对萎缩。二是从微观经济来说,在农村,很多地区遭受严重的灾荒,直接减少了财政收入。在城市,由于工矿企业大多受到战时严重的破坏,许多还没有恢复正常生产,自然也就无法取得多少收入。三是从征税制度来说,由于战争进展迅速,许多地方的税收制度还来不及建立。最后,从财政收入与支出的关系来看,一方面表现为收支脱节,中央集中财力困难;另一方面表现为财政赤字过大,加重了通货膨胀。有资料显示①,新中国成立之初,财政收入经过努力最多只有 303 亿市斤小米,而财政支出却高达 576 亿市斤小米,这样,约有二分之一的财政支出不得不依靠增发通货来弥补。增发通货的结果,又促使物价上涨加速。

面对当时财政经济方面存在的严重困难,中央政府采取了一系列相应的对策,比如,合理地编制了国家的第一个概算,拟定了新的税政法制,同时也准备发行债券。1949 年 12 月,中央人民政府委员会第 4 次会议正式通过了《关于发行人民胜利折实公债的决定》;在同一个月召开的第 11 次政务会议上又通过了《1950 年第一期人民胜利折实公债条例》。

2. 人民胜利折实公债发行情况

人民胜利折实公债计划发行总额为 2 亿分,在 1950 年内分期发行。第一期债额为 1 亿分,于 1950 年 1 月 5 日开始发行,并按照各大行政区城市的多寡、大小、人口的多少、经

① 邓子基、张馨、王开国. 公债经济学——公债历史、现状与理论分析[M]. 北京:中国财政经济出版社,1990.

济情况的好坏和工作进度的程度等，分配各区包销任务。这次公债的面额单位很有特色，定名为“分”，折实计算。每分所含的实物为：大米（天津为小米）6 市斤、面粉 1.5 市斤、白细布 4 市尺、煤炭 16 市斤。这些实物的价格以上海、天津、汉口、广州、重庆、西安 6 大城市的批发价用加权平均法计算得到，它们的权重分别为 45%、20%、10%、10%、10%和 5%。中国人民银行每旬按这一规定计算公布一次每分之折合金额，该金额作为收付债权的标准。采用折实办法发行公债，是在通货膨胀情况下的一个对策，有利于公债推销。在还本付息方面，人民胜利折实公债是分五年做五次偿还，自 1951 年起到 1955 年止，第一次抽还总额的 10%，第二次抽还总额的 15%，第三次抽还总额的 20%，第四次抽还总额的 25%，其余的 30%于第五年还清。另外，人民胜利折实公债利率定为年息 5 厘，每年付息一次。

人民胜利折实公债的推销对象，当时主要定为大、中、小城市的工商业者、城市殷实富户和富有的退职文武官吏。这样的政策也是为了照顾广大工人、农民、解放军官兵和公教人员的生活。从实际发行结果看，认购公债较为踊跃，发行量达到 1.41 亿分。后来，因国家财政经济状况已基本好转，第二期人民胜利折实公债就没有再发行。

另外，在《1950 年第一期人民胜利折实公债条例》中，第九条的规定是：“本公债不得代替货币流通市面，不得向国家银行抵押，并不得用以作投机买卖。”因此，当时我国尽管发行了国债，但并不存在国债流通市场。

（二）国家经济建设公债

1. 国家经济建设公债发行背景

新中国成立以后，经过三年的努力，我国在工业、农业、交通运输和国内外贸易等国民经济的许多方面，得到了一定的发展，人民的生活水平也得到了一定的改善和提高。到 1952 年底，恢复国民经济的任务已经完成。于是，中央人民政府制定了我国发展国民经济的第一个五年计划。“一五”计划是在国民经济已经恢复的基础上开始的，尽管在三年时间取得了一定成就，但经济整体上还相当落后。比如，现代工业产值在工农业总产值中的比重还只占 43.1%；在工业总产值中，生产资料产值的比重只占 35.5%；在农业经济中，小农经济仍占绝对优势。于是，“一五”计划的基本任务，是集中主要力量进行 156 个重点工程项目的建设，为我国实现工业化打下初步基础。按照这一计划的规定，为了实现基本任务的要求，五年内全国经济建设和文化教育建设的支出总额为 764.4 亿元。这些资金如何筹集？当时政府采取了“自力更生为主、争取外援为辅”的方针。在具体的政策操作上，国家在财政、金融等宏观经济管理方面采取了一些有针对性的措施，其中包括发行国债。

2. 国家经济建设公债发行情况

国家经济建设公债是从 1954 年开始发行的。在 1953 年 12 月的中央人民政府政务院第 196 次政务会议上，通过了《1954 年国家经济建设公债条例》。该公债计划发行总额定为 6 亿元，于 1954 年发行，公债利率定为年息 4 厘，每年付息一次。公债本金分八年作八次偿还，自 1955 年起每年抽签还本一次，第一、第二次各抽还总额的 5%，第三、第四次各抽还总额的10%，第五、第六次各抽还总额的15%，第七、第八次各抽还总额的20%。在公债发行数额的分配方面，根据各阶层人民的经济生活、农村耕地面积及作物种类、城市工商业情况等条件，预定在城市推销4.2亿元，其中向工人、店员、政府机关、团体、部队干部及文化教育工作人员分配1亿元，向私营工商业、公私合营企业的私方及其他城市居民分配3.2亿元，预定在农村推销1.8亿元。

在实际执行中，1954年国家经济建设公债的认购数额超过了计划数。根据这种情况，为了加速国家的经济建设，在以后的四年中，政府每年都发行了国家经济建设公债。1955年到1958年的国家经济建设公债，计划发行额总计为24.3亿元（其中1958年为6.3亿元，其余各年为6亿元），公债利率都定为年息4厘，每年付息一次（1958年国家经济建设公债是到期一次还本付息）。公债本金分十年作十次偿还，自公债发行的次年起，每年抽签还本一次，第一、第二、第三、第四次各抽还总额的5%，第五、第六、第七次各抽还总额的10%，第八、第九次各抽还总额的15%，第十次偿还其余的20%。在公债的发行对象方面，这几年的国家经济建设公债继续向机关、企业、团体、学校、部队的人员推销，同时也在农村中推销。

国家经济建设公债的发行，在经济中起到了一定的作用，最主要的一点是，它为国家财政积累了一定量的建设资金。五年发行的国家经济建设公债总额，相当于同期国家预算经济建设支出总数的4.11%。尽管这些比重还不是很高，但公债的发行对于国家财政在当时重点保证发展工业的资金需要是有贡献的。另外，国家经济建设公债也不能进行流通买卖。

（三）人民胜利折实公债与国家经济建设公债的比较

表8—1显示了人民胜利折实公债和国家经济建设公债的发行情况。就国家经济建设公债与人民胜利折实公债比较来看，有如下几个特点：第一，人民胜利折实公债主要是为了弥补财政赤字，所以是一次性发行。国家经济建设公债是为了适应五年计划经济建设的需要，因此是连续发行五年。第二，人民胜利折实公债期限只有1至5年，国家经济建设公债的期限较长，一部分债券的实际偿还期有10年。第三，国家经济建设公债的发行总额累计达到35.44亿元，从而在规模上超过人民胜利折实公债。第四，从债券流通的角度看，无论是人民胜利折实公债还是国家经济建设公债，均无自由交易之规定。在当时发行公债的条例中，一般都强调公债券不得当作货币流通，不得向银行抵押，或者不得自由流通。换言之，在我国20世纪50年代的债券发展中，只有国债发行，没有流通市场。实际上，这种情况也是与我国当时处于比较集中的计划经济体制的格局相一致的。

表8—1　　　　20世纪50年代我国国债发行情况

品种	发行额（亿元）	年利率（%）	偿还期（年）
1950年人民胜利折实公债	1.41（亿分）	5	1～5
1954年国家经济建设公债	8.36	4	1～8

续表

品种	发行额(亿元)	年利率(%)	偿还期(年)
1955 年国家经济建设公债	6.19	4	1～10
1956 年国家经济建设公债	6.07	4	1～10
1957 年国家经济建设公债	6.84	4	1～10
1958 年国家经济建设公债	7.98	4	1～10

资料来源:龚仰树. 国内国债经济分析与政策选择[M]. 上海:上海财经大学出版社,1998.

三、20 世纪 80 年代的国债

(一)国债恢复发行

20 世纪 50 年代,我国发行了人民胜利折实公债和国家经济建设公债。随后的 60 年代和 70 年代,我国曾经有过一段既无内债又无外债的历史。20 世纪 80 年代开始,我国重新发行国债。80 年代我国之所以恢复国债发行,也是与当时改革开放的经济情况相联系的。

1. 改革开放初期国民收入格局的变化

中华人民共和国成立以后的一段时间,实行的是以指令性计划和行政手段为主的、高度集中经济体制,财政管理体制也基本上采用与之相适应的、较为集中的统收统支模式。中国共产党十一届三中全会以后,在贯彻执行国民经济调整、整顿、改革、提高的方针下,随着经济体制改革的深入,先后进行了农村经济、财政管理体制、以增强企业活力为中心的城市经济体制以及金融体制等一系列改革。这些改革在逐步调整一些经济关系的同时,也使我国财力分布结构发生了变化,主要表现在两个方面。其一,政府部门在国民收入分配中集中的财力相对减少,具体表现是财政预算内资金相对下降。其二,与此呈反向的变化,非政府部门支配的财力相对增加,表现为企业、个人拥有的资金相对上升。

2. 国库券成为财政收入的一项内容

20 世纪 80 年代初期,我国国民收入分布格局发生的变化,使得当时发行国债的条件更加充分。一方面,地方、企业、个人所支配的财力既然有大量的增加,必然有相当部分暂时不用的资金沉淀下来,从而使社会闲置资金更加充裕。另一方面,国家集中的财力,应该能够充分保证政府行使其正常职能。根据当时的国家经济管理体制和社会环境,中央政府直接掌握的财政资金,除了满足一般的社会共同需要外,还应该有一部分满足国家经济建设的需要。但当时国家财政通过无偿方式集中的资金数量有限,不能完全保证财政的全部支出,因此有必要再通过其他途径集中一部分财力。从需要和可能两方面看,社会闲置资金的增长扩大了可供购买国债的资金来源,而财政支出大于通过无偿方式取得的收入,又需要政府借助信用关系取得追加的资金。这就形成了我国改革开放初期恢复国债发行的充分条件。

我国20世纪80年代初发行的国债称为国库券。1981年1月,国务院常务会议通过了《中华人民共和国国库券条例》,该条例第一条规定:"为了调整与稳定国民经济,适当集中各方面的财力,进行社会主义现代化建设,逐步提高人民物质和文化生活水平,确定从1981年开始,发行中华人民共和国国库券。"自此以后,我国每年都发行国债。国库券在国外通常是一种由国库发行以弥补财政临时收支差额的库券,我国当时是借用了这一名称,并沿用了很长一段时间,直到90年代中期。

(二)"六五"时期的国债

表8-2显示了"六五"时期我国国债发行的一些数据。当时国债发行的基本情况为:第一,国库券的发行对象非常广泛,包括:国有企业、集体所有制企业、企业主管部门和地方政府;机关、团体、部队、事业单位和农村富裕社队;城乡人民个人。第二,在20世纪80年代初期和中期,我国政府在预算编制时是将国库券收入列入正常财政收入范围,因此国库券直接成为财政收入的项目之一。第三,每年国库券发行的次数仅为一次,但发行期非常长,一般是从当年1月1日开始发行,单位交款6月30日结束,个人交款9月30日结束。计息从7月1日算起,提前交款的不贴息。第四,国库券的利率区别单位和个人而有所不同(1981年国库券除外),单位购买的利率较低。第五,国库券的发行方式主要依靠行政分配手段,各级政府要做大量的发行国库券的宣传动员工作。当时的基本做法是:财政部每年将国债发行量按一定标准分配到各地区和各系统作为认购指标,各地区和各系统再将认购指标分配到基层单位,甚至分配到农村,然后再落实到个人。在这种情况下,就出现了从职工工资中扣款、从农民卖粮款中扣款来购买国库券的现象。第六,在国库券的票面形式上,单位认购和个人认购有所不同,单位购买的发给国库券收据(1981年国库券是纸质债券),个人购买的发给国库券的纸质债券。第七,当时还不允许国库券流通。在1981年至1984年发行国库券时,均有"国库券不得当作货币流通,不得自由买卖"之规定。1985年国库券则可以进行抵押贷款和贴现。第八,当时国库券的偿还安排主要是:分5年作5次偿还,从发行后的第六年起,每年7月1日还本一次,每次偿还发行总额的20%,利息则随同本金一次付清。而从1985年开始,国债的还本不再分次安排,都是到期一次偿付。

表8-2　　　　1981～1990年我国国库券发行情况

品种	发行额(亿元)	年利率(%)		偿还期(年)
		单位认购	个人认购	
1981年国库券	48.66	4 .		5～9
1982年国库券	43.83	4	8	5～9
1983年国库券	41.58	4	8	5～9
1984年国库券	42.53	4	8	5～9

续表

品种	发行额(亿元)	年利率(%)		偿还期(年)
		单位认购	个人认购	
1985 年国库券	60.61	5	9	5
1986 年国库券	62.51	6	10	5
1987 年国库券	62.87	6	10	5
1988 年国库券	92.16	6	10	3
1989 年国库券	56.07		14	3
1990 年国库券	93.46		14	3

资料来源:中国证券监督管理委员会. 中国证券统计年报 1995[M]. 北京:中国法制出版社,1996.

(三)"七五"时期的国债

"七五"时期,我国政府继续每年发行国库券,其发行的经济背景,仍然与财政收入不能抵补财政支出的状况有关。"七五"时期财政收支差额是"六五"时期的 5.94 倍。"七五"时期发行国库券的数据同样见表 8－2。当时发行国库券的基本情况为:第一,国库券发行对象有所变化,居民个人逐步成为国库券的认购主体。第二,国库券的发行数量有所增加,但是占财政收入的比重不高,因为同时期还发行了其他国债。第三,国库券的利率在逐步升高,而偿还期在逐步缩短。第四,国库券的发行方式仍然主要依靠行政分配手段。

"七五"时期的后四年,我国除了发行国库券外,还发行了其他一些品种的国债,如国家重点建设债券、国家建设债券、财政债券、特种国债、保值公债、转换债等,见表 8－3。

表 8－3　　1987—1990 年我国其他国债(不包括国库券)发行情况

年份	发行额(亿元)	品种	偿还期(年)
1987 年	54	国家重点建设债券	3
1988 年	96.61	国家建设债券、财政债券(共 2 期)	2、5
1989 年	190.62	特种国债、保值公债、转换债	3、5
1990 年	253.81	财政债券、特种国债、转换债	5

资料来源:中国证券监督管理委员会. 中国证券统计年报 1995[M]. 北京:中国法制出版社,1996.

此外,"六五"时期我国国债也是不能流通的,而在"七五"时期我国国债流通转让正式推出。1985 年我国开始探索建立国债流通市场的尝试,这一尝试首先从贴现和抵押开始。1988 年 4 月我国国债交易柜台市场出现,在同年的国库券条例中,首次出现了"国库券可以转让"的条款。到当年年底,国债柜台转让业务已经在全国全面铺开。"七五"时期我国开放国债流通市场所产生的效果是显著的。第一,国债交易的出现,满足了投资者的变现要求，国债的黑市交易迅速萎缩。第二，国债流动性的增强，使国债的吸引力有了提高，从而有助于国债发行。第三，国债柜台交易的开展，需要由中介机构来办理，这样也就使一批证券公司、信托投资公司更快地发展起来，它们成为证券市场中的重要力量。第四，国债流通市场的建立，为我国资本市场的开展奠定了一定的基础。

四、20 世纪 90 年代的国债

20 世纪 90 年代，我国国债市场日趋发展，不断兴旺。从发行市场来看，国债数量有了明显增加；从流通市场来看，不仅国债交易数量在增长，国债的交易方式也增多了。

(一)"八五"时期的国债

1991 年开始，我国进入"八五"时期。由于国民收入分配格局变化所造成的财政收入比重下降的局面没有根本改观，"八五"时期我国国债继续每年发行，如表 8－4 所示。

表 8－4　　1991～1995 年我国国债发行情况

年份	发行额(亿元)	品种	偿还期(年)
1991	352.08	国库券、财政债券、特种国债、转换债	3、5
1992	491.60	国库券(共 2 期)、非实物国库券、财政债券、转换债	3、5
1993	381.32	国库券(共 3 期)、财政债券	3、5
1994	1 137.55	国库券(共 4 种期限)、特种定向债券	0.5、1、2、3、5
1995	1 508.71	无记名国债、凭证式国债、记账式国债、特种定向债券	1、3、5

资料来源：中国证券监督管理委员会. 中国证券统计年报 1995[M]. 北京：中国法制出版社，1996. 1997 年 1 月 10 日的《证券时报》。

这一阶段，在国债发行和流通中有四个方面的变化值得说明。第一，1994 年国债发行量跃上了新台阶，突破四位数。1994 年国债发行规模突然增大有其特殊原因。在此之前，我国财政收不抵支有两条途径解决，一是发行国债，二是向中央银行透支。但在 1993 年下半年，我国决定自 1994 年起"中央财政不再向银行透支，而靠发行长短期国债解决[①]。"因此，原来可以由透支解决的部分，现在要靠发行国债解决，从而导致国债发行量的急剧上升。第二，在国债发行方式上，出现了承购包销的方式。1991 年 4 月，财政部和当时的承购包销团主干事中国工商银行信托投资公司举行了国债承购包销签字仪式，后者承销当时的国库券 25 亿元，占计划发行量的 25%。随之地方财政部门和人民银行系统也组织承购包销，结果以该方式发行的国库券占总发行量的比重达到 65%。第三，在

① 1993 年 11 月 14 日在中国共产党十四届三中全会上通过《中共中央关于建立社会主义市场经济体制若干问题的决议》。

债券流通市场上，最主要的特征是国债交易方式的扩展。“七五”时期，我国开展的是以柜台交易为主的国债现货流通。“八五”时期，我国不但保留了柜台交易，更主要的是发展了证券交易所的国债交易。另外，就具体交易办法而言，除了进行国债现券交易外，还开展了国债回购交易，并进行了国债期货交易的试点。“八五”时期，由于国债交易方式的增加，特别是国债期货的进行，国债交易数额也迅速增长。第四，在国债品种上，从 1995 年开始，发行的国债以无记名国债、凭证式国债和记账式国债为主要形式，不再是以前年份的国库券为主。虽然无记名国债[①]保留了以前纸面形式国库券的基本特征，但凭证式国债和记账式国债作为新的国债品种而登上我国债券市场舞台。

由于凭证式国债和记账式国债在后来相当长的时期成为我国国债的主要品种，因此这里再进一步介绍。

凭证式国债是以收款凭证形式记录债权的国债。这种国债不印制票面金额，而是根据认购者的认购额填写实际的缴款金额。债券从购买之日起计息，记名，可挂失，但不能上市流通。我国的凭证式国债主要是通过商业银行系统发行的，具有储蓄债券的特征。在持有期内，凭证式国债的持券人如遇特殊情况需要提取现金，也可以到原购买网点提前兑取。提前兑取时，除偿还本金外，利息按实际持有天数及相应的利率档次计算，经办机构按兑付本金的一定百分比收取手续费。我国凭证式国债都是到期一次还本付息的债券。

小专栏 8—1　　2016 年我国凭证式国债发行事宜的若干规定

一、凭证式国债为记名国债，记名方式采用实名制，可以挂失，但不能更名，不能流通转让。

二、凭证式国债在发行期内通过 2015—2017 年储蓄国债承销团成员，按面值面向个人发行，发行面值以 100 元为单位。承销团成员应向投资者提供“中华人民共和国凭证式国债收款凭证”。

三、投资者购买的凭证式国债从购买之日开始计息，到期一次还本付息，不计复利，逾期兑付不加计利息。各期凭证式国债发行公告日至发行结束日，如遇中国人民银行调整金融机构人民币存款基准利率等情况，需调整当期凭证式国债利率时，发行利率及提前兑取分档利率的调整情况由财政部另行通知。

四、投资者购买凭证式国债后，可到原购买国债的承销团成员办理提前兑取、质押贷款。投资者办理提前兑取，按当期国债实际持有时间和相应的利率档次计息，同时需按提前兑取本金的 1‰向承销团成员支付手续费。

记账式国债是以电子账户形式记录债权、无纸化的国债。从 20 世纪 90 年代中期开始，我国财政部在一部分国债发行中采用电子记账形式，后来则成为主要的国债品种。这

① 由于无记名国债是纸质的债券，发行手续繁杂，交易不便利，所以 1997 年以后就没有再发行。

种国债属于记名债券，可上市交易。投资者购买这种国债前先要到相关的债券市场开设账户，如我国上海证券交易所和深圳证券交易所已为证券投资者建立了电脑证券账户，因此，可以利用证券交易所的交易系统来发行和交易记账式国债。由于记账式国债的运作实现了无纸化，所以效率高、成本低、交易安全。1 年期以内的记账式国债一般是贴现发行，1 年期以上的记账式国债一般是以附息债券的形式出现。

(二)"九五"时期的国债

"九五"时期，我国国债市场的发展又有新的特色，其一是国债政策的运用除了考虑财政本身筹资需要外，还更加关注对经济增长的激励作用。其二是国债发行方式进行了一番市场化的探索，为以后的国债市场运作积累了更多的经验。其三是银行间债券市场开始运作。表 8—5 是"九五"时期国债发行情况。

表 8—5　　1996～2000 年我国国债发行情况

年份	发行额(亿元)	品种	偿还期
1996	1 847.77	记账式国债(共 6 期)、无记名国债(共 2 期)、凭证式国债、特种定向债券	3 个月、半年、1 年、3 年、5 年、7 年、10 年
1997	2 412.03	记账式国债(共 2 期)、凭证式国债、无记名国债、特种定向债券	2 年、3 年、5 年、10 年
1998	3 228.77	记账式国债(共 4 次)、凭证式国债(共 2 期 4 次)、特种定向债券	3 年、5 年、7 年、10 年
1999	3 702.13	记账式国债(共 12 期)、凭证式国债(共 3 期)、定向国债(共 2 期)	2 年、3 年、5 年、7 年、8 年、10 年
2000	4 153.59	记账式国债(共 12 期)、凭证式国债(共 3 期)、定向国债(共 2 期)	1 年、2 年、3 年、5 年、7 年、10 年

资料来源：根据 1997 年至 2001 年各年由中国证券监督管理委员会编的《中国证券期货统计年鉴》编制，其中每年国债发行额数据摘自国家统计局编的《中国统计年鉴 2005》(中国统计出版社，2005 年 9 月)。

国债有两大功能，一是财政功能，二是经济功能。进入"九五"时期后，在我国的国债政策中，进一步强调了国债经济功能的作用。具体来说，一方面在国债发行的数量方面，跳出了单纯只是为了弥补收支缺口的圈子，而更多地考虑经济发展对政府债务资金的需要；另一方面在国债的品种设计方面，更加注意满足各类投资者的需要以及国家其他宏观经济政策实施的需要。

另外一个要提到的是，"九五"时期国债发行方式的变化。1995 年 8 月，财政部第一次采用招标方式发行国债。这次 1 年期记账式国债计划发行 100 亿元，全国 50 家国债一级自营商先按规定承销一个基本数量，然后对剩余的 30 亿元采取以缴款期为标的的招标，结果顺利完成。未中标者的义务承销部分按规定 9 月 16 日前缴款，有 17 家机构中标，中标的缴款时间分别在 9 月 18 日到 9 月 21 日。尽管这次只是缴款期招标，但也是我国国债发行方式的重大突破。后来到 1996 年 1 月，财政部在发行 1996 年记账式(一期)

国债时，第一次采用了价格招标①。1996 年 6 月，财政部在发行 1996 年记账式(五期)国债时，第一次采用了收益率招标②。

在国债流通市场上，“九五”时期的一个变化是商业银行退出证券交易所国债交易市场，银行间债券市场于 1997 年 6 月正式开始运行，国债流通市场自此分为两个子市场。应该说，这是我国债券市场一次很大的结构性调整。

五、21 世纪开始以来的国债

(一)“十五”时期的国债

“十五”时期，我国国债发展情况可以分别从发行规模、发行结构和市场格局三个方面来描述。

表 8—6 显示的是我国“十五”时期国债发行情况，从中可以看到 2001 年至 2005 年五年期间每年国债发行的数量、品种和期限等数据。从国债数量方面看，“九五”时期，我国国债发行量平均每年增长是 22.7%；“十五”时期，我国国债发行量平均每年增长只有 11.3%。尤其是在“十五”时期的最后一年，2005 年国债发行规模一改往年增长的态势，与 2004 年相比，增幅明显放慢。这一情况的出现，主要原因是当时积极财政政策为稳健财政政策所替代。政策转换的背景有经济因素和财政因素，既可以缓和经济偏热带来的通货膨胀压力，又可以防范财政风险。实行稳健的财政政策，就要适当控制和减少长期建设国债和财政赤字的规模，避免给经济带来扩张性的效应。

表 8—6　　2001～2005 年我国国债发行情况

年份	发行额(亿元)	品种	偿还期
2001	4 884.00	记账式国债(共 16 期)、凭证式国债(共 3 期 4 次)	2 年、3 年、5 年、7 年、10 年、15 年、20 年
2002	5 934.30	记账式国债(共 16 期)、凭证式国债(共 4 期)	1 年、2 年、3 年、5 年、7 年、10 年、15 年、30 年
2003	6 280.00	记账式国债(共 13 期 14 次)、凭证式国债(共 4 期)	3 个月、1 年、2 年、3 年、5 年、7 年、10 年、15 年、20 年
2004	6 923.90	记账式国债(共 11 期 15 次)、凭证式国债(共 6 期)	3 个月、1 年、2 年、3 年、5 年、7 年、10 年
2005	7 042.00	记账式国债(共 15 期)、凭证式国债(共 5 期)	3 个月、1 年、2 年、3 年、5 年、7 年、10 年、15 年、20 年

资料来源：根据 2002 年至 2006 年各年由中国证券监督管理委员会编的《中国证券期货统计年鉴》编制。

与“九五”时期比较，“十五”时期国债发行结构也发生了一些变化。在国债品种结构

① 这次国债是 1 年期贴现债券，招标确定了每百元面值债券按 89.20 元的价格发行。
② 这次国债是 10 年期附息债券，招标确定的票面利率为 11.83%。

方面，"十五"时期凭证式国债和记账式国债成为我国国债市场上的主导品种，而且记账式国债的比重进一步增加。在20世纪90年代初期和中期，我国国债发行对象偏向于个人投资者，机构投资的比重相对较低，如1998年以个人投资者为主要发行对象的凭证式国债比重要占近60%。以后，随着我国证券市场的发展，机构投资者实力逐步壮大，尤其是证券投资基金和社会保险基金得到快速发展后，机构投资者对国债的需求迅速增长，再加上商业银行要将国债作为其一部分资产的投向，所以财政部就逐步加大了记账式国债的比重，到2002年已超过了70%。在国债期限结构方面，自1981年我国恢复举借国债以来，国债期限变化的总体情况为：20世纪90年代中期以前，我国国债期限结构是比较单调的，其中在80年代初期，国债期限是5年到9年，而在80年代中期至90年代中期，所有的国债都是3年期到5年期；从90年代中期开始，我国国债期限结构变得相对丰富一些，出现了少量的1年期以下的国债，同时也出现了少量的超过6年期的债券；20世纪90年代后期，短期国债在我国又消失了，国债期限集中于中期和中期偏长性质；21世纪开始，我国国债期限再一次丰富起来，不但短期国债恢复，还出现了长期国债。在国债利率结构方面，"十五"时期国债主要是凭证式国债和记账式国债，两种国债的利率制定方式不同。凭证式国债主要是通过商业银行网点向社会发行的，承购者大多数是银行的储户，所以凭证式国债的发行利率由财政部在发行前事先规定，一般是比商业银行同期限的储蓄存款利率稍高一些。相对于凭证式国债来说，记账式国债的利率就与市场利率更加接近，因为记账式国债一般是通过招标发行的，它的发行利率取决于参与投标的机构对当时市场利率水平及未来变化的看法。

"十五"时期，我国债券市场的新框架已经构成，新的债券市场格局为：证券交易所债券市场、银行间债券市场、商业银行国债柜台市场。证券交易所债券市场在20世纪90年代初诞生，银行间债券市场在1997年出现，商业银行柜台记账式国债市场则于2002年问世。其实，我国国债场外柜台交易在1988年已开展，后来随着证券交易所国债交易的发展，场外的国债柜台市场逐渐萎缩，并在1999年基本消失。为拓展我国国债交易渠道，2002年初，中国人民银行、财政部等国务院有关部门联合发文，批准中国工商银行等商业银行设立柜台记账式国债交易系统。应该说，国债柜台交易市场的重新建立，对于我国债券市场的建设有一定的积极作用。证券交易所市场和银行间债券市场都属于集中性市场，而柜台市场属于分散性市场。两者的协调发展，可以充分发挥债券市场的功能。

(二)"十一五"时期的国债

"十一五"时期，在证券市场发展环境日趋和谐的背景下，国债的发行和流通也呈现出一片繁荣的景象，我们可以从几方面来归纳。表8-7显示的是我国"十一五"时期国债发行情况。

表 8—7　　2006—2010 年我国国债发行情况

年份	发行额(亿元)	品种	偿还期
2006	8 883.30	记账式国债(共 21 期)、凭证式国债(共 5 期)、储蓄国债(共 2 期)	3 个月、半年、1 年、3 年、5 年、7 年、10 年、15 年、20 年
2007	23 139.10	记账式国债(共 20 期、续发 1 次)、特别国债(共 8 期)、凭证式国债(共 5 期)、储蓄国债(共 1 期)	3 个月、半年、1 年、2 年、3 年、5 年、7 年、10 年、15 年、20 年、30 年
2008	8 558.20	记账式国债(共 26 期)、凭证式国债(共 5 期)、储蓄国债(共 3 期)	3 个月、半年、1 年、3 年、5 年、7 年、10 年、15 年、20 年、30 年
2009	15 927.24	记账式贴现国债(共 26 期)、记账式附息国债(共 32 期)、凭证式国债(共 5 期)、储蓄国债(共 8 期)	91 天、182 天、273 天、1 年、3 年、5 年、7 年、10 年、15 年、20 年、30 年、50 年
2010	17 881.90	记账式贴现国债(共 19 期)、记账式附息国债(共 41 期)、凭证式国债(共 5 期)、储蓄国债(共 11 期)	91 天、182 天、273 天、1 年、2 年、3 年、5 年、7 年、10 年、20 年、30 年、50 年

资料来源:2006 年至 2009 年情况根据 2007 年至 2010 年各年由中国证券监督管理委员会编的《中国证券期货统计年鉴》编制,2010 年情况由笔者根据财政部网站在当年各期国债发行时公布的数据整理。

第一,从“十一五”时期国债规模看,发行数量明显要比“十五”时期增加。“十五”时期国债发行总量是 31 064.20 亿元,而“十一五”时期国债发行总量达到了 74 389.74 亿元,是“十五”时期的 2.4 倍。

第二,从国债品种看,首先,2006 年开始出现了储蓄国债①。储蓄国债是由财政部面向境内个人发行的、以电子方式记录债权的不可流通人民币债券。它与我国原有的凭证式国债一样,都是以吸收个人储蓄资金为目的,以满足长期储蓄性投资需求。我国的凭证式国债从 20 世纪 90 年代中期开始发行,尽管它不具有传统的债券券面形式,但仍然需要采取“中华人民共和国凭证式国债收款凭证”来记录债权。这种国债形式难以采用全国统一的债券发行系统作为技术支撑。因此,在储蓄类债券中采用电子形式也是财政部在债券发行管理中努力的方向,如 2004 年就曾经出现电子记账凭证式国债。2006 年发行的储蓄国债丰富了国债品种,改进了国债管理模式,并提高了储蓄类国债的发行效率。其次,2007 年财政部又一次发行特别国债②,并采用了可流通的记账式国债形式。2007 年发行的特别国债与 1998 年的特别国债具有不同的目的。财政部通过发行特别国债,购买外汇资金,拨付给中国投资有限责任公司作为资本金来源。最后,从“十一五”时期的

① 储蓄国债的完整名称是:储蓄国债(电子式)。

② 1998 年我国财政部曾经发行特别国债,用于拨补工商银行、农业银行、中国银行、建设银行的资本金,以提高当时四大国有独资商业银行的资本充足率。

2009 年开始，记账式国债的名称有了进一步的细分，区分为记账式贴现国债和记账式附息国债。

第三，从国债期限看，“十一五”时期的变化是：在短期国债方面，从 2009 年开始，期限有所丰富，改变了过去 3 个月或半年的分法，而是以“天”为单位，设置 91 天期、182 天期和 273 天期三种。以“天”为单位固定了 1 年以内短期国债的实际天数，有利于精确度量和比较短期国债品种的收益率。当然，这样设置也是世界上许多国家所采用的。在长期国债方面，期限进一步延长。最为引人注目的是 2009 年首次发行了 50 年期的超长期国债。

第四，从国债流通规模看，证券交易所市场国债的交易规模远大于企业债，国债一般要占到 90%以上，但在银行间债券市场，政府债券的比重较小，金融债券则较大①。并且，银行间债券市场的规模又远大于证券交易所②。不过仅就上海证券交易与深圳证券交易所比较，前者的国债交易量远大于后者③。再从债券交易方式看，无论是证券交易所，还是银行间债券市场，回购交易的规模远大于现券交易④。

第五，从国债柜台市场交易看，进展不大。国债柜台市场属于债券零售市场。在我国，起始于 2002 年的记账式国债柜台市场，是商业银行与债券发行人签订承销协议后通过银行营业网点柜台向投资者发售债券，按公开报价与投资者进行国债买卖，并办理该债券的托管及相关业务。开办债券柜台交易，可以拓宽居民个人的投资渠道，增加市场参与主体，扩大债券市场的覆盖面。但从实际交易情况看，相比银行间债券市场和证券交易所债券市场，我国的国债柜台交易仍不够活跃，在“十一五”期间，这一市场的发展还是比较缓慢，每年的交割量甚至都未达到“十五”时期末 2005 年的水平。

（三）“十二五”时期的国债

“十二五”时期我国国债的发行和流通相对来说比较平稳，市场日趋成熟。表 8－8 显示的是我国“十二五”时期国债发行情况。

表 8－8　　2011～2015 年我国国债发行情况

年份	发行额(亿元)	品种	偿还期
2011	15 746.50	记账式贴现国债(共 5 期)、记账式附息国债(共 25 期、续发 16 次)、凭证式国债(共 4 期)、储蓄国债(共 18 期)	91 天、182 天、273 天、1 年、3 年、5 年、7 年、10 年、20 年、30 年、50 年

① 如在“十一五”时期最后一年的 2010 年，银行间债券市场政府债券的比重仅为 11.63%，而央行票据的比重有 26.57%，政策性银行债的比重高达 32.69%。

② 如 2009 年证券交易所债券成交金额为 40 635.06 亿元，而同年银行间债券市场现券交割量为 488 682.15 亿元，回购交割量为 725 730.09 亿元。

③ 如 2009 年上海证券交易所债券成交金额占两家证券交易所债券成交总金额的比重 97.96%，而深圳证券交易所只有 2.04%。

④ 如 2009 年证券交易所债券现券交易成交金额占成交总金额的比重不到 10%，而回购交易成交金额的比重接近 90%。在银行间债券市场，2009 年债券回购交割量是现券交割量的 1.5 倍左右。

续表

年份	发行额(亿元)	品种	偿还期
2012	14 532.80	记账式贴现国债(共8期)、记账式附息国债(共21期、续发16次)、凭证式国债(共3期)、储蓄国债(名义上共14期,取消4期)	91天、182天、273天、1年、3年、5年、7年、10年、20年、30年、50年
2013	16 974.40	记账式贴现国债(共8期)、记账式附息国债(共25期、续发19次)、凭证式国债(共4期)、储蓄国债(共10期)	91天、182天、273天、1年、2年、3年、5年、7年、10年、20年、30年、50年
2014	17 763.30	记账式贴现国债(共8期)、记账式附息国债(共30期、续发21次)、凭证式国债(共4期)、储蓄国债(共10期)	91天、182天、273天、1年、2年、3年、5年、7年、10年、20年、30年、50年
2015	21216.20	记账式贴现国债(共24期)、记账式附息国债(共28期、续发29次)、凭证式国债(共4期)、储蓄国债(共10期)	91天、182天、273天、1年、2年、3年、5年、7年、10年、20年、30年、50年

资料来源:根据财政部网站在当年各期国债发行时公布的数据整理。

"十二五"时期我国国债运行情况主要有:第一,在国债规模方面,"十一五"时期明显要比"十五"时期增加,但"十二五"时期国债数量增长相对平稳。"十二五"时期国债发行总量是86 233.20亿元,仅比"十一五"时期增加15.9%。其实,衡量国债规模既可以从绝对量指标看,也可以从相对量指标看。绝对量指标主要有:①国债余额,又称国债总额,指政府现存而尚未清偿的债务总额;②国债发行额,一般指政府在某一年度的发行量;③还本付息额,这也是针对某年度的指标。相对量指标主要有:①国债余额占国内生产总值的比重,反映了整个经济体需承担的国债,所以也称为国债负担率;②国债发行额占财政支出的比重,反映了政府开支依赖国债的程度,所以也称为国债依存度;③还本付息额占财政收入的比重,反映了政府债务负担的程度。绝对量指标简单、直观,而相对量指标有比较依据。从绝对量指标看,"十二五"时期前四年国债数量一直属于低位,基本上与"十一五"时期后两年相当,直到2015年才有明显增加。从相对量指标看,则有回落的时候。比如,"九五"时期我国国债依存度曾将近30%,但"十一五"和"十二五"时期都下降为不到20%①。

第二,在国债品种方面,"十二五"时期与"十一五"时期一样,没有变化,这表明我国国债品种的类型已经基本成熟。不过这里特别要提到的是,储蓄国债在"十一五"时期出现后,在"十二五"时期成为非流通国债的主要品种,凭证式国债减少了发行次数。

① 20%的国债依存度被认为是一条警戒线,如果超过的话,意味着国债规模比较大了。

小专栏 8—2　　2016 年我国储蓄国债发行事宜的若干规定

一、储蓄国债在发行期内按面值向个人发行，以 100 元为单位办理各项相关业务。储蓄国债不可流通转让，可按照相关规定提前兑取、质押贷款和非交易过户。

二、各期储蓄国债发行公告日至发行开始日前一日，如遇中国人民银行调整或取消 3 年期金融机构存款基准利率，当期国债取消发行。各期储蓄国债发行期内，如遇中国人民银行调整或取消 3 年期金融机构人民币存款基准利率，当期国债从调息之日起停止发行。

三、投资者可通过 2015～2017 年储蓄国债承销团成员在全国已经开通储蓄国债业务处理系统的营业网点柜台认购储蓄国债，并办理其他各项业务；同时，还可通过储蓄国债网上银行销售成员的网上银行认购储蓄国债，并办理个人国债账户开户和查询业务。

四、投资者需使用个人国债账户和对应的资金清算账户（存折或银行卡）认购储蓄国债，单一个人国债账户购买单期储蓄国债最高限额为 500 万元。个人国债账户实行实名制，不收开户费和托管服务费用，开立后可以重复使用。

五、投资者可于发行期结束后的规定时间内，到原购买国债的承销团成员提前兑取其持有的部分或全部当期储蓄国债。投资者办理提前兑取，按当期国债提前兑取条件计息，承销团成员可按照提前兑取本金的 1‰向投资者收取手续费。

第三，在国债发行次数方面，“十二五”时期我国国债发行采用了续发行制度。“十一五”时期，财政部曾经在 2007 年进行了一次续发行国债，积累了一定的经验。“十二五”时期，国债续发行大量采用，2011 年有 16 次，2015 年增加到 29 次。续发行又称增额发行，是增加已经发行且仍在流通的特定期次债券发行额度的一种制度。国债续发行的直接作用是：可以扩大单期国债的数量，从而有利于增加机构投资和交易需求，增加国债流动性，有助于构建完整的国债收益率曲线；同时，通过扩大现存国债数量，还可以为国债期货市场平稳运行提供充足的可供交割债券，将有助于防范逼空风险、提升市场活跃度。

第四，在国债期限方面，国债发行延续了“十五”时期的期限结构，继续以中期为主导。比如，“十五”时期最后一年的 2005 年，1 年期及其以下的国债比重为 19.8%，2 年期到 10 年期的国债比重为 70.5%，15 年期及其以上的国债比重为 9.7%；“十一五”时期最后一年的 2010 年，1 年期及其以下的国债比重为 33.5%，2 年期到 10 年期的国债比重为 52.6%，15 年期及其以上的国债比重为 13.9%；“十二五”时期最后一年的 2015 年，1 年期及其以下的国债比重为 21.8%，2 年期到 10 年期的国债比重为 70.8%，15 年期及其以上的国债比重为 7.4%。

第五，在国债流通方面，交易规模仍然是银行间债券市场大于证券交易所市场，回购交易大于现券交易，国债柜台市场交易仍然低迷。但国债期货在“十二五”时期重新推出，2013 年 9 月和 2015 年 3 月，5 年期国债期货和 10 年期国债期货先后上市，形成了基础债券和衍生债券互相关联的架构，使我国国债流通市场的结构进一步合理。

第四节　我国地方债的发展

在我国，地方政府发行债券也有两个不同时期，一是20世纪50年代，二是2009年重新开始发行。

一、20世纪50年代的地方债

20世纪50年代，我国债券品种是以国债为主的，但也发行过一些地方债，主要的品种有地方经济建设公债和东北生产建设折实公债[①]。这些公债尽管很少，但也是中华人民共和国成立以后地方债的开端。

(一)东北生产建设折实公债

中华人民共和国成立后，最早的地方债是1950年发行的东北生产建设折实公债，其发行目的是为了筹集生产建设资金，用于东北地区的生产性投资。这次公债的发行单位，如同人民胜利折实公债，以一定的实物为基础，定名为"分"。在发行量方面，原计划发行3 054万分，实际完成3 629万分(其中包括一部分东北榆陶铁路修建公债)。这次地方公债的发行对象为东北地区的职工、农民、工商界和市民及其他，各阶层分配一定的认购指标。从后来完成的情况看，工商界的实际认购量最大，超过计划数，占各阶层购买数的70.6%；农民购买量较小，职工和市民及其他也完成了计划认购量。另外，从其他发行条件看，1950年东北生产建设折实公债的期限是分5年作5次偿还，利率定为年息9厘，每年付息一次。

(二)地方经济建设公债

东北生产建设折实公债的发行是在20世纪50年代初期，而到50年代末期，我国正式制定了有关制度来规范地方发行公债事宜。1958年6月，在全国人民代表大会常务委员会会议上，通过了《中华人民共和国地方经济建设公债条例》(以下简称《地方公债条例》)，并向社会公布。

地方经济建设公债的发行背景，是我国"一五"计划完成并接着搞"大跃进"运动，各地方争相投入资金大搞建设。于是国家立法机构制定了相应的地方公债条例，允许各地方政府利用债券筹资。《地方公债条例》公布之后，全国部分地区(如江西省、东北地区等)根据本地实际情况，不同程度地发行了地方经济建设公债，而且在执行中，基本遵守了相关的规定。比如，根据《地方公债条例》的规定，各省、自治区、直辖市对于地方经济建设公债的发行数量，应当根据需要和可能加以控制，并且必须在自愿认购的原则下组织推销，不要使工人、农民和其他劳动人民因为认购过多而造成生活上的困难。江西省在1958年和

① 夏锦良. 公债经济学[M]. 北京：中国财政经济出版社，1991.

1960 年分别发行了两期地方经济建设公债，计划向职工发行的额度只占其年工资总额的 1.63%和 1.59%，而且，由职工自愿认购。又如，《地方公债条例》还规定，地方经济建设公债可以分期偿还，偿还期限一般不宜超过 5 年。江西省 1960 年发行地方经济建设公债，就是以抽签中号方式分 3 次偿还，1963 年偿还 20%，1964 年偿还 30%，其余的 50%在 1965 年偿还，最长期限 5 年。

在债券流通方面，《地方公债条例》规定，地方经济建设公债债券不得当作货币流通，不得自由买卖。所以，50 年代我国的地方债，也属于非上市债券。

二、2009 年地方债重新启动

20 世纪 80 年代，我国恢复了国债发行，但地方债是受到限制的。比如，1992 年开始实施的《国家预算管理条例》规定："中央建设性预算的部分资金，可以通过举借国内和国外债务的方式筹措。地方建设性预算按照收支平衡的原则编制。"又如，1994 年通过的《中华人民共和国预算法》规定："地方各级预算按照量入为出、收支平衡的原则编制，不列赤字。除法律和国务院另有规定外，地方政府不得发行地方政府债券。"因此，我国有较长一段时期没有正式发行地方政府债券。

2009 年，我国政府决定重新开始发行地方债。安排省级政府适当发行地方政府债券是应对当时国际金融危机，扩内需、保增长的重要举措。2009 年我国实施积极的财政政策，要通过发行较大规模的国债来增加政府公共投资。同时，为调动各方面积极性并明确中央和地方的责任，地方政府应相应安排配套资金，并根据实际情况扩大地方政府投资。由于中央投资配套资金及扩大地方政府投资所需资金难以通过经常性收入安排，需要举借债务筹集。2009 年地方政府债券以省、自治区、直辖市和计划单列市政府为发行和偿还主体，由财政部代理发行并代办还本付息事宜。地方政府债券冠以发债地方政府名称，债券期限均为 3 年，利息按年支付，利率通过市场化招标确定，发行总额 2 000 亿元。2010 年地方政府债券继续发行，发行的相关事项仍然由财政部代理。2010 年地方政府债券发行总额仍然是 2 000 亿元，共分 10 期，其中 3 年期债券有 6 期，5 年期债券有 4 期。

在"十二五"时期，我国地方债每年继续发行，基本情况如下：第一，在发行模式上，先后经历了从发行到还本付息都由财政部代办的"代发代还"模式；地方政府在规定的额度内自行发行债券，但仍由财政部代办还本付息的"自发代还"模式；地方政府在规定的额度内自行发行债券，并直接向投资人支付本金和利息的"自发自还"模式。在三个模式的转变过程中，参与试点的地方政府的发债方式逐步趋近市场化，地方政府在地方债发行过程中的权责利得到进一步明确。第二，在发行规模上，逐年扩大，从 2011 年到 2015 年，分别为 2 000 亿元、2 500 亿元、3 500 亿元、4 000 亿元和 6 000 亿元。另外还有用地方政府债券置换地方原来存量债务的额度，如 2015 年要达到 3.2 万亿元。地方债的发行规模都是经国务院批准由财政部下达的。第三，在债券期限上，我国地方债主要属于中期性质，如 3 年期、5 年期、7 年期和 10 年期等。而在票面利率上，一般是通过招标方式决定，通常要比发行同一时间的国债收益率稍高一些。

另外，2015年3月和4月，财政部先后制定并印发了《地方政府一般债券发行管理暂行办法》和《地方政府专项债券发行管理暂行办法》，对地方债的运作进行了规范。

复习题

1. 政府债券有什么特点？
2. 国债发行对资金市场有什么影响？
3. 说明自由竞争资本主义时期的国债理论。
4. 说明垄断资本主义时期的国债理论。
5. 什么是凭证式国债和记账式国债？什么是储蓄国债？
6. 说明我国地方债的发展进程。

第九章　企业债券和金融债券

在本书第一章的债券分类中，已经按发行主体，将债券分为政府债券和企业债券。这种分类是基于经济主体一般分为政府、企业和个人，因此，此时的企业债券是个大范围的概念，它包含了各类企业、公司、金融机构等发行的债券。本章则要对各种企业债券做进一步的介绍。

第一节　企业债券

本节所阐述的企业债券，并不是一般企业债券大范围的概念，而是特别指非金融机构的企业发行的债券，包括了以公司制形式存在的企业所发行的债券(有时称之为公司债券)。

一、企业债券的含义

(一)企业债券的一般含义

所谓企业，在一般意义上是指从事生产、流通或服务性活动的独立核算经济单位。如果将企业和债券的定义结合起来，就可以得到企业债券的一般含义。所谓企业债券，是指企业为筹措资金，依照法定程序，向认购者出具的、承诺按一定利率在规定时间支付利息并到期偿还本金的有价证券。

在现代社会，公司是企业组织的主要形式，并且是根据相关的法令来组建。所以，如果将公司和债券的定义结合起来，同样可以得到公司债券的一般含义。所谓公司债券，是指公司为筹措资金，依照法定程序，向认购者出具的、承诺按一定利率在规定时间支付利息并到期偿还本金的有价证券。

这里之所以强调企业债券和公司债券的一般含义，是因为在我国经济中企业债券和公司债券还有特指的范围。从以上的各种表述中，实际上可以看到我国企业债券这一概念运用的三个层面：第一，作为与政府债券相对应的概念，这一层面的企业债券范围最大，是指所有的企业发行的债券，其中包括从事金融活动的企业（即金融机构）以及建立了现代公司制度的企业等发行的债券，也就是涵盖了金融债券和公司债券。第二，由于金融企业与一般的从事物质生产的企业有较大的差异，因此，作为与金融债券相对应的概念，这一层面的企业债券范围不包括金融机构发行的债券，即专指非金融机构的企业所发行的债券。第三，在我国非金融机构的企业中，有些企业具有公司的组织形式，并按照相关的公司债券制度发行公司债券。所以，作为与公司债券相对应的概念，这一层面的企业债券范围最小，专指我国有些企业（公司）按照相关的企业债券制度所发行的债券。

（二）对企业债券的进一步理解

下面我们进一步对企业债券（包括公司债券）进行分析，期望能加深理解。不过，为了简化表述，除了特别需要提到外，将公司债券合并到企业债券中。

1. 企业债券是一种有价证券

有价证券具有一定的票面金额，代表一定的财产所有权或债权。企业债券作为证券的一种，是用来证明其所有人所拥有的对发债企业的债权。所以，企业债券符合有价证券的定义范畴，当然就属于有价证券。其实，作为有价证券一类的资本证券，主要构成者就是股票和债券。企业债券作为有价证券，一方面证明了其拥有的经济权益，所有人可凭该债券取得一定的利息收入；另一方面如果企业债券可以上市交易，则债券所有人也可以在债券市场出价转让。

2. 企业债券的存在前提是要承诺偿还

在本书第一章已经述及，偿还性是债券的特征之一，作为企业发行的债券，当然也需要偿还。其实，债权债务这种信用关系就是建立在偿还的基础上，因为它不是单纯的赠与，而是一种借贷。债券偿还性的直接表现，就是还本付息。这里，第一步强调还本，这是偿还性的主要体现。如果债券投资者没有收回自己投资资金的权利，就不会有债权债务关系。接着第二步还要强调付息，这也是偿还性的一种体现。因为，利息是债券投资者出让自己资金使用权给发债企业的报酬，如果没有利息，也难以形成债权债务关系。

另外，企业债券既然需要偿还，就意味着企业债券是有期限的。尽管期限有长有短，尽管期限可能因提前赎回或延迟兑付的条款而变化，但与同为资本证券的股票比较，债券具有期限是理解债券与股票差异的一个重要方面。

3. 企业债券的实现途径要通过发行环节

企业债券背后所反映的实质其实是信用关系，这种信用关系发生在企业与债券投资者之间。但这里需要强调，企业债券的信用关系必须要通过发行才能建立，换言之，企业债券必须由作为发行人的企业面向投资者通过发行过程才能实现。尽管发行方式有公募和私募之分，但不通过发行就不会有债券出现。当然，某些投资者通过债券二级市场购入企业债券后也拥有了对企业的债权，但这只是卖出债券的投资者将其与企业的债权债务关系转让给买入债券的投资者而已，企业债券已经通过当初的发行实现了。在法理上，发行债券是一种要约行为，企业债券发行人通过债券募集说明书进行要约。然后，债券投资人一旦认购了企业债券，便意味着接受了要约，即通过发行完成了这种定约过程。

4. 企业债券的发行要符合相关的法律规定

关于企业债券发行的合规，首先一个方面是企业债券发行人的身份要符合相关法律制度的规定。在一般意义上，各类企业发行的债券都是企业债券。但在实际的经济生活中，国家有可能要颁布相关的法律制度，对允许发行债券的企业有一定的要求，并不是任何企业都可以发行债券①。尤其是在公司债券的发行中，一般强调发行公司债券的公司制企业应该是承担有限责任的，这样无限责任公司等就不能发行公司债券了。其次一个方面是发行企业债券的程序要符合相关法律制度的规定。由于发行债券是一种企业向投资者的借款行为，为了稳定社会经济秩序、维护债券投资者的权益，要求企业发行债券应按照规定的程序办理，其中既有企业本身的发行债券决策程序，也有市场管理部门的监督审核程序。

二、公司债券的品种

在西方国家，企业的存在形式普遍是采用公司制，因此公司债券是一个比企业债券更常用到的称谓。各国在实践中创造出许多公司债券的品种。下面选择若干品种介绍，要说明的是，不同的公司债券品种只是基于债券的某一方面特征，因此实践中的某公司债券，可能会同时属于若干公司债券品种。

（一）记名公司债券

公司债券根据债券的记名特征，有所谓的记名公司债券。在这种债券的券面，发行时要记载债权人的姓名，以后利息和本金的支取也要鉴别债权人身份，如凭债权人印鉴领取等。当这种债券在二级市场上转让时，需要进行背书以确认变更债权人，相对而言有较多的手续。与记名公司债券相对应的是不记名公司债券，即在债券券面上不需要记载债权人的姓名，此时持有人就是债权人，本息兑取和流通转让也相对简单，都以持有债券为准。不过，这样的一种区分方法主要针对纸质形式债券。而在如今无纸化债券占据主导地位的情况下，记账形式的公司债券都可以理解为是记名公司债券，因为债券发行时直接记载在投资者的账户名下，交易转让时也需要办理过户。

（二）累进利率公司债券

一般按利率变化是将债券分为固定利率债券和浮动利率债券。前者的票面利率是一个定值，发行后不再变动；后者的票面利率在发行后可以变动，当然变动的依据在发行时是规定的。但有的公司在发行债券时对利率的规定是累进形式的，这种债券的期限可以

① 在我国《企业债券管理条例》中，就规定了企业发行企业债券必须符合的一系列条件。如在营利性方面，规定企业发行企业债券前要连续 3 年盈利。

规定为若干年的区间。投资者持有该区间最短年份便要求偿还的，只能接受规定的最低利率；而持有时间越长，可以享受的规定利率越高；若一直持有到区间最长年份才要求偿还，则可以得到规定的最高利率。

（三）参与公司债券

这是一种比较特殊的公司债券，这种债券的所有人除了可以按照发行时预先约定获得利息收入外，还可以在一定程度上参与公司的利润分配，因此又称分红公司债券。当公司利润有较大幅度增长时，参与公司债券的所有人有可能获得更多的收益。与参与公司债券相对应的是非参与公司债券，非参与公司债券与我们一般意义的债券一样，其所有人只能按照发行时预先约定的利率获得利息。参与公司债券的这种特性在某种程度上带有股东的盈余分配权力，当然盈利分配的投票权不在债券所有人手中。

（四）收益公司债券

这也是一种比较特殊的公司债券，它有着与一般债券相同的特征，比如有固定的到期日，清偿时债权排列顺序先于股票，等等。但同时它也有着与一般债券不同的特征，比如它的利息只有在公司有盈利时才支付。如果盈利不足支付利息，未付的利息可以累加，等以后公司收益增加了再补发。当然，对于公司股东来说，所有应付债券利息付清后，才轮到公司对股东分红。

（五）可提前赎回公司债券

对于一般的公司债券，无论是发行人还是投资者，除了利息支取外，在债券存续期中无其他特殊权利，最后是到期偿还。但是，对于可提前赎回公司债券，就赋予债券发行人一种权利，它可以在债券到期前赎回其发行的公司债券。在这里要注意三点：第一，这种可提前赎回的权利在发行前就要让投资者知晓，即债券的特征要公示于众。第二，债券发行人可提前赎回权利的行使要满足一定的条件，一般来说并不是任何时候或情况下都可以提前赎回，这也是保护投资者合法权益、防止债券发行人滥用赎回权的措施。第三，债券发行人赎回时有的必须是全部债券，也有的是部分债券。相对于可提前赎回公司债券，那些不允许提前赎回的公司债券就称之为不可提前赎回公司债券。

（六）附有选择权的公司债券

在上面可提前赎回公司债券中，权利被赋予了债券发行人。而在附有选择权的公司债券中，权利被赋予了债券投资者。由于被赋予的权利不同，附有选择权的公司债券又可以分出多种。比如，赋予投资者有权将债券转换成普通股，就有可转换公司债券；赋予投资者将来能购买公司的股票，就有附认股权证公司债券；赋予投资者在债券到期前有权将债券回售给发行人，就有可回售公司债券。如果债券发行人发行的公司债券并未给投资者赋予特殊的权利，则可统称为未附选择权的公司债券。

可转换公司债券是比较典型的含权债券，在我国债券市场上也是一个重要的品种，下面将专门安排一节介绍。这里对附认股权证公司债券再进一步描述。附认股权证公司债券是公司发行的一种附有认购该公司股票权利的债券，即这种债券的所有人可以按照预先规定的条件在公司发行股票时享有优先购买权。股票的优先购买权可以给普通股股东,即所谓的配股权,但在发行公司债券时,为了吸引投资者认购,也可以安排其享有股票的优先购买权。预先规定的条件主要是指股票的购买价格、每张债券可以购买股票的数量、以及认购期间。附认股权证公司债券按照认股权与债券本身能否分离,可以分为两种。一种是可分离型债券,即认购结束后进入流通时,债券部分和认股权部分可以分开交易,认股权是独立买卖的对象,将来单独凭认股权就可以购买公司的股票,这种债券也称为可分离交易的附认股权证公司债券。另一种是非分离型债券,即认购结束后进入流通时,债券部分和认股权部分不可以分开交易,认股权不是独立买卖的对象,两部分是完整的一体,将来需凭完整的附认股权证公司债券购买公司的股票。

(七)信用公司债券

信用公司债券是相对于担保公司债券而言的,它是一种不以公司任何资产作担保而发行的债券,属于无担保证券范畴。如果就不同的债券发行人来说,政府债券一般是信用最好的,因为它以政权为依托,政府又拥有课税权,所以通常政府债券无须提供担保。金融机构发行债券相对于政府来说,信用等级可能会低一些,但大的金融机构实力雄厚,也有较高的信用度,所以有不少金融债券也是没有担保的。公司债券的信用状况与政府债券和金融债券比较,相对来说要低一些,因此许多公司发行债券会提供某种形式的担保,以便可以比较顺利地实现发行。但是一些经营良好、信誉卓越的公司也能够在市场上以非担保形式发行债券,即发行信用公司债券。从担保角度看,信用公司债券也可以理解为是将公司信誉作为担保,尽管信誉只是一种无形的财富光环。有的时候,为了保护债券投资者的权益,发行信用公司债券会带有一些限制性条款,比如公司债券不得随意增加、债券未清偿之前股东分红要有限制等。

(八)不动产抵押公司债券

不动产抵押公司债券与信用公司债券不同,这种债券不是凭信誉,而是需要以发行债券公司自己的不动产作抵押来发行。不动产通常是指房屋、土地一类的财产。如果发行这类债券的公司在债券到期时出现不能偿付债务的情况,那么作为抵押物的财产(相关的房契、地契等)将被出售,所得款项用来偿还债务。有的时候,还会出现所谓的第一抵押债券、第二抵押债券,等等。这是因为抵押财产的价值比较大,就可以分若干次分别抵押。在处理抵押财产偿债时,一般是按照债券的优先次序进行,即按顺序依次偿还优先一级的抵押公司债券。

另外,公司除了用不动产作抵押来发行公司债券外,还有用其他财产作抵押而发行债券。如证券抵押信托公司债券是以股票、债券或其他证券作为抵押品,用作抵押的证券可以是它持有的子公司的股票或债券、其他公司的股票或债券,也可以是公司自身的股票或债券。又如设备信托公司债券,是公司为筹资购买设备并以该设备作为抵押品而发行的债券。

（九）保证公司债券

保证公司债券是公司发行的由第三方作为还本付息担保人的公司债券。保证公司债券从某种程度上来说也会凭借信誉，当然不是凭发行债券公司自己的信誉，而是凭借担保人的信誉。担保人是债券发行人之外的第三方，一般是信用度更高的政府、实力雄厚的金融机构等。如果发行债券公司的母公司也有较好的信誉，它也可以为自己的子公司提供偿还债务保证。在发行保证公司债券的情况下，如果到期发行债券公司不能偿付债务，那么作为保证人的第三方就将承担清偿债务的责任。

（十）改组公司债券、利息公司债券、延期公司债券

这些品种的公司债券是根据公司发行债券的目的来划分的。改组公司债券是为了清理公司的债务而专门发行的债券，因此这种债券发行实际上是以新债券来换取旧债券，或称为以新换旧债券。利息公司债券是指面临债务危机的公司，经债权人同意而发行票面利率较低的新债券，用以换回原来发行的票面利率较高的债券，也称为调整公司债券。延期公司债券则指公司在原来已发行债券到期无力支付、又不能发行新债券来偿还旧债券的情况下，经债权人同意后可延长偿还期限的公司债券。从上面可以看到，这些债券有许多是为了应付公司偿债困难而发行的。如果公司健康地经营，并且为了公司扩大生产规模来发行债券，就可以称为普通公司债券。

三、我国企业债券和公司债券的区别

在国外，企业债券通常称为公司债券，因为国外企业法人多为公司形式，公司是发行债券的主体。在我国，企业债券和公司债券则有一定差异。

我国的公司债券是在 1994 年 7 月 1 日起施行的《中华人民共和国公司法》中正式出现的，后来在《中华人民共和国证券法》中也规定了公司债券的发行条件。2007 年 5 月，《公司债券发行试点办法》经中国证监会通过，并于同年 8 月开始实施。因此后来公司债券一般就指适用于《公司债券发行试点办法》所规定的公司债券。2015 年 1 月中国证监会公布了《公司债券发行与交易管理办法》，进一步规范了公司债券的发行、交易和转让行为。

依据以上不同法律规范的约束，我国的企业债券与公司债券有几个方面的区别：第一，发行主体存在差异。企业债券一般限定于中央政府部门所属机构、国有独资企业或国有控股企业（这些企业也可能是公司制的）发行的债券，公司债券则是股份有限公司或有限责任公司发行的债券，相对宽泛一些。但在试点时期，是限于上海证券交易所和深圳证券交易所的上市公司及发行境外上市外资股的公司。现阶段范围已经有所扩大，主要是在证券交易所、全国中小企业股份转让系统交易或转让的公开发行及非公开发行的公司债券。第二，发行依据有所不同。企业债券和公司债券的发行都要符合《中华人民共和国证券法》和《中华人民共和国公司法》的规定，另外企业债券的发行依据还有《企业债券管理条例》，公司债券的发行依据则有《公司债券发行与交易管理办法》。第三，发行审核手续有别。企业债券的发行需要经过国家发改委的审批，公司债券的发行则要经中国证监

会核准或者向中国证券业协会备案。

四、我国企业债券和公司债券的发展

(一)我国企业债券的出现

企业债券是由企业作为发行主体发行的，相对于政府发行的债券而言，它属于民间债的范围。在20世纪80年代初期，我国企业债券的发展是从社会集资开始的。

中国共产党十一届三中全会以后，在改革开放的政策指导下，我国原有的融资形式和方法越来越不适应新的情况。原来的融资体制都是以银行信用占据绝对地位的集中计划模式，这种模式与改革开放后出现的融资需要发生了一定的矛盾。于是，在这种情况下，新的融资形式产生了，最初的形式就是社会集资。社会集资在开始阶段主要是在企业内部发生的，其形式多种多样，如“集资办厂”、“以资带劳”等。当时集资时也发给一定的凭证，如以债券、股票名义集资，但不规范的很多，有些甚至直接就称为集资券、股金券等。

随着社会集资的增多，企业债券开始出现，其最初的发展是在1984年下半年之际。1985年和1986年两年间，我国企业债券的发行数量已大约在100亿元左右。应该说，这一阶段企业债券的发行还不是很规范。比如，有些企业债券只是在企业内部账册上记账注明而无正式的书面格式；又如，有些企业债券只向内部职工发行，甚至成为增加职工奖金的变通方式。尽管如此，这一时期企业债券的发行，为“六五”时期以后企业债券市场的发展奠定了基础。

(二)“七五”时期的企业债券

从1987年开始，我国企业债券的运作走上了比较正规的道路。当年3月下旬，国务院颁布了《企业债券管理暂行条例》，它标志着国家开始对企业债券进行统一管理。该条例颁布后，我国企业债券的发行正式纳入全国的资金计划。从1987年到1990年，我国企业债券每年的发行量分别是30亿元、75.41亿元、75.26亿元和126.37亿元。从种类上来说，有地方企业债券、企业短期融资券、企业内部债券和重点企业债券等。

从债券流通市场来说，“七五”时期在我国开放国库券转让市场的同时，也规定有些企业债券是可以到柜台市场进行转让的。

(三)“八五”时期的企业债券

“八五”时期，我国企业债券继续发展，从发行规模看，比“七五”时期有所增加。从1991年到1995年，我国企业债券每年的发行量分别是249.96亿元、683.71亿元、235.84亿元、161.75亿元和300.80亿元。从发行品种看，先后有中央企业债券、地方企业债券、企业短期融资券、企业内部债券、住宅建设债券和地方投资公司债券等。

“八五”时期初期，我国企业债券规模急剧膨胀，债券种类也增加最多。另外，1992年各种形式的社会集资愈演愈烈，严重冲击了企业债券市场，也影响了当时国债发行任务的完成。为此，1993年国家对企业债券市场进行整顿，当年8月国务院还发布了《企业债券管理条例》。它与1987年颁布的《企业债券管理暂行条例》相比，主要的特征有：一是适应的范围扩大，不再局限于原来规定的全民所有制企业；二是筹资形式有规定，杜绝变相筹资行为；三是国家有关部门对企业债券管理的职责分工有调整；四是发行条件明确化；五是筹资用途严格规定，只能用于本企业的生产经营；六是指定债券发行的承销商；七是法律责任明细化。所以，这一条例的发布，对于我国企业债券市场的建设有重要促进作用。

（四）"九五"时期的企业债券

20 世纪 90 年代后半期是我国"九五"时期，从 1996 年到 2000 年，我国企业债券每年的发行量分别是 268.92 亿元、255.23 亿元、147.89 亿元、158.00 亿元和 83.00 亿元。从规模上看，呈现逐步萎缩的状态。当时我国企业债券的主要品种是中央企业债券、地方企业债券，以及企业短期融资券。发行中央企业债券和地方企业债券的用途，一部分是投入基本建设项目，还有一部分是进行技术革新改造。这些债券的发行，为我国基础设施建设和国家重大建设工程筹集了资金，也为我国高新技术产业开发增加了投入。下面试举两例来说明这些债券发行的一般情况。其一，1996 年中国石化企业债券发行额为 13.4 亿元，于 1997 年 2 月 24 日起发行，3 月 15 日结束，由中国石化总公司代理发行并全额担保。债券期限 3 年，年利率 11%，到期一次还本付息，不记名，不挂失，可以转让或抵押，经批准可以在证券交易所上市。其二，1997 年国家电力公司债券于 1998 年 6 月 10 日开始发行，发行期 30 天，发行对象为国内企事业单位和个人，采用实名制记账式。债券期限 3 年，年利率 8%，不计复利，到期一次还本付息。该债券还由国家电力公司以中央电力建设基金及收益提供不可撤销担保，由中国电力信托投资有限公司牵头的承销团以余额包销方式承销发行，经中国诚信证券评估有限公司评定，信用等级为 AAA 级。从这两个例子可以看到，"九五"时期我国企业债券的发行确实为国家重要的建设项目筹集了一部分资金。同时，在债券的信用评级和发行担保等方面也进一步规范化。

（五）"十五"时期的企业债券

"十五"时期，从 2001 年到 2005 年，我国企业债券每年的发行量分别是 147.00 亿元、325.00 亿元、358.00 亿元、327.00 亿元和 2 046.50 亿元。从这些数据中可以看到，2001 年我国企业债券发行量少一些，而 2002 年到 2004 年的企业债券数量都超过了 300 亿元，2005 年则超过了 2 000 亿元。如果与"九五"时期比较，"十五"时期企业债券还是得到了较快的发展。2000 年我国企业债券只发行 83 亿元，2001 年在此基础上增长 77.1%，而 2005 年企业债券的发行规模则是 2000 年的 25 倍左右。

另外，从 20 世纪 90 年代中期以来，包括"十五"时期，我国企业债券的发行还出现了一些其他变化：一是在发行主体上，突破了大型国有企业的限制，股份制集团公司也开始发行债券；二是在发债募集资金的用途上，改变了以往仅用于基础设施建设或技改项目上，开始用于替代发行主体的银团贷款；三是在募集发行方式上，开始将符合国际惯例的路演询价方式引入企业债券一级市场；四是在期限结构上，推出了我国超长期、固定利率企业债券；五是在投资者结构上，机构投资者逐渐成为企业债券的主要投资者；六是在利率确定上，弹性越来越大，出现了附息债券，采用了浮动利率，并尝试用簿记建档方式确定发行利率，使利率确定趋于市场化。

（六）"十一五"时期以来的企业债券和公司债券

从纵向的历史比较看，我国企业债券的增长在"十一五"时期呈现突飞猛进的态势。"九五"时期我国企业债券的发行总量是 913 亿元，"十五"时期是 3 203.5 亿元，而"十一五"时期达到 48 788.05 亿元。企业债券发行市场的迅速扩大，与管理层出台一系列创新举措有关，如企业发行债券的用途减少了限制、发债企业的范围进一步扩大、债券担保规定有所放松等。因此，从发展角度看，企业债券在各类债券发行结构中占据的比重提升，债券市场在企业融资中的作用扩大。不过相比股票市场，"十一五"时期企业债券发行在整个金融市场结构中所占的地位还相对较低。

从企业债券的结构看，"十一五"时期企业短期融资券占的份额有所提高。2005 年 5 月，中国人民银行发布了《短期融资券管理办法》，允许符合条件的企业在银行间债券市场发行短期融资券。由于短期债券不需要担保，对投资者来说风险也比长期债券小，因此发展速度较快。"十五"时期最后一年的 2005 年，企业短期融资券只有1 392.50亿元；"十一五"时期最后一年的 2010 年，企业短期融资券达到 6 892.35 亿元。另外，2008 年 4 月，中国人民银行发布了《银行间债券市场非金融企业债务融资工具管理办法》，规定企业发行债务融资工具应在中国银行间市场交易商协会注册，交易商协会依据该办法及中国人民银行相关规定对债务融资工具的发行与交易实施自律管理。这样，有不少企业就选择了发行中期票据来筹措资金。中期票据的期限超过 1 年，是一种广义的融资性票据，它经监管当局一次注册批准后，可以在注册期限内连续发行，是货币市场上一种较为特殊的债务融资工具。中期票据在监管等方面吸取了短期融资券发展的经验，鼓励市场主体的自律管理，强调发行人进行透明的信息披露、中介机构要尽职履责、机构投资者要自担风险。所以，2008 年我国企业发行的中期票据开始登场，并有快速的增长。2008 年中期票据发行额为 1 737 亿元，2010 年就上升到 4 924 亿元。从整体上来说，"十一五"时期企业发行债券的期限向中短期倾斜，长期债券在这个市场的地位逐渐降低，其中的原因之一是由于企业发行长期债券成本相对较大，而对投资者而言风险也比较大。

另外，从 2007 年到 2010 年，我国公司债券发行数量分别为 112 亿元、288 亿元、735 亿元和 603 亿元。

表 9－1 显示了"七五"时期到"十二五"时期我国企业债券的数量规模。

表 9－1　　1986～2015 年我国企业债券数量规模　　单位：亿元

年份	发行额	期末余额	年份	发行额	期末余额
1986	100	83.77	2001	147.00	1008.63
1987	30	86.35	2002	325.00	
1988	30	115.04	2003	358.00	
1989	14.83	146.36	2004	327.00	
1990	126.37	195.44	2005	2 046.50	

续表

年份	发行额	期末余额	年份	发行额	期末余额
1991	249.96	331.09	2006	3 938.30	5 532.90
1992	683.71	822.04	2007	5 058.50	7 683.30
1993	235.84	802.40	2008	8 435.40	12 850.62
1994	161.75	682.11	2009	15 864.40	24 405.90
1995	300.80	646.61	2010	15 491.45	34 671.75
1996	268.92	597.73	2011	20 943.71	45 537.84
1997	255.23	521.02	2012	30 751.10	62 531.00
1998	147.89	676.93	2013	29 278.00	74 315.00
1999	158.20	778.63	2014	39 244.13	89 331.00
2000	83.00	861.63	2015	49 937.00	107 226.00

资料来源：中国证券监督管理委员会. 中国证券期货统计年鉴 2011[M]. 北京：学林出版社，2011.其中，有些年份因缺失数据而空白。该表数据未包括国家投资债券和国家投资公司债券。国家投资债券是 1991 年和 1992 年发行的，发行总数为 155 亿元。国家投资公司债券是 1987～1992 年期间发行的，发行总数为 159 亿元。另外，2011～2015 年的数据来自：中国证券监督管理委员会. 中国证券期货统计年鉴 2016[M]. 北京：中国金融出版社，2016. 2009～2015 年企业债券的数据包括了短期融资券、中期票据和中小企业集合票据等。

在"十二五"时期，我国企业债券（包括公司债券）得到了进一步的发展。有相关资料显示[①]，2011 年和 2012 年我国非金融企业公司信用类债（包括企业债、公司债、可转债、可分离债、中小企业私募债、短期融资券、超短期融资券、中期票据、中小企业集合票据、非公开定向债务融资工具、资产支持证券等）的发行额，分别有 23 577.41 亿元和 37 338.28 亿元。

这里还需要特别提到，2012 年 5 月上海证券交易所和深圳证券交易所为了规范中小企业私募债券业务，拓宽中小微型企业融资渠道，服务实体经济发展，保护投资者合法权益，分别制定了有关中小企业私募债券业务试点办法。我国中小企业私募债的特点，主要是在发行人、投资人和转让渠道方面有限定，但在发行利率和发债条件方面相对宽松。

小专栏 9－1　　中小企业私募债的"三个限定"和"两个宽松"

我国中小企业私募债试点的特点是"三个限定"和"两个宽松"。

"三个限定"是指发行人限定：必须是中小企业；投资人限定：注册资本不低于 1 000万元的机构投资者和 500 万元资产以上、2 年以上证券投资经历的个人投资者；转让渠道限定：上海证券交易所固定收益平台、深圳证券交易所协议转让系统、证券公司柜台转让，且持有者不超过 200 个。

"两个宽松"是指发行利率宽松：不高于同期银行贷款利率 3 倍；发债条件宽松：实行送证券交易所备案制度。

① 中国证券监督管理委员会. 中国证券期货统计年鉴 2013[M]. 北京：统计出版社，2013.

第二节 可转换公司债券

可转换公司债券在债券体系中是一种比较特殊而又比较重要的品种，特殊性体现于它的含权特征，重要性则体现于它在债券市场中连接股票和债券的地位。

一、可转换公司债券的含义与特性

（一）可转换公司债券的含义

可转换公司债券是可转换证券的一种。所谓可转换证券，是指证券所有人可以在一定时期内按一定比例或价格转换成一定数量的另一种证券的特殊公司证券。实践中，可转换证券通常有两种，一种是允许投资者将其转换成本公司普通股票的信用债券，另一种是允许投资者将其转换成本公司普通股票的优先股票。可转换公司债券指的是前一种，后一种称为可转换优先股票。

根据可转换证券和公司债券的概念，可以得到可转换公司债券的含义。可转换公司债券是指允许债券所有人在债券到期以前的规定时期按一定比例或价格将之转换成一定数量的另一种证券的公司债券。或者说，是发行人依照法定程序发行、在一定期限内依据约定的条件可以转换成其他证券的公司债券。转换的其他证券一般是股份，且通常是普通股股份。

（二）可转换公司债券的特性

根据可转换公司债券的基本含义，我们可以理解：从本质上讲，可转换公司债券是在发行公司债券的基础上，附加了一种看涨期权，即允许债券购买人在规定的时间内将其购买的债券转换成指定公司的股票。因此，可转换公司债券具有债权和期权的双重特性。第一，可转换公司债券与其他债券一样，有规定的票面利率和债券期限。如果投资者持有债券，可以按规定取得利息；如果投资者持有债券到期，还可以得到发行人偿还的债券本金。从这一层意义上讲，可转换公司债券具有债权的特性。第二，可转换公司债券在转换成股票之前虽然是纯粹的债券，但是持有这种债券意味着债券所有人拥有一种转换成股票的权利。从这一层意义上讲，可转换公司债券具有期权的特性。

> **小专栏 9—2　　可转换公司债券有股权特性吗?**
>
> 可转换公司债券具有债权和期权的双重特性，但不具有股权的特性。
>
> 虽然可转换公司债券所有人在规定期间可以转换成股票，但在拥有债券期间仅是债权人，不是股东。而一旦转换成股票，原来债券所有人的身份就没有了，就成为公司的股东，就可以参与公司的经营决策和红利分配。因此，持有可转换公司债券时只是债权人并享有期权。

理解可转换公司债券的特性，还要关注这种债券所具有的有选择的可转换性。因为，转股权是可转换公司债券所有人享有的、一般普通债券所没有的选择权。可转换公司债券在发行时就要对可转换性明确约定。对于债券所有人而言，可转换性是一种权利，而不是一种义务。可转换公司债券所有人有多种选择：其一，可以按照发行时约定的价格将债券转换成公司的普通股票；其二，可以持有债券，取得利息，并一直到偿还期满时收取本金；其三，可以选择在债券流通市场上将可转换公司债券出售变现；其四，如果可转换公司债券在发行时规定了回售条款，还可以在满足一定条件下将债券回售给发行人。因此，有选择的可转换性是可转换公司债券的重要标志。

二、发行可转换公司债券的意义

发行可转换公司债券对于发行人和投资者具有不同的意义。

对于可转换公司债券发行人而言，发行可转换公司债券可以在一定的市场环境下以较低的成本为公司筹资。比如，当股票市场低迷、银行利率较高时，选择发行可转换公司债券对公司就可能较为有利。因为这种情况往往是社会资金紧张的表现，如果公司通过发行股票筹资，由于股票市场低迷，新股价格或配股价格很难定在高水平，筹资不会很多；如果公司通过银行贷款筹资，由于银行贷款利率高企，筹资成本较大。但如果公司采用发行可转换公司债券筹资，一方面因可转换公司债券给予投资者将来转换股票的权利而大大增加了吸引力，使公司的筹资目标较易实现；另一方面因可转换公司债券通常是以较低的票面利率面世，使公司的筹资成本低廉。如果可转换公司债券发行后在规定的期限内转换成了股票，对公司来说则意味着原来筹资时期限有限的资金转化为长期可以占用的资金。

对于可转换公司债券投资者而言，购买可转换公司债券在某种意义上也是一种进退两宜的策略。一方面，可转换公司债券所附有的转股权利，使投资者能在将来遇到股票市场高涨时实现转股而享受股东的权益；另一方面，即使股票市场疲软而无法转股，投资者也可以得到稳定的利息收益（尽管利率较低），并享有本金安全的某种保障。如果将这两方面结合起来，投资者购买可转换公司债券实际上是以接受较低利率为代价而获得一个拥有公司股票的权利。

三、可转换公司债券的要素

可转换公司债券与一般的公司债券比较，由于含有权利，所以它的构成要素更多。普通公司债券的要素是指债券面值、债券票面利率、债券发行价格和债券期限等。可转换公司债券作为债券的一种，与普通公司债券一样，也必然包含这些要素。除此之外，可转换公司债券还包括转换期、转换价格、赎回条件、回售条件等。在发行可转换公司债券之前，发行人先要对这些债券的要素进行设计。

（一）基准股票

基准股票是可转换公司债券所有人将债券转换成的发行公司的股票。公司发行的股票可能有多种，发行可转换公司债券时，必须指明该债券转换的基准股票。另外，从一般程序上讲，应该是在基准股票已经发行并流通的前提下，再发行可转换公司债券[①]。

(二)票面利率

票面利率是指可转换公司债券作为债券所具有的票面利率。在转换之前，可转换公司债券与普通公司债券一样，债券发行人应按预先规定的票面利率和付息时间向可转换公司债券所有人支付利息，实践中由于采用附息债券形式较多，所以多数债券的付息方式为每年付息一次或每半年付息一次。

另外仍需提到，由于可转换公司债券赋予了其所有人在某一时期可以转换成股票的权利，因此它的票面利率通常是低于相同条件的不可转换的公司债券。发行人在设计可转换公司债券票面利率时，要考虑多种因素的影响，比如公司本身的业绩增长情况、市场利率水平的高低等。在其他条件相同的情况下，票面利率高对投资者当然更具吸引力，发行成功的把握也较大。但通常是，票面利率越高，设计的转换价格也会越高，因为投资者若要从票面利率中得到较高收益，就要付出更高的价格来获得股票。

(三)债券期限和转换期限

可转换公司债券的债券期限与一般公司债券相同，指债券从发行之日起至偿清本息之日止的存续期间。而可转换公司债券的转换期限是指债券所有人可以将可转换公司债券转换为股票的期限，即从转换起始日至结束日的间隔期间。在发行可转换公司债券时，发行人要规定这一特定的转换期限。在该期限内，允许可转换公司债券的所有人按转换比例或转换价格转换成发行人的股票；不在该期限内则不允许转换。通常，可转换公司债券的转换期限是短于它的债券期限的。我国相关制度曾经规定[②]，可转换公司债券的期限最短为 1 年，最长为 6 年，自发行结束之日起 6 个月方可转换为公司股票，转股期限由公司根据可转换公司债券的存续期限及公司财务状况确定。

(四)转换比例和转换价格

在可转换公司债券的要素中，这是非常重要的条件，因为它们直接关系到债券转换为股票的数量。所谓转换比例，是指一定面值可转换公司债券可以转换成股票的股数。如用公式表示，应为公式(9－1)。

$$转换比例=可转换公司债券面值/转换价格 \tag{9-1}$$

所谓转换价格，是指可转换公司债券转换为每股股份时所支付的价格。如用公式表示，则有公式(9－2)。

$$转换价格=可转换公司债券面值/转换比例 \tag{9-2}$$

由于可转换公司债券面值一般是一个定值[③]，所以规定了转换比例，也就规定了转换价格；反之规定了转换价格，也就规定了转换比例。

---

① 在我国早期的发行可转换公司债券实践中，曾经出现先发行可转换公司债券、再发行基准股票的个案。

② 见中国证券监督管理委员会 2006 年 5 月 6 日公布的《上市公司证券发行管理办法》。

③ 我国《上市公司证券发行管理办法》规定：可转换公司债券每张面值 100 元。

【例 9－1】 如果某公司发行的可转换公司债券面值是 100 元，转换比例规定为 5，则转换价格为 20 元，即 100 元债券可以按照 20 元一股的价格转换为 5 股股票。

转换比例(或转换价格)通常是在发行可转换公司债券时就已经宣布的。从投资者角度看，希望能够有较高的转换比例(或较低的转换价格)，这样可以获取较高的收益。但从公司原有股东角度看，转换比例越高(或转换价格越低)，转换后的股份就越多，这样原有股东的股权稀释程度就越大。

在有的情况下，公司还会设定在转换期限内转换比例逐渐递减的条款，即规定每隔一段时期可转换的股票就减少若干数量。如面值为 100 元的债券，可以转换的年限为 3 年，第一年的转换比例为 5(即转换价格为 20 元)，第二年的转换比例为 4(即转换价格为 25 元)，第三年的转换比例为 3.33(即转换价格为 30 元)。这样安排的目的是希望在基准股票价格上升时促使投资者早日转换。

关于转换价格，还有一个规定是转换价格的修正。可转换公司债券发行后，基准股票的市场价格可能会因债券发行人自身的原因而出现上下大幅变动，如资产的重组和并购、红利的分配、增资扩股的安排等。如果这些行为导致股票价格上涨，则可以由赎回条款来进行约束。但如果这些行为导致股票价格下跌，就需要对转换价格进行修正，否则就会使债券投资者根本无法行使转换。因此，设置转换价格修正条款是对可转换公司债券所有人利益的一种保护。

(五)赎回条款

设计可转换公司债券可以安排一些附加规定，赎回条款就是其中之一。

所谓赎回条款，是指可转换公司债券的发行人可以在债券到期日之前提前赎回债券的规定。设置赎回条款其实是给了可转换公司债券发行人一个选择权利，这样安排的目的主要有两个方面。其一，规避利率下降风险。可转换公司债券一般期限较长，在债券存续期里可能会遇到市场利率大幅度下降的情况。对债券发行人来说，如果现行的市场融资利率比已经发行在外的债券票面利率更低时，发行新债券、赎回旧债券就是一个不错的选择。所以，设置赎回条款能使可转换公司债券发行人避免因市场利率下降后继续向债券所有人支付较高的债券票面利率所蒙受的损失。其二，促进转股尽快实现。有的时候，基准股票的市场价格已经超过了转换价格，但债券所有人还可能继续持有债券等待进一步的股票价格上扬(但若再遇到市场行情突然下跌则会使转股机会失去)。对于可转换公司债券的发行人而言，有时发行的初衷就是希望将债务转换成投资人股权。所以，设置赎回条款后，尤其是在有条件赎回情况下，债券所有人就要在赎回生效前选择转换，否则会被要求赎回，这样就加速了转股过程。

赎回条款包括了一系列内容，主要的有：

第一，不可赎回期与赎回期。不可赎回期是可转换公司债券从发行时开始，一直到不能被赎回的一段时期。比如，如果某可转换公司债券发行时规定自发行日起 3 年内债券不能由发行公司赎回，则债券的前 3 年就是不可赎回期。可转换公司债券设立了不可赎回期，可以在一定程度上防止债券发行人滥用赎回权、强制债券所有人过早转换债券。虽然大多数可转换公司债券设置了不可赎回期，但也有一些可转换公司债券不设置不可赎回期，它们在发行后即存在被赎回的可能性。赎回期是可转换公司债券的发行人可以赎回债券的时间。赎回期安排在不可赎回期之后，不可赎回期结束之后，即进入可转换公司债券的赎回期。

第二，赎回价格。赎回价格是可转换公司债券发行时规定的发行人赎回债券的出价。赎回价格一般高于可转换公司债券的面值，两者之差为赎回溢价。赎回价格可以规定为一个定值，也可以规定为一个变动值。如果是变动值，一般设计是越接近债券到期日，赎回价格就越低，到最后就只能是按债券面值赎回。

第三，赎回条件。赎回条件是指可转换公司债券发行人赎回债券时需要满足的要求，即需要在什么样的情况下才能赎回债券。赎回条件设置可以分为无条件赎回和有条件赎回。无条件赎回对赎回债券没有限制条件，在赎回期内债券发行人可以随时按照赎回价格赎回债券。有条件赎回对赎回债券有限制条件，只有在满足了这些条件后才能由债券发行人赎回债券。显然，当可转换公司债券在安排了有条件赎回的情况下，一旦有可能达到赎回条件，债券所有人要在将债券转换为股票与卖给发行人之间做出选择。一般而言，此时债券的转换价值已经超过了约定的赎回价格，所以债券所有人会将债券转换为股票。可见，有条件赎回是为了使债券所有人尽快行使转换权，因此又称为加速条款。在我国，有条件赎回的设置一般是：公司基准股票价格在一段时间内连续高于转换价格达到一定幅度时，可转换公司债券发行人有权按照事先约定的赎回价格买回尚未转换的债券。

（六）回售条款

回售条款也是设计可转换公司债券时安排的附加规定。

所谓回售条款，是指可转换公司债券的所有人在一定条件下可以按照约定的价格将债券卖给可转换公司债券发行人的规定。设置回售条款是给了可转换公司债券所有人一个选择权利，这样安排的目的主要是为了促使可转换公司债券发行顺利，以便实现公司的筹资目标。前面已述，可转换公司债券的票面利率比较低，如果债券发行后一直没有转股的机会，债券投资者的收益也就相应的很小。因此，安排合理的回售条款，可以在一定程度上保护债券所有人的利益，使他们能够避免遭受过大的投资损失，降低投资风险，因而有利于吸引投资者购买这种可转换公司债券。

回售条款也包括了回售时间、回售价格和回售条件等内容。第一，回售时间是指允许可转换公司债券所有人将债券卖给债券发行人的时间。回售时间是在发行可转换公司债券时事先约定的，对于有些期限较长的可转换公司债券，还可以安排若干个不同的回售时间。第二，回售价格是可转换公司债券发行时规定的债券所有人将债券回售给发行人的价格。回售价格水平的设计一般是使得债券所有人的投资收益率比市场利率稍低，但要高于可转换公司债券的票面利率。第三，回售条件是指可转换公司债券所有人回售债券时需要满足的要求，即需要在什么样的情况下才能回售债券。在我国，回售的设置一般是：公司基准股票价格在一段时间内连续低于转换价格达到一定幅度时，可转换公司债券所有人有权按照事先约定的回购价格将债券卖给债券发行人。

四、可转换公司债券发行事例

由于可转换公司债券比普通公司债券要素相对复杂，我们在下面列举中国工商银行股份有限公司（以下简称工商银行）在 2010 年发行可转换公司债券的例子①，以便读者加深理解。

（一）发行概览

工商银行可转换公司债券（以下简称可转债）在上海证券交易所挂牌交易的简称是工行转债，发行日期为 2010 年 8 月 31 日，债券发行量 250 亿元（相当于 2 500 万手）。基准股票是工商银行的 A 股，它在上海证券交易所上市。本次可转债的上市数量也是 250 亿元（相当于 2500 万手），上市地点亦为上海证券交易所，上市日期为 2010 年 9 月 10 日。可转债的登记机构是中国证券登记结算有限责任公司上海分公司，保荐人是中国国际金融有限公司。另外，债券的信用级别为 AAA，资信评估机构为中诚信证券评估有限公司。

本次可转债的发行对象为持有中国证券登记结算有限责任公司上海分公司证券账户的自然人、法人、证券投资基金、符合法律规定的其他投资者等（国家法律、法规禁止者除外）。发行方式是：向发行人除控股股东以外的原 A 股股东优先配售（实际配售占发行量的 14.0826％），优先配售后余额部分采用网下对机构投资者配售（实际配售占发行量的 84.2626％）和通过上海证券交易所交易系统网上定价发行（实际网上发行占发行量的 1.6548％）相结合的方式进行，发行实际结果没有余额供承销团包销。债券的面值为人民币 100 元，发行价格是按票面金额平价发行。募集的资金在扣除发行费用后全部用于补充工商银行的资本金，提高资本充足率。

可转债的期限为 6 年（债券存续的起止日期是 2010 年 8 月 31 日至 2016 年 8 月 31 日），债券利率规定为：第一年 0.5％、第二年 0.7％、第三年 0.9％、第四年 1.1％、第五年 1.4％、第六年 1.8％。付息方式是每年付息一次。

（二）转换条款

1. 转股期限

本次可转债的转股期自债券发行结束之日满 6 个月后的第一个交易日起至债券到期日止（即 2011 年 3 月 1 日至 2016 年 8 月 31 日止）。

2. 转股股数确定方式

债券所有人在转股期内申请转股时，转股数量的计算方式为公式（9－3）（并以去尾法取一股的整数倍）。

---

① 该事例引用的材料来源于 2010 年 9 月 8 日公布的《中国工商银行股份有限公司公开发行 A 股可转换公司债券上市公告书》和 2015 年 2 月 16 日发布的《中国工商银行股份有限公司关于“工行转债”赎回结果及兑付摘牌的公告》。

$$Q=V \div P \tag{9-3}$$

其中:Q 为转股数量,V 为债券所有人申请转股的本次可转债票面总金额,P 为申请转股当日有效的转股价。转股时不足转换为一股的可转换公司债券余额,工商银行按照上海证券交易所等部门的有关规定,在可转债所有人转股当日后的 5 个交易日内以现金兑付该债券余额及该余额所对应的当期应计利息。

3. 转股价格的确定及其调整

(1)初始转股价格的确定依据。本次可转债的初始转股价格为 4.20 元/股,不低于公布募集说明书之日前 20 个交易日工商银行 A 股股票交易均价和前一个交易日工商银行 A 股股票交易均价。

(2)转股价格的调整方式及计算公式。在本次可转债发行后,若遇到因派送股票股利、转增股本、增发新股或配股、派送现金股利等情况(不包括因本次可转债转股而增加的股本)使工商银行股份发生变化时,将按公式(9—4)到公式(9—8)进行转股价格的调整。

派送股票股利或转增股本:

$$P_1=P_0/(1+n) \tag{9-4}$$

增发新股或配股:

$$P_1=(P_0+A\times k)/(1+k) \tag{9-5}$$

以上两项同时进行:

$$P_1=(P_0+A\times k)/(1+n+k) \tag{9-6}$$

派送现金股利:

$$P_1=P_0-D \tag{9-7}$$

上述三项同时进行:

$$P_1=(P_0-D+A\times k)/(1+n+k) \tag{9-8}$$

其中:P_0为调整前有效的转股价,n 为送股率或转增股本率,k 为增发新股率或配股率,A 为增发新股价或配股价,D 为每股派送现金股利,P_1为调整后有效的转股价。

若工商银行可能发生股份回购、合并、分立或任何其他情形使工商银行股份类别、数量和(或)股东权益发生变化,从而可能影响可转债所有人的债权利益或转股衍生权益时,工商银行将视具体情况按照公平、公正、公允的原则以及充分保护可转换公司债券所有人权益的原则调整转股价。有关转股价格调整内容及操作办法将依据当时国家有关法律法规及证券监管部门的相关规定来制订。

4. 转股价格向下修正条款

(1)修正权限与修正幅度。在本次可转债存续期间,当工商银行 A 股股票在任意连续 30 个交易日中有 15 个交易日的收盘价低于当期转股价格的 80%时,工商银行董事会有权提出转股价格向下修正方案并提交股东大会审议表决。若在上述交易日内发生过转股价格调整的情形,则在转股价格调整日前的交易日按调整前的转股价格和收盘价计算,在转股价格调整日及之后的交易日按调整后的转股价格和收盘价计算。上述方案须经参加表决的全体股东所持表决权的三分之二以上通过方可实施。股东进行表决时，持有本次可转债的股东应当回避。修正后的转股价格应不低于股东大会召开日前20个交易日工商银行A股股票交易均价和前一交易日工商银行A股股票交易均价，同时修正后的转股价格也不低于股票面值和最近一期经按境内会计准则审计的每股净资产。

(2)修正程序。股东大会批准向下修正转股价格后，工商银行将在中国证券监督管理委员会指定的信息披露报刊及互联网网站上刊登股东大会决议公告，并公告修正幅度、暂停转股期及转股价格修正日等相关信息。

5. 赎回条款

(1)到期赎回条款。在本次可转债期满后5个交易日内，工商银行将以本次可转债票面面值的105%(含最后一期利息)赎回全部未转股的可转债。

(2)有条件赎回条款。在本次发行的可转债转股期内，如果工商银行A股股票连续30个交易日中至少有15个交易日的收盘价格不低于当期转股价格的130%(含130%)，工商银行有权按照债券面值加当期应计利息的价格赎回全部或部分未转股的可转债。此外，当本次发行的可转债未转股的票面总金额不足人民币3 000万元时，工商银行董事会有权决定按面值加当期应计利息的价格赎回全部未转股的可转债。当期应计利息的计算公式为(9-9)。

$$I_A = B \times i \times t / 365 \tag{9-9}$$

其中：I_A指当期应计利息；B指本次发行的可转债所有人持有的将赎回的可转债票面总金额；i指可转债当年票面利率；t指计息天数，即从上一个付息日起至本计息年度赎回日止的实际日历天数(算头不算尾)。

6. 回售条款

若本次发行可转债募集资金运用的实施情况与工商银行在募集说明书中的承诺相比出现变化，且该变化被中国证券监督管理委员会认定为改变募集资金用途的，可转债所有人享有一次以面值加上当期应计利息的价格向工商银行回售本次发行的可转债的权利。在上述情形下，可转债所有人可以在工商银行公告后的回售申报期内进行回售，上述回售权仅在对应回售申报期内有效，在该次回售申报期内不实施回售的，自动丧失该回售权。除此之外，可转债不可由债券所有人主动回售。

7. 转股年度有关股利的归属

因本次发行的可转债转股而增加的工商银行A股股票享有与已发行股票同等的权益，在股利分配股权登记日当日登记在册的所有股东均享受当年股利。

(三)转股、赎回结果及摘牌

截止到2015年2月12日，工商银行于2010年8月31日发行的人民币250亿元可转债中，共计有24 985 764 000元可转债转为工商银行A股股票，累计转股股数为7 387 711 262股，累计转股股数占可转债转股前工商银行普通股已发行股份总额349 018 545 827股的2.12%。

另外，工商银行的A股股票自2014年11月19日至2014年12月30日期间满足连续30个交易日内有15个交易日收盘价格不低于可转债当期转股价格(3.27元/股)的130%(即4.25元/股)，根据工商银行本次发行可转债时的募集说明书的约定，触发可转债的赎回条款。因此，未转股的14 236 000元可转债(142 360张)由工商银行全部赎回，赎回价格为100.629元/张(含当期利息，且当期利息含税)，赎回兑付总金额为14 325 544.44元。赎回款发放日为2015年2月26日。本次可转债赎回金额占工商银行可转债发行总额250亿元的比重为0.06%。

工商银行可转债摘牌日为2015年2月26日。

五、我国可转换公司债券的发展

(一)我国可转换公司债券的出现

我国可转换公司债始于20世纪90年代初期。1992年12月，中国宝安企业(集团)股份有限公司推出了我国第一只A股上市可转换公司债券——宝安可转换公司债券①。1993年2月，宝安可转换公司债券开始在深圳证券交易所上市流通。在后来的实际运作中，由于多种因素影响，大部分债券没有转换成股票，实现转换的仅占发行总额的2.7%。因此从转股角度说，并不成功。但宝安可转换公司债券的发行与上市，在一定程度上还是起到了推动金融创新、活跃市场的积极作用。其发售条款设计中的经验与教训，也为我国以后可转换公司债券的推行所借鉴。

(二)可转换公司债券的起步阶段

20世纪90年代是我国可转换公司债券发展的起步阶段。在这一阶段，一些企业尝试运用可转换公司债券来解决企业的融资问题，但总体来说，效果不尽理想。一是发行可转换公司债券的企业数量很少，还没有形成一个顺畅的可转换公司债券的运作环境。二是制度建设没有能够及时跟上，到90年代后期才出现相关的管理办法。三是企业发行可转换公司债券圆满成功的事例不多，有些企业发行可转换公司债券后转股失败，有些企业的可转换公司债券则接受了投资者提前回售的结果。尽管如此，我国可转换公司债券在当时所进行的发行和流通探索，为后来在成长阶段的发展积累了经验教训，并打下了一定的基础。

1997年3月，国务院证券委员会发布了《可转换公司债券管理暂行办法》。这一办法的出台，标志着我国可转换公司债券在运作方面开始有了统一的规则来约束。随后，一些企业根据这一办法开始发行可转换公司债券。不过，这一阶段可转换公司债券的发行仍然存在一些与常规做法不一样的方式。比如，由于当时的市场条件，规定了非上市的重点

① 该债券发行总额定为5亿元人民币，期限3年，票面利率为年息3%，每年付息一次，债券所有人可以在1993年6月1日起至债券到期日之前将该债券转换为该公司人民币普通股，转换价格为25元面额债券转1股。

国有企业也可以发行可转换公司债券[①]，其转股标的的股票是未来上市的股票，因此在一定程度上异化了可转换公司债券所有人的权利，也使得转股条件的设计存在先天不足[②]。

（三）可转换公司债券的成长阶段

从20世纪开始，我国可转换公司债券的发展逐步进入成长期。2001年4月，中国证券监督管理委员会发布了《上市公司发行可转换公司债券实施办法》。这一办法规范了上市公司发行可转换公司债券的运作程序和步骤，从政策上保证和强调了上市公司发行可转换公司债券的市场地位。此后，我国可转换公司债券市场有了较大的改观，发行或准备发行可转换公司债券的上市公司数量明显增加，可转换公司债券的上市数量和交易规模也有所扩大，见表9－2。2006年5月，中国证券监督管理委员会颁布了《上市公司证券发行管理办法》，其中进一步明确了发行可转换公司债券是上市公司再融资的方式之一。2009年后随着市场流动性扩张，可转换公司债券市场在股票市场上涨的带动下，也出现了大幅度扩张。2010年5月底中国银行正式启动400亿元A股可转换公司债券发行，成为我国资本市场当时最大规模的可转换公司债券再融资，有效地扩大了这一市场的容量。

表9－2　　1998～2015年我国可转换公司债券发展情况

年份	年末上市数（只）	成交金额（亿元）	年份	年末上市数（只）	成交金额（亿元）
1998	1	20.30	2007	18	409.24
1999	2	44.73	2008	18	442.13
2000	3	135.07	2009	13	636.41
2001	3	45.68	2010	13	1 560.61
2002	9	73.70	2011	20	2 217.95
2003	23	663.39	2012	23	2 275.32
2004	32	637.26	2013	27	4 960.13
2005	29	513.46	2014	30	7 972.97
2006	26	274.50	2015	6	8 093.91

资料来源：中国证券监督管理委员会. 中国证券期货统计年鉴2012[M]. 北京：学林出版社，2012. 中国证券监督管理委员会. 中国证券期货统计年鉴2016[M]. 北京：中国金融出版社，2016.

最后，我们还要对特殊的债券品种——分离交易的可转换公司债券和可交换公司债券做些说明。

我国《上市公司证券发行管理办法》规定：上市公司可以公开发行认股权和债券分离

① 1998年两家试点的国有未上市企业的可转换公司债券（南化转债和丝绸转债）率先上市发行，而它们的基准股票是2000年才发行的。

② 如当时发行的可转换公司债券往往存在某种程度的强制转股条款，而转股价格也是根据未来股票的发行价来估计。

交易的可转换公司债券(简称分离交易的可转换公司债券)。我们认为,这种债券实际上是可分离交易的附认股权证公司债券,即该债券发行上市后,债券与其原来附带的认股权可以分开,分别独立交易。这种债券与普通可转换公司债券有一定差异,如普通可转换公司债券一旦转换为股票后,债券部分即告消失,债权人变为股东。而分离交易的可转换公司债券实际上将认股权和债权两个权利分离了,认股权行使后债权依然存在。

2008年10月,中国证券监督管理委员会发布了《上市公司股东发行可交换公司债券试行规定》。可交换公司债券是上市公司股东依法发行、在一定期限内依据约定的条件可以交换成该股东所持有的上市公司股份的公司债券。可交换公司债券的要素与可转换公司债券的要素有许多是相同或相似的,如票面利率、期限、换股价格、换股期限等。但两种债券也存在明显差异:第一,发行主体不同。可交换公司债券是上市公司股东(通常是大股东)发行的,可转换公司债券则是上市公司本身发行的。第二,所换股份不同。可交换公司债券所换股份是债券发行人持有的其他公司的股份,可转换公司债券所换股份是债券发行人未来发行的新股。第三,股权稀释不同。可交换公司债券换股不会导致公司总股本发生变化,可转换公司债券换股会扩大公司总股本。

第三节　金融债券

前节所述企业债券排除了金融机构发行的债券,所以本节对这一类债券进行专门阐述。

一、金融债券的含义

所谓金融债券,是指银行及非银行金融机构为筹措资金,依照法定程序,向认购者出具的、承诺按一定利率在规定时间支付利息并到期偿还本金的有价证券。理解金融债券的含义,除了发行主体的差异外,与理解企业债券是一样的。所以,金融债券作为一种有价证券,其存在前提同样是要由发行人承诺偿还,并要在符合相关法规的要求下,通过发行环节建立债权债务关系。

金融债券的发行主体是金融机构,在有些欧美国家,基于金融机构采用公司制的原因,将金融机构发行的债券归类于公司债券。在我国及日本等国,考虑到金融机构的特殊性和法规约束的限制,所以将金融机构发行的债券专门归类,称为金融债券。

就世界范围来看,20世纪60年代以前,发行金融债券主要是投资公司一类的,因为它们一般不吸收存款,或只是少量吸收,所以需要通过发行债券来筹措一部分资金。而作为存款类金融机构的商业银行,有稳定的资金来源渠道,因此通常不发行债券。20世纪60年代以后,商业银行管理理念有所变化,资产结构和负债结构都可以成为管理的对象,在调整负债结构的过程中,就出现的发行债券的动机,也就加入了发行金融债券的行列。其实,吸收存款与发行债券还是有不同的特点。存款资金来源广泛,存取及时而灵活。但一旦经济发生动荡，也可能会发生储户争相提款，从而造成资金来源不稳。发行债券相对来说比较稳定，因为债券在到期之前一般不能提前兑取，只能在市场上转让。此外，其他金融机构如保险公司等也会由于特殊目的而发行金融债券。

由于金融机构在一国经济中占有比较重要的地位，经济实力也比较强，再加之政府对金融机构运行的监管又比较严格，所以金融债券的风险相对而言要小于非金融机构债券，具有较高的安全性。不过与政府债券相比，信用等级还是要差一些。

二、我国金融债券的发展

（一）我国金融债券的出现

在20世纪80年代中期企业债券出现的同时，我国金融债券也开始登上了历史舞台。金融债券是由金融机构作为发行主体发行的，它的出现与我国金融体制改革有一定联系。在1979年以前，我国实行“大一统”的人民银行体系，它与当时高度集中的计划经济管理体制相适应，有利于国家集中资金，统一安排使用，但不利于调动各级银行机构的积极性，影响资金灵活融通。中国共产党十一届三中全会后，随着改革开放政策的实行，原有的银行体系和融资渠道日益显示其不适应性。在改革开放的过程中，我国国民经济出现日益扩大的货币化，经济成分出现不同于过去的多元化，企业和地区之间的经济联系出现不断增加的多样化。这些变化要求银行等金融机构具有更多的经营权力，要求资金市场更加开放。于是，金融债券应运而生。

1985年10月，经中国人民银行批准，由中国农业银行和中国工商银行首次向全国发行金融债券。该债券由这两家银行分别按各自的业务范围向城乡个人发行，筹集的资金用来向乡镇企业和城市集体企业发放特种贷款。当时的金融债券面额有20元、50元和100元三种，期限为1年，利率为年息9%，到期还本付息，不能提前兑付，不能流通、转让和抵押。从实际执行的情况看，1985年金融债券的认购金额为8.2亿元，其中，中国农业银行发行了4.68亿元，中国工商银行发行了3.52亿元。

（二）“七五”时期的金融债券

自1985年中国农业银行、中国工商银行首次发行金融债券以后，在“七五”时期，我国金融债券有了进一步的发展，它在数量和品种方面，都超过了“六五”时期。发行金融债券的目的，是为了缓解资金供求矛盾，支持经济发展，活跃金融市场。从具体运用来说，金融债券筹集的资金一般要用于发放特种贷款，通过特种贷款来支持一些效益较好的企业完成其项目。“七五”时期，我国金融债券的发行情况为：第一，发行债券的银行以中国工商银行、中国农业银行、中国银行和中国人民建设银行为主，除此之外，有些综合性银行和地方性银行也有少量的发行。第二，发行数量除了1986年为30亿元外，其余年份基本上维持在60亿元左右的水平。具体而言，1987年为60亿元，1988年为65亿元，1989年为60.66亿元，1990年为64.4亿元。第三，债券的期限最短的1年，最长的5年，属于中期债券。第四，债券的利率有些是固定的，有些是浮动的，1986年至1988年的债券以固定利率为多,1989 年和 1990 年的债券以浮动利率为多。第五,发行对象大多数是城乡居民个人。

从债券流通角度看,与企业债券相同,到了“七五”后期,许多金融债券是可以进入市场转让的。但当时也规定,金融债券的转让,应该通过经中国人民银行批准可办理证券转让业务的金融机构进行。而且,办理证券转让业务的金融机构,不得经营该机构发行的金融债券的自营买卖业务。

(三)“八五”时期的金融债券

“八五”时期,我国金融债券也得到继续发展。1991 年金融债券发行额为 66.91 亿元,1992 年为 55 亿元,这一规模与“七五”时期的 1987～1990 年基本相同。20 世纪 90 年代中期,我国银行系统结构发生变化。原来,我国没有专门的政策性金融机构,国家的政策性金融业务,由几家国有专业银行分别承担。1994 年,根据国务院《关于金融体制改革的决定》,为适应专业银行向真正的商业银行转轨的基本要求,我国先后组建了国家开发银行、中国农业发展银行和中国进出口银行。这三家银行属于政策性银行,它们承担国家的政策性金融业务。所以,在 1994 年以后相当长的一段时期,我国金融债券主要就由政策性银行发行。1994 年,政策性金融债券发行额为 776 亿元,1995 年为 853.9 亿元。从具体的发行条件来看,大多数是中期债券,认购者一般为金融机构。比如,1995 年中国进出口银行发行了两种金融债券,期限分别为 3 年和 5 年,年利率分别为 11.2%和 11.25%,认购单位分别是中国银行和邮政储汇局。

(四)“九五”时期的金融债券

进入“九五”时期以后,我国金融债券的发行规模进一步扩大。上面讲到,从 1994 年开始,我国的金融债券以政策性金融债为主,但 1994 年和 1995 年的发行数量都在 900 亿元以内,1996 年则增加到 1 055.6 亿元,另外还发行了其他金融债券 14.6 亿元。1997 年发行政策性金融债为 1 431.5 亿元,其他金融债券为 32 亿元。1998 年至 2000 年政策性金融债的发行量继续保持在四位数的水平,分别为 1 950.23 亿元、1 800.89 亿元和 1 645 亿元。到 2000 年底,我国政策性金融债的期末余额已达 7 383.28 亿元。

(五)“十五”时期的金融债券

“十五”时期我国金融债券的发行依然是以政策性金融债为主的,从 2001 年至 2005 年,政策性金融债发行量分别为 2 590 亿元、3 075 亿元、4 561.4 亿元、4 148 亿元和 5 851.7亿元。应该说,“十五”时期 我国金融债券的发展也是较快的。2000 年我国政策性金融债的发行量是 1 645 亿元,2001 年则比它增长 57.4%;“九五”时期金融债券发行总量为7 930亿元,“十五”时期金融债券发行总量已达 22 053.1 亿元。

而且,“十五”时期的金融债券除了国家开发银行等政策性银行发行的政策性金融债之外,还出现了其他发债主体发行的金融债券。其中包括:中央银行票据、证券公司债券、商业银行次级债券、证券公司短期融资券等。

(六)“十一五”时期以来的金融债券

我国从20世纪80年代中期开始发行金融债券,到“十五”时期结束前已经历了20年的时间。在这一发展过程中,金融债券品种越来越丰富,发行数量越来越多。到“十一五”时期,我国金融债券的发展则呈现出更快增长的局面。比如,“十一五”时期金融债券发行总量已达到63 379亿元,是“十五”时期金融债券发行总量的2.87倍。

从金融债券的种类变化看,过去我国金融债券一直以政策性银行债为主,其他金融债券很少。“十一五”时期以来,虽然政策性金融债仍是主流,但其他金融债券也有了较快发展,它们占金融债券总量的比重有增加趋势。比如,2006年只有5.67%,而到2009年已达到23.47%。

表9—3显示了20世纪80年代以来我国金融债券的数量规模。

表9—3　　1986～2015年我国金融债券数量规模　　单位:亿元

年份	发行额	期末余额	年份	发行额	期末余额
1986	30.00	25.00	2001	2 590.00	8 534.48
1987	60.00	55.00	2002	3 075.00	10 054.10
1988	65.00	80.00	2003	4 561.40	11 650.00
1989	60.66	70.55	2004	5 093.30	14 964.60
1990	64.40	84.88	2005	7 117.00	19 729.60
1991	66.91	118.12	2006	9 520.00	25 729.60
1992	55.00	143.12	2007	12 091.00	33 628.70
1993		108.83	2008	12 387.00	41 730.60
1994		95.29	2009	15 259.00	52 125.61
1995		1 708.49	2010	14 122.20	58 789.99
1996	1 070.20	2 509.59	2011	23 491.20	74 598.22
1997	1 463.50	3 628.80	2012	25 962.50	92 281.60
1998	1 950.23	5 121.13	2013	26 890.03	106 182.21
1999	1 800.89	6 447.48	2014	46 991.58	125 489.00
2000	1 645.00	7 383.28	2015	102 095.00	184 596.00

资料来源:中国证券监督管理委员会.中国证券期货统计年鉴2010[M].北京:学林出版社,2010.其中,有些年份因缺失数据而空白。另外,2010～2015年的数据来自中国证券监督管理委员会.中国证券期货统计年鉴2016[M].北京:中国金融出版社,2016.

三、本世纪以来我国金融债券品种

金融债券是由金融机构发行的。在我国，主要的金融机构包括商业银行、政策性银行、证券公司、保险公司等。下面对"十五"时期以来的金融债券品种进行介绍[①]。

(一)商业银行发行的债券

我国最早发行金融债券的是商业银行，但后来有较长一段时期很少发行。到"十五"时期后期，我国商业银行又开始按照相关制度规定发行一些不同品种的金融债券。

1. 商业银行金融债券

2005 年 4 月，中国人民银行公布了《全国银行间债券市场金融债券发行管理办法》。该办法所称的金融债券，是指依法在中华人民共和国境内设立的金融机构法人在全国银行间债券市场发行的、按约定还本付息的有价证券。其中的金融机构法人，包括政策性银行、商业银行、企业集团财务公司及其他金融机构。当年我国商业银行金融债券发行了 270 亿元。

2. 商业银行次级债券

2004 年 6 月，中国人民银行和中国银行业监督管理委员会共同制定并公布了《商业银行次级债券发行管理办法》。该办法所称的商业银行次级债券，是指商业银行发行的、本金和利息的清偿顺序列于商业银行其他负债之后、先于商业银行股权资本的债券。2004 年我国商业银行次级债券发行了 748.8 亿元。

3. 混合资本债券

2006 年 9 月，中国人民银行发布当年第 11 号公告，就商业银行发行混合资本债券的有关事宜进行了规定。混合资本债券是针对《巴塞尔协议》[②]有关混合资本工具[③]的要求而设计的一种债券形式，所募资金可以计入银行附属资本。混合资本债券的特点是带有一定的利息递延条款、受偿顺序安排及暂停索偿权安排等。在我国，混合资本债券是指商业银行为补充附属资本发行的、清偿顺序位于股权资本之前但列在一般债务和次级债务之后、期限在 15 年以上、发行之日起 10 年内不可赎回的债券。2006 年我国商业银行发行的混合资本债券有 83 亿元。

(二)政策性银行发行的债券

我国政策性银行在 1994 年成立后，就成为金融债券的主要发行人。政策性银行发行的债券通常也称为政策性金融债券，政策性金融债券已成为现阶段我国政策性银行筹措资金的主要方式。在我国三家政策性银行发行的债券中，相对来说国家开发银行又处于

---

① 中国证券业协会编. 证券市场基础知识[M]. 北京：中国财政经济出版社，2010.

② 《巴塞尔协议》是国际清算银行的巴塞尔银行业条例和监督委员会的常设委员会——"巴塞尔委员会"于 1988 年 7 月在瑞士的巴塞尔通过的《关于统一国际银行的资本计算和资本标准的协议》的简称。

③ 混合资本工具是包括一系列同时具有股本资本和债务特性的工具，《巴塞尔协议》并未对其进行严格定义，仅规定了原则特征，而赋予各国监管部门更大的自由裁量权，以确认本国混合资本工具的认可标准。

比较重要的地位。比如，2009 年在银行间债券市场发行的政策性金融债券共有 54 期 11 678.1亿元，其中国家开发银行发行了 25 期 6700.6 亿元，中国农业发展银行发行了 17 期 3013.8 亿元，中国进出口银行发行了 12 期 1963.7 亿元。另外，在我国政策性金融债券的发展过程中，曾经出现了许多品种，下面选择介绍一些。

1. 投资人选择权金融债券

(1)投资人具有回售选择权的债券。这种债券的投资人有权在规定时间将债券回售给发行人，或继续持有至另一规定时间。如国家开发银行发行的 2011 年第 34 期金融债券是 1 年期固定利率债券，发行数量为 100 亿元，按年付息。债券起息日为 2011 年 6 月 2 日，上市日为 2011 年 6 月 9 日。投资人可选择在 2012 年 6 月 2 日向发行人全部或部分回售该债券(回售价格为 100 元/百元面值)或继续持有该债券至 2014 年 6 月 2 日。第一次结息日为 2012 年 6 月 2 日，以后每年的 6 月 2 日为结息日。该债券第一年(2011 年 6 月 2 日至 2012 年 6 月 2 日)的票面利率由承销商通过招标确定为 3.40%，如投资人继续持有该债券，则后两年(2012 年 6 月 2 日至 2014 年 6 月 2 日)的票面利率在第一年基础上加 60 个基点。投资人如选择回售债券必须在 2012 年 5 月 2 日前通知中央国债登记结算有限责任公司(以下简称中央结算公司)。

(2)投资人具有调换选择权的债券。这种债券的投资人有权在规定的时间将债券调换成另一种债券。如国家开发银行发行的 2011 年第 27 期金融债券是 10 年期浮动利率债券，利率基准为 3 个月 Shibor[①]5 日均值，中标利差为−0.35%，按季付息，起息日为 2011 年 4 月 19 日，兑付日为 2021 年 4 月 19 日，发行数量 100 亿元。但在 2012 年 4 月 19 日，该债券持有人有权选择将持有的全部或部分债券调换为国家开发银行发行的 2011 年第 26 期金融债券[②]。债券按面值调换，调换比例为 1:1，调换数量最低为面值 1 000 万或其整数倍，并要在 2012 年 4 月 6 日至 4 月 13 日期间向中央结算公司提出调换债券的指令。

2. 发行人选择权金融债券

在我国政策性金融债券的发展历程中，曾经出现过一种称之为发行人普通选择权金融债券，这种债券赋予发行人有在规定时间提前赎回的权利。如国家开发银行发行的 2003 年第 13 期金融债券是 10 年期附息式固定利率债券，发行数量为 200 亿元，按年付息。债券起息日为 2003 年 7 月 29 日，兑付日为 2013 年 7 月 29 日，每年的 7 月 29 日为该债券的付息日。该债券设定一次发行人选择提前赎回的权利，即发行人可选择在 2008 年 7 月 29 日以面值全部赎回债券。发行人选择赎回前，将至少提前一个月，即于 2008 年 6 月 29 日之前告知全体债券持有人，同时通知中央结算公司。该债券前 5 年(2003 年 7 月 29 日至 2008 年 7 月 29 日)的票面利率通过招标确定为 2.77%，后 5 年(2008 年 7 月

---

① 即中国外汇交易中心(全国同业拆借中心)公布的上海银行间同业拆放利率(简称 Shibor)。

② 国家开发银行发行的 2011 年第 26 期金融债券是 10 年期附息式固定利率债券，起息日为 2011 年 4 月 19 日，兑付日为 2021 年 4 月 19 日，每 6 个月付一次利息，票面利率 4.44%，发行数量 100 亿元。

29日至2013年7月29日)的票面利率在前5年票面利率的基础上加130个基点。

3. 本息分离债券

在国际上,本息分离债券是美国财政部1985年为满足对零息债券的需求而设计的。所谓本息分离债券,是指债券发行后把该债券的每笔利息支付和最终本金的偿还进行拆分,然后依据各笔现金流形成对应期限和面值的零息债券。本息分离债券作为债券的一种形式,属于债券一级市场的范畴,进入二级市场后都是分离出来的零息债券。一般来说,债券发行人本身并不对债券进行本息分离,只是在债券发行公告中公布该债券是否可以进行本息分离,债券的本息分离交易是由债券市场管理机构安排实施的。

2002年,我国国家开发银行发行当年第14期金融债券时,也制定了本息可以分离交易的规定。该债券为10年期附息式固定利率债券,债券发行量为100亿元,按年付息,经招标确定的票面利率为3.63%。债券起息日为2002年10月26日,兑付日为2012年10月26日,付息日为每年的10月26日。该债券在发行时规定,债券可以进行本息拆离交易,即按照每笔付息和最终本金偿还拆分为11只单笔的零息债券,每笔拆分出的零息债券都具有单独的代码,可以作为独立的债券进行交易和持有。

4. 在中国香港发行人民币债券

2007年6月,中国人民银行、国家发展和改革委员会发布了《境内金融机构赴香港特别行政区发行人民币债券管理暂行办法》,境内政策性银行和商业银行经批准可以在香港发行人民币债券。国家开发银行成为获准的第一家,于2007年6月27日至7月6日在香港发行首只人民币债券50亿元,期限2年,票面利率3%。后来其他一些政策性银行和商业银行也在香港发行了人民币债券。

5. 在境内发行美元债券

2003年9月,中国人民银行对于国家开发银行境内发行美元债券有关问题进行了批复,由此,开始了境内的外币债券运作。同月,国家开发银行2003年美元金融债券率先发行。该债券为5年期附息式固定利率的美元债券,发行总量5亿美元。债券起息日为2003年9月25日,本金兑付日为2008年9月25日,每半年付息一次,即债券存续期内每年的9月25日和3月25日为该债券的付息日,利息按每月30天,每年360天的方式计算。债券的票面利率经招标确定为3.65%。

(三)证券公司发行的债券

1. 证券公司债券

2003年8月,中国证券监督管理委员会发布《证券公司债券管理办法》,并在2004年3月首次核准中信证券、海通证券、长城证券发行证券公司债券42.3亿元。所谓证券公司债券,是指证券公司依法发行的、约定在一定时期内还本付息的有价证券。在后来的年份里,又有一些证券公司陆续地发行了证券公司债券。

2. 证券公司短期融资券

2004年10月,中国人民银行制定并公布了《证券公司短期融资券管理办法》。该办法所指的证券公司短期融资券，是指证券公司以短期融资为目的，在银行间债券市场发行的，约定在一定期限内还本付息的金融债券。2005 年，广发证券等 5 家证券公司分别发行了证券公司短期融资券，累计发行 29 亿元。

（四）保险公司发行的债券

我国保险公司发行的债券主要是保险公司次级债。2004 年 9 月，中国保险监督管理委员会发布了《保险公司次级定期债务管理暂行办法》。该办法所称保险公司次级债，是指保险公司经批准定向募集的、期限在 5 年以上（含 5 年），本金和利息的清偿顺序列于保单责任和其他负债之后、先于保险公司股权资本的保险公司债务。当年 11 月，泰康人寿在国内资本市场上发行了首只保险公司次级债，发行量为 13 亿元。随后，多家保险公司陆续发行了保险公司次级债。

（五）财务公司发行的债券

2007 年 7 月，中国银行业监督管理委员会就企业集团财务公司发行金融债券的有关问题发出通知，明确规定了企业集团财务公司发行债券的条件和程序。当年 10 月，中石化财务公司率先发行了金融债券 40 亿元。2007 年共有 7 家财务公司在银行间债券市场发行金融债券 150 亿元。

（六）中央银行发行的债券

2005 年 6 月，中国人民银行制定并公布了《全国银行间债券市场金融债券发行管理办法》，其中规定：本办法所称金融债券，是指依法在中华人民共和国境内设立的金融机构法人在全国银行间债券市场发行的、按约定还本付息的有价证券。本办法所称金融机构法人，包括政策性银行、商业银行、企业集团财务公司及其他金融机构。显然，按照这一办法，中央银行发行的债券并不包含在金融债券之列。但中央银行是特殊的机构，鉴于中央银行作为银行的银行这一地位，因此本书将中央银行发行的债券在此介绍。

中国人民银行发行的债券是中央银行票据，简称央票，是中央银行为调节基础货币而直接面向公开市场业务一级交易商发行的短期债券，是一种重要的货币政策日常操作工具。中央银行票据的期限从已发行的品种看，最短的 3 个月，最长的有 3 年。它的第一次出现是在 2002 年，当年 9 月 24 日，中国人民银行将 2002 年 6 月 25 日至 9 月 24 日公开市场操作中未到期的正回购债券全部转为相应的中央银行票据，总量为 1 937.50 亿元。而从 2003 年 4 月 22 日起，中国人民银行就正式开始发行中央银行票据。2003 年发行的中央银行票据有 63 期，总量为 7 226.8 亿元；在 2004 年到 2011 年的 8 年中，每年发行的中央银行票据则分别是 17 037.34 亿元、27 882.0 亿元、36 573.81 亿元、40 721.28 亿元、42 960.0 亿元、39 740.0 亿元、46 608.0 亿元和 14 140.0 亿元。2012 年中央银行票据暂停发行，2013 年发行的总量为 5 362.0 亿元，此后 2014 年和 2015 年，中央银行票据再度暂停发行。

小专栏 9—3　　我国的熊猫债券

国际债券可以分为外国债券和欧洲债券，其中外国债券是一国政府、金融机构、工商企业在另一国发行的以发行地所在国货币为面值的债券，但国际机构和组织发行的债券也通常被归类于外国债券。外国债券往往依据发行地所在国的特色而有专门称呼，比如美国的扬基债券、日本的武士债券、英国的猛犬债券、韩国的阿里郎债券等。

2005 年 10 月，属于国际开发机构性质的国际金融公司（IFC）和亚洲开发银行（ADB），在我国银行间债券市场分别发行人民币债券 11.3 亿元和 10 亿元，这是我国首次引入外资机构的发行主体来发行外国债券。这批债券就被称为“熊猫债券”。

复习题

1. 什么是企业债券？我国企业债券与公司债券有什么区别？
2. 公司债券有哪些品种？
3. 可转换公司债券有哪些要素？
4. 我国的中央银行票据指什么？

第十章　优先股和资产证券化

债券是固定收益证券最典型的代表，也是最重要的一类，所以前面章节的内容几乎都是围绕债券的。但是除了债务证券类之外，固定收益证券确实还包括其他类型的证券品种。本章的任务，就是要阐明股权证券类中的优先股和资产证券化类产品，因为它们同样属于固定收益证券。

第一节　优先股

优先股是与普通股相对应的范畴。普通股不具有固定收益证券的特征，但优先股属于固定收益证券的种类。本节专门介绍优先股，包括优先股的基本概念、优先股的特征、优先股的品种、以及优先股的作用等。

一、优先股的含义

（一）股票与普通股

优先股是与普通股相对应的概念，它们都属于股票，所以我们先从股票说起。股票是一种有价证券，它是股份有限公司签发的证明股东所持股份的凭证。股份有限公司的资本划分为股份，每一股份的金额相等，股份可以采取股票的形式。股票一经发行，购买股票的投资者即成为公司的股东。股票的性质有：①股票是有价证券，因为股票是财产价值和财产权利的统一表现形式；②股票是要式证券，因为股票应具备相关法律规定的内容；③股票是证权证券，因为股票是把存在的股东权利表现为证券的形式；④股票是资本证券，因为股票是投入股份公司资本份额的证券化；⑤股票是综合权利证券，因为股东依法享有资产收益、重大决策、选择管理者等各种权利。

股票的种类依据分类方法的不同而有多种，一种基本的分类方法是按照股东享有的权利，若依此标准划分，有普通股和优先股的差异。普通股是最基本、最常见的一种股票，其持有人享有股东的基本权利和义务。普通股的股利随公司盈利的高低而变化，在公司盈利较多时，普通股股东可获得较高的股利收益，但在公司盈利和剩余财产的分配顺序上列在债权人和优先股股东之后，故其承担的风险也较高。与优先股相比，普通股是标准的股票，也是风险较大的股票。普通股的持有人作为公司的基本股东，享有公司经营决策的参与权、盈余分配权、剩余资产分配权与优先认股权。

(二)优先股的概念

与普通股相对应的是优先股。所谓优先股，是指股东享有某些优先权利的股票。优先的权利一般体现在两个方面：一是可以优先分配公司盈利，即在公司盈利分配时，优先股将会先于普通股参与分配；二是可以优先分配公司的剩余财产，即在公司破产清算时，将会优先于普通股参与分配公司剩余财产。不过在实践中，优先股的具体优先条件需要由各发行优先股公司的公司章程加以规定，比如优先股分配股息的顺序和定额，优先股分配公司剩余资产的顺序和定额；其他还有优先股股东行使表决权的条件、顺序和限制，优先股股东的权利和义务，优先股股东转让股份的条件等。由于优先股在其股东权利上附加了一些特殊条件，因此，相对于普通股而言，优先股是一种特殊股票。而且，是特殊股票中最重要的一个品种①。

(三)对优先股的进一步理解

对优先股的进一步理解可以从两个不同的角度来认识。首先，优先股也是股票的一种，它也是一种股权证书，同样代表着对股份公司的所有权。在这一点上，优先股与普通股是一致的。但另一方面，优先股股东又不具备普通股股东所具有的一些权利，比如在行使股东表决权时，优先股股东就要受到很大限制，对许多议案没有表决权。所以虽然优先股的有些权利是优先的，但同时有些权利又受到了限制。其次，股份公司在发行优先股时，通常是事先规定固定的股息率，这一点与普通股有很大的不同，而更像债券的利息率，是事先固定的。由于股息发放会不断延续，所以优先股类似于附息债券，甚至是永久债券。也因为这一点，我们将优先股归类于固定收益证券。因此，从某种意义上说，优先股是兼有债券固定收益特征的股票。

二、优先股的特征与种类

优先股和普通股都是股票，但优先股带有与普通股不同的一些特征。同时，优先股也有其特殊的一些种类。

(一)优先股的特征

优先股的特征一般表述为四个方面，即股息率固定、股息分派优先、剩余资产分配优先和一般无表决权。

① 还有其他的一些特殊股票，如后配股、混合股等。

1. 股息率固定

股息率固定是指在发行优先股之前已经约定了将来要分派的股息率。既然是事先约定的,也就意味着将来通过利润分配的股息率是固定的。对于普通股来说,红利是不固定的,它取决于股份公司的经营状况和盈利水平,因此普通股没有固定的股息率。而优先股在发行时就约定了固定的股息率,将来不管公司的经营状况和盈利水平如何变化,已经规定的股息率不再变化,所以优先股的收益相对于普通股而言,比较稳定。不过,股息率固定并不意味着优先股一定可以得到高于普通股的收益,如果公司经营有方,盈利大增,优先股股东受制于固定的股息率,就不能够分享公司高成长所带来的收益。所以,从股票的价格增长潜力看,优先股反而是要低于普通股的。

2. 股息分派优先

优先分派股息是指在公司盈利分配顺序上,优先股排在普通股之前,即在付给普通股股息之前,公司必须按约定的股息率先支付优先股股息。这种规定是一种惯例,各国公司法对此一般都规定:公司盈利首先应支付债权人的本金和利息;然后是缴纳税金;接着是支付优先股股息;最后才分配普通股的红利。若依次排序,从风险角度看,应该是债券的风险小于股票,而股票中是优先股的风险小于普通股。

3. 剩余资产分配优先

优先分配剩余资产是指当股份公司解散或破产进行清算时,在对公司剩余资产的分配上,优先股股东排在普通股股东之前,也即优先股股东可以优先于普通股股东分配公司的剩余资产。但如果进行清偿,最多也是按照优先股的面值偿付。其实,这也是一种通常做法,公司清算时的资产分配顺序一般为:首先满足清算费用;其次是支付所欠职工工资及劳动保险费;再次要缴纳所欠税款;接着应偿付公司债务;然后才轮到优先股;最后是普通股。不过从实际看,优先股对公司剩余资产的优先分配权并无多大价值,因为公司一旦进入破产清算程序,公司债权人的利益往往都很难得到保证,更何况在其之后的优先股。

4. 一般无表决权

前面两个特征反映的是优先股的优先权利,但优先股股东在享有优先权利的同时,有些权利是要受到限制的,比如受限制的表决权。一般来说,股东的权利之一是可以通过参加股东大会进行投票来参与公司的经营决策,普通股股东都具有这样的权利。但优先股股东在一般情况下没有表决权,从而不能参与公司经营决策。这种制度的安排当然是为了保证不分散普通股股东的权利,使其享有的权利与承担的风险相匹配。不过,优先股无表决权也不是绝对的,某些情况下也有一定的参与权利。比如当涉及优先股股东利益的议案时[①],优先股股东也享有一定的表决权。

(二)优先股的种类

优先股的种类有许多,不同的种类一般是因为优先股所附带的不同条件。股份公司

① 如股份公司要将一般优先股转为可转换优先股时。

为了有利于筹集资金，同时又可以保证普通股股东权利，在发行优先股时往往会附加其他条件。因此，根据附加条件的不同，优先股大致可分为如下类别。

1. 累积优先股和非累积优先股

这种分类的依据是优先股的股息在当年未能足额分派时，是否还能在以后年度补发。

所谓累积优先股，是指历年股息可以累积发放的优先股。比如，在某个营业年度，公司经营受各种因素影响而利润不高，所获净利结果不足以支付优先股股息，则未支付的股息应该累积起来，等待以后年度有能力再补发。当然，对于普通股而言，公司只有在支付所积欠的优先股股息后，才能支付普通股股息。股份公司发行累积优先股的目的，主要是为了保障优先股股东的收益不因公司盈利状况的波动而减少。

所谓非累积优先股，是指股息当年结清、不能累积发放的优先股。即非累积优先股的股息只能在当年的净利润中发放，若当年公司所获盈利不足以支付规定的优先股股息，非累积优先股的股东无权要求以后年度补发。反过来说，公司对其所欠非累积优先股股息的部分，将不予累积计算。显然，在其他条件相同的情况下，非累积优先股对投资者的吸引力不如累积优先股。

2. 参与优先股和非参与优先股

这种分类的依据是在公司盈利较多的年份里，优先股除了获得固定的股息外，是否还能参与或部分参与本期剩余盈利的分配。

所谓参与优先股，是指优先股股东除了按规定获得本期固定股息外，还有权与普通股股东一起参与本期剩余盈利分配的优先股。因此，参与优先股在一定程度上带有普通股的特征。另外，根据优先股股东参与公司剩余利润分配方式和比例的不同，参与优先股又可以分为全部参与优先股和部分参与优先股。前者是指优先股股东在取得本期固定股息后，有权按等额原则与普通股股东分配本期剩余利润；后者是指优先股股东在与普通股股东分配剩余利润时，要受到一定的比例限制。

所谓非参与优先股，是指优先股股东除了按规定分得本期固定股息外，无权再参与对本期剩余盈利分配的优先股。非参与优先股是一般意义上的优先股，具有优先股的典型特征，也就是优先权体现在分配顺序上，而不是在股息的多少上。当然，对于投资者而言，若其他条件相同，非参与优先股的吸引力不如参与优先股。

3. 可转换优先股和不可转换优先股

这种分类的依据是优先股在一定的条件下是否能转换成其他品种的证券。

所谓可转换优先股，是指发行后在一定条件下允许其持有人按一定比例将它转换成公司其他种类证券的优先股。通常，可以转换的是公司的普通股或另一种优先股，甚至是公司债券。当然，可以转换的品种在发行优先股时是要规定的。如果可转换优先股允许转为普通股，基于两者之间存在转换关系，其价格波动就要比一般的优先股更大。可转换优先股股东可以根据公司经营状况、股票价格以及转换条款自行决定是否执行转换权。

所谓不可转换优先股，是指发行后不允许其持有人将其转换成其他种类证券的优先股。不可转换优先股与一般的可转换优先股不同，它始终是以优先股形式存在，没有给投资者提供改变股票种类的机会。

4. 可赎回优先股和不可赎回优先股

这种分类的依据是优先股在一定条件下是否由原发行的股份公司出价赎回。

所谓可赎回优先股，是指在发行后的一定时期，公司有权按特定的价格赎回的优先股。股份公司赎回自己的优先股后，应在短期内予以注销。其实，从某种意义上说，一般的股票是永久性的，因为其有效期是与股份公司的存续期并存的。而可赎回优先股在这一点上却不具有这种特征，它可以依照该股票发行时所附的赎回条款，由公司支付对价赎回。股份公司之所以选择发行可赎回优先股，主要的目的是为了减轻公司的股息负担。比如，当市场利率走低时，公司若能以更低成本获取资金，此时赎回原先发行的优先股可能是更好的办法。

所谓不可赎回优先股，是指发行后根据规定公司不能赎回的优先股。这种优先股带有一般股票永久性的特征，投资者一旦认购了该股票，股份公司在任何条件下都不具有再行赎回的权利。而从另一个角度说，由于投资者不能从公司抽回股本，也就保证了公司股本的长期稳定。

5. 股息率可调整的优先股和股息率固定的优先股

这种分类的依据是股息率是否允许变动。

所谓股息率可调整优先股，是指在股票发行以后，股息率可以根据情况按规定进行调整的优先股。前面讲到，优先股很重要的特征是股息率固定，所以股息率可调整优先股与一般的优先股不同。不过，这种优先股股息率的变动一般与公司经营状况无多大关系，而主要是跟随市场上其他证券价格或者银行存款利率的变化作调整。其出现主要是由于国际金融市场不稳定，各种有价证券价格和银行存款利率经常波动，通货膨胀时常发生。为了应对这些情况，公司发行这种股票，一方面可以保护投资者的利益，另一方面也有利于公司的股票发行。

所谓股息率固定优先股，是指发行后股息率不再变动的优先股。这也是通常意义上的优先股，正是因为大多数优先股的股息率是固定的，所以才将优先股归于固定收益证券中的一类。

三、优先股的作用和发展

（一）优先股的作用

优先股的作用是与其特征相联系的，而且可以从不同的角度分析。

第一，从投资者角度看，由于优先股的付息在普通股之前，而且股息率又是固定的，所以尽管在公司利润高速增长时无法享受更多收益，但相对于普通股而言具有收益稳定和风险小的特点。同时，优先股的收益也往往要高于债券，因此对稳健的投资者会有一定的吸引力。另外，在有些发行优先股的国家，其投资优先股所获股利可以享受一定程度的所得税优惠，因此比较适宜某些机构投资者的投资方向(如养老基金和保险基金等的投资)。

第二，从筹资者角度看，一个作用是筹资的低成本。因为对股份公司而言，发行优先股可以募集长期稳定的公司股本，又因其股息率明确，可以减轻利润分派的负担，尤其是对于高成长企业来说，承诺给优先股的股息与其成长性相比而言是比较低的。其次一个作用是财务状况的改善。优先股在一定程度上相当于发行无限期的债券，公司可以获得长期的低成本资金，但又不是负债而是资本，这样可以降低公司的资产负债率，提高公司的资产质量。再有一个作用是保障公司普通股股东的权益。优先股股东的表决权受到很大限制，基本上无权参与公司的经营，这样就可以避免公司经营决策权的易变和分散，实际上维护了普通股股东的权益。

优先股是一种特殊股票，虽然它不是股票的主要品种，但由于其具有的特征，使得它的存在对投资者和融资者来说，都具有一定的意义。

(二)优先股的发展

优先股的历史可以追溯到17世纪中叶的英国[①]，不过在随后的两百年里，优先股的发展是缓慢的，许多股份公司可能出于管理方面的原因，更多地选择发行普通股。到了巨型托拉斯和工业集团形成的19世纪90年代，优先股的发展比之前突飞猛进，尤其是在发达国家。最初，优先股的权利只涉及分红，但随后增加了其他优先的权利。而在以后的时期，许多国家的证券市场上都开展着优先股的交易，包括证券交易所和场外证券市场。

在我国，20世纪80年代经济体制改革初期，当时有些企业发行了股票，但是并不规范，投资者既可以获得固定的投资回报，又可以参与公司盈利的分红。以后随着股份公司的发展，到20世纪80年代后期和90年代初期，有些企业开展了优先股发行的尝试[②]。同一时期，国家有关管理部门也出台了相应的管理制度，对优先股的基本权益也进行了全面的规范[③]。

不过在后来的发展过程中，普通股在市场上越来越壮大，优先股则逐渐退出了人们的视野。1993年12月《中华人民共和国公司法》由全国人民代表大会常务委员会通过，然而在这部法律中并没有具体规定优先股制度。同样，在1998年12月由全国人民代表大会常务委员会通过的《中华人民共和国证券法》中，也没有对优先股的发行交易制度做出安排。所以，优先股的法律地位一直没有明确。至于早期有些企业进行优先股尝试所发行的优先股，也在后来被发行公司逐渐赎回注销了。

2014年3月，中国证券监督管理委员会公布了《优先股试点管理办法》，标志着我国

---

① 弗兰克·J.法博齐. 固定收益证券手册[M]. 任若恩、李焰，等译. 6版. 北京：中国人民大学出版社，2005.

② 如1988年深圳发展银行股份有限公司曾经发行优先股10万股，1989年又增发8万股。1989年增发情况为：发行数量8万股，发行价格每股100港元(面值100港元)，股息率按深圳中国银行个人1年期港币存款利息率月末平均值之上再增加年息4厘(4%)。

③ 如国家经济体制改革委员会于1992年5月发布《股份有限公司规范意见》，其中第23条规定：公司设置普通股，并可设置优先股。普通股的股利在支付优先股股利之后分配……公司对优先股的股利须按约定的股利率支付……公司终止清算时，优先股股东先于普通股股东取得公司剩余财产。

优先股发行的重启。根据该办法，上市公司可以发行优先股，非上市公众公司可以非公开发行优先股。公开发行的优先股可以在证券交易所上市交易；上市公司非公开发行的优先股可以在证券交易所转让，非上市公众公司非公开发行的优先股可以在全国中小企业股份转让系统转让，转让范围仅限合格投资者。

2014 年 10 月，中国银行境外优先股发行，从而成为第一家发行优先股的境内上市公司。中国银行境外优先股以人民币计价，美元结算，发行规模达到 65 亿美元，票面利率 6.75%。2014 年 11 月，中国农业银行、中国银行又相继在境内采用非公开发行方式发行了优先股。这些优先股的成功发行，标志着我国优先股试点工作取得阶段性成果，具有一定的意义。

小专栏 10—1　　中国银行首期境内优先股

2014 年 11 月 28 日，中国银行发布公告，其境内首期 320 亿元人民币优先股完成发行。由于此前已在境外发行了 65 亿美元优先股，这使得中国银行成为首家在境内外双平台成功发行优先股的中国上市公司。

中国银行首期境内优先股的发行采用非公开发行方式，票面股息率确定为 6%，在存续期内保持不变。最终中标的投资者包括中国人寿、中国烟草总公司等 30 家企业与金融机构。中国银行首期境内优先股在上海证券交易所综合业务平台挂牌转让。大公国际资信评估有限公司的评级结果显示，中国银行主体信用等级为 AAA，首期境内优先股信用等级为 AA+。

第二节　资产证券化

资产证券化之所以被看成是固定收益证券的类别，也是其未来的货币流量具有相对确定的特性决定的。当然，资产证券化的运作与作为固定收益证券典型代表的债券相比，要复杂得多，因为它是以特定资产为基础进行的一种融资安排。本节专门介绍资产证券化的含义、发展和运作①。

一、资产证券化的概念、种类和特征

（一）资产证券化的含义

资产证券化其实是在资本市场上进行直接融资的一种方式。所谓资产证券化，就是以特定资产组合为支持，发行可交易证券的一种融资形式。

资产证券化与发行普通金融产品（例如股票和债券）有类似的地方，比如，它们都是由发行人在资本市场中通过向投资者发行证券进行融资。但不同之处在于，普通的证券发

① 本节许多内容参阅王开国. 资产证券化论[M]. 上海：上海财经大学出版社，1999.

行是以企业为基础的[①]，而资产证券化则是以特定的资产池为基础的。其实，资产证券化是将发起人不流通的存量资产或可预见的未来货币收入流转变为市场上可交易的金融产品的过程。资产证券化产品的还款来源是未来可回收的现金流，产生这些现金流的资产可以作为基础资产对资产证券化起到支持作用。因此，资产证券化的实质是，出售未来货币收入流，从而获得当前融资。

（二）对资产证券化的进一步理解

对资产证券化的理解可以从更广泛的意义看。证券化是一种由非证券转变为证券的过程，证券化可以分为融资证券化和资产证券化两个不同的方面。

融资证券化是指资金短缺者采取发行证券（股票、债券等）的方式在金融市场上向资金提供者直接融通资金，而不是采取向银行等金融机构借款的方式间接融通资金。所以，融资证券化就是通常被称之为的直接融资方式。在融资证券化中，是由负债或所有者权益一方来操作的，其中创造了新的信用关系，属于增量的证券化，也被称为初级证券化。

与融资证券化相对应的资产证券化，是将缺乏流动性、但能够产生可预见的未来货币收入流的资产，通过一定的结构安排，转换成为在金融市场上可以流通的证券的过程。在资产证券化中，注重原来资产的运作，是从已有的信用关系基础上发展，基本上属于存量的证券化，故也被称为二级证券化。

另外，资产证券化还可以从广义和狭义的不同角度来认识。所谓广义的资产证券化，是指某一资产（或资产组合）采取证券资产这一价值形态的过程。广义的资产证券化可以包括四种类型：第一是实体资产证券化，即实体资产向证券资产的转换，也就是以实物资产（也可以是无形资产）为基础来发行证券的过程。第二是信贷资产证券化，即将那些流动性不足但有未来现金流的信贷资产（如银行的贷款、企业的应收账款等）经过重组形成资产池，并以此为基础来发行证券的过程。第三是证券资产证券化，即证券资产的再证券化过程，也就是将证券（或证券组合）作为基础资产，再以其产生的现金流为基础来发行证券的过程。第四是现金资产证券化，就是指现金的持有者通过投资将现金转化成证券的过程。而所谓狭义的资产证券化，就是指信贷资产证券化。

其实，在上面四种类型中，与我们一般所理解的资产证券化比较吻合的是信贷资产证券化，也就是狭义的资产证券化。因此，在后面的阐述中，讲到的资产证券化主要是指的狭义范围。

（三）资产证券化种类

1. 依据不同标准的分类

资产证券化的种类有多种，依据不同的标准可以进行不同的分类。

---

① 严格说证券发行人应该包括政府和企业，但资产证券化针对的是企业，为对比起见，所以这里将普通证券发行表述为以企业为基础。

第一，根据资产证券化的基础资产分类，可以将资产证券化分为不动产证券化[①]、应收账款证券化、信贷资产证券化、未来收益证券化、债券组合证券化等等。显然，许多基础资产都可以被用来进行证券化的改造，这也是一种从资产证券化的源头进行的分类。

第二，根据资产证券化的发生地域分类，可以将资产证券化分为境内资产证券化和离岸资产证券化。境内资产证券化是融资方通过境内特殊目的机构在境内市场上向投资者融资，而离岸资产证券化是融资方通过在境外的特殊目的机构在境外市场上向投资者融资。

第三，根据资产证券化的产品属性分类，可以将资产证券化分为股权型资产证券化、债券型资产证券化和混合型资产证券化。作为固定收益证券来说，主要是指债券型的资产证券化。

2. 主要的资产证券化品种

在国外，比较典型也是较早出现的资产证券化品种是抵押支持证券[②]。这一品种产生于 20 世纪 60 年代的美国，当时是由美国住房专业银行及储蓄机构利用其贷出的住房抵押贷款，来发行一种资产证券化产品（所以也称为按揭支持证券）。基本做法是：将贷出的住房抵押贷款集中起来，形成一个贷款的资产池，以此贷款资产池可以得到的本金及利息收入流为基础发行证券，并由政府机构或金融机构对该证券进行担保。

在抵押支持证券出现后，随着可供证券化操作的基础产品越来越多，就出现了资产支持证券的名称[③]，即以那些能产生可预见的未来货币收入流的资产（如住房抵押贷款、汽车贷款、信用卡贷款、商业应收款等）为保证，构造资产池，然后通过特殊目的机构发行证券[④]。

再到后来，随着资产证券化运作的不断创新，又出现了担保债务凭证的称谓[⑤]。这种资产证券化产品是以一个由一系列信贷资产混合构成的资产池产生的现金流为基础，向投资者发行不同系列的证券。评级公司将这些资产分为不同的证券系列级别，资产池产生的现金流按照不同系列级别的顺序（如优先系列—中间系列—股权系列）分配，发生损失则承担规则与现金流收益分配规则的顺序相反。此外，担保债务凭证与资产支持证券还有其他方面的不同。比如，资产支持证券的资产池主要是住房抵押贷款、汽车贷款、信用卡贷款等，一致性比较高，以便对未来现金流量的适度掌握；而担保债务凭证的资产池可以是各种债务工具，甚至是资产证券化产品，它们之间的相关性要低，以达到风险分散的要求。

（四）资产证券化的特征

资产证券化属于一种融资方式，是 20 世纪 70 年代以来的融资手段创新。它相对于传统的股票和债券融资，具有其自身的特点。

---

① 如高速公路的收费等。

② 抵押支持证券的英文是 mortgage—backed securities，简称 MBS。

③ 资产支持证券的英文是 asset—backed securities，简称 ABS。

④ 特殊目的机构的英文是 special purpose vehicle，简称 SPV。

⑤ 担保债务凭证的英文是 collateralized debt obligation，简称 CDO。

1. 资产证券化是基于基础资产所进行的融资

传统的融资方式很重要的是看借款人的信用，即资金需求者是基于自身的资信能力来进行融资。在无担保的融资中，投资者在决定是否要对资金需求者融资时，主要依据对借款人的财务发展前景进行分析；即使是在有担保的融资中，比如抵押贷款，投资者更多地在关注抵押资产价值的稳定性及变现能力，因为这种融资是以资产抵押作为借款人违约的一种补充。如果是股票融资，投资者也同样需要关心发行公司的发展前景，所以相关的管理法规对公司发行股票有净资产及盈利等方面的要求。但是在资产证券化中，发起人的相关基础资产集中成为一个资产池，然后是凭借资产池的未来收入的现金流来进行融资。此时，资产池中资产的偿付能力与发起人的资信能力分割开来。投资者在决定是否购买资产支持证券时，主要依据资产池中资产的质量、未来现金流入的稳定性以及交易结构的有效性，而发起人自身的资信状况则处于相对次要的地位。

2. 资产证券化是一种结构融资方式

传统的融资方式相对简单，资金需求者直接发行证券融资，中间没有复杂的结构。而资产证券化是要通过一个特殊目的机构所形成的交易结构来实现融资。特殊目的机构是一个具有信托性质的实体，从其资产负债角度来看，除了从发起人那里购买的基础资产外，没有任何其他资产；同时，除了发行证券带来的债务外，也没有任何其他负债。基础资产从发起人转移到特殊目的机构必须是真实出售，其目的是为了实现基础资产与发起人之间的破产隔离，即如果发起人破产清算，基础资产不列为清算资产。这样的一种结构安排，有效地分离了风险。另外，在资产证券化过程中，往往还涉及对基础资产进行结构性重组，对它的现金流进行重新安排和分配，以便设计出风险、收益和期限等方面不同的证券，来满足各类投资者的需要。

3. 资产证券化是非负债型的融资

传统的融资方式直接体现在资产负债表的负债与所有者权益栏目，比如，当资金需求者通过发行债券进行债务融资时，会相应增加资产负债表的负债部分；当资金需求者通过发行股票进行权益融资时，也会相应增加资产负债表的所有者权益部分。而资产证券化是通过出售资产来获得融资的，它使出售者将其资产的未来现金流变现，涉及的是资产负债表资产部分内部结构变化，不需要相应的负债来为其资产提供支持，即被证券化了的资产已经以真实出售的方式过户给了特殊目的机构，发起人已经放弃了对这些资产的控制权，已将证券化资产从其资产负债表上剔除并以表外方式处理。因此，以资产证券化方式融资不会增加融资方的负债。

从以上的特征中，我们可以看到资产证券化与其他融资方式的区别。

首先，资产证券化与企业发行股票、债券等基础证券不同。企业发行股票、债券是传统的融资方式，是以企业自身的产权为清偿基础，最大界限是企业全部法定财产。资产证券化的发行则是依据其一部分特定资产，偿还基础是被证券化的资产，而不是企业的全部法定财产。

其次，资产证券化与银行贷款不同。企业通过银行提供的贷款融入资金，是以企业的信用为基础，与上面相同，要以企业自身的财产作为最后清偿的依据。如果采用抵押贷款的形式，实质上也是与企业的信用相连接的，只是在信用度不足情况下进一步指明抵押物以增强清偿能力。但在资产证券化情况下，被证券化的资产已经与融资者其他资产有效隔离，资产证券的信用等级取决于明确指定的资产和信用担保程度，而与融资者自身的信用无关。

最后，资产证券化与项目融资不同。普通的项目融资是要以建设项目在未来产生的收入现金流为偿还来源，而资产证券化是以已有的且可预见的未来货币收入流为偿还来源。

二、资产证券化的产生和发展

（一）资产证券化的产生

资产证券化最初出现在20世纪60年代后期的美国。1968年美国联邦国民抵押协会首次发行一种过手证券，此举揭开了资产证券化之先河。按照当时的模式，抵押贷款发放机构将该项资产组合出售给政府抵押机构或私人投资银行，再由其进行包装重组，并以证券发行的方式将债券出售给其他投资者。证券持有人的收入来自被证券化的抵押贷款组合所产生的现金流，而抵押贷款资产也因此从抵押贷款发放机构的资产负债表上消失，当然其同时得到了现金或其他流动性较强的资产形式。

资产证券化在美国的产生是与美国当时的金融制度和证券市场的发展有关。美国历史上对分行式的银行有限制性的做法，认为这种银行不利于竞争，因此有些州的法律限制银行分行的开设，这就使单一银行制在美国成为一种常用的模式，出现了众多的小银行。但小银行在经营中有时会面临要求大额贷款的客户，为了维持这种客户关系，就出现了向大银行出售贷款来优化资产结构的做法。这种方式实际上为证券化的产生奠定了技术上的条件。

到了20世纪60年代后期，日益竞争的环境使银行业的融资成本上升、利润率下降，增加筹资渠道、扩大资金来源成为许多金融机构进一步发展的机会。同时，证券市场在这一时期已经日新月异，金融体系本位逐渐在向资本市场本位转变①。在这种情况下，将固定而又较低收益的资产经过技术处理，再通过证券市场出售给投资者的方式就应运而生了。

（二）国外资产证券化的发展

美国的资产证券化开始阶段是出现在住房抵押贷款市场。当时美国住房金融制度受到联邦法律的一定制约，为了获取新的资金来源和转嫁利率风险，联邦国民抵押协会、政府国民抵押协会和联邦住房抵押贷款公司等金融机构，纷纷将所持有的住房抵押贷款按照利率和期限等进行组合，并以此组合作为抵押或担保发行抵押支持证券。住房抵押贷款证券化问世后，获得了迅速的发展，到20世纪90年代初期，美国每年住房抵押贷款的

---

① 在金融体系本位时期，银行是积累储蓄和进行投资的主要渠道。在资本市场本位时期，资本市场成为融通资金的主要渠道。

60%以上是靠发行抵押支持证券来筹措的。

抵押支持证券出现以后，证券化技术又逐步被运用于非抵押的债权资产，这样就出现了资产支持证券。1985 年以汽车贷款作为基础资产的证券开始在美国发行。汽车贷款当时在美国也是一个很大规模的金融资产，它成为继住房抵押贷款之后首先被用于证券化的非抵押债权资产。汽车贷款证券化以后，很大一部分汽车贷款的资金来源依靠发行资产支持证券提供。1987 年美国又推出了信用卡贷款的证券化，发行了信用卡支撑的证券。接着，企业应收款也被证券化，其中最具代表性的形式是资产支持商业票据。再到后来，被证券化的资产种类越来越多，如飞机租赁费应收、房屋租赁费应收、出口收入和贸易应收、消费品分期付款、保险公司未来保费收入、足球队未来门票收入、市政工程项目未来收入、甚至财政预算应收等。不过限于规模、偿还周期等因素，住房抵押贷款、汽车贷款和信用卡贷款还是资产证券化的主要基础资产。

20 世纪 80 年代后期，随着资产支持证券的发展进程，又出现了担保债务凭证。而到了 21 世纪初期，担保债务凭证无论在品种上还是在数量上，都已有了长足的进步，成为资产证券化中突飞猛进的领域之一。

美国出现了资产证券化以后，这一方式也在全世界得到了扩展，欧洲、加拿大、拉丁美洲、澳大利亚和亚洲的一些国家都在进行资产证券化的实践。欧洲是除美国之外的资产证券化发展比较快的区域，许多法律和监管问题已经解决，其中英国是欧洲资产证券化领先的国家。

2007 年美国次贷危机爆发，并在随后迅速扩大影响范围，演变成殃及全球的金融危机。此次危机的直接原因虽然是房地产市场高涨后价格泡沫破裂释放到金融领域，但很重要的一个推手是资产证券化的过度膨胀。资产证券化可以起到转移与分散风险的作用，但风险本身并不消除。当资产证券化产品运作中忽视风险防范机制时，次贷危机就以其为媒介而扩散了。

小专栏 10－2　　美国次贷危机

美国次贷危机又称次级房贷危机或次债危机，是指一场发生在美国，因次级抵押贷款机构破产、投资基金被迫关闭、股市剧烈震荡引起的金融风暴。它致使全球主要金融市场隐约出现流动性不足的巨大危机。

美国次贷危机是从 2006 年春季开始逐步显现的。2007 年 8 月席卷美国、欧盟和日本等世界主要金融市场。从 2007 年 8 月开始，美联储做出反应，向金融体系注入流动性以增加市场信心，同期欧洲央行、日本央行等也纷纷向市场注资来救市。2008 年 8 月，美国房贷两大巨头公司的房利美和房地美股价暴跌，持有“两房”债券的金融机构大面积亏损。此后，美国财政部不得不宣布接管房利美公司和房地美公司。2008 年 9 月，在华尔街的投资银行接二连三地倒下后，美联储宣布，把高盛集团和摩根士丹利两家最后的大投资银行改为商业银行。

（三）我国资产证券化的发展

我国资产证券化是在“十五”时期末出现的，在此之前曾经进行过这方面的探索。比如，20世纪90年代初期出现过以土地为依据的投资券，90年代中期出现过以未来收入作担保的债券①。尽管这些尝试还不是真正意义上的资产证券化，但其运作带有某些资产证券化的特征，也为后来开展资产证券化打下了一定的实践基础。

2005年4月，为了规范信贷资产证券化试点工作，保护投资人及相关当事人的合法权益，提高信贷资产流动性，丰富证券品种，中国人民银行、中国银行业监督管理委员会制定并公布了《信贷资产证券化试点管理办法》。适用该办法的资产证券化活动是：在中国境内，银行业金融机构作为发起机构，将信贷资产信托给受托机构，由受托机构以资产支持证券的形式向投资机构发行受益证券，以该财产所产生的现金支付资产支持证券收益的结构性融资活动。资产支持证券由特定目的信托受托机构发行，代表特定目的信托的信托受益权份额。资产支持证券在全国银行间债券市场上发行和交易。该办法的发布，为我国资产证券化的试点和发展奠定了制度基础，标志着我国资产证券化的正式起步。2005年底，以国家开发银行信贷资产作为支撑的2005年第一期开元信贷资产支持证券和以中国建设银行住房抵押贷款作为支撑的建元2005－1个人住房抵押贷款证券化信托资产支持证券分别发行。由此，我国资产证券化工作开始进入实际操作阶段。为便于读者了解，表10－1列出了2005年第一期开元信贷资产支持证券的基本情况，图10－1则显示了该证券发行的基本交易结构、各方之间的法律关系及现金流转过程。

表10－1　　2005年第一期开元信贷资产支持证券基本情况

发起机构	国家开发银行
发行人	中诚信托投资有限责任公司
分档	本期证券分为三档，分别为优先A档、优先B档和次级档证券
发行总额	优先A档29.24089亿元，优先B档10.025448亿元，次级档证券2.506362亿元
信用等级	优先A档为AAA级，优先B档为A级，次级档证券未予评级
发行方式	优先A、B两档采用公开招标承销方式发行，次级档采用私募方式发行
票面利率	优先A档为固定利率，票面利率根据招标结果确定为2.29%；优先B档为浮动利率，浮动基准为一年期定期存款利率，票面利率为一年期定期存款利率＋利差，利差根据招标结果确定为0.45%；次级档证券无票面利率。
证券面值	人民币100元
发行期	2005年12月12日至2002年12月15日

① 1992年三亚市开发建设总公司以三亚丹州小区800亩土地为发行依据，每亩折价25万元，发行了总额2亿元、期限3年的地产投资券。1995年铁道部利用当时年收入超亿元现金流量的铁路建设基金为偿还担保，顺利实现了发行债券融资。

续表

起息日	2005 年 12 月 21 日
证券到期日	2007 年 6 月 30 日
证券形式	采用实名记账方式,由证券登记托管机构统一托管
信用提升	本期证券优先 B 档证券占发行总金额的 24%,次级档证券占发行总金额的 6%。次级档证券的本息受偿顺序次于优先 A 档和优先 B 档,优先 B 档证券的本息受偿顺序次于优先 A 档。若原债务人发生违约,则首先由次级档证券承担损失,当违约金额大于次级档证券本金余额时,优先 B 档投资者将按比例承担,依此类推。

资料来源:《2005 年第一期开元信贷资产支持证券发行说明书》和 Wind 资讯。

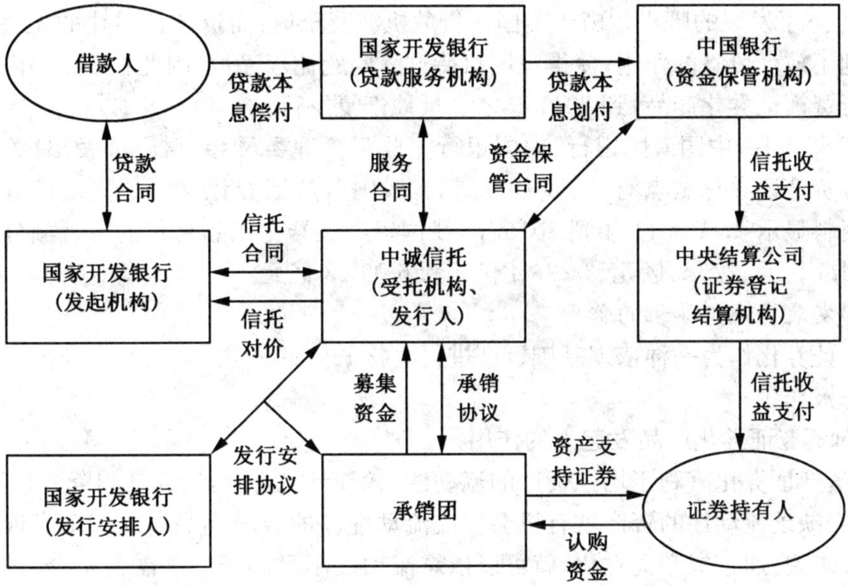

图 10—1　2005 年第一期开元信贷资产支持证券结构框架

资料来源:《2005 年第一期开元信贷资产支持证券发行说明书》。其中,中诚信托是指中诚信托投资有限责任公司,中央结算公司是指中央国债登记结算有限责任公司。

我国资产证券化推出以后,受到了市场各方面的关注,也有了初步的发展,但也有停止徘徊的现象。第一,发行规模和基础资产种类有所扩大。在我国资产证券化试点的最初年份,发行规模是不断增加的,从 2005 年到 2008 年,资产支持证券的发行总额分别为 77.74 亿元、163.84 亿元、178.08 亿元和 302.01 亿元。而资产证券化的基础资产则除了银行一般信贷资产外,还包括个人住房抵押贷款、商业房地产抵押贷款、汽车贷款、不良贷款和企业资产等。第二,发起机构和投资者范围有所增加。在资产证券化的发起机构中,一开始只是商业银行和政策性银行,后来也扩大到企业。另外,2006 年中国证券监督管理委员会也发布了相关通知，准许证券投资基金投资符合中国人民银行、中国银行业监督管理委员会相关规定的信贷资产支持证券，以及中国证券监督管理委员会批准的企业资产支持证券类品种。随后，国务院也颁布了有关保险业改革发展的意见，提出在风险可控的前提下，鼓励保险资金直接或间接投资资本市场，稳步扩大保险资金投资资产证券化产品的规模和品种[①]。第三，二级市场交易不够活跃。现阶段我国资产证券化产品主要在证券交易所市场和银行间债券市场上发行及交易，投资主体主要是各类机构投资者，以大宗交易为主，通常采取买入并持有的到期策略。从二级市场的流通规模来看，数量较小，2005 年到 2007 年的总成交金额不足亿元，2008 年到 2010 年的成交金额也分别只有 2.82 亿元、15.43 亿元和 11.08 亿元。而且，资产证券化产品的流动性很低。第四，2009 年后有停滞现象。我国资产证券化自 2005 年底起步，开始几年形成了逐步走强的态势，但在 2009 年停下了发展的脚步。由于美国次贷危机波及全球，而资产证券化的无序扩张在其中又起到了放大风险的作用，使得我国对待这一问题比较谨慎，因此在 2009 年和 2010 年没有发行资产证券化产品，到 2011 年才少量地恢复发行。

2012 年 5 月，中国人民银行、中国银行业监督管理委员会、财政部发出《关于进一步扩大信贷资产证券化试点有关事项的通知》，我国资产证券化又开始呈现良好的发展势头。有资料显示[②]，从 2011 年到 2015 年，我国资产证券化产品每年的发行额分别是 12.8 亿元、281.4 亿元、279.7 亿元、3 226.4 亿元和 6 095.3 亿元。

（四）发展资产证券化的作用

资产证券化作为一种依据基础资产进行直接融资的方式，对发起人和投资者都具有一定的积极作用。

1. 对资产证券化产品发起人的作用

（1）资产证券化有利于增强资产的流动性。资产证券化是借助基础资产来进行融资，因此，原来缺乏流动性的资产就有机会变成流动性高的金融商品。对于资产证券化产品的发起人来说，通过资产证券化，就可以依靠流动性不足的资产来融进资金，进行另外的投资或派其他用途。比如，商业银行拥有住房抵押贷款，这些贷款的流动性很差，为了加快资金周转，提高资产流动性，它就可以在不增加负债的前提下，成为抵押支持证券的发起人，通过证券化处理，将住房抵押贷款转化为可以在市场上交易的证券，使银行自身获得一定的资金来源。

（2）资产证券化有利于实现低成本融资。因为资产证券化产品是以基础资产来支撑，又往往要进行信用增级，所以通过资产证券化运作而最终发行的证券具有比其他信用工具更高的信用等级。信用等级越高，利息成本就会越低。从这个角度说，通过资产证券化市场筹资比通过银行或其他资本市场筹资的成本要低。

---

① 分别是 2006 年 5 月中国证券监督管理委员会发布的《关于证券投资基金投资资产支持证券有关事项的通知》和 2006 年 6 月国务院发布的《关于保险业改革发展的若干意见》。

② 我国历年资产证券化产品的发行数额和成交金额都来自 Wind 资讯。

(3)资产证券化有利于减少风险资产。按照一般意义的资产证券化程序,基础资产证券化后,将从资产负债表中剔除,这样就有助于发起人改善财务比率,提高资本的运用效率,满足风险资本指标的要求。比如,根据《中华人民共和国商业银行法》的要求,商业银行贷款应当遵守资产负债比例管理的规定,资本充足率不得低于 8%。为了满足这一要求,商业银行就可能要增加资本或出售资产。但增加资本往往是昂贵的,于是通过资产证券化交易出售资产就成为商业银行提高资本充足率以满足监管要求的有效途径。

(4)资产证券化有利于进行资产负债管理。资产证券化可以为其发起人提供相对灵活的财务管理模式,使发起人得以更好地进行资产负债管理,取得有效的资产与负债的匹配。比如,借短贷长的特点使商业银行有可能承担资产负债期限不匹配的风险。但通过资产证券化,商业银行可以出售部分期限较长、流动性较差的资产,将所得投资于高流动性的金融资产,从而实现风险的合理配置,改善商业银行的资产负债管理。

2. 对资产证券化产品投资者的作用

(1)资产证券化有利于满足多样化的投资需求。投资者的风险偏好是不同的,回避高风险的投资者可能愿意选择国债等低风险(但只能得到较低收益)的投资品种,愿承担高风险的投资者可能愿意选择股票或金融衍生工具等高风险(有可能得到较高收益)的投资品种。而资产证券化通过产品的结构设计,可以提供不同层次的风险与收益匹配的产品,为投资者提供更多的选择机会。比如,我国最初的资产证券化产品之一的 2005 年第一期开元信贷资产支持证券,其产品构成就有优先 A 档(AAA 级)、优先 B 档(A 级)和次级档(未予评级)三个具体品种,投资者可以根据自己的偏好进行选择。

(2)资产证券化有利于扩大投资规模。在资产证券化产品的投资者中,很重要的一类是机构投资者,它们的投资规模受制于对风险资产的比重控制。然而在西方国家,一般而言,资产证券化产品的风险权重比基础资产的风险权重要低,因此,金融机构持有的这类资产证券化的投资工具就可以大大节省为满足资本充足率要求所需要的资本金,从而可以扩大投资规模。

三、资产证券化的运作程序

(一)选择基础资产组建资产池

资产证券化是以可预见的未来货币收入流(即现金流)为基础发行证券进行融资的过程,而可预见的现金流来自基础资产,因此资产证券化的发起人先要对基础资产(即要被证券化的资产)的现金流进行分析。如果基础资产能够产生预期稳定的现金流,则以该资产为基础发行的证券就有还本付息的保证。从另外一个角度讲,只有基础资产的未来货币收入流是可以预见的,那么由该基础资产支持的证券才可以相应的定价,而评级机构也可以依据可预见的确定程度对证券进行评级。因此,基础资产可预见的未来货币收入流是资产证券化的基础。

根据这一原理,资产证券化的发起人要对自己拥有的能够产生未来货币收入流的资产进行清理、估算和考核。由于不同资产所产生的货币收入流在大小、期限和稳定程度上均有不同,它们会影响到以其为支持的证券的期限与本息偿付特征。所以,资产证券化发起人要根据证券化目标选择资产,进行资产重组,即通过基础资产不同类型的重新组合来实现资产收益的重新组合。资产重组的核心就在于确定资产池。

(二)通过特殊目的机构实现破产隔离

破产隔离是资产证券化的运作特征之一,它要求当发起人破产清算时,证券化资产的权益不作为清算财产,证券化资产所产生的货币收入流仍按照交易契约规定支付给投资者。为了在资产证券化过程中实现这样的破产隔离,关键之处是要设计出基础资产的风险与资产证券化发起人的破产相隔离的机制。资产证券化之所以对各参与方均有利处,就在于通过破产隔离实现了风险和收益的重组。实现破产隔离的重要条件是:设立破产隔离的特殊目的机构,进行基础资产的真实出售。比如,特殊目的机构成立后,可以与发起人签订买卖合同,发起人将资产池中的资产出售给特殊目的机构。通过这样的真实交易,一旦发起人发生破产清算,资产池的资产就可以不列入清算范围,从而达到破产隔离的目的。

特殊目的机构的组建有特殊目的信托和特殊目的公司两种方式,这也是特殊目的机构所采用的两种形式:第一,特殊目的信托方式。在这种方式下,基础资产转移是通过信托来实现的,即资产证券化发起人将基础资产信托给特殊目的信托,成立信托关系。然后由特殊目的信托作为资产支持证券的发行人发行对基础资产池享有权利的信托受益凭证。在信托关系法律框架下,发起人将基础资产信托给特殊目的信托后,根据信托财产独立性原则,信托财产独立于委托人①,发起人的债权人不能对基础资产主张权利,从而实现了基础资产与发起人的破产隔离。第二,特殊目的公司方式。在这种方式下,要设立专门的公司,发起人将基础资产以出售的形式转移给特殊目的公司,特殊目的公司以基础资产为支持发行证券。由于基础资产已由发起人出售给特殊目的公司。这一资产的所有权也发生了转移,发起人的债务人就不能再对该基础资产主张权利,从而实现了基础资产与发起人的破产隔离。

(三)进行信用评级和信用增级

完成基础资产的破产隔离,接下去就要对基础资产实施证券化。不过,在发行资产支持证券之前,通常要进行信用评级。信用评级可以包括初评与复评,初评的目的是为了确定达到设定的评级水平所需要的增级行为,而复评是发起人聘请评级机构对证券进行发行评级。如果评定的信用等级越高,就表明证券的风险越低,从而发行的成本就越低。

从这一过程看,信用增级是资产证券化产品的一个重要特征。由于基础资产本身的信用状况可能不足以确保所发行的证券能获得较高的评级,于是通过信用增级就有可能

---

① 如2001年10月1日起施行的《中华人民共和国信托法》第15条规定:信托财产与委托人未设立信托的其他财产相区别。设立信托后,委托人死亡或者依法解散、被依法撤销、被宣告破产时……委托人不是唯一受益人的,信托存续、信托财产不作为其遗产或者清算财产……

使证券在信用质量、偿付的确定性等方面更好地满足投资者需要，同时有利于发行人发行证券。信用增级包括内部增级和外部增级两种方式。

内部增级方式是发起人利用基础资产产生的部分现金流来实现自我担保，不需要借助外部增级机构的帮助。具体做法如划分优先级/次级结构和超额抵押方式等。在划分优先级/次级结构增级方式中，优先支付高等级证券投资者投资收益，这样优先级证券可由次级证券的现金流提供保障，从而使优先级证券获得比较高的评级①。超额抵押方式的原理是采用更多的基础资产来为一定量的证券信用提供支持，如使基础资产价值大于所发行证券的本金，这样额外的部分即为超额抵押，基础资产就可以提供更高程度的信用保护。

外部增级方式又称第三方信用担保，是指由当事双方以外的第三方提供的信用担保。这里的第三方可以是政府机构、保险公司和财务公司等。外部增级方式包括：依靠母公司提供信用担保、通过保险公司提供证券保险、由商业银行提供信用证的方式等。通过外部增级，引入了更多地参与主体，从而也分散了风险。

信用增级后，特殊目的机构就要聘请评级机构对资产支持证券进行正式的发行评级，并将评级结果向投资者公告。实际上，证券发行评级后，评级机构还要进行跟踪评级，分析经济形势和发行人的信用状况、基础资产现金流状况以及担保机构信用状况等。如果情况发生改变，则要相应对评级进行调整，定期发布评级报告并公布。因此，在总体上，资产证券化的评级较好地保证了证券的安全性，减少了信息不对称对投资者的影响。

（四）安排证券发行和证券交易

发行评级完成并公布结果后，特殊目的机构就着手安排证券发行。通常，特殊目的机构会将经过信用评级的资产支持证券交给证券承销商承销，而采取的形式可以是公募或者私募。有时在同一资产证券化产品中，不同等级的证券也可以采用不同的形式发行。比如在我国2005年第一期开元信贷资产支持证券的发行中，优先A、B两档证券采用公开招标承销方式发行，次级档的证券采用私募方式发行。

特殊目的机构发行证券后，获得证券发行收入，于是要按事先约定的价格向资产证券化发起人支付购买基础资产的价款。至此，发起人的筹资目的已经达到。

资产支持证券发行完毕后，要进入二级市场交易流通。其实，进行资产证券化的一个重要目的，就是要将流动性低的资产转化为流动性高的资产。因此，一个具备相当深度和广度的二级市场，对资产证券化的持续稳定发展是相当重要的。

（五）实施资产管理并按期还本付息

资产支持证券发行以后，要按期向证券投资者支付本息，其资金来源是基础资产产生

① 例如，设一个资产池在其存续期内累积违约率在最坏的情况下为20%，违约发生后其基础资产最坏损失率为50%，则累积损失率最高将达到10%（=20%×50%）。基于这些假设，可以进行增级，即90%的基础资产可获得优先级评级，而余下的10%为次级。优先级证券的评级信用可由次级证券的现金流加以支持。因为即便发生最坏的情况，也只有10%的基础资产现金流受到影响，这些可由次级证券吸收，而对优先级证券无影响。

的货币收入流。为此，特殊目的机构要对基础资产进行管理，以保证货币收入流的回收。不过在实践中，特殊目的机构往往不直接管理基础资产，而是委托发起人担任这一职责。因为发起人已经比较熟悉基础资产的情况，并且与基础资产债务人建立了联系。在有些情况下，特殊目的机构也会聘请相关的资产管理机构对基础资产进行管理，专门负责收取、记录由基础资产产生的货币收入。这些机构一般具有管理基础资产的专业技术，是独立于发起人的第三方。

资产支持证券到期，特殊目的机构要按照证券发行说明书的约定，在规定时间按时、足额的向投资者偿付本息。本息的支付顺序往往要因所发行的证券等级不同而有所差异，如我国 2005 年第一期开元信贷资产支持证券的发行中，优先 A 档证券的本息受偿顺序先于优先 B 档，而优先 B 档证券的本息受偿顺序又先于次级档证券。

当证券全部被偿付完毕后，如果资产池基础资产产生的货币收入流还有剩余，则按照协议在发起人和特殊目的机构之间进行分配。至此，资产证券化的全部过程即告结束。

另外需要指出的是，上述步骤只是资产证券化业务运作的一般化流程。由于各国的经济制度和金融市场发展程度不同，不同地区的资产证券化框架设计也会有一定差异。

四、资产证券化参与主体和证券结构模式

(一)资产证券化参与主体

在上面描述资产证券化运作程序中，已经提到了一些资产证券化的参与主体，这里再进一步阐明。一般而言，资产证券化的参与主体主要包括：发起人、特殊目的机构、信用增级机构、资信评级机构、证券承销商和投资者等。

1. 发起人

资产证券化的发起人是资产证券化的发动主体。发起人也称原始权益人，是资产证券化交易中最初拥有基础资产的机构或法人，是被证券化的金融资产的原所有人，也是资金的最终使用人。资产证券化的发起人通常是金融机构或实业界的公司，比如基础资产是商业银行的贷款，那么发放贷款的商业银行就可以成为资产证券化的发起人。发起人发动资产证券化的重要步骤，是要选择拟证券化的资产，进行一定的捆绑组合，然后将其出售或作为资产证券化的担保品。

2. 特殊目的机构

资产证券化的特殊目的机构是资产证券化的特设主体，是资产证券化证券的发行人。特殊目的机构介于发起人和投资者中间，在法律上具有独立的地位。其作为中介的属性，一方面，它是从发起人那里购买具有稳定货币收入流的基础资产，而购买资金的来源是向投资者发行资产支持证券；另一方面，它要偿还资产支持证券的本息，而偿债所需资金则来自从发起人处购得的基础资产。特殊目的机构是资产证券化结构设计中一个有特色的环节。

3. 信用增级机构

信用增级机构是通过对资产支持证券提供信用支持而提高证券评级的机构。在资产证券化中,信用增级是减少资产支持证券发行整体风险的有效途径,它可以起到提高定价和上市能力、降低发行成本的作用。信用增级有内部增级和外部增级两种方式,只有进行外部增级时才会有信用增级机构。实践中,大多数资产证券化除了以标的资产作担保外,还需要信用增级机构提供额外的信用支持,比如由一个信用良好的商业银行出具信用证或一个信用较高的保险公司提供付款保险。此时,信用增级机构就成为一个第三方的信用担保主体。

4. 资信评级机构

资信评级机构是对资产支持证券的信用风险进行评定的机构。资信评级机构对资产支持证券进行等级评定的方法与一般企业债券的评级是类似的,在评级中它要分析资产支持证券发行人的还本付息能力以及破产时发行人能够承担责任的程度。不过由于资产支持证券的有限追索的特殊性质,所以资信评级机构更关注与资产支持证券相联系的基础资产,即对其未来产生货币收入流的能力进行评估,以判断可能给投资者带来的违约风险。另外,资信评级机构不仅要在资产支持证券发行前进行初始的信用评级,在该证券的存续期内还需要对其进行跟踪评级,做出升级、维持或降级的决定,并定期发布评级报告。

5. 证券承销商

证券承销商是资产证券化的代发行主体。在有些国家,承销证券的机构被称为投资银行。证券承销商在资产证券化的过程中也起着重要的作用。在资产支持证券的设计阶段,证券承销商往往担当融资顾问的角色,因为合理设计和成功销售资产支持证券,需要有了解金融市场、熟悉投资法规的金融机构提供服务,证券承销商在这方面能有专业性的优势。而在证券发行阶段,证券承销商承担着具体的证券发行任务,采用的方式可以是包销或者代销,前者在公募发行时居多,后者在私募发行时常用。

6. 投资者

投资者是资产证券化过程中资产支持证券的购买人。作为投资主体,他们提供了资产证券化发起人所需的资金来源,也承担了资产支持证券的各种风险。实践中,投资者可以是法人,也可以是自然人。

图 10－2 显示了以上所列的资产证券化参与主体的结构图。此外,在资产证券化运作中还可能有一些其他机构也参与其中,如服务机构、资金存管机构、律师事务所和会计师事务所等。服务机构通常由发起人担任,主要负责对基础资产及其所产生的货币收入流进行监管,如收取资产到期的本息、对过期欠账进行催收等。资金存管机构是受特殊目的机构聘请进行资金划付和保管的机构,一般由商业银行担任。律师事务所和会计师事务所在资产证券化运作中可以起一些辅助的作用,如相关协议起草、会计账目审核等。

(二)资产证券化的证券结构模式

1. 资产担保债券

在资产证券化发展的早期阶段,采用的形式是资产担保债券,或者说资产担保债券是

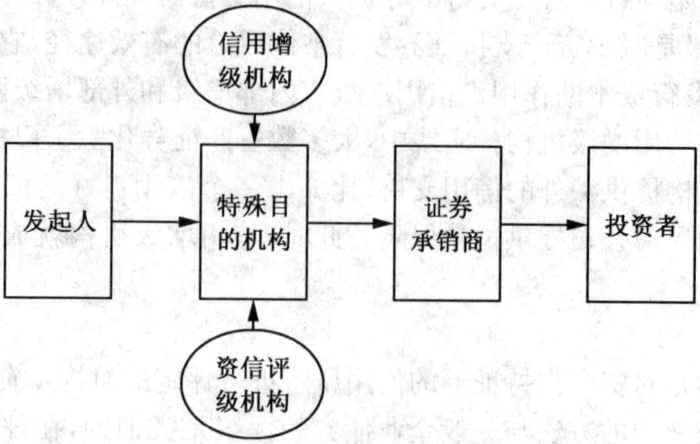

图 10—2 资产证券化参与主体结构

资产证券化发展的雏形。其实从某种意义上看，资产担保债券是传统的有担保债务工具的一种延伸。对于传统的债券偿债，其主要资金来源是发行人的未来整体收益，而对于资产担保债券，偿债资金来源从实质上讲是特定的资产组合所产生的货币收入流。

在采用资产担保债券形式下，往往是将特殊目的机构设计成由发起人控制的实体①。这样虽然是由发起人向特殊目的机构转让资产组合，再由特殊目的机构发行债券，但母子公司从经济实质上讲仍可以理解为一个经济主体，从合并会计报表看真实销售特征不明显，因此被证券化的资产组合在一定意义上仍然留在发起人的资产负债表中。另外，资产担保债券的一个重要特征是发起人要给债券提供超额担保，超额担保品对投资者提供了额外的保护，投资者在一定程度上承担的风险减少，如可能不必承担因被证券化的资产提前偿付而产生的再投资风险。

2. 转手证券

转手证券也称过手证券，是资产证券化的一种重要证券形式。按照这种证券结构模式，发起人首先把拟证券化的资产转让给特殊目的机构。在资产转让时，发起人是把源自资产组合的所有权利和收益都一并转让的，这样可以充分保证以此为基准的转手证券投资者的权益。

然后特殊目的机构以此转让的资产组合为基础向投资者发行证券。特殊目的机构不对基础资产产生的现金流进行处理，每份证券按比例代表整个资产组合的不可分割的权益，也即意味着投资者拥有该资产组合的直接所有权，来自资产组合的货币收入流简单地“过手”给投资者以偿付证券的本息。所以，通过转手证券的结构安排，发起人将资产最终“真实销售”给了投资者。因此，转手证券融资对于发起人而言不是要偿付的义务，不视为发起人的负债，在资产负债表上是以货币形式取代了被证券化的资产。不过，在这种情况

① 如以发起人的财务子公司形式存在。

下，转手证券的投资者对发起人也没有追索权，并且要承担相应的风险，如要自行承担因被证券化的资产提前偿付而产生的再投资风险。

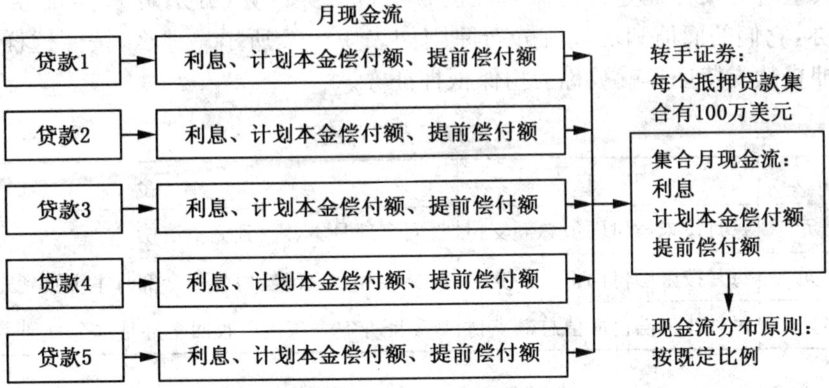

图 10－3 转手抵押证券的产生

在美国资产证券化产品中，有一种转手抵押证券，其创造的过程可以用图 10－3 表示[①]。假设有 5 笔住房抵押贷款，每笔贷款为 20 万美元，贷款之和为 100 万美元。每笔贷款的月现金流量包含的因素是：利息、计划本金偿还额、提前偿付额。实际上，单笔贷款的提前偿付风险是很难预测的，但若一个投资者购买了所有这样的贷款，就有可能较好地预测提前偿付风险，因为可以运用提前偿付行为的历史经验数据来估计。现在假设有一个机构购买了图 10－3 中所示的全部 5 笔贷款，并将其组合为发行证券的担保品。接着再发行证券 20 张，则每张证券最初的价值为 5 万美元(＝100 万美元÷20 张)，每张证券的现金流相当于总现金流的 5％。这种方式所创造的证券就是转手抵押证券。

3. 转付证券

转付证券也是资产证券化的重要的证券形式。其运作程序也是先由特殊目的机构从发起人处购买基础资产，然后特殊目的机构要对资产组合所产生的货币收入流进行一定的重组，这样可以使所发行的证券本息的偿付机制发生变化，以满足投资者对风险、收益和期限等的不同偏好。接着同样是特殊目的机构作为证券发行人向投资者发行转付证券。由于采用了重组技术，转付证券将来还本付息的货币收入流在稳定度和可预测性等方面可能要更胜一筹，同时也可以设计出更多的证券品种。

在图 10－3 转手抵押证券产生的例子中，可以将 5 笔基础的住房抵押贷款另外设计出一种担保抵押证券，转付证券与这种担保抵押证券是非常相似的。

其实，转手证券的投资者仍然面临着与基础抵押贷款集合相联系的全部提前偿付风险。假如抵押贷款支持证券的每月现金流不像转手证券那样按照一个既定的比率分配，

① 弗兰克·J.法博齐. 固定收益证券手册[M]. 任若恩，李焰，等译. 6 版. 北京：中国人民大学出版社，2005.

而是按照本金(包括图 10—3 中的计划本金偿付额和提前偿付额)归还的优先顺序分配,就可以创造担保抵押证券。比如,仍然采用图 10—3 中的 5 笔住房抵押贷款,一个机构买下后仍将其组合为发行证券的担保品。接着发行三类证券,分别是 A 类证券、B 类证券和 C 类证券,它们的面值和现金流分布原则如表 10—2 所示。那么,按照这样规则创造出来的抵押贷款支持证券就被称为担保抵押证券。

表 10—2　　担保抵押证券设计例子

类型(面值)	利　息	本　金
A(40 万美元)	每月按未偿付面值总额支付	收回全部月本金直到完全清偿
B(35 万美元)	每月按未偿付面值总额支付	A 类证券完全清偿后收回全部月本金直到完全清偿
C(25 万美元)	每月按未偿付面值总额支付	B 类证券完全清偿后收回全部月本金直到完全清偿

虽然担保抵押证券的提前偿付风险与 5 笔住房抵押贷款的提前偿付风险相同,但这种风险已经被分配到担保抵押证券的三类证券中去了。A 类证券首先吸收提前偿付风险,B 类证券次之,最后才是 C 类证券。从这里可以看到,A 类证券的有效期限较短,C 类证券的有效期限最长。投资者可以根据其偏好选择不同类型的证券进行投资。

复习题

1. 说明股票的性质。
2. 优先股有哪些特征?
3. 说明优先股的种类。
4. 说明资产证券化的特征。
5. 说明资产证券化的运作程序。
6. 资产证券化有哪些参与主体?

参考文献

[1]曹立瀛. 西方财政理论与政策[M]. 北京:中国财政经济出版社,1995.

[2]陈共,周升业,吴晓求. 证券与证券市场[M]. 北京:中国人民大学出版社,1996.

[3]辞海编辑委员会. 辞海(第六版彩图本)[M]. 上海:上海辞书出版社,2009.

[4]邓子基,张馨,王开国. 公债经济学——公债历史、现状与理论分析[M]. 北京:中国财政经济出版社,1990.

[5]弗兰克·J.法博齐. 固定收益证券手册[M]. 任若恩,李焰,等译. 6版. 北京:中国人民大学出版社,2005.

[6]高坚. 中国债券资本市场[M]. 北京:经济科学出版社,2009.

[7]高培勇. 国债投资知识与诀窍[M]. 北京:中国金融出版社,1995.

[8]龚仰树. 国债学[M]. 北京:中国财政经济出版社,2000.

[9]霍文文. 证券投资学[M]. 3版. 北京:高等教育出版社,2008.

[10]金建栋,吴晓求,朱仁学. 股票债券全书[M]. 北京:北京理工大学出版社,1992.

[11]类承曜. 固定收益证券[M]. 2版. 北京:中国人民大学出版社,2008.

[12]李磊宁,高言,戴韡. 固定收益证券[M]. 北京:机械工业出版社,2014.

[13]潘席龙. 固定收益证券分析[M]. 北京:机械工业出版社,2011.

[14]千家驹. 旧中国公债史资料(1894—1949年)[M]. 北京:中华书局,1984.

[15]上海财经大学金融学院《投资学教程》编写组. 投资学教程[M]. 上海:上海财经大学出版社,2010.

[16]苏瑞什·M.桑德瑞森. 固定收益证券市场及其衍生产品[M]. 龙永红,等译. 2版. 北京:中国人民大学出版社,2006.

[17]汤震宇,徐寒飞. 固定收益证券定价理论[M]. 上海:上海财经大学出版社,2002.

[18]王开国等. 资产证券化论[M]. 上海:上海财经大学出版社,1999.

[19]夏锦良. 公债经济学[M]. 北京:中国财政经济出版社,1991.

[20]萧灼基. 中国证券大全[M]. 北京:中国商业出版社,1995.

[21]许毅,沈经农. 经济大辞典(财政卷)[M]. 上海:上海辞书出版社,1987.

[22]叶永刚. 固定收入证券概论[M]. 武汉:武汉大学出版社,2001.

[23]中国证券业协会. 证券市场基础知识[M]. 北京:中国财政经济出版社,2010.

[24]中国人民银行国库司. 国家债券制度汇编(1949～1988)[M]. 北京:中国财政经

济出版社，1989.

[25]郎唯群，姚兴涛，邵佳民. 国债投资策略[M]. 上海：上海人民出版社，1998.

[26]于研. 金融互换交易[M]. 上海：上海财经大学出版社，1999.